국제투자협정과
ISDS

국제투자협정과
ISDS

小寺 彰 편저
박덕영 · 오미영 옮김

한국학술정보(주)

『國際投資協定-仲裁による法的保護』

(小寺 彰 編著, 三省堂, 2010年 4月 出版)

본서는 일본의 원저작자 대표인 小寺 彰 교수와
삼성출판사의 허락을 받아 번역되었음을 밝힙니다.

본서의 번역에 대한 저작권은
박덕영 교수와 오미영 교수에게 있습니다.

■ 역자 서문

한미 FTA의 교섭과정에서부터 이미 발효가 된 지금까지도 ISD (Investor-State Dispute) 문제는 한반도를 달군 가장 뜨거운 정치적 쟁점이 되고 있다. 일부에서 ISDS에 관한 조항의 삽입은 우리나라 사법주권을 침해한다는 비판이 제기되고, 다른 한편에서는 우리나라 투자자의 이익을 지켜주는 반드시 필요한 제도라는 주장이 맞서고 있는 상황에서 2012년 3월 15일 한미 FTA가 발효되었고, 정부는 향후 ISDS 조항에 대한 재협상을 약속하였다.

그동안 우리나라의 국제투자법에 대한 관심은 서방국가에 비해 현저히 낮다고 할 수 있다. 실제로 ISDS 조항의 삽입 여부에 대한 논의만 무성할 뿐, ISDS가 무엇이며 어떠한 관할권을 가지고, 실제 사례에서 어떠한 판단을 내려왔는지에 대한 전문적인 연구는 거의 없었다고 볼 수 있다. ISDS의 단면만을 보고 반론을 제기하기에 앞서 국제투자법에 대한 실체법적 이해와 아울러, ISDS 관할권과 분쟁해결절차에 대한 심도 있는 이해가 필수적이라고 생각된다. ISDS는 투자자의 입장에서 보면 안정적으로 투자를 할 수 있게 해주는 장치가 될 것이며, 투자유치국의 입장에서도 투자유치를 위한 하나의 전략이라고 볼 수 있을 것이다.

지난해 역자가 국제투자법에 대한 관심을 가지고 수업을 구상하고 있던 중, 국제투자법에 관한 전반적인 내용을 다룰 수 있는 책을 국내에 소개하고 싶다는 생각을 하게 되었다. 마침 일본 출장에서 서점을 둘러보던 중에 국제투자법의 전반에 대하여 비교적 평이하게 개괄적으로 서술한 책을 발견하게 되었다. 이후 오미영 교수와 필자가 일본을 방문하여 일본국제법학회 및 일본국제경제법학회 세미나에서 이 책의 편저자이신 동경대의 小寺 교수님을 만나 역서 출간에 대한 허락을 받아 본서를 출간하게 되었다.

본서는 크게 세 부분으로 구성된다. 제1부는 총론으로 투자협정에 대한 연혁과 그 현대적인 의의를 설명하고, 국제투자법의 주체인 '투자자'와 '투자유치국', 객체인 '투자재산'에 대한 개념 및 적용법규에 관하여 서술한다. 제2부는 실체법에 해당하는 국제투자법의 주요한 원칙이자 핵심적인 요소라고 할 수 있는 최혜국대우, 내국민대우, 공정·형평대우에 관하여 설명하고 있다. 국제투자분쟁 판정에서 가장 빈번히 원용되는 조항들로 국제분쟁 사례의 이해에 있어 반드시 정확한 이해가 필요한 부분이다. 또한 수용조항과 의무준수조항을 다루고, 위법행위의 국가에의 귀속성, 예외조항 그리고 보상과 배상의 순서로 논의를 전개한다. 제3부는 중재 절차에 관한 것으로 관할권 및 수리가능성, 병행절차, 입증문제, 법경제학적 관점에서 본 투자 중재에 대하여 논의하고 있다.

연세대학교 일반대학원 학생들의 경우 제2외국어 시험과 종합시험에 통과하여야 학위논문을 쓸 자격을 얻는다. 제2외국어를 교재로 하는 수업 2과목을 이수하면 제2외국어 시험을 면제받게 되는데, 마침 역자가 일본 출장에서 발견한 이 책을 교재로 하여 수업을 진행하면 좋겠다고 생각하게 되었다. 제2외국어 능력의 향상뿐만 아니라 현재 큰 관심을 받고 있는 국제투자법과 ISDS를 학생들에게 소개할 목적으로 수업을 개설하였다. 일본어 수업의 질을 높이기 위하여 일본 고베대학에서 학부와 대학원을 마치고 박사학위를 취득하신 동국대 오미영 교수님께 부탁드려 수업을 공동으로 진행하게 되었다.

수업에 참여한 학생들이 초벌번역을 하여 수업시간에 발표하고, 오미영 교수와 필자가 일본어와 국제투자법적 측면에서 면밀하게 검토하고 수정하는 과정을 거쳤다. 수강생 중에는 국제법을 전공하는 학생도 일부 있었으나 대부분 타 전공 학생들이 참여하여, 낯선 국제법과 국제투자법을 동시에 이해하며 수업이 진행되었기에 학생들이 상당히 힘들었던 것으로 기억한다. 그러나 이러한 경험을 통하여 일본어 독해능력의 향상뿐만 아니라 국제투자법에 대한 전반적인 이해로 학생들의 학문적 발전에 기여하였으리라 믿는다.

2011년 2학기 국제투자법 수업에 참여하여 본서의 번역 과정에 참여한 모든 학생들에게 감사의 뜻을 표한다. 학기가 종료된 이후 겨울방학 동안 오미영 교수, 필자와 더불어 유형정, 이서연, 배소연, 전아름, 김건희 학생이 참여하여 전반적인 검토와 수정작업을 다시 하고, 그 후에도 번역초안을 여러 차례에 걸쳐 읽으면서 검증작업을 하였다. 학기가 끝난 후까지 시간을 할애하여 수정과 교정 작업에 도움을 준 여러 학생들, 그리고 본서의 출판 과정에서 교정과 색인 작업에 참여한 유형정, 김경우, 이서연 조교에게 감사한 마음을 전한다. 마지막으로 국내의 국제투자법에 대한 관심도가 그리 높지 않음에도 불구하고 본서의 출간을 허락해준 한국학술정보(주) 관계자 여러분, 정성스럽게 편집을 맡아주신 추정미 선생님께도 감사의 말을 전한다.

2012년 4월 어느 봄날에
박덕영

■ 서문

본서는 최근 많은 주목을 받고 있는 투자협정(IIA) 및 이에 근거한 중재(투자협정중재, IIA 중재)를 전반적으로 살펴보기 위하여, IIA의 실체적 문제와 IIA 중재의 절차적 문제에서 중요한 주제를 선택하였다. 아울러 '법경제학'의 관점으로부터 IIA 중재를 분석한 논문도 함께 편집하였다. 투자협정의 전반을 다룬 개설서로는 일본에서 처음으로 출간된 것이라고 해도 좋다고 생각한다.

*

수년 전만 하더라도 일본의 학계는 물론이고 정부관계 부처 및 경제계에서도 IIA 및 IIA 중재에 대한 관심이 현저하게 낮았다. 그 당시에 이미 여러 서방국가에서는 IIA 및 IIA 중재에 관한 심포지엄과 연구회가 빈번히 개최되었고, 다수의 국제법학자 및 변호사가 IIA 연구 및 중재실무에 종사하고 있었다. 또한 산업계에서도 기업이 해외에 진출할 때 IIA를 중요하게 고려해야 할 사안 중의 하나로 생각할 수 있게 되었다. 필자는 2006년에 참가한 미국 국제법학회(American Society of International Law)에서 IIA와 IIA 중재에 관한 논의의 고조를 잊을 수가 없다. 당시 일본과 미국은 IIA 및 IIA 중재의 인식에 대하여 뚜렷한 차이를 보였다. IIA 및 IIA 중재의 계발을 위하여 외

국에서 일본으로 변호사를 초빙하여 여러 차례 강연회를 열었음에
도 불구하고, 그 중요성에 대해 거의 이해하지 못하는 상태였다. 그
러나 일본은 이미 IIA를 체결하고 있었을 뿐만 아니라 IIA의 내용을
포함한 경제제휴협정(EPA)을 의욕적으로 체결하고 있었다.

편자는 이러한 현상에 위기감을 가지고 2006년 10월에 독립행정
법인 경제산업연구소 내에 젊은 국제법학자, 변호사, 일본 무역보험
관계자 등으로 이루어진 '대외투자의 법적보호에 대한 자세'라는 연
구프로젝트를 조직하였다. 이 프로젝트는 IIA와 IIA 중재에 관련된
중요주제를 각각 연구원에게 할당하여, IIA 중재에서 어떠한 점이
문제가 되는지에 대한 조사에서부터 시작하였다. 1, 2개월마다 개최
한 연구회에서는 경제산업성 및 외무성의 관계자도 다수 초빙하여
교섭상의 논점에 관한 의견교환을 하면서 검토를 진행하였다. 연구
회에서의 의견교환은 매우 가치가 있었고, 동시에 일본의 IIA 교섭
에도 기여할 수 있었다고 생각한다. 또한 2008년 7월에는 하버드대학
의 Wells 교수 및 UNCTAD의 Joubin-Bret 선임 법률자문관을 초대하
여 국제세미나를 개최하였고, 이는 사회적 주의를 환기시키는 역할을
하였다. 이 프로젝트 참가자들은 경제산업성 연구소에서 Discussion
Paper를 발표하였고, 그 후 논문의 요약집을 JCA저널(국제상사중재
협회간행)에 연재하였다. 이러한 자료들을 바탕으로 정리한 것이 이
책이다.

**

연구프로젝트를 시작한 그 즈음부터 EPA를 체결하는 데 바빠 움
직이던 정부와 경제계가 서서히 IIA와 IIA 중재에 대한 관심을 확대
하였다. 경제산업성 통상정책국이 매년 발간하는『불공정무역보고서』

에 2007년판부터 '제5부 경제제휴협정·투자협정'이 신설되었고, '제5장 투자' 부분에서 IIA 및 IIA 중재에 관하여 정리한 글이 일본에서 처음으로 등장하였다. 그 후, '경제재정개혁 기본방침 2008'(2008년 6월 27일 내각결정)에서는 IIA에 대한 추진방침을 내세웠다.

일본은 20세기부터 이미 IIA를 체결하여 왔다. 금세기에 들어서부터, 한일협정과 일·베트남협정과 같이 IIA는 어디까지나 경제제휴협정을 체결하기 위한 첫걸음이며, 또한 경제제휴협정의 일부라고 생각되어 왔다. 이는 IIA를 EPA에 관련시키는 점에서 공통된 점이라고 할 수 있으며, 이 관점을 반영하여 투자보호가 아닌 투자자유화 요소를 중시하였다. 한편, IIA 중재를 활발히 이용하게 된 것은 IIA에서 투자보호의 중요성이 뚜렷이 나타나게 된 것을 의미한다. 그리고 EPA와 분리하여 IIA를 체결하여야 하며, IIA 상대국은 EPA 상대국과 분리시켜 선택하여야 한다는 방향성이 나오고 있다. 2008년에 변경한 정부정책은 그야말로 이러한 방향으로 가고 있어 그 후는 이 방침에 근거한 정책이 강화되고 있다. 구체적으로는 세계 각지의 국가와 IIA를 검토하는 것이 논의의 대상이 되어, 현재까지 이미 우즈베키스탄과도 협정을 체결하였고, 한중 양국과 함께 3국 간 투자협정과 콜롬비아와의 협정을 현재 협상하는 중에 있다. 그 밖에도 아프리카의 국가 및 구(舊)소련 국가들과의 IIA도 검토 중에 있다고 들은 바 있다. 또한 EPA와 연결된 IIA도 종래대로 이어져 이 또한 검토되고 있다(2009년 12월).

학계에도 젊은 학자들을 중심으로 IIA 및 IIA 중재에 대한 관심이 고조되어 2008년 10월에 일본국제경제법학회에서는 IIA 중재를 특집주제로 삼았고, 2009년 4월의 일본국제법협회의 연차대회에서도 IIA 중재가 논의의 중심에 있었다. IIA 및 IIA 중재의 법리를 이해하기 위해서는 국제법과 국제상사중재에 관하여 일정 수준의 이해가 필요하다. 종래에 일본의 국제법 전문가는 국제상사중재에 대한 이해가 부족하고, 또한 국제상사중재 전문가는 국제법에 대한 이해가 부족하다는 문제점이 있었지만, 이 또한 서서히 극복하게 되었다. 이상과 같은 상황을 인식하여 IIA와 IIA 중재에 대하여 일정 수준의 이론적인 깊이를 가지고 그 전모를 알 수 있는 일본어로 된 개설서가 필요하다고 생각하였고, 이 책의 출판을 기획하였다.

**

본서는 총론, IIA의 실체적 문제, 그리고 IIA의 절차적 문제를 3부에 나누어 구성하였다. '제1부 총론'은 3장으로 구성하여 IIA와 IIA 중재의 현대적 의의를 설명하였고 IIA와 IIA 중재에 모두 관련 있는 '투자자'와 '투자재산' 그리고 적용법규를 설명한다.

'제2부 실체법'은 8장으로 구성되어 있다. 처음 3장은 외국투자자 및 투자재산에 부여하여야 할 대우로서 최혜국대우, 내국민대우, 공정·형평대우에 관하여 설명한다. 이어서 협정에 규정된 수용조항과 의무준수조항에 관하여 다루고, 위법행위의 국가에의 귀속성, 예외 그리고 보상과 배상에 관하여 설명한다.

'제3부 중재절차'는 4장으로 되어 있다. 처음 3장은 중재절차에서 중요한 사항으로 중재절차의 관할권 및 수리가능성, 병행절차 그리고 입증관계를 설명한다. 마지막으로 '법경제학'의 입장에서 IIA 중재를 분석한다. 중재절차에 대해서는 투명성(amicus-중재절차의 공개) 및 중재판단의 집행 등 중요한 문제가 빠져 있지만, 이러한 점은 차후에 보충하고자 한다.

　본서의 기본 틀이 되었던 연구프로젝트 '대외투자의 법적 보호에 대한 자세'에 대해서는 경제산업성 연구소의 及川耕造 이사장, 藤田昌久 소장으로부터 따뜻한 배려를 받았다. 또한 田辺靖雄, 高原一郎, 佐藤樹一郎 현·전 부소장은 프로젝트의 연구회 및 국제세미나에 참석하여 큰 관심을 보여주셨다. 연구회와 국제세미나는 연구소의 직원분들이 지원해주셨다. 또한 국제상사중재협회는 1년 이상에 걸쳐 연재 기고란을 할당하여 주셨고, 이렇게 연재된 글들이 이 책의 원형이 되었다. 관계자 여러분께 진심으로 감사드린다. 또한 색인 등은 경제산업연구소의 연구보조원 吉田千枝子 씨(조치대학 대학원생)가 작성해주셨다. 마지막으로 이 책의 출판을 담당하여 주신 三省堂 법률출판부의 鈴木良明 씨의 노고에 다시 한 번 감사드린다.

2010년 2월 편저 小寺 彰

■ 목 차

제1부 총 론

제1장 투자협정의 현대적 의의 – 중재에 의한 기능강화

··· 小寺 彰

제2장 투자자와 투자재산

··· 伊藤 一賴

제3부 중재절차

약어 일람

BIT	Bilateral Investment Treaty	양자 간 투자협정
EPA	Economic Partnership Agreement	경제제휴협정
FET	Fair and Equitable Treatment	공정·형평대우
FTA	Free Trade Agreement	자유무역협정
GATT	General Agreement on Tariffs and Trade	관세 및 무역에 관한 일반협정
GATS	General Agreement on Trade in Service	서비스 무역에 관한 일반협정
ICC	International Chamber of Commerce	국제상업회의소
ICJ	International Court of Justice	국제사법재판소
ICSID	International Centre for Settlement of Investment Dispute	국제투자분쟁해결기구
IIA	International Investment Agreement	국제투자협정
ILC	International Law Commission	UN 국제법위원회
ILO	International Labour Organization	국제노동기구
IMF	International Monetary Fund	국제통화기금
MAI	Multilateral Agreement on Investment	다자간 투자협정
NAFTA	North American Free Trade Agreement	북미자유무역협정
OECD	Organisation for Economic Co-operation and Development	경제협력개발기구
PCIJ	Permanent Court of International Justice	상설국제사법재판소
SCC	Arbitration Institute of the Stockholm Chamber of Commerce	스톡홀름 상업회의소 중재협회
TRIMs 협정	Agreement on Trade-Related Investment Measures	무역관련 투자조치에 관한 협정
TRIPs 협정	Agreement on Trade-Related Aspects of Intellectual Property Rights	무역관련 지적재산권에 관한 협정
UNCITRAL	United Nations Commission on International Trade Law	국제상거래법위원회
WTO	World Trade Organisation	세계무역기구
	Convention on the Recognition and Enforcement of Foreign Arbitral Awards	외국중재판정의 승인 및 집행에 관한 협약 (뉴욕협약)

제 1 부

총 론

제1장 투자협정의 현대적 의의
- 중재에 의한 기능강화

小寺 彰 (코테라 아키라)

서 론

종래부터 국가들은 투자협정(International Investment Agreement, IIA)을 체결하여 왔다. 여기서 '투자협정'이란 주로 양자 간에 체결되는 투자보호 및 투자촉진을 위한 양자 간 투자협정(Bilateral Investment Treaty, BIT)이나 자유무역지역을 설정하기 위한 자유무역협정(Free Trade Agreement, FTA)[1] 중에 포함된 투자챕터, 즉 BIT와 동일한

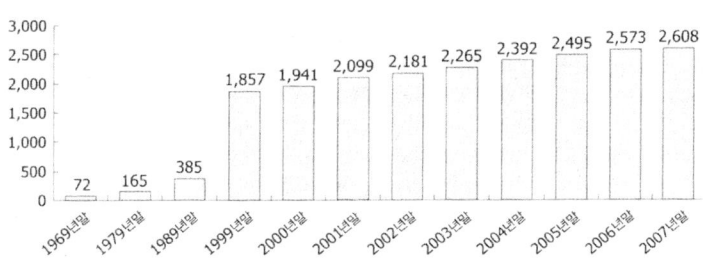

出典 : 経済産業省通商政策局編 『2009年版不公正貿易報告書』 (2009) 491면

〈그림 1〉 BIT 수의 증가추이

---

1) 일본에서는 "経済連携協定(Economic Partnership Agreement)"이라고 불린다.

내용을 포함하는 것을 말한다. IIA는 현재까지 세계에서 2,700개 이상이 체결되어 있다(그중 BIT가 2,608개: <그림 1> 참조).

IIA가 21세기에 들어서 주목을 받게 된 계기는 그 수가 대폭적으로 증가된 것이라기보다는 오히려 다수의 IIA에 규정되어 있는 투자협정중재를 활발히 사용하게 된 것에 있다. 이는 IIA상의 규정에 근거하여 투자자와 투자유치국(host state) 간에 분쟁이 발생하였을 경우, 기업이 투자유치국을 상대로 하여 직접적으로 부탁하는 중재를 말하고, 이러한 사례는 1998년경부터 비약적으로 증가하고 있다(그림 2 참조). 종래부터 기업 간의 중재나 국가 간의 중재재판은 잘 알려져 있었다. 그러나 기업 대 국가의 중재는 비교적 새로운 현상이고 특히 IIA에 근거한 것은 극히 최근에 시작되었다.

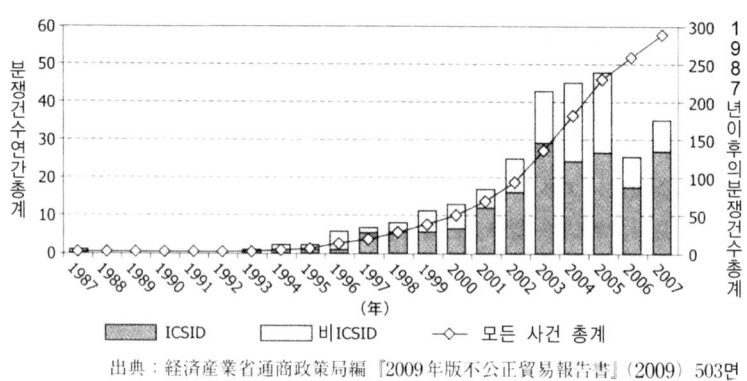

出典 : 經濟産業省通商政策局編 『2009年版不公正貿易報告書』 (2009) 503면

〈그림 2〉 중재부탁의 동향(1987~2007년 11월말)

Ⅰ. 투자협정이란

1. 투자협정의 의의

IIA란 국가 간의 조약으로 타방 당사국에서의 투자자 및 투자재산의 보호나, 당사국 상호 간의 투자자유화 등을 약속하는 국제조약이다. 자국 투자자의 보호만을 목적으로 하는 것을 '투자보호협정'으로, 또 투자보호에 더하여 투자자유화를 목적으로 포함하는 것을 '투자자유화협정'으로 분류할 수 있다.

조약내용에 따르면, 투자에만 관련된 협정과 투자관련 부분(투자에 관한 장(章), 투자챕터)을 포함하지만 이를 넘어서는 내용을 가진 협정도 있다. 후자에는 여러 가지가 있지만, 대표적인 것은 무역자유화를 주요부분으로 포함하는 협정으로, '자유무역협정(FTA)'이라 불리는 것이다. 일본의 '경제제휴협정(Economic Partnership Agreement, EPA)'에서 '투자챕터'는 EPA의 핵심의 하나로 여겨진다.

조약의 형식에 따르면, 다수의 IIA는 양자 간에 체결되고 있다. 그 때문에 IIA에 대신하여 BIT라는 말도 자주 사용된다. 지역적인 다자간 조약으로는 아세안 포괄투자협정(ASEAN Comprehensive Investment Agreement) 등 몇몇 조약이 체결되어 있고 EU조약도 투자협정의 내용을 포함한다. 세계적인 다자간 조약은 에너지 분야를 대상으로 한 '에너지헌장조약'뿐이다. 에너지헌장조약도 주로 유럽 국가들이 많이 가입하여 있다. 분야를 한정하지 않은 범지구적인 IIA도 과거에 몇 번인가 작성이 시도되었지만, 실패하여 현재에 이르고 있다. 최근의 실패한 사례로 주목을 받은 것은 OECD에서 교섭이 진행된 '다자간 투자협정(Multilateral Agreement on Investment, MAI)'에 대한 구상이다.[2]

2. 투자협정의 내용

IIA의 원형인 투자보호협정은 대체로 다음과 같은 규정들로 구성되어 있다.

(1) 보호범위 – 투자자 및 투자재산

IIA의 보호범위는 '투자자' 및 '투자재산'의 개념에 의해 결정된다[3](조약에는 '국민' 또는 '기업'으로 표기되어 있는 것도 많다).

(a) 투자자

IIA에 의해 보호되는 인적 범위는 '투자자'에 관한 개념으로부터 결정된다. 일본-말레이시아 EPA는 '체약국의 투자자'를 '체약국의 자연인 또는 기업'으로(제73조 3항 (f)), '체약국의 기업'에 대해서는 '영리목적 여부와 민간 또는 정부 중 어느 한쪽이 소유하거나 지배하고 있는가를 불문하고, 체약국의 관련 법률에 근거하여 적법하게 설립되거나 조직된 법인'으로 폭넓게 정의한다(제73조 3항 (b))(상세한 내용은 본서 제2장 참조).

(b) 투자재산

'투자재산(또는 '투자', investment)'은 일본-말레이시아 EPA와 같이 '체약국의 투자자'가 소유 또는 지배하는 재산으로 정의된 경우가 많고, '투자자'와 마찬가지로 IIA에 의해 보호되는 대상을 규정한다.

---

2) 小寺彰, 『WTO休制の法構造』(東京大学出版会, 2000年), 181–197면 참조.

3) 상세한 내용은 제2장 이하 참조.

예를 들어, '투자재산' 개념에 의하여 현지 자회사의 사업활동 자체
가 보호된다. 다수의 IIA에서는 '모든 종류의 재산'과 같이 폭넓게
정의하여 다양한 형태의 권리를 열거한다(상세한 내용은 본서 제2장
참조).

(2) 투자자의 대우

IIA가 지향하는 것은 자국의 투자자와 그 재산에 대한 대우를 확
보하는 것이다. 대표적인 것은 다음과 같다.

(a) 내국민대우

내국민대우의무란 투자유치국이 상대국의 투자자 및 투자재산을
자국의 투자자 및 투자재산과 동등하게 취급할 것을 약속하는 것이
다. 내국민대우에 의해 외국투자자 및 투자재산은 투자유치국의 국민
및 투자재산과 형식적으로 동등한 대우가 보장될 뿐만 아니라, 실질
적으로 동등한 경쟁환경이 제공되는 것으로 해석되고 있다. 그 결과,
자국산업의 보호나 외국기업만을 대상으로 하는 이행요건(performance)
의 부과 등이 금지된다.

종래에는 내국민대우의무가 투자 후의 투자재산 보호를 위한 대
우로 이해되어 왔지만, 최근에는 투자 전의 내국민대우를 확보하는
의미도 있다. 투자 전의 내국민대우를 보장하는 것을 투자자유화협
정이라고 부른다(상세한 내용은 본서 제5장 참조).

(b) 최혜국대우

최혜국대우는 투자유치국이 상대국의 투자자 및 투자재산에 대하

여 제3국의 투자자 및 투자재산과 동등하게 취급할 것을 약속하는 것이다. 최혜국대우 원칙에 따르면, 투자유치국과 제3국 간에 체결된 조약에 규정된 더 유리한 대우를 상대국도 제공받게 된다. 최혜국대우에 대해서는 그 적용범위가 특히 문제된다(상세한 내용은 본서 제4장 참조).

(c) 공정·형평대우

IIA에서는 투자유치국의 투자재산에 대하여 '공정하고 형평한 대우'를 부여할 의무를 부과한 것이 많다. IIA 중재에서는 IIA가 규정하는 공정·형평대우의무의 의의나 그 구체적인 내용이 다투어지는 경우가 많고, 개개 사건의 구체적인 상황과 협정서의 형태에 따라 그 의미가 변하는 것으로 이해되고 있다(상세한 내용은 본서 제6장 참조).

(d) 수용

외국인재산을 국가가 취득하는 '수용'에 대하여 일반국제법상 투자유치국이 수용할 권리를 갖지만, 수용시 지불하여야 하는 보상액의 기준에 대한 논란이 있어 IIA에서는 다른 수용요건과 더불어 '충분하고 신속하며 실효적인 보상'을 의무 지우는 경우가 많다. 수용에 대하여는 재산취득이라는 전형적인 경우 이외에 간접수용이나 소위 '점진적 수용(creeping expropriation)'의 성립이 문제되고, 이에 관하여 IIA 중재에서도 여러 차례 다툼이 있어 왔다(상세한 내용은 본서 제7장 참조).

(e) 의무준수조항(umbrella clause)

IIA에서 투자유치국이 투자자 또는 투자재산에 대하여 계약이나 인·허가에서 유래하는 의무의 준수를 강조하는 것을 '의무준수조항'이라 부른다. 이 규정에 의하면 투자유치국이 국민 또는 자회사에 대하여 부담하는, 예를 들면 계약상의 의무가 IIA상의 의무가 된다(상세한 내용은 본서 제8장 참조).

(3) 분쟁해결

오늘날 다수의 조약에 분쟁해결절차를 두는 경우가 많고, IIA에도 국가 대 국가의 중재재판과 투자자 대 국가의 중재에 대한 규정이 마련되는 경우가 많다.

(a) 국가 대 국가의 중재재판

IIA의 해석적용에 대해서는 당사국 간에 분쟁이 발생한 경우, 일방 당사국이 타방 당사국을 상대로 하여 중재에 부탁하는 것이 가능한 규정을 마련하고 있다. 그러나 현재까지 IIA에 대한 분쟁이 중재재판에 부탁된 적은 없다.

(b) 투자자 대 국가의 중재

다수의 IIA는 투자자와 투자유치국 간의 분쟁해결절차로, 분쟁을 국제투자분쟁해결센터(International Centre for Settlement of Investment Disputes, ICSID) 및 기타 중재기관에 부탁하는 것을 규정한다. 많은 중재법정은 3인의 중재인으로 구성되는데 분쟁 당사자가 각각 1인을 지명하고 양 당사자의 합의로 나머지 1인을 선임한다. 그리고 중재법정이 낸 결론은 종국적인 것으로 상소가 인정되지 않는다. 중재에 대한 투자유치국의 동의가 사전 협정에 명시적으로 규정되어 있기 때문에, 중재부탁을 할 때에 별도의 투자유치국의 동의는 필요로 하지 않는다.

3. 투자협정의 역사

(1) 초기부터 1980년경까지

서독과 파키스탄이 1959년에 체결한 투자협정이 최초의 IIA이다. 당시는 아시아와 아프리카에서 식민지가 잇따라 독립하던 시기였다. 이들 국가가 독립을 달성한 후에 경제적인 자립을 표방하여 영토 내의 외국인재산을 수용·국유화하는 예가 증가하였다. 독립 내지 혁명 등의 국내체제의 변혁과정에서 행해진 대규모의 재산수용, 즉 '국유화'로 인하여 큰 정치문제가 발생하게 되었다. 1951년 이란에 의한 Anglo-Iranian 석유회사의 국유화나, 1956년 이집트에 의한 수에즈운하 국유화가 대표적인 예이다. 투자자로서 투자재산의 보전은 무엇보다 중요한 문제이며, 수용·국유화는 어쩔 수 없다고 하더라도 적어도 그 재산 가치에 상응하는 금전보상을 확보하려는 움직임이 강하였다. 국가는 자국영토 내에서는 통치권을 행사하고, 이에 대한 국제법상의 규제는 그리 강하지 않았다. 서방 국가들은 독립 후의 국가들과 통상항해조약을 체결하여 그 국가들과 경제관계의 안정화를 희망하였다. 그러나 상대 국가들에게는 통상항해조약에 일반적으로 포함되는 광범위한 의무를 부담할 의사나 능력이 없었고, 통상항해조약의 체결은 난항을 겪었다. 투자재산의 안전을 확보할 수 없는 상황하에서 기업은 개발도상국에 대한 투자에 대하여 불안을 갖고 있었기 때문에 투자를 주저하였다. 이러한 상황에서는 대외투자를 하고 싶어 하는 자본수출국, 그리고 외국으로부터의 투자를 받고 싶어 하는 투자유치국 쌍방의 요구(need)가 채워지지 않았다. 그래서 투자재산의 보전, 즉 수용보상의 확보를 중시하여 투자보호로 목적을 좁힌 협정, 즉 BIT가 체결되었다. BIT는 양자의 요구에 부응하였으며, 서방 국가들은 서독을 필두로 하여 개발도상국과 원활하게 IIA를 체결해갔다.

1970년대 중엽부터는 통상항해조약의 체결에 계속 노력해온 미국도 방침을 전환하여 BIT를 체결하기 시작했다. 미국은 투자재산의 보호에 더하여 투자유치국에서의 투자자에 대한 대우의 확보, 구체적으로는 내외국인 비차별의 대우(내국민대우)를 중시하여, 종래의 서방 국가들의 대우보다 높은 수준을 지향했다. 그 때문에 미국은 서방 국가 정도와 같은 수의 IIA를 체결할 수 없었다.

(2) 1990년대 이후 현재까지

1990년대에 들어서는 종래와는 달리 사회주의체제를 버린 동구권 국가들이 서방 선진국과 BIT를 체결하기 시작하고, 또 개발도상국 상호 간에도 체결하게 되어 IIA의 수는 대폭적으로 증가했다. 동구권 국가들이 체결한 것은 체제전환을 국제적으로 보여주기 위한 목적이 있었고, 개발도상국 상호 간의 IIA의 등장은 개발도상국의 투자자가 대외투자를 실행하는 예가 증가하였다는 것을 의미하였다. 1994년에는 그 대상이 에너지 분야에 한정되긴 하였지만 IIA의 성격을 가진 유일한 다자간 조약인 에너지헌장조약이 체결되었다.

또 미국은 1990년경이 되자 투자자유화협정의 체결을 의도하여 NAFTA에서 본격적인 형태로 실현시켰다. 그 후, 이 움직임을 선진국 전체로 확대하고자 OECD에서 MAI 교섭을 개시하였지만, 1998년에 교섭은 좌절되었다. 2002년부터 시작된 WTO '도하개발의제'에서는 일본이 솔선하여 투자규범 교섭의 개시를 모색하였지만, 2003년 교섭의제에서 제외되었다.[4] 외국투자 전체를 규율하는 다자간 조약은 지금까지 존재하지 않아 왔고, 가까운 장래에도 다자간 투자협정의 체결은 어려울 것이다. 그러나 동구권 국가들과 개발도상국 상호 간의 BIT나, FTA 투자챕터(주로 투자자유화협정)를 중시하는 태도로 인하여 IIA의 수는 비약적으로 증가하였고, 2012년 현재 양자 간 IIA(BIT)만으로도 세계적으로 약 2,800개에 이르고 있다. 또 투자챕터를 둔 FTA도 300개를 넘어서고 있다. 이와 같이 IIA 수가 증가한다면, 다자간의 IIA는 이미 불필요하게 되었다고 생각할 수도 있다.

(3) 일본의 투자협정

일본이 최초로 체결한 IIA는 1978년 발효된 이집트와의 투자협정이다. 그 후에도 IIA는 체결되었지만, 2009년 말까지 발효된 양자 간 IIA는 12개이며, 또 투자챕터를 구비하고 있는 EPA도 발효된 것은 5개에 지나지 않는다. 100개 이상의 IIA를 체결하고 있는 독일은 말할 것도 없고, 서방 국가나 미국과 비교해도 그 수는 매우 적은 편이다. 그 이유는 첫째, 당초부터 미국과 같이 투자 후의 내국민대우라는 당시에 높은 수준으로 여겨진 투자자의 대우를 요구하였기 때문이다. 둘째, MAI나 WTO 투자규범이라는 다자간 협정에 기대를 걸었고, 동시에 투자자유화를 중시하여 양자 간 투자보호협정을 체

---

4) WTO에서는 GATS(서비스무역에 관한 일반협정)가 서비스 분야에 있어서 직접투자를, 또 TRIM(무역관련 투자조치협정)이 이행요건(performance)을 규율하는 등 투자에 대한 단편적인 규범만이 존재하고 있다.

결한다는 발상이 약했기 때문이다. 1990년대 후반부터 2000년대 초반까지 IIA는 어디까지나 EPA체결의 전 단계로서 체결되는 것인지(예를 들어, 한일투자협정), 혹은 EPA 투자챕터로서 체결할 것인지에 대한 선택밖에 없다고 생각하여 어느 것이든 IIA는 EPA와 관련지어 파악되었다. 그러나 최근에는 투자자유화협정 체결의 어려움을 정확하게 인식함과 더불어 세계적으로 활발한 투자협정중재의 이용에 의해 투자보호협정의 현대적 중요성이 평가되어, EPA와 병행하여 투자보호협정도 체결하는 방향으로 전환되고 있다. 예를 들어, '2009년 경제재정개혁 기본방침(2009.6.23 내각결정)'에는 EPA와는 별도로 '투자협정 등의 체결을 촉진한다'고 규정되어 있다.

Ⅱ. 투자협정중재의 특색

1. 투자협정중재의 역사

(1) 1990년대까지

IIA는 1960년에 체결된 것부터 이미 투자자가 투자유치국을 중재에 부탁할 수 있는 중재구조를 가지고 있었다. 초기 투자의 흐름은 선진국으로부터 개발도상국으로의 일방적인 것이었기 때문에 IIA에 의한 보호란 주로 선진국의 개발도상국 투자에 대한 보호였고, IIA 중재에는 개발도상국의 국내재판소를 대신하는 역할이 기대되었다. 개발도상국의 국내재판소를 신뢰할 수 없다는 점 때문에 투자자와 투자유치국 간의 분쟁에 대해서는 투자유치국법에 의한 실체적인 규율을 전제로 한 다음에, 그 해석적용을 중재라고 하는 국제적인 포럼(forum)에 맡겨서 투자자 지위의 안정을 도모하고자 한 것이다.

그러나 당시 투자자가 투자유치국을 중재에 부탁하는 것은 양자 간의 양허계약(concession)에 기초한 것이며, IIA에 근거한 것은 1987년에 제기된 *APPL v. Sri Lanka* 사건이 처음이었다.[5] 1970년대부터 간간히 사용되어 오던 투자자 - 국가 간 계약에 근거한 중재도 분쟁해결에 장시간이 걸렸고, 이에 더하여 일단 나온 중재판정의 취소를 구하는 사건도 많아 중재제도가 효과적인 분쟁해결제도라는 인식이 낮았기 때문이다.

(2) 1990년대 말부터 현재까지

IIA 중재를 둘러싼 상황이 극적으로 변하게 된 것은 1998년 전후이다. 이러한 변화를 발생시킨 사건 중의 하나는 NAFTA 투자챕터를 근거로 한 *Ethyl* 사건이다.[6] 캐나다에서 사업을 하고 있던 미국기업(Ethly사)이 캐나다의 환경규제 강화에 의해 조업이 정지됨에 따라, NAFTA에 근거하여 캐나다 정부에 손해배상을 청구하였다. 중재절차 도중에 캐나다 정부가 화해금을 지불하여 중재가 취하되어 중재판정은 나오지 않았다. 이 사건에서는 환경규제와 투자보호의 대립이 문제가 되었고, 이와 더불어 화해금이 지불되었기 때문에 캐나다를 비롯한 여러 국가의 NGO 등은 중재를 가능하게 했던 NAFTA 투자챕터를 강하게 비난하였다. 그런 움직임이 계기가 되어, 중재절

---

5) *AAPL v. Sri Lanka* 사건을 포함하여 초기의 투자자 대 국가의 중재에 대하여는 日本エネルギー法研究所編, 『投資紛爭解決国際センター(ICSID)-その概要と仲裁事例-』(国際エネルギー開発斑報告書, 1998年) 참조.

6) 사건에 대한 상세한 내용은 西元宏治, (小寺彰 監修)「*Ethy*事件の虛像と実像 : NAFTA第11章仲裁手続とカナダにおける貿易・投資の自由化の一局面(上)」, 『国際商事法務』, 第33卷 9号 (2005年), 1,193면 이하 참조.

차를 규정하고 있던 MAI 교섭에 대한 강한 반대운동이 일어나 MAI 교섭 좌절의 큰 원인이 되었다. 한편, 이와 같이 고조된 움직임이 IIA 중재에의 관심을 강화하였던 것은 명백하고, 이 무렵부터 IIA 중재에의 부탁 건수가 한꺼번에 증가하여 IIA 중재가 보다 활발하게 이용되고 있다.

2. 활발한 중재이용의 의의

(1) 투자협정의 기능강화

IIA 중재의 활발한 이용은 IIA의 기능을 현저하게 강화하였다고 할 수 있다. IIA도 국제법상 조약인 이상, 해석적용을 포함한 운용은 각국 정부의 손에 맡겨져 있다. 투자유치국 정부의 조치가 협정위반인지 여부가 분명하지 않은 사안에서는 투자기업이 투자유치국의 IIA 위반이 있다고 생각하더라도 투자유치국의 정부가 어떠한 대응을 할지는 상황에 따라 다르고, 투자기업의 의도와 전혀 다르게 되는 경우를 피할 수 없게 된다.

그러나 투자기업이 직접적으로 투자유치국을 중재에 부탁하여 손해배상을 청구할 수 있게 되면, 기업이 직접적으로 IIA의 이행을 압박하는 것도 가능하다. 또 IIA 중재판정이 축적되면 IIA의 중요 조항(내국민대우 혹은 공정·형평대우)의 의미가 명확하게 되고, 그 결과 상당히 폭넓은 범위의 구제가 가능하다는 것을 알 수 있다. 이는 IIA마다 세부적인 차이가 있다고 하더라도 표준화된 규정이 많고, 통상의 상사중재와는 달리 다수의 중재판정이 공개되어 왔기 때문이다. 이와 같은 IIA의 기능강화를 알아차린 일본은 최근 투자보호협정의 중요성을 인식하기 시작하였다.

물론, IIA가 모든 사안에 대한 해결책을 제시할 수는 없다. 기업이 한편으로 투자유치국을 중재에 부탁하여 손해배상과 대상조치의 시정을 구하고, 다른 한편으로 투자유치국과 우호적인 관계를 유지하면서 사업 전개를 도모해 나가는 것이 항상 가능한가? 선진국 중에서도 예를 들어, 미국에서는 한편으로는 국가(주(州)의 조치인 경우도 많다)를 제소하고, 다른 한편으로 국가 또는 주와 우호적인 협력관계를 유지하는 것이 가능할 것이다. 실제로도 외국계기업이 활동 중에 국가를 중재에 부탁하여 승소하고, 그 후에 조치의 시정을 실현한 사례도 있다(예를 들어, *Nykomb Synergetics Technology v. Latvia* 사건). 그러나 투자유치국이 개발도상국인 경우에는 이와 같은 상황을 기대할 수 없고, 기업이 중재신청을 주저하는 것이 보통일 것이다. 활동을 전제로 하면서, 투자유치국을 상대로 중재부탁을 단행할지의 여부는 미묘한 정책판단을 필요로 한다.

(2) 투자협정중재에의 비판

IIA 중재에 의한 IIA의 기능강화에 대하여는 강한 비판도 있다. 초기의 IIA 중재인 *Ethyl* 사건이나 MAI에 대한 중재비판은 그 전형이고, NAFTA에서는 *Ethyl* 사건 후에도 그 비판이 계속되어 미국·캐나다·멕시코 정부가 IIA 중재 판단을 비판하는 움직임이 일어났다(2001년의 NAFTA자유무역위원회 각서에 이르게 된 경위).[7] 이깃은 양 당사자 간 사적 성격의 상사분쟁해결을 원활하게 하기 위하여 만들어진 중재가 결과적으로 IIA에 관한 분쟁의 해결 절차로 상응하는지에 대한 문제와 연결된다. 즉, 민사사건에서 중재에 의한 분쟁

---

7) 상세한 내용은 坂田雅夫, 「北米自由貿易協定(NAFTA)1105条の'公正にして衡平な待遇'規定をめ ぐる論争」, 『同志社法學』, 第55卷 6号 (2004年), 148면 참조.

해결이 인정되는 것은 그러한 중재가 사인의 사적 이익을 다루기 때문이다. 한편, IIA 중재에는 반소제기의 여지가 있다고 하더라도 항상 제소를 당하는 것은 투자유치국이고, 또 중재에서 다투어지는 것은 투자유치국의 조치에 대한 것이며, 경우에 따라서는 정책 자체의 시비조차 문제되는 경우가 있다. 게다가 지난 *Ethyl* 사건에서는 캐나다의 환경정책이 정면으로 문제가 되었다. 즉 국가의 공익이 중재 논쟁의 대상이 되고, 환경정책이 투자보호의 관점에서 평가될 가능성이 있었다.

국가의 공익에 관한 조치나 정책의 시비에 대하여 투자유치국 국민이 잘 알지 못하는 외국인(다수의 사건에서는 국제적으로 저명한 중재변호사나 국제법학자가 중재인으로 선임되지만, 일반국민의 입장에서 보면 이들은 '무명'의 외국인일 뿐 그 누구도 아니다)이 투자보호의 관점에서 내린 판단에 왜 투자유치국이 따라야만 하는 것인가? 그리고 어째서 중재에서 외국인에게 고액의 배상금을 지불하라고 명령할 수 있는 것인가? 이와 같은 비판의 이면에는 '같은 피해를 입은 자국민에게는 지불되지 않고, 외국인에게만 배상금이 지불되는 것인가' 또는 '자국민은 국내재판소에서만 구제를 구할 수 있는데, 외국인 투자자는 국내재판소도 이용할 수 있고, 이에 더하여 중재도 선택할 수 있는 것은 역차별이 아닌가'라는 생각이 있다. 게다가 '훌륭한 국내재판소가 있음에도 왜 중재란 말인가'라고 하는 비판의 목소리도 나온다.

반면 국내의 정책결정과정에 관여할 수 있는 국민과 그렇지 않은 외국인으로서는 투자유치국의 정책에 관여하는 입장이 다르다고 하거나, 투자유치국은 IIA를 체결함에 따라 외국투자자가 일정한 '기대'를 갖게 하였고[8) 이를 전제로 외국인이 투자를 하였으나 그 기대를 저버린 이상, 배상을 받는 것은 당연하다는 반론이 가능할지도 모른다. 게다가 투자유치국의 공적 조치 및 정책의 시비를 판단하는 것이 중재의 역할이 아니며, 중재는 IIA에 반하는 조치에 의해 손해를 입은 투자자에게 손해에 상응하는 금전배상에 대한 판단을 내리고 투자유치국의 조치 및 정책을 저지시키는 것은 아니라고 반론할 수도 있다. 그러나 적어도 10억 엔 이상, 경우에 따라서는 몇 천억 엔 이상인 금전배상의 의무를 부과하는 것은 투자유치국, 특히 개발도상국으로서는 큰 부담이고, 때로는 IIA가 정책상의 족쇄가 되는 것도 부정할 수 없다.

또 IIA에는 대체로 투자유치국이 분쟁 후에 중재부탁에 대하여 합의하는 것이 아니라, IIA 체결 시 상대방을 한정하지 않고, 투자협정 상대국의 투자자에 대하여 일반적인 중재부탁 합의가 부여된 것에 지나지 않는다. 이러한 점에서 상사중재의 관할권 설정을 위한 합의 절차와 크게 다르다는 점도 IIA 중재에 대해 저항감을 갖는 하나의 원인일 것이다.

Ⅲ. 투자협정중재의 이론적 과제

1. 투자협정중재의 법적 성격

IIA 중재는 ICSID 협약이라는 국제조약에 근거하여 행하여지는 경우도 있지만, UNCITRAL 중재규칙이나 ICC 중재규칙 등 종래에

---

8) 외국인 투자자의 '기대'는 IIA 중재의 핵심적인 개념(concept) 중의 하나이다. 이에 대해서는 본서 제6장 '공정·형평대우' 참조.

국제상사중재가 준거해 온 중재규칙에 근거한 경우도 빈번하였기 때문에 당연히 제도의 법적 성질이 국가 간의 중재재판과 같은 국제법상의 제도인지, 상사중재와 같은 국내법상의 제도인지가 문제된다. 또한 종래의 국내 분쟁해결제도와 국가 간의 분쟁해결제도 모두와 다른 독자적인 국제적 분쟁해결제도로 생각될 여지도 있다(본서에서는 'awards'를 중재판단, 중재판정, 중재재정으로, 또 투자협정에 관한 'arbitration'도 이 장과 같이 '중재'라고 하는 이외에, '중재재판'으로 번역되어 있는 경우도 있다. 이 차이는 각각 투자협정중재(investment treaty arbitration)의 성질을 어떻게 생각하는지에 따라 결정된다).[9]

이 점을 국내재판소의 개입(control)에 입각하여 생각해보자. 국가 간의 중재재판과 유사한 제도라고 하면 그것을 국내재판소가 개입하는 것을 우려할 필요가 없다. 그러나 국제상사중재와 성질과 같은 제도라고 생각한다면, 중재지가 존재하고 중재지의 중재법을 적용하기 때문에[10] 국내재판소의 개입이 우려된다. ICSID 중재는 중재지라는 관념이 없고, ICSID에 개입의 장치가 내재되어 있어(ICSID 협약 제52조의 특별위원회), 이러한 의미에서 국제제도로 보아야 할 것이다. 한편, ICC 등의 상사중재규칙이나 ICSID 추가제도(additional facility)에 의한 중재의 경우에는 중재지라는 개념이 있기 때문에 중재지 국내재판소의 개입이 예상된다. 실제로도 중재지의 국내재판소에 중재판단의 취소가 청구되는 경우도 많고, 취소된 예도 있다. 그렇다면 동일한 IIA 중재인 것과 상관없이 준거하는 중재규칙에 따라 그 법적 성질이 변하는 것인가?

---

9) ICSID 협약의 다른 번역에서는 arbitration을 '중재재판'이라고도 번역한다.

10) 일본의 중재법이 투자협정중재를 규율하고 있는지에 대하여는 규율하지 않는다는 견해가 강한 것 같지만, 종래 거의 논의되지 않았던 논점이다.

IIA 중재는 통상의 상사중재와 같은 것이 아닌 것은 명백하다. 한편, ICSID는 다소 그러한 경향이 약하다고 하여도, 그 이외의 중재규칙에 근거한 IIA 중재는 종래부터 국제상사중재 구조를 대체로 따라왔다. 또 IIA 중재가 국가 간의 중재재판과 다른 것도 자명하다. 그러나 IIA 중재는 국가의 공익에 크게 관련된다.

IIA 중재의 성질 결정은 이와 같이 일견 학술적(academic) 문제에 그치는 것 같이 보이지만, 실제는 그렇지 않고 여러 가지 중재의 국면에 영향을 미친다.

2. 실제적 문제

IIA에 대하여 이미 구체적으로 문제되고 있는 사례에 대해 살펴보자. 예를 들어, IIA 중재의 판단은 일반의 상사중재재판과는 달리 공개되는 것이 많지만, 일반적으로 공개되어야 할 것인가? 중재판단의 공개를 넘어 '법정 조언자(amicus curiae)' 의견서 제출권을 시작으로, 중재절차의 '투명성'의 확보에 관하여 강력한 주장이 있고 일부는 나타나고 있다.[11] 게다가 IIA 중재에 공통하는 상소제도의 제안까지 나타나고 있다. 이러한 점들은 당연히 IIA 중재의 법적 성질을 어떻게 파악할 것인가 하는 문제와 밀접하게 관련되어 있다.

중재판단 집행의 측면을 보면, 국제상사중재의 경우는 뉴욕협약을 매개로 하여 중재지 이외의 뉴욕협약 당사국에서 중재판단의 집행이 가능하다(이 제도 때문에 국제사법적 성격이 있는 민사분쟁의 해결을 위하여, 국내재판소가 아닌 상사중재가 이용되고 있는 경우도 많다).

---

11) 상세한 내용은 Joachim Delaney and Daniel Barstow Magraw, "Procedural Transparency", in Peter Muchlinski, Federico Ortino and Christoph Schreuer ed., *International Investment Law* (2008), 721면 이하 참조.

그렇다면 IIA 중재의 판단은 뉴욕협약에 의해 승인 및 집행이 의무적으로 이루어져야 하는 '중재판단'인가? UNCITRAL 중재규칙이나 ICC 중재규칙에 준거한 중재라면, 뉴욕협약상의 중재로 생각해도 좋은 것인가? 구체적으로는 그것이 뉴욕협약 중의 '분쟁의 대상인 사항이 그 국가의 법령에 의해 중재에 의한 해결이 불가능한 것'(제5조 2항 (a))에 해당하는지, 또는 집행을 요청받은 국가가 '그 국가의 국내법에 의해 상사로 인정되는 법률관계로부터 생긴 분쟁에 대하여만 이 조약을 적용한다는 취지'의 선언을 이행하고 있는 경우에, '상사중재'에 해당하는지에 대한 문제가 발생할 수 있다. ICSID 중재에 대하여는 ICSID 협약에 의해 체약국이 집행을 약속하고 있다(제54조). 그러나 UNCITRAL 중재규칙이나 ICC 중재규칙에 따라 실행되는 중재에 대하여는 IIA에 당사국의 준수의무 규정은 있지만, 당사국 외의 제3국에 투자유치국 재산이 있는 경우에는 당해 재산소재국의 중재판단의 집행 근거는 뉴욕협약 이외에는 없다.

IIA 중재의 성질을 결정하는 것에 관해서 절차법에 그치지 않고 실체법의 수준에서도 여러 문제가 존재한다. 적용법규는 국제법인가 국내법인가? 중재를 신청하는 투자자는 개인의 고유의 자격으로 신청하는 것인가, 국가의 권리로부터 파생된 권리를 행사하는 것에 지나지 않는 것인가?[12]

이 문제들은 일견 보기보다 복잡한 문제이다. 따라서 이러한 문제에 답하기 위해서는 무엇보다 IIA 중재의 근거를 제공하는 IIA를 바르게 이해하는 것이 필요하고, 이러한 이해를 바탕으로 하여 상기의 문제들을 해결할 수 있다.

---

12) 전자에 대해서는 본서 제2장, 또 후자에 대해서는 小寺彰, 「投資協定仲裁における投資家の地位」, 『日本国際経済法学会年報』, 第17号 (2008年), 101면 이하 참조.

결 론

　IIA 중재의 활발한 이용에 의해 IIA 중재만이 아니라 IIA 그 자체도 재평가의 압박을 받고 있다. IIA 중재의 성질, 나아가 IIA의 의미는 구체적인 사안을 통해 IIA 그리고 IIA 중재가 어떠한 사건을 어떻게 취급해왔는가, 그것이 제시하는 문제는 무엇인가를 분석하고 검토하는 것을 시작으로 명백해진다. 이것은 동시에, 국가의 통상정책이나 기업의 경영전략으로서 IIA나 IIA 중재를 어떻게 자리매김하게 할 것인지에 관한 문제에 연결된다.

　정부가 직면한 문제는 다음과 같은 것일 것이다. IIA에 어떠한 내용을 담아야 하는가, 투자보호협정으로 좋은가, 또는 투자자유화협정까지 필요로 하는가? 게다가 어느 나라와 체결해야 하며 또 상대국에 의해 내용을 변경해야 하는가? IIA가 종래는 '우호관계'의 증거 또는 수뇌방문의 '선물'과 같이 취급되는 경우도 많았다. 그러나 IIA 중재의 활발한 이용에 따라 이와 같은 취급에 대하여 개발도상국에서도 반성이 일어나고, 예를 들어, 중재를 IIA에 포함하는 것을 거부하는 움직임도 나타나고 있다(일본-필리핀 EPA에서는 필리핀의 강력한 요구에 의해 투자챕터의 중재규정이 거부되었고 협의를 계속하게 되었다). 물론, IIA에 의한 투자보호 효과가 뚜렷한 것에 입각하여 IIA에 기대를 하는 개발도상국의 목소리도 적지 않게 존재한다. 현재, 한중일 3국 간에 투자협정교섭이 진행 중이지만(중일 간에는 1988년에 체결되었지만 거의 의미 없는 구식의 BIT밖에 없다), 이것도 이와 같은 문맥에서 평가가 가능하다.

　기업의 입장에서 생각해보자.[13] 기업이 외국에서의 사업을 고려

---

13) 상세한 내용은 小寺彰, 「投資協定と企業法務―企業の海外事業展開へのインパクト―」, 西村あさ

할 때에는 계획 시 자국을 포함하여 각국의 IIA를 비교하여 자국에서 직접투자를 하여야 할 것인지, 경유지에 명목회사(paper company)를 둠으로써 이를 경유하여 투자하여야 할 것인지를 고려하여야 할 것이다(투자자의 정의가 일반적으로 완화되었기 때문에 이와 같은 '조약쇼핑'(treaty shopping, 조세조약을 이용한 조세회피)이라고도 할 수 있는 조작이 가능하다). 해외에서 사업개시 후에 정부기관으로부터 예측할 수 없는 사태(예를 들어, 인가조건위반)가 발생한 경우에 당해 투자를 다룬 IIA를 사용하여 정부와 교섭할 것인지, 이에 더하여 중재에 부탁하여 구제를 받을 것인지 등을 검토하여야 한다. 이와 같은 대응에 의해 기업활동, 특히 개발도상국에서의 기업이 종래보다도 안정된 형태로 활동할 수 있는 가능성이 있다.

  IIA를 둘러싼 문제들은 상상 이상으로 폭이 넓고, 이론적으로 깊이가 있는 것이므로 주의가 필요하다.

ひ法律事務所西村高等法務研究所編, 『グローバリゼーションの中の日本法』 (西村利郎追悼記念論文集) (2008年), 529-536면 참조.

제2장 투자자와 투자재산

伊藤 一賴 (이토우 카즈요리)

I. 투자협정중재에서의 관할권 판단 구조

일반적으로 투자협정중재의 관할권은 관련된 투자협정에 정해진 '투자자(investor)' 및 '투자재산(investment)'을 대상으로 성립된다. 단, 선택된 중재포럼에 따라 관할권 판단의 구조에도 차이가 생긴다는 것에 주의해야 한다.

우선, ICSID 중재를 이용하는 경우에는 ICSID 협약 제25조에 포함된 고유의 관할권 형성요건을 충족시킬 필요가 있다. 나아가 투자협정에서는 투자유치국의 포괄적인 사전합의에 기초한 중재부탁에 대해 부탁의 대상이 되는 투자자 및 투자재산의 범위에 관하여 당해 투자협정도 독자적인 규정을 둔다. 따라서 중재 신청인은 ICSID 협약이 정하는 공통의 요건 및 원용하는 투자협정이 정하는 개별 요건을 동시에 만족시키는 것이 요구된다. 여기서 전자를 객관적 요건, 후자를 주관적 요건이라고 할 때, ICSID 중재에서는 객관적 요건이 관할권의 범위를 설정하고 그 범위 내에서 각 체약국은 주관적 요건을 조작하여 재량적으로 관할권의 성립범위를 정할 수 있다. 역으로 말하면, 주관적 요건을 완화해도 객관적 요건에서 벗어난 부분에 대해서는 관할권이 성립하지 않는다.

그러나 주관적 요건을 완화하는 것은 무의미하지 않다. 왜냐하면 많은 투자협정이 ICSID 이외에 UNCITRAL 중재, SCC 중재, ICC 중재 등 중재포럼 이용도 가능하지만, 그러한 중재포럼에는 특정한 투자자와 투자재산이 관련되는 '투자' 분쟁만 다루어지는 것이 아니라 당사자 간 합의가 있으면 어떠한 상사분쟁도 부탁할 수 있기 때문이다. 즉, 이처럼 ICSID 중재외의 중재포럼을 이용하는 경우에는 관할권 성립이 거의 전면적으로 주관적 요건에 의존하기 때문에 당사국의 의도에 따라 ICSID 중재 대상에서 제외되는 부분에도 관할권을 미치게 할 가능성이 있다.

이와 같이 투자협정중재의 관할권의 범위는 (i) 선택된 중재포럼에 주어진 객관적 요건의 유무 및 (ii) 관련 있는 투자협정에서의 주관적 요건의 내용에 따라 개별 사안에 인정되는 성격을 갖는다. 이러한 특성에 따라서 이하에서는 대표적인 논점에 관해 과거 중재판단이 객관적 요건과 주관적 요건을 어떻게 해석하여 왔는지 검토한다.

Ⅱ. 투자자

1. 개인투자자

개인투자자가 ICSID 중재를 제기하는 경우에 ICSID 협약 제25조 2항 (a)는 '분쟁 당사자인 국가 외의 체약국의 국적'을 가지는 자연인에 관하여 중재 관할권을 인정하지만, 그 단서에서 이중으로 분쟁 당사자인 국가의 국적도 함께 갖는 자는 제외된다고 규정한다. 여기에서는 외교적 보호의 경우와는 달리 이중국적의 어느 쪽이 실질적 인지는 묻지 않는다.

Champion Trading 사건에서는 미국의 개인투자자인 신청인이 이집 트에 대해 중재를 부탁했으나 그 부친이 미국 국적과 함께 이집트 국적을 가지고 있어 이집트 국적법상 그 아들인 신청인도 이집트 국 적을 갖게 되었다. 신청인은 이집트 국적은 출생에 의해 부여된 비 자발적인 것으로 실제로는 이집트와의 사이에 어떠한 관계도 존재 하지 않으므로 실효적 국적의 소재를 기준으로 해서 판단해야 한다 고 주장했다. 그러나 중재판정부는 피신청국의 국적이 완전히 의미 가 없지 않는 한 타국 국적과 비교해 어느 쪽이 보다 실효적인지를 묻지 않고, 즉시 관할권이 부정된다는 입장을 보였다.[1]

2. 법인투자자

법인투자자에 관해 지금까지의 중재사건에서 특히 문제가 된 것 은 투자협정 체약국인 투자자의 국적국에 타국의 투자자가 편의상 설립한 활동이 거의 없는 회사(명목회사, paper company)를 통하여 투자유치국에 투자를 하는 경우 투자협정상의 보호를 부여해야 하 는가에 관한 것이다. 만일 회사지배의 최종적인 주체에 주목한다면 이 투자는 투자자의 국적국의 투자자에 의한 것이라고는 할 수 없 다. 특히, ICSID 협약 제25조 2항 (b)에는 회사의 지배주체에 관한 언급이 있기 때문에 ICSID 중재에서는 회사지배의 실체를 추구하는

---

1) *Champion Trading Company, Ameritrade International, Inc., James T. Wahba, John B. Wahba, Timothy T. Wahba v. Egypt,* ICSID Case No. ARB/02/9, Decision on Jurisdiction, 21 October 2003, pp.9-17. 이 사건의 신청인은 투자시점에 이집트 국적도 이용하고 있었기 때문 에 투자유치국의 국적이 완전히 의미가 없었다고 할 수 없다는 판단을 하였다.

입장이 객관적 요건으로 존재한다는 견해도 있다. 그러나 지금까지의 중재판단은 제25조가 특정한 지침을 포함한다고 이해하지 않고 오히려 명목회사의 취급은 각국이 개별 투자협정에서 재량적으로 정하여야 할 일이라고 이해해왔다. 이하에서는 이를 (i) 투자유치국이나 제3국의 국민이 지배하는 투자자의 국적국의 회사가 중재를 부탁한 경우와 (ii) 투자유치국에 설립되었지만 타국의 국민에게 지배를 받고 있는 현지법인이 중재를 부탁한 경우로 나누어 고찰한다.

(1) 타국민이 지배하는 투자자의 국적국 회사에 의한 제소

먼저, 중재를 부탁한 투자자의 국적국의 회사가 투자유치국의 국민에게 지배를 받고 있는 사건으로서 *Tokios Tokelés* 사건이 있다. 이 사건의 신청인은 리투아니아에 설립된 회사이며, 우크라이나의 완전자회사가 받은 손해에 관하여 리투아니아-우크라이나 BIT에 근거해 우크라이나를 제소하였다. 이에 대해 우크라이나는 신청인 주식의 99%, 이사회 의결권의 3분의 2를 우크라이나 국민이 소유하고 있고 리투아니아에는 경영의 본거지도, 사업 활동도 존재하지 않았기 때문에 경제적 실질을 보면 이 사건 원고는 우크라이나의 투자자라고 지적하였다. 그리고 자국민이 자국정부에 대하여 국제 중재에 부탁하는 것은 ICSID의 취지와 목적에 반하기 때문에, 중재판정부는 신청인의 법인격의 '베일을 벗겨(unveil)' 지배적 주주나 경영자의 국적, 실질적 경제활동의 유무, 경영본거지 등에 따라 투자자의 국적을 판단해야 한다고 주장하였다.[2]

그러나 중재판정부는 ICSID 중재 관할권에서 가장 중요한 것은

---

2) *Tokios Tokelés v. Ukraine*, ICSID Case No. ARB/02/18, Decision on Jurisdiction, 29, April 2004, paras.21-22.

어떠한 분쟁을 중재에 부탁할지에 관해 광범위한 재량을 가진 체약국의 의사에 의존하므로 이 사건의 BIT가 설립준거법 국가만을 기준으로 투자자를 정의하고 다른 추가적 요건은 포함하지 않았다는 점을 중시하였다.[3] 특히 우크라이나-미국 BIT와 우크라이나와 리투아니아가 체약국인 에너지헌장조약에는 투자자의 국적국에 설립된 회사라고 하더라도 타국민이 지배하는 경우에는 보호를 부여하지 않는다는 '혜택의 부인(denial of benefits)' 조항이 존재하는 것에 반해, 이 사건의 BIT에 그러한 규정을 두지 않았다는 것은 체약국의 의도적인 선택이므로 중재판정부는 여기에 구속되어 관할권을 행사해야 한다고 하였다.

이 판단에 대해 Weil 중재인은 반대의견을 덧붙였다. 그의 의견에 따르면, ICSID 협약 제25조 2항 (b)는 투자유치국에 설립된 회사라도 타국민이 지배하는 것에 대해서는 중재를 부탁할 자격을 인정하고 있지만, 이는 본래 외국투자로 간주될 것이 회사의 투자유치국 국적이라는 법적형식을 이유로 보호대상에서 제외되는 것을 막겠다는 취지라는 것이다. 그러므로 반대해석으로 투자자가 자국에 투자를 하는, 즉 외국투자라는 실질이 없는 경우에는 만일 그것이 타국 국적 회사를 통해 투자가 되고 있어도 '지배'의 실체에 주목해 보호를 부정해야 하는 것이다.[4] ICSID 협약의 취지와 목적은 외국투자자에 대해 중립적인 분쟁해결제도를 제공하는 것에 있는데 외교적 보호권의 행사와 국내재판소의 관할권에 대한 제한도 그에 한해 정당화되므로 국내투자자에게까지 국제 중재의 이용을 인정하려는 해석은 피해야 할 것이다.[5]

---

3) *Ibid.*, paras.19, 27-29.

4) *Tokios Tokelés v. Ukraine*, ICSID Case No. ARB/02/18, Dissenting opinion, 29 April 2004, para.23.

이는 ICSID 협약의 취지와 목적이 외국투자의 보호에만 있다는 형태로 회사의 국적에 관한 엄격한 객관적 요건이 ICSID 협약상 존재한다는 견해이다. 이에 대해 다수 의견은 ICSID 중재에서 적용되어야 할 국적의 기준이 설립준거지인가, 아니면 지배실체인가를 일의적으로 결정할 것이 아니라 어디까지나 관련된 투자협정의 문언에 반영된 당사국의 의사에 따라야 한다는 것이므로 각국에서는 이점을 의식하여 정책을 명확하게 선택하여야 한다.

다음으로 투자유치국이 아닌 제3국의 국민이 지배하는 투자자의 국적국의 회사가 중재를 제기한 예로 *ADC* 사건이 있다. 이 사건에서는 캐나다 국적의 회사가 키프로스의 자회사를 통해 헝가리에 투자하고 있었는데 분쟁이 발생하자 키프로스의 자회사가 신청인이되어 키프로스-헝가리 BIT에 근거하여 ICSID에 중재를 부탁하였다(캐나다는 ICSID 비체약국이다). 헝가리는 신청인이 키프로스와 진정한 관계를 가지지 않는 명목상 회사에 지나지 않기 때문에 법인격부인의 법리를 적용하여 관할권을 부정해야 한다고 주장하였다. 그러나 중재판정부는 이 사건의 BIT가 신청인이 일방의 체약국의 법에 근거해 설립될 것만을 요구하고 있어 당사국과의 진정한 관계의 유무나 제3국 국민의 지배는 문제가 되지 않는다고 하였다.[6] 그중에서도 중재판정부는 헝가리가 타국과 체결한 투자협정에서는 투자자와 투자자의 국적국 간의 진정한 관계, 즉 사업활동을 요구하는 한편 이 사건의 BIT에는 관련된 요구가 규정되어 있지 않은 점에 주목하여[7] 역시 주관적 요건 설정 방법이 결정적인 의미를 가진다는

---

5) *Ibid.*, paras.8, 23.

6) *ADC Affiliate Limited And ADC & ADMC Management Limited v. Republic of Hungary*, ICSID Case No. ARB/03/16, Award, 2 October 2006, para.357.

7) *Ibid.*, para.359.

것을 시사하게 되었다. 이 같은 판단 구조는 ICSID 이외의 중재포럼에서 다투어진 유사 사건에서도 채택되고 있다.[8]

그러면 명목회사를 통한 투자를 보호 대상에서 제외하고 싶은 경우 주관적 요건은 어떻게 설정해야 할 것인가?

첫째, 투자자의 정의에서 투자자의 국적국과 실질적인 관계를 요구하는 방법이 있다. 예를 들면 ASEAN 투자촉진보호규정 제1조 2항은 체약국이 회사의 설립 준거법국인 것에 더해 실효적 경영지일 것을 요구하고, 또 미국과 스리랑카의 모델 BIT에서는 회사가 체약국에서 실질적인 사업 활동을 할 것을 요구한다. 무엇보다 중재판정부는 '실질적인 사업 활동'의 내용을 체약국의 의도보다도 낮은 수준에서 해석할 우려가 있기 때문에 그것을 예측한 투자자 측이 명목회사에 명목적인 활동을 하게 하는 것을 생각할 수 있다.

둘째, 정의규정과는 별개로 혜택의 부인조항을 이용하는 방법이 있다. 예를 들어, 일본-라오스 BIT 제26조 2항은 체약국에 설립된 회사라 하더라도 제3국의 투자자에 의해 소유 또는 지배되고, 그 체약국 내에서 실질적인 사업 활동을 하지 않는 경우에 투자유치국은 당해 회사에 대해 협정상의 혜택을 부인할 수 있다고 규정한다. 이러한 조항은 이를 원용하는 피신청국이 입증책임을 전적으로 부담한다고 이해되기 때문에 명목회사의 배제에 더하여 자국 투자자의 부담경감에도 관심을 갖는 국가에게는 유용한 규정일 것이다.

이상의 판단구조의 예외로서 중재 관할권의 취득만을 목적으로

---

8) 예를 들면, UNCITRAL 중재에서 다투어진 *Saluka* 사건에서는 일본기업이 네덜란드에 설립한 Saluka 사를 통하여 체코 국적의 회사 IPB에 투자하고 있었지만, 체코를 제소할 때 체코와 일본 간 투자협정이 없었기 때문에 Saluka사가 네덜란드-체코 BIT에 근거해 제소하였다. 중재판정부는 동 BIT는 '네덜란드법 아래에서 설립된 법인'에 대하여 보호한다고 규정하고 있으므로 제3국의 국민에 의해 지배받는 회사를 제외하는 의사는 보이지 않는다 하여 관할권을 긍정하였다. *Saluka Investments BV v. The Czech Republic*, UNCITRAL, Partial Award, 17, March 2006, para.229.

회사를 설립하는 것이 극단적으로 명백한 경우, 주관적 요건이 있음에도 불구하고 일반적인 보호대상에서 제외하는 경우가 있다. 전술한 *Tokios Tokelés* 사건과 *ADC* 사건에서 중재판정부는 피신청국이 요구하는 법인격부인 법리의 적용을 거부하는 근거로, 신청인이 분쟁이 발생하기 전에 설립한 회사이고 중재 관할권의 취득만을 목적으로 하고 있다고는 할 수 없다는 점을 들었다. 그러나 이는 역으로 단순히 중재 기회의 취득만을 목적으로 한 회사 설립에 관해서는 관할권을 부정하는 여지를 남기는 것이다. 실제로 다음의 *Phoenix Action* 사건에서는 손해가 발생한 후, 중재 기회만을 얻기 위해서 회사를 설립한 것은 국제중재제도의 남용이며 신의성실에 반하는 것이기 때문에 관할권이 부정되었다.[9] 따라서 투자자의 행동이 명백하고 악질적인 권리남용에 해당하지 않아야 하는 것은 모든 중재포럼에 공통된 묵시적 객관적 요건이라고 하겠다.

(2) 타국민이 지배하는 투자유치국의 회사에 의한 제소

전술한 바와 같이 ICSID 협약 제25조 2항 (b)는 투자유치국에 설립된 회사더라도 타국민이 지배하는 경우에는 투자유치국의 동의를 조건으로 중재에 부탁할 자격을 인정하고 있다. 투자유치국의 동의는 개별의 투자계약에 별도로 혹은 투자협정에 대해 미리 포괄적으로 부여될 수 있지만, 그러한 동의가 있으면 ICSID 이외의 중재포럼에서도 같은 형태의 제소가 가능하다. 한편 현대 다국적기업에는 모회사, 자회사, 손자회사라는 여러 단계에 걸쳐 지배구조가 연결되어

---

9) *Phoenix Action, Ltd. v. Czech Republic*, ICSID Case No. ARB/06/5, Award, 15 April 2009, paras.135-144. 다만 이 사건 판단은 투자자의 요건이 아니라 투자재산의 요건으로서 신의성실의 원칙을 채택하고 있다.

있다. 예를 들면 손자회사가 투자유치국에 설립되고 그 회사를 직접적으로 지배하는 자회사가 ICSID 협약이나 투자협정의 체약국에 설립되어 있지만 그 위 단계의 모회사는 비체약국에 설립되어 있는 경우, 자회사에 주목하면 투자유치국 내의 손자회사가 중재에 부탁할 자격이 인정되지만 모회사에까지 거슬러 올라가면 그 자격은 부정된다. 또는 역으로 자회사는 비체약국에 그리고 모회사는 체약국에 설립되어 있는 경우, 손자회사의 제소 자격은 모회사에까지 지배구조를 거슬러 올라가면 인정되지만 자회사에 멈추면 부정된다. 이와 같이 투자유치국 국적의 회사에 의한 중재부탁이 가능한지의 여부를 판단할 때에는 그 지배구조를 어디까지 거슬러 올라갈 것인가가 중요한 문제가 된다. 이하에서는 투자유치국의 동의가 개별 투자계약에 주어진 사안과 투자협정에 주어진 사안 각각에 관해 주요한 중재판정을 검토한다.

(a) 투자유치국이 투자계약에서 동의를 부여한 경우

대표적인 사건으로서 *Amco* 사건과 *SOABI* 사건이 있지만, 이들 중재판정은 일견 상호 모순되기 때문에 그 판정을 어떻게 해석할 것인지가 논쟁의 대상이 되었다. 즉, *Amco* 사건과 *SOABI* 사건에서 모두 중재 관할권이 긍정되었지만, 전자는 지배구조의 제1층까지밖에 거슬러 올라가지 않았고 후자는 제2층까지 거슬러 올라갔기 때문이었다.[10] 이에 대해 예를 들면 Nathan 중재인은 이 두 판정은 모순되지 않고 요컨대, 중재의 부탁자격을 만족시키는 국적을 찾을 수 있을

---

10) *Amco Asia Crop, v. Indonesia*, ICSID Case No. ARB/81/1, Decision on Jurisdiction, 25 September 1983, 1 ICSID Rep. 389, para.14; *Société Ouest Afrivaine des Bétons Industriels v. Senegal*, ICSID Case No. ARB/82/1, Decision on Jurisdiction, 1 August 1984, 2 ICSID Rep. 175, para.35.

때까지 지배구조를 거슬러 올라가 그 자격이 발견되면 그 이상은 지배구조를 거슬러 올라가지 않는다고 이해하였다.[11] 한편 Schreuer 중재인은 그러한 사고방식에는 투자유치국의 회사를 지배하는 것이 ICSID 협약과 투자협정의 비체약국의 국민 등 본래는 중재의 부탁자격을 갖지 못한 주체인 경우에도 자격을 얻을 수 있는 국가에 편의적으로 중간회사를 설립하는 것만으로 요건을 충족하는 것이 된다고 비판하고 오히려 실제 지배주체(true controller)가 발견될 때까지 신청인의 지배구조를 거슬러 올라가서 그 주체가 비체약국과 투자유치국의 국민이면 관할권을 부정해야 한다고 하였다.[12]

그러나 두 사건의 중재판정부의 태도는 그와 같이 특정의 방침을 처음부터 원칙적으로 결정하는 것이 아니라, 오히려 그 사건에 대한 당사국 또는 당사자의 의사를 투자계약에서부터 신중히 찾음으로써 신청인에게 중재의 부탁자격을 인정하는 것이 타당한지의 여부를 판단한다는 것이다. 즉, *Amco* 사건에서는 지배구조를 제1층까지 거슬러 올라갔고, *SOABI* 사건에서는 제2층까지 거슬러 올라갔지만 당사국이 중재합의를 하였다고 볼 수 있는 정황이 각각 있었기 때문에 중재판정부는 관할권을 인정하였다. 이러한 의미에서 두 사건 판정이 상호 모순되는 것은 아니라고 생각한다.

이 점에 대해서는 *Autopista* 사건의 중재판정에서 보다 명확하게 서술되고 있다. 이 사건에서는 베네수엘라에서 고속도로 사업을 수주하기 위해 멕시코 국적 회사인 ICA Holding사가 현지법인 Aucoven사를 설립하고 베네수엘라 정부와 Aucoven사와의 사이에 양허계약(Concession)을 체결하였다. 이 계약은 중재조항을 포함하고 있었고,

---

11) Nathan, K. V. S. K., *The ICSID Convention: The Law of the International Centre for Settlement of Investment Disputes*, Juris Publishing, New York, 2000, p.97.

12) Schreuer, C.H., *The ICSID Convention: A Commentary*, Cambridge U.P., 2001, p.318.

이에 따라 분쟁을 원칙적으로 베네수엘라 국내 *ad hoc* 중재에 맡기는 것으로 규정되어 있었다(para.63). 그러나 Aucoven사의 다수 주주가 ICSID 협약 체약국 국가의 국민으로 변경되는 경우에는(멕시코는 비체약국이다) ICSID 중재에 부탁하는 것이 합의되었다(para.64). 그 후 1995년 이후 멕시코의 통화 위기로 페소(peso; 스페인의 옛 화폐)의 액면가가 대폭 하락하여 ICA Holding사는 Aucoven사에 자금을 공급하는 것이 곤란하게 되었고, 미국에 설립된 자회사인 Icatech사에 사업을 이관하려고 하였다. Aucoven사는 양허계약에 기초하여 동 회사 주식의 75%를 ICA Holding사로부터 Icatech에 양도하는 것을 베네수엘라 정부에 신청하였고 동 정부는 이를 승인하였다. 후에 분쟁이 발생하자 Aucoven사는 미국국적 회사 Icatech사에 지배받는 현지법인으로서 상기 제64항의 규정에 근거하여 ICSID 중재를 부탁하였다. 이에 대해 베네수엘라는 제64항은 ICA Holding사와 관련성이 없는 기업에 Aucoven사의 최종적 지배권이 완전히 양도된 경우를 상정한 것이며, 이 사건과 같이 그룹 내의 주식양도의 경우는 실효적 지배권이 여전히 ICA Holding사에 있기 때문에 제64항이 적용되는 경우가 아니라고 주장하였다.

여기에서도 역시 Aucoven사의 지배구조에 대한 탐구를 제1층 (Icatech사)에서 멈출 것인지, 그렇지 않으면 최종적으로 실효적 지배 주체(ICA Holding사)에까지 거슬러 올라갈 것인지가 문제되었다. 결론부터 말하면, 중재판정부의 판단은 제64항의 적용을 인정해 관할권을 긍정하고 실효적 지배 주체의 탐구는 하지 않는다는 입장을 보인 것으로 생각된다. 그러나 이 결론은 역시 이 사건에 있어서의 당사자 의사의 존중이라는 논의에서부터 이끌어내고 있다. 즉, 중재판정부는 이 사건의 중재부탁합의(제64항)에는 다수 주주가 ICSID 협약 체약국의 국민으로 변경되었다는 것만을 조건으로 고려하고 있어, 그 합의가 다른 기업에 의한 실효적 지배권의 동반하여야 한다는 의도를 당사자가 가졌다는 흔적이 없기 때문에 부탁합의의 명확한 문언에서 일탈하는 것이 정당화되지 않는다고 하였다.[13] 이와 관련된 판단 논거로서, 중재판정부는 ICSID 협약의 기초과정에서는 투자유치국의 회사가 '타방 체약국의 국민에 지배 받는다'는 것이 어떠한 상황을 가리키는지가 의도적으로 정의되지 않았고, 오히려 합의부탁에 기초를 둔 ICSID 중재의 성격에 비추어 각각의 투자계약이나 투자협정의 당사국 또는 당사자가 이를 자유롭게 정의할 수 있는 여지를 최대한으로 남겨두었다는 점을 지적하였다.[14] 그러므로 당사자가 선택한 기준이 합리적이고 '타방 체약국 국민에 의한 지배'라는 요건의 객관적 의의를 명백히 해치지 않는 한 중재판정부는 그 기준에 구속된다.[15]

(b) 투자유치국이 투자협정에서 동의를 부여한 경우

상기의 여러 사건에서는 개별 투자계약에 중재합의가 포함되어 있었기 때문에 당사자가 선택한 지배기준의 내용과 그 적부도 각각의 사건에서의 사정에만 주목해서 판단하는 것이 가능했다. 이에 대해서 투자협정이 사전에 포괄적인 지배기준에 따라 중재에 대한 합의를 규정하고 있는 경우, 구체적 분쟁에 있어 당해 규정은 어떻게

---

13) *Autopista Concesionada de Venezuela, C.A. v. Bolivarian Republic of Venezuela*, ICSID Case No. ARB/00/5, Decision on Jurisdiction, 27 September 2001, paras.85-87.

14) *Ibid.*, para.98.

15) *Ibid.*, para.99. 중재판정부는 Icatech사가 중재 관할권을 가질 목적으로만 설립된 편의적 회사가 아님을 지적하고 있어(paras.122-125), 역으로 말하면 만약 투자분쟁이 발생한 후에 중재부탁만을 목적으로 편의적인 회사가 설립한 경우에는 당사자가 선택한 지배기준을 충족한다고 하더라도 중재절차의 남용으로서 관할권이 부정될 수 있다.

해석될 것인가?

이와 관련하여 *Aguas del Tunari* 사건을 들 수 있다. 이 사건의 신청인은 볼리비아에 설립된 회사인데 네덜란드 국적 회사에 지배받고 있다고 하는 점을 들어 볼리비아-네덜란드 BIT에 근거해 볼리비아를 상대로 중재에 부탁하였다. 동 BIT 제1조에서는 법인이 투자유치국의 법에 준거하여 설립되었지만, 또 다른 일방 체약국의 국민에 의해 직접 내지 간접적으로 지배를 받고 있다면 중재를 부탁할 자격을 갖게 된다고 규정하고 있다. 이에 대하여 볼리비아는 동 BIT에서 말하는 '지배'란 최종적인 지배권을 의미하는 것이며, 이 점에 비추어볼 때 이 사건의 네덜란드 국적 회사는 최종적으로는 미국의 모회사에 지배받는 명목회사에 불과하므로 지배구조를 최후까지 거슬러 올라가면 신청인이 볼리비아-네덜란드 BIT에 근거해 부탁할 수 없다고 반론하였다.

그러나 중재판정부는 이 사건의 BIT의 투자자 정의에서는 단지 투자유치국의 회사가 '타방 체약국의 국민에 의해 지배받는' 경우라 규정되어 있어 그 이상은 지배의 의미가 설명되지 않고, 이와 같은 경우에 있어서 지배의 의미란 그 회사 주식의 소유만으로 충분하며 실제 당해 회사에 대해 최종적인 실효적 지배권을 행사하고 있는 것까지는 요구되지 않는다고 판단하였다.[16) 이것은 투자유치국 회사와 관련된 주식 등을 소유하는 회사가 한 번이라도 투자협정 체약국에 설립되어 있으면 충분하고, 만일 그 회사가 또 한 번 다국 회사에 의해 지배되고 있어도 그러한 최종적인 지배주체가 어떠한 국적을 갖고 있는지는 관할권 판단의 기초가 되지 않는 것을 의미한다. 무엇

---

16) *Aguas del Tunari S.A. v. Republic of Bolivia*, ICSID Case No. ARB/02/3, Decision on Respondent's Objections to Jurisdiction, 21 October 2006, para.264.

보다 이 결론에는 '(BIT 등에서) 특정한 제약이 없는 한'이라는 제한을 하는 문언이 추가될 수 있으므로[17] 투자협정에서 다른 규정을 두는 것은 당연하다. 중재판정부에 의하면 ICSID 협약 제25조 2항 (b)의 경우 '외국인에 의한 지배'의 내용은 상당히 유연해서 각 체약국은 투자협정을 체결할 때 그 의미를 여러 가지로 정의하는 것이 가능하다.[18] 명목적 회사를 통해서 '포럼쇼핑'*에 대한 각국 정책방침이 다를 수 있는 것을 고려하면 최종지배주체와 투자협정의 체약국(투자자의 국적국)과의 관계를 일률적으로 요구하기보다는 이 사건의 판정과 같이 개별 투자협정의 투자자에 대한 정의로부터 사안에 따라 해석하는 것이 타당할 것이다.

어쨌든 투자협정에 단지 '타방 체약국의 국민에 의해 지배'란 문언을 사용하는 경우 주식의 형식적인 소유만으로 지배가 성립한다고 해석될 가능성이 높은 것에 유의하여야 한다. 만약 타방 체약국의 국민이 실효적 내지 최종적 지배권을 행사하는 본체일 것을 요구한다고 하면, 즉 명목적인 중간회사를 배제하고자 하는 경우에는 투자자의 정의나 혜택의 부인조항에 관련된 의도를 명확히 표시할 필요가 있다.

---

* 원문에서는 '관할권 고기잡이(管轄權漁リ)'라고 표기하였으나, 역서에서는 '포럼쇼핑'으로 표기하도록 한다. 포럼쇼핑이란 당사자가 소송을 제기할 때 자신이 가장 유리한 판단을 받을 수 있는 분쟁해결기관을 선택하는 것을 의미한다.

17) *Ibid.*, para.330.

18) *Ibid.*, para.283. 이것과는 반대로 *TSA* 사건 중재판단은 각각의 투자협정에 관계없이 제25조가 지배구조를 최후까지 거슬러 올라갈 것을 요구한다고 해석하여 이 사건 최종지배주체는 투자유치국의 국민이고, '타국민의 지배'가 없다고 하여 관할권을 부정했다. 중재판정부는 제25조의 이러한 내용을 잘 이해한 후 *Vacuum Salt* 사건 중재판단을 참고하였지만, 동 사건에서는 신청인인 투자유치국 회사를 동 국민이 직접적으로 지배하고 있기 때문에 '제1층'에 타국민의 지배조차 존재하지 않는다고 여겼다. 따라서 제1층의 지배가 존재하더라도 한층 더 거슬러 올라가 최종지배주체까지 추구해야 하는지에 관한 문제에 대하여 *TSA* 사건 중재판정부가 취하듯 특정 입장을 표명한 것은 아니다. *TSA Spectrum de Argentina S.A. v. Argentina Republic*, ICSID Case No. ARB/05/5, Award, 19 December 2008, paras.134-162.

Ⅲ. 투자재산

1. 투자재산의 정의

(1) 객관적 요건의 유무

ICSID 협약 제1조에서 중재 관할권은 '투자'에서부터 발생한 분쟁에 미친다고 규정하고 있다. 동 조의 기초과정에서는 '투자'에 해당하는 사업 활동을 미화 10만 달러 이상, 5년 이상의 사업과 같이 명확히 정의하려는 시도도 있었지만, 결국 채택되지 않았고 투자재산의 정의는 개별 투자협정에 위임되었다.

그럼에도 불구하고 ICSID 협약에는 투자재산의 객관적 정의가 존재한다는 견해가 유력하다. 중재판단 중에 이 객관적 정의를 최초로 정식화한 것은 *Salini* 사건이었다. 이 사건에서 중재판정부는 투자재산성의 지표로서 Gailard의 견해에 따라 (ⅰ) 출자, (ⅱ) 당해 사업이 일정한 지속기간을 가질 것, (ⅲ) 거래 위험에의 참가를 3요소로 들고, 또 ICSID 협약 전문으로부터 (ⅳ) 투자유치국의 경제발전에의 기여라는 요소를 이끌어냈다.[19] 그 후 정리과정에서 '규칙적인 수익과 배당'의 요소가 더해져 이 5가지 요소에 대한 해당성 여부를 확인하는 것을 Salini 테스트라고 부른다.

Salini 테스트의 취지는 투자의 성격을 가진다고 할 수 없는 재산, 예를 들어, 단순히 매매계약 등의 국제상거래에서 발생하는 금전채권 등을 보호대상에서 제외하는 것이다. 즉, ICSID 중재는 어디까지나 투자에 관한 분쟁해결을 제공하는 장이어서 단발적인 상거래채

---

19) *Salini Construtorri S.p.A. and Italstrade S.p.A. v. Morocco*, ICSID Case No. ARB/00/4, Decision on Jurisdiction, 23 July 2001, para.52.

권의 회수에 사용되는 것은 허락되지 않는다는 입장이다. 예를 들어, *Joy Mining* 사건에서 중재판정부는 제25조의 '투자'에는 통상의 매매계약이 포함되어 있지 않다고 언급한 후, 이 사건의 계약이 통상의 상거래에 지나지 않는 것을 Salini 테스트의 지표에 비추어 설명하고 관할권을 부정하였다.[20]

한편 몇몇 중재판정은 Salini 테스트는 중재관할권의 성립요건은 아니고, 단지 투자재산의 특징을 예시한 것에 지나지 않는다는 입장을 취하였기 때문에[21] Salini 테스트가 명확히 확립된 것은 아니다. 그러나 이러한 점으로 인하여 중재판단에도 단순한 거래채권은 보호 대상에서 제외된다고 설명하는 부분이 있어서 투자재산성의 객관적인 외연의 존재까지 부정된다고는 할 수 없다. 오히려 분쟁의 초점은 그러한 투자적 성격의 유무를 판정하는 기준으로서 Salini 테스트의 5요소를 엄격하게 적용하는 것이 타당한지에 대한 것이다. 그러므로 중재판단이나 학설 중에는 Salini 테스트의 5요소를 대신하여 투자적 성격을 판정하기 위한 독자적 기준을 제시하는 것도 있다.[22] 어쨌든 ICSID 중재가 투자적 성격의 요건을 어떠한 판단기준에서 구체적으

---

20) *Joy Mining Machinery Limited v. Egypt*, ICSID Case No. ARB/03/11, Decision on Jurisdiction, 6 August 2004, paras.49-62. 동일하게 Salini 테스트를 적용하여 관할권을 부정하는 예로서 see, e.g., *Malaysian Historical Salvors, SDN, BHD v. Malaysia*, ICSID Case No. ARB/05/10, Decision on Jurisdiction, 17 May 2007; *Mr. Patrick Mitchell v. The Democratic Republic of Congo*, ICSID Case No. ARB/99/7, Decision on the Application for the Annulment of the Award, 1 November 2006.

21) See, e.g., *Malaysia Historical Salvors, SDN, BHD v. Malaysia*, ICSID Case No. ARB/05/10, Decision on the Application for Annulment, 16 April 2009; *Biwater Gauff (Tanzania) Limited v. United Republic of Tanzania*, ICSID Case No. ARB/05/22, Award, 24 July 2008.

22) 예를 들면, *Toto Contruzioni Generali* 사건에서는 투자재산성의 근거개념으로서 '사업자가 스스로 재산적 수단에 대해 일정 기간 사이에 수익을 올리는 것을 목적으로 수행하는 경제활동의 존재'를 들었다. *Toto Costruzioni Generali S.p.A. v. Republic of Lebanon*, ICSID Case No. ARB/07/12, Decision on Jurisdiction, 11 September 2009, para.84. Douglas는 Salini 테스트 중 출자, 리스크, 상업적 수익의 3요소를 투자재산성의 기준으로 하여야 하고, 기타 요소는 중재인의 주관적 판단을 초래하기 때문에 투자보호에 관한 정확성을 잃게 한다고 하였다. Douglas, Z., *The International Law of Investment Claims*, Cambridge U.P., 2009, pp.189-202.

로 하는지는 정확하게 예측하기 어렵기 때문에 각국으로서는 투자협
정에서 주관적 요건을 가능한 명확히 규정하는 것이 중요하다.

또한 ICSID 이외의 중재포럼을 이용하는 경우 부탁할 수 있는 사
안은 '투자' 분쟁에 한정되지 않기 때문에 Salini 테스트 같은 객관적
요건이 존재하지 않는다. UNCITRAL 중재에 부탁된 *Mytilineos Holding*
사건에서는 ICSID협약 제25조와 같은 객관적 정의가 존재하지 않는
이상 관련된 투자협정에서의 투자재산의 정의가 충분히 포괄적이라
면 비투자적인 자산이나 사업활동까지도 포함할 수 있다고 여겨졌
다.[23] 또 *Petrobart* 사건에서는 신청인이 20만 톤의 가스를 조달하여
키르기스 공화국에 공급하는 계약을 키르기스 준국영기업과의 사이
에 체결했지만 대금의 일부가 미지급되었기 때문에 에너지헌장조약
에 근거하여 SCC에 중재를 부탁하였다. 중재판정부는 이 사건의 계
약이 정해진 가격에 가스를 판매하는 단순한 물품매매계약이라고
보고 관련된 계약에서 발생하는 금전채권이 동 조약에서 투자재산
의 정의에 해당하는지의 여부를 검토하였다. 동 조약 제1조 6항에서
는 투자재산이 '모든 종류의 재산'이라 정의하면서 그 열거 중에는
계약에서 발생하는 금전채권이 포함되어 있는 것을 지적하고, 일반
론으로서 이러한 포괄적인 정의라면 투자유치국에서 장기적인 사업
활동을 수반하지 않는 단순한 매매계약상의 금전채권이더라도 투자
재산을 구성한다고 하였다.[24] 이 중재판정은 ICSID 이외의 중재포

---

23) *Mytilineos Holdings SA v. The State Union of Serbia & Montenegro and Republic of Serbia*, UNCITRAL, Partial Award on Jurisdiction, 8 September 2006, paras.117–118. 무엇
보다 중재판정부는 이 사건의 사업활동이 충분히 투자적인 성격이 있다고 결론지었기 때문이다.

24) *Petrobart Limited v. The Kyrgyz Republic*, Arbitaration Institute of the Stockholm Chamber
of Commerce, Case No. 126/2003, Award, 29 March 2005, pp.68–72. 한편 동일한 단순한
상거래채권에 관해 중재가 부탁된 *Romark* 사건에서는 UNCITRAL 중재가 이용되었다. 이 사건에서
원용된 투자협정에도 투자재산이 '모든 종류의 재산'이라고 포괄적으로 정의되어 있었지만, 중재판정
부는 비투자적 재산을 보호대상에 포함하는 것은 투자협정에 그 취지를 명기할 필요가 있으므로 이
사건의 투자협정에 관계되는 규정이 없다는 것을 이유로 관할권을 부정하였다. 그러나 투자재산의 정

럼을 이용하고, 원용되는 투자협정이 포괄적인 정의규정을 가진다는 조건이 갖추어지면 단순 상거래채권도 중재에 의한 보호의 대상이 된다는 것을 나타내고 있다.

(2) 주관적 요건의 여러 가지 유형

이상과 같이 ICSID 중재 또는 ICSID 중재 이외의 중재를 이용하는 경우 모두 투자협정에 있어서의 투자재산에 대한 본래적 의미의 주관적 정의가 중요한 의의를 가진다. 이하에서는 주관적 요건의 대표적인 유형과 그 법적 효과를 개관해 보기로 한다.

다수의 투자협정은 투자재산에 대하여 극히 포괄적으로 정의한다. 즉, 투자재산을 '모든 종류의 재산'이라 정의한 후, 동산, 부동산이나 그것에 관련된 재산권, 기업에의 자본참여(주식, 지분증권, 채무증권 등), 금전채권이나 기타 계약상의 권리, 지적재산권, 법이나 계약으로부터 부여된 권리(양허계약) 등을 관련된 자산으로 예시 및 열거한다. 이 경우 단순한 거래채권 등의 비투자적 자산도 포함되지만 분쟁이 ICSID 중재에 부탁되면 거기에서 객관적 요건을 넘는 부분에 대해서는 당연히 보호되지 않는다.

한편 투자협정 중에는 이러한 포괄적인 정의를 기본으로 하고 그것에 '투자로서의 성질을 가지는 것'이라는 조건을 부가하는 것도 있다.[25] 투자재산의 정의로서 '투자의 성질'을 요구하는 것이 동어반복적인 것 같지만, 전술한 바와 같이 포괄형 정의에는 비투자적

의에 있어서는 비투자적 재산을 고의로 배제하는 투자협정도 나타나는 가운데 후술과 같이 포괄형 투자재산의 정의를 좁게 해석하는 것에 대하여는 의문이 있다. *Romark S.A. v. The Republic of Uzbekistan*, UNCITRAL, Award, 26 November 2009, para.205.

25) 미국모델 BIT 제1조, 일본−칠레 EPA 제105조 등. 게다가 다음과 같은 문언이 더해지는 경우도 많다. '투자로서의 성질에는 자본, 기타 자원의 출자, 수익이나 이득의 기대, 리스크의 인수를 포함한다.'

자산도 통상 포함되기 때문에 이것을 제외하는 효과가 있다. 그러므로 ICSID 중재에 관해서는 Salini 테스트와 거의 같은 취지의 요건을 투자협정에도 중복적으로 두는 형식이 되지만, Salini 테스트가 현재 확립되지 못한 점을 고려할 때 이를 보충하는 점에서 의의가 있을 것이다. 한편 ICSID 중재 이외의 중재에 관해 비투자적 자산에서 발생하는 분쟁도 본래는 부탁이 가능한 바 그 관할권의 범위를 ICSID 중재와 같은 정도까지 축소하는 효과를 가진다.

이와 같이 투자적 성격을 요구하는 유형의 조약의 발전형으로서 보호 대상으로부터 제외되어야 할 비투자적 자산의 유형을 보다 상세히 기술하는 방법이 있다. 예를 들면 미국-르완다 BIT 제1조는 '물품·서비스의 판매 즉시 지불해야 하는 금전채권은 투자재산으로서의 성격을 가지지 않을 가능성이 높다'고 규정한다. 아직 동남아프리카 공동시장(COMESA)의 공통투자지역을 위한 투자협정 제1조는 투자재산에서 제외되는 것으로서 시장에서의 신용, 물품·서비스 판매에 관계된 상업계약에서만 발생하는 금전채권, 체약국이나 그 기업에 대한 대출, 은행신용장, 상거래에 따른 신용공여를 든다.

투자적 성격이 없는 자산을 보호 대상에서 제외하기 위한 가장 확실한 방법은 투자협정에서 투자재산의 정의를 한정적으로 열거하는 방식으로, 체약국이 인정하는 투자성을 가진 자산만을 기재하는 것이다. 그러나 한정열거의 각 항목이 지극히 포괄적인 문언으로 규정되면 실질적으로 예시열거형과 대부분 보호범위가 겹치게 된다. 그 때문에 한정열거형 정의임에도 불구하고 보호 대상에서 제외되는 자산을 한 번 더 명기하는 예도 있다. 예를 들면 NAFTA 제11장의 제39조는 보호의 대상이 되는 투자재산을 한정열거한 후에 투자재산에서 제외되는 것으로서 (i) 물품·서비스의 판매에 관한 계약 또는 상거래에 따른 신용공여에서만 발생하는 금전채권, (ⅱ) 열거된 다른 투자재산과 같은 이익을 포함하지 않는 금전채권을 들고 있다.[26]

또한 당연히 투자와 비투자는 항상 정확하게 구별될 수 있는 것은 아니다. 예를 들면 상품의 매매계약이더라도 판매량이 상당히 많은 경우나 장기 외상판매가 행해지는 경우 혹은 판매상대국의 사정에 맞춰 상품에 특별한 개량이 더해진 경우 등은 투자적 성격을 가질 수 있다고 지적하는 중재판정도 있다.[27] 따라서 투자성의 유무는 자산이나 거래의 외적인 형식만으로 판단되는 것이 아니고 사안의 개별 사정에 입각해서 실질적으로 평가된다. 그 판단기준은 Salini 테스트 논쟁에서도 볼 수 있듯이 반드시 일의적으로는 정식화할 수 없지만 역시 핵심이 되는 것은 당해 거래가 단발적인 성격의 것이 아니라 '투자유치국의 영역 내 사업 활동에의 출자와 같이 보다 지속성 있는 무엇인가'[28]를 수반하는지의 여부에 있을 것이다.

어쨌든 종래 주류이던 비투자적 자산을 배제하지 않는 포괄형 정의 규정은 투자자의 보호를 최대화하는 한편, 자국이 중재를 부탁하는 확률을 현격히 높이는 것이 되기 때문에 최근에는 상대국과의 경

---

26) 게다가 동조는 기업에 대한 채권증권이나 대출은 한정열거 중에는 포함되지만 그것이 당해 기업이 투자자의 관련회사일 것과 그 채권·대출 상환기간이 3년 이상인 것을 조건으로 하고 있어 단순한 거래상 채권을 제외하는 의도를 한층 더 명확히 하고 있다. 아직 금융기관에 의한 대출이나 채권보유는 원칙으로서 투자가 아니어서 상업적인 융자를 보호의 대상에서 제외하고 있다.

27) *Pantechniki S.A. Contractors & Engineers v. Republic of Albania*, ICSID Case No. ARB/07/21, Award, 30 July 2009, para.44. Manciaux는 매매계약이라고 하더라도 모두 투자성을 가지지 않는 것은 아니라고 본다. 예를 들면 생산설비 등의 판매에서 판매자가 받는 대가가 당해 제품의 장래적인 생산성·수익성에 의존하는 경우에는 투자자 될 수 있다고 한다. Manciaux, S., "The notion of investment: New controversies", *The Journal of World Investment & Trade*, vol. 9 (2008), p.464.

28) *Canadian Cattlemen for Fair Trade v. United States*, UNCITRAL, Award on Jurisdiction, 28 January 2008, para.144. 이러한 장래적인 수익의 가능성에 관련 있는 출자에만 투자성을 인정한다고 하는 견해를 투자협정에 명기하는 예도 있다. 예를 들면 덴마크-우크라이나 BIT 제1조는 '투자란 지속적인 경제관계를 확립하기 위해서 행해지는 경제활동과 결부된 모든 종류의 자산을 의미한다'고 규정한다.

제관계의 실태에 근거하여 신중한 문언을 선택하는 의식이 강해지고 있다.

2. 국내법 적합성 요건의 의의와 기능

투자재산이 중재에 의한 보호대상이 되기 위한 조건으로서 당해 투자가 '투자유치국의 국내법에 적합할' 것을 투자협정에 요구하는 경우가 있다. 이런 종류의 조건을 국내법 적합성 요건이라고 하는 바, 해당 요건을 마련하는 것은 어떠한 점에서 의의가 있는가?

우선 동 요건이 보호대상으로 하는 투자재산의 범위 결정을 최종적으로는 투자유치국의 국내법에 위임하는 취지로 해석하는 것이 가능한 것인가? 실제로 Salini 사건에서는 피신청국인 모로코가 이와 같이 주장하였으나 중재판정부가 이러한 해석을 부정하였다. 즉, 동 요건은 투자의 정의(definition)가 아니라 유효성(validity)에 관한 것으로 '보호되지 않아야 할 투자(특히 그것이 위법성을 포함하는 경우)가 양자 간 조약에 의해 보호되는 것을 막는 것이 목적'이라는 것이다.[29] 이는 타당한 해석이다. 만약 보호대상이 되는 투자재산의 범위를 투자유치국이 국내법에서 자유롭게 컨트롤할 수 있다면 국가 간 조약에서 외국투자에 보호를 제공하는 것의 의미가 대부분 없어질 것이다. 따라서 국내법 적합성 요건이란 국내법에 있어서의 투자의 정의와의 적합성이 아니라, 보다 일반적인 국내법 질서와의 적합성, 즉 당해 투자에 위법성이 없는 보호에 상당할 것을 요구하는 규정이라고 해석하여야 한다.

그러면 어떠한 종류의 위법성이 이 요건의 대상이 되는 것인가?

---

29) Salini, *supra* note 19, para.46.

동 요건이 실제로 적용된 중재 사건의 대부분은 투자의 수락 단계에서의 국내법상의 규제나 조건에 따르지 않았다는 것을 문제로 하는 것이다. 원래 국내법 적합성 요건에는 그러한 투자 수락 시 규제의 존재를 투자자에게 상기시켜 해당 규제에 따라 수락된 투자만을 보호대상으로 하는 의도가 담겨 있었다고 생각할 수 있다. 실제 규정의 문언도 국내의 법이나 규제에 따라 '수락된(admitted)' 혹은 '투자된(invested)' 자산이라는 형태로 투자 수락 시점에 초점을 맞추는 경우가 많다.

Fraport 사건의 중재판정부는 확실히 그러한 투자수락 단계에 있어서 투자유치국(필리핀)의 법규제에 저촉되는 행위가 투자자 측에 있다고 판단하였다. 즉, 필리핀 헌법상 외국투자자는 토지소유가 인정되지 않고, 토지를 소유하는 국내기업에 대한 지분권도 40%로 상한선을 두고 있다. 그런데 신청인은 자신의 출자는 40% 이내로 하고 그 외 동 사업에 출자하는 필리핀기업과 주식 취득에 대한 비밀합의를 맺어 동 사업에 관해서 신청인의 의도에 따라 행위한다는 약속을 얻어냈다. 이 비밀 합의는 법령의 잠탈행위를 처벌하는 필리핀 국내법(Anti-Dummy Law)에 명백하게 위반하는 것으로서 중재판정부가 관할권을 부정하였다.[30] 이와 같이 법령상의 수락조건에 반하는 외향을 갖춘 외국투자자에 대하여 그 투자가 당초부터 부정하다고 평가할 수 있는 경우야말로 국내법 적합성 요건의 주요한 규율대상이 된다.

Inceysa 사건의 중재판정은 동 요건의 의의를 한층 더 명확하게 서

---

30) *Fraport AG Frankfurt Airport Services Worldwide v. Republic of the Philippines*, ICSID Case No. ARB/03/25, Award, 16 August 2007, paras.308-39, 377-80. 이 사건에 원용된 필리핀 -독일 BIT는 '각 체약국의 법령 및 규제와 합치하는 형태로 수락된' 자산을 투자재산으로서 정의하고 있다.

술한다. 이 사건에서 신청인 투자자는 투자계약을 입찰할 때 허위의 재무정보를 제출하였다. 또 입찰과정에서는 계약을 이행하기 위하여 필요한 경험이나 능력 및 사업수행상의 전략적 파트너에 대해서도 허위의 정보를 제출하였다. 중재판정부에 따르면 이러한 위법행위가 신청인이 이 사건에 대한 투자를 가능하게 한 요인으로서, 만약 신청인의 위법행위를 알고 있었다면 피신청국이 투자를 인정하지 않았을 것이라고 생각할 수 있다.[31] 이러한 정황을 근거로 중재판정부는 국내법 적합성 요건을 적용해서 관할권을 부정하였다. 즉, 투자의 수락에 관한 법규나 규제란 이를 위반하게 되면 당해 투자 자체가 원래 존재할 수 없는 것이고, 존재하지 않는 투자에는 보호도 부여할 수 없으므로 그러한 법령에 위반되는 투자에 관해서는 보호를 부정하는 것이 정당화된다. 역으로 말하면, 투자가 합법적으로 수락된 후의 단계에서 외국투자자뿐만 아니라 국내투자자에게도 이와 같은 준수가 요구되는 것처럼, 사업수행상의 여러 법령(환경규제·회계기준·노동법규 등)의 위반이 있다 하더라도 이는 당해 법령의 벌칙에 따라 대처되어야 할 문제이다. 따라서 당해 투자에 투자유치국 정부의 조치로 야기된 손실에 대해 조약상의 보호를 부정할 수 없다고 판단될 가능성이 있을 것이다.

그런데 투자협정에 국내법 적합성 요건이 포함되지 않는다면 투자유치국의 규제나 절차를 위반한 부정한 투자도 조약상의 보호의 대상이 되는 것일까? 이것은 특히 뇌물 등의 부패행위에 의해 성립된 외국투자가 보호되는지에 대한 문제에도 관련된다. 이 점에 대해 *World Duty Free* 사건의 중재판정은 투자의 수락이 부패행위에 기초

---

31) *Inceysa Vallisoletana S.L. v. Republic of El Salvador*, ICSID Case No. ARB/03/26, Award, 2 August 2006, para.237.

하는 경우에는 국내법 적합성 요건을 경유하지 않고도 국제공서의 개념에 근거하여 관할권을 부인할 수 있는 것을 시사하였다. 즉, 최근 부패방지에 대한 국제적인 진전을 대략 살펴보면 이미 '부패에의 대항'이 모든 사항에서 고려되어야 할 공서를 구성하기에 이르렀다고 보인다.[32] 따라서 투자자 측의 악질성이 높은 부정행위에 대해서는 당해 투자자 보호에 상당하지 않는다고 중재판정부가 판단하면 투자협정에 있어서의 국내법 적합성 요건의 유무에 관계없이, 경우에 따라서는 문제되는 부정행위를 단속하는 국내법령의 유무에 관계없이, 즉 객관적인 요건의 수준에서 관할권이 부정되는 것이다.

3. 주식의 투자재산성

투자협정에 주식이 투자재산의 정의에 포함되어 있으면 직접적인 손해를 받은 회사와는 별개로 주주에게 독립적으로 중재상의 보호를 제공해야 한다는 점은 당연히 인정된다. 아울러, 투자협정에 특정한 제약이 없는 한 주식의 보유율에 관계없이 보호가 부여된다. *Lanco* 사건의 중재판정은 투자협정에 투자재산에 대한 정의가 충분히 광범위하면 회사의 경영지배에 필요한 보유율에 충족되지 않는 주식이더라도 보호되므로 지분의 18.3%를 보유한 이 사건의 신청인도 중재에 보호되는 투자자라고 보았다.[33] 또 *Enron* 사건의 중재판정도 소수주주에게 독립적인 청구권을 인정하여, 주주가 회사 자체

---

32) *World Duty Free Company Limited v. The Republic of Kenya*, ICSID Case No. ARB/00/7, Award, 4 October 2006, paras.138–157. 또 *Phoenix Action* 사건의 중재판단도 국내법 적합성이나 신의성실원칙이 '보호되는 투자재산(protected investment)'의 개념에 내재된 묵시적 요건이므로 투자협정에서 명시적으로 규정할 것을 요구하지 않는다고 하였다. *Phoenix Action, supra* note 9, para.101.

33) *Lonco International Inc. v. Argentina*, ICSID Case No. ARB/97/6, Decision on Jurisdiction, 8 December 1998, 40 ILM 457, 461.

와는 구별되는 청구 원인을 갖는 이상 그것은 주주의 투자재산으로 부터 직접적으로 발생하는 분쟁이라고 하였다. 또한 만일 해당 회사가 별도로 청구를 제기한 경우에도 이로 인하여 주주에게 직접 주어진 청구권이 상실되지 않는다고 판단하였다.[34]

상기의 *Enron* 사건의 판정에 나타나듯이 소수주주에게도 중재상의 보호를 제공하는 것은 회사나 그 주주로부터 복수의 중복되는 청구가 제기될 가능성을 낳는다. 예를 들면 *GAMI* 사건에서는 주주의 과반수가 투자유치국 멕시코의 조치를 멕시코 국내재판소에 제소하여 해당 조치에 대한 무효판결을 받았다. 그러나 소수주주에 의해 별도로 설치된 중재는 이에 따라 소수주주가 독립적으로 국제청구를 제기할 권리가 없어지지 않는다고 하면서, 그 근거로서 청구의 근거법령이나 주장의 내용, 요구하는 구제 등이 각각의 청구와 다른 것을 지적하였다.[35] *CMS* 사건에서도 청구의 경합이 문제되었지만 중재판정부는 '다른 협정 아래에서 다른 투자자가 갖는 권리를 소멸시킬 수 없다'고 하였다.[36]

결 론

이상과 같이 투자협정중재의 관할권의 범위는 투자협정의 주관적 요건의 내용에 의존하는 부분이 크고, 각국에는 정책방침의 명확한

---

34) *Enron Corporation and Ponderosa Assets, L.P. v. Argentine Republic*, ICSID Case No. ARB/01/3, Decision on Jurisdiction, 14 January 2004, paras.35-49, 60.

35) *GAMI Investment, Inc. v. Mexico*, UNCITRAL, Final Award, 15 November 2004, paras.36-43.

36) *CMS Gas Transmission Company v. The Argentine Republic*, ICSID Case No. ARB/01/8, Decision on Jurisdiction, 17 July 2003, para.86.

표시가 요구된다. 그러나 객관적 요건에 반한다는 이유로 관할권이 부정된 사건도 결코 적지 않으며, 투자협정중재의 관할권은 어디까지나 주관적 요건과 객관적 요건의 편성으로 정해지므로 이 점에 유의하여야 한다. 또 주관적 요건을 명확하고 상세히 규정하는 것에도 한계가 있기 때문에 추상적이고 다의적인 문언을 채택하여 그 해석을 중재판정부에 부탁하는 것도 때로는 불가피하다.

이러한 경우에 중재판정부는 투자협정의 취지 및 목적이나 체약국의 의사를 파악하기 위한 실마리로서 협정 전문을 참조하는 예가 많으므로 전문에 대해 일반적인 정책 방침을 명시해두는 것은 상당한 의의가 있다. 또 하나의 특징적인 해석 수단으로서 당사국이 체결하고 있는 다른 투자협정과 비교 및 대조하여 그 의미를 확정하는 방법이 있다. 경우에 따라서는 관련 없는 제3국 간에 체결된 투자협정과 비교 또는 대조하기도 한다. 따라서 여러 가지 투자협정에 있어서의 투자자와 투자재산 규정이나 이에 관련되는 중재판정을 폭넓게 파악하고, 아울러 이러한 규정과 관련시켜 개별 투자협정의 내용을 평가하는 자세가 불가결하다고 할 수 있을 것이다.

제3장 적용법규
- 국제법의 직접적용과 그 함의

米谷 三以 (코메타니 카즈모치)

   이 장에서는 투자보호협정에 기초한 투자협정중재 중 ICSID 중재 절차의 적용법규 문제를 다룬다. 특히, ICSID 투자협정중재는 투자유치국 정부를 상대로 투자자가 구제를 얻기 위하여 이용할 수 있는 제도로서 국내재판소를 대체함에 그치지 않고, 이를 넘어 투자보호협정을 직접적인 근거로 하여 구제를 구하기 위한 절차로 인식되어 있는 점과 그러한 인식에 수반되는 몇 가지 문제점을 논하기로 한다.[1]

---

1) 적용법규에 관한 다양한 문헌이 있지만, ICSID 협약에 대한 적용법규의 문제를 최근에 상세히 논한 것으로는 Lillich, R.B., "The Law Governing Disputes Under Economic Development Agreements: Reexamining the Concept of 'Internationalization'", in Lillich, R.B. and Brower, C.N. (eds.), *International Arbitration in the 21th Century: Toward 'Judicialization' and Uniformity?* Transnational Publishers, 1993; Shihata, I. F. I. and Parra, A.R., "Applicable Substantive Law in Dispute Between States and Private Foreign Parties: The Case of Arbitration under the ICSID Convention", 9 *ICSID Rev.–FILJ* 183 (1994); Blessing, Marc, "Choice of Substantive Law in International Arbitration", 14 *J. Int' l Arbitration* 39 (1997); Reisman, W.M., "The Regime for Lacunae in the ICSID Choice of Law Provision and the Question of Its Threshold", 15 *ICSID Rev.–FILJ* 362 (2000); Schreuer, C.H., *The ICSID Convention–A Commentary*, Cambridge University Press, 2001 (Reprinted 2005), pp.549–643; Gaillard, E. and Banifatemi, Y., "The meaning of 'and' in Article 42(1), Second Sentence, of the Washington Convention: The Role of International Law in the ICSID Choice of Law Process", 18 *ICSID Rev.–FILJ* 375 (2003); Kreindler, R.H., "The Law Applicable to International Investment Disputes", in Horn, N. ed., *Arbitrating Foreign Investment Disputes: Procedural and Substantive Legal Aspects*, Kluwer Law International, 2004; Di Pietro, D., "Applicable Law under Article 42 of the ICSID Convention the Case of Amco v. Indonesia", in Weiler, T. (ed.), *International Investment Law and Arbitration: Leading Cases from the ICSID, NAFTA, Bilateral Treaties and Customary International Law* (Cameron May 2005), p.223; Begic, T., *Applicable Law in International Disputes*, Eleven International Pubblishing, 2005; Spiermann, O., "Applicable Law", in Muchlinski, P.T. et al

I. 적용법규에 관한 문제의 소재

적용법규 문제의 검토를 위해서는 투자협정중재제도를 통해 어떠한 구제를 기대할 수 있는가를 다루어야 할 필요가 있다. 그런 다음, 논의되는 문제의 소재를 명확히 하여야 한다.

해외투자는 양허계약의 일방적 파기, 법령 변경, 국유화와 같은 정치적 리스크가 따르는 것으로 인식되어 있고, 그 대응을 위하여 여러 가지 연구가 이루어져 왔다.[2] 투자유치국의 재판소를 통해 얻게 되는 국내법상의 보호만으로는 공평성에 대한 우려 등 때문에 불충분하다고 생각한 것이다. 일반국제법상으로는 투자유치국 정부의 침해행위에 대하여 투자자의 국적국 정부가 외교보호권을 행사하는 구제 방법을 통해 국가책임을 추급하는 방법이 있다. 그러나 투자자의 국적국 정부가 외교적인 이유 때문에 이를 행사하지 않는 경우도 있으므로, 투자자에게 있어 언제나 유효한 방법이라고는 할 수 없다. 따라서 관련된 리스크에 대한 대응책의 하나가 중재절차의 이용이다. 지금까지 중재절차는 투자유치국 정부와 체결한 양허계약에서 이용되어 왔지만, 점차 정부 간의 투자보호협정에서도 투자유치국 정부와의 분쟁에서 투자자가 이를 이용할 수 있도록 하는 조항을 두게 되었다. 이때 선택 가능한 몇 가지 중재기관 중 하나인 ICSID는 관련된 투자협정분쟁에 이용될 수 있는 국제중재기관으로서 설치된 것이다.

(eds.), *The Oxford Handbook of International Investment Law*, Oxford University Press, 2008이 있다.

2) 이하의 기술에 관하여는 櫻井雅夫, 『国際経済法』(成文堂, 1992年), 第12章; 山本草二, 『国際法』(有斐閣, 1997年 (新版補正版)), 211면 이하; Muchlinski, P.T., *Multinational Enterprises and the Law*, Blackwell Publishing, 1999, Part III를 참조.

종래 투자협정중재에서는 투자유치국의 국내법이 준거법이 되는 것이 우선적으로 상정되어 있었다. 투자자와 투자유치국 정부 사이의 분쟁은 민사사건이며, 투자협정중재는 그러한 분쟁을 해결하기 위한 수단으로써 투자유치국의 재판소를 대체하는 것으로 생각되었기 때문이다.

　　다만 투자협정중재의 도입만으로는 충분한 구제를 얻을 수 없다는 가능성이 여전히 남아 있다. 예를 들어, 투자유치국 정부가 투자계약을 해지하기 쉽도록 국내법을 변경할 수도 있다. 이러한 사태에 대하여 계약에 의한 대응은 용이하지 않다. 양허계약에서 투자유치국법 이외의 법을 준거법으로 지정하는 방법은 투자유치국 정부가 거부할 것이고, 국내법 변경의 영향을 완전히 차단할 수 있는지도 의문이다. 투자계약의 시점으로 국내법을 고정하는 안정화 조항도 투자유치국 정부의 규제주권과의 관계에서 한계가 있다.

　　한편 국내재판소가 재판을 거부하는 것에 대하여 국내법 단계에서 이른바 최저기준이 국제관습법으로서 형성되어 왔다. 법의 일반원칙인 "약속은 지켜져야 한다(*pacta sunt servanda*)"는 원칙을 적용하여, 양허계약의 일방적 파기를 제한하자고 하는 등의 논의도 있었다. 관련되는 국제법이나 법의 일반원칙 등을 준거법으로 지정하여 투자유치국법의 적용을 규율하도록 하는 예도 있다.[3] 나아가 정부 간에 양자 간 투자보호협정을 체결하여 내국민대우의무, 공정・형평대우 의무 등을 명문으로 규정하게 되었다.

　　국제법이 투자자라는 사인과 투자유치국 정부 간에 이루어지는

---

3) 이러한 적용법규에 관한 조항에 대하여 연구한 것으로는 Lillich, *supra* note 1, p.69 et seq.; Shihata & Parra, *supra* note 1, pp.198-201; Peter, W., *Arbitration and Renegotiation of International Investment Agreements*, Kulwer Law International, 1995 (second revised and enlarged ed.), pp.259-269; Schreuer, *supra* note 1, paras.560-565; Begic, *supra* note 1, Chapter 2, Section 2, "Choice of Law Modalities"를 참조.

투자협정중재에 직접 적용될 것인가에 대해서 다툼이 있었다. 이는 투자계약의 '국제화'(internationalization)의 문제로서 논의되고 있다. 앞서 서술한 것처럼 국제법은 국가 간의 관계를 규율하는 법이며, 투자유치국 정부와 사인인 외국투자자 간의 관계를 당연히 규율하는 것은 아니기 때문이다.

이와 관련하여, 최근 체결된 투자보호협정에서는 그 협정에서 규정하는 권리의무에 관한 분쟁을 투자협정중재의 대상으로 명기한 사례가 증가하고 있다는 것이 주목된다.[4] 이러한 종류의 투자보호협정은 협정 자체를 투자협정중재의 적용법규로 두는 것을 의도하고 있다. 따라서 그러한 투자협정중재규정은 국내재판소의 대체수단을 제공할 뿐 아니라, 외교보호권에서 유래하는 협정상의 청구권을 투자자가 정부를 대신하여 행사한다고 하는 의미 또한 가진다. 관련된 투자보호협정의 전형적인 예로는 북미자유무역협정(NAFTA) 및 에너지헌장조약이 있는데, 일본이 최근 체결하고 있는 경제제휴협정 중 투자챕터도 이러한 종류에 해당한다. 또한 내국민대우의무, 공정·형평대우 의무 등을 규정하는 것에 그치지 않고, 협정에 규정된 보호를 투자자가 투자유치국 정부에 대하여 직접 요구하기 위한 장치로서 투자협정중재를 규정하고 있다. 여기에서의 적용법규는 당해 협정 그 자체인 것으로 합의되어 있다.

이에 대하여 종래의 투자보호협정은 투자협정중재의 대상을 투자유치국 정부와의 분쟁 일반으로 하는 것이 많았다.[5] 이는 앞에서 서

---

4) 経済産業省, 『2009年版不公正貿易報告書』(2009年), 504면.

5) Spiermann, *supra* note 1, p.103. 일본이 체결한 양자간 투자보호협정에는 투자에 관한 모든 분쟁이 넓게 중재부탁의 대상으로 되어 있다. 이집트(1977년, 제11조), 스리랑카(1982년, 제11조), 터키(1992년, 제11조 1항), 홍콩(1997년, 제9조 2항), 파키스탄(1998년, 제10조 2항), 방글라데시(1998년, 제10조 2항), 러시아(1998년, 제10조 2항), 몽골(2001년, 제10조 2항). 이에 반하여 최근 체결된 양자 간 투자보호협정에는 당해 협정위반에 대한 분쟁만을 중재에 부탁할 수 있는 것으로 되어 있다. 한국(2002년, 제15조), 베트남(2003년, 제14조). 경제제휴협정의 투자에 관한 규정의 경우에도 마

술한 것처럼 투자협정중재규정의 본래 목적이 투자유치국 정부와의 분쟁에서 투자유치국의 재판소를 대체하는 분쟁해결수단을 투자자에게 제공한다는 것에 있다는 사정에서 유래한다. 국제법은 정부 간의 관계를 규율하는 것이므로, 관련된 분쟁에 직접 적용될 수 있는지, 특히 투자보호협정에 규정된 투자유치국 정부의 의무위반을 이유로 사인인 투자자가 직접 구제를 신청할 수 있는지가 문제되기 때문이다.

ICSID 협약 제42조는 ICSID 중재 내의 적용법규의 문제를 다루고 있는 규정이다. 동조 제1항은 제1문에서 "양 당사자가 합의하는 법률(rules of law as may be agreed by the parties)"에 따라 판단하기로 하여, 당사자자치의 존중을 규정한다.[6] 제2문은 관련되는 합의가 없는 경우에 대해, "분쟁 당사자인 체약국의 법(the law of the Contracting State party to the dispute)[…] 및 적용 가능한 국제법 규범(such rules of international law as may be applicable)"을 적용하는 것으로 한다. 이 제2문의 규정에 의하여 적용법규가 규정된 사건의 수는 적지 않다. 최근 체결된 투자보호협정에서도 투자유치국 정부와의 분쟁 일반을 외국투자자가 ICSID 중재에 부탁하는 것을 인정하면서도 적용법규에 대하여 명문의 합의가 없는 경우도 여전히 많기 때문이다.[7] 이 규정의 해석으로서 '적용 가능한 국제법'이 어떤 경우에 그리고 어떻게 적용될 것인지가 문제된다. 이 장은 관련된 투자보호협정상의 적용법규의 문제를 다룬다.

이상은 투자보호의 관점에서 접근한 것인데, 이 적용법규의 문제를 고려한 후, 투자유치국 정부의 규제주권 확보의 관점도 살펴볼

친가지다. '새로운 시대의 경제상의 제휴에 관한 일본국과 싱가포르공화국 간의 협정'(2002년. 제82조) 등.

6) 예를 들어, Schreuer, *supra* note 1, pp.558~559.

7) Gaillard & Banifatemi, *supra* note 1, p.379. 일본이 체결한 양자 간 투자보호협정 중 투자에 관한 분쟁을 광범위하게 중재부탁의 대상으로 하는 적용법규는 존재하지 않는다.

필요가 있다. 투자보호협정상의 의무위반 유무를 직접 다루게 되는 현상에 대해서는 투자유치국 정부의 주권존중이라는 관점에서 국제법을 어디까지 적용해도 되는지, 또는 적용하여야 하는지라는 문제의 중요성이 커지고 있다.[8]

이 점에 관해서는 ICSID 중재가 대등한 당사자 간의 관계를 다루는 이른바 민사적인 분쟁해결절차가 아니라, 투자유치국 정부의 규제권한 발동에 대한 공법심사 메커니즘으로 파악하려고 하는 견해가 있어 주목된다.[9] 이러한 관점에서 보았을 때, ICSID 중재에 적용되는 국제법의 범위를 결정할 때에 당해 국제법의 준수를 어떻게 확보할 것인지를 고려하는 것이 중요하다.

II. 적용법규에 관한 선례의 검토

이전에는 ICSID 협약 제42조 1항 2문이 국제법의 직접적용을 인정하는 취지는 아니고, 투자유치국법을 주로 적용하되 국제법은 이를 보완하는 것에 그친다는 취지의 규정이라고 여겨졌다. 이런 견해를 명시하는 대표적인 선례로서 인용되는 것은 *Klöckner v. Cameroon* 사건의 취소에 관한 결정(이하, '*Klöckner I* 결정')이다.[10]

---

8) WTO 협정에 대해서는 주권의 문제에 관한 논의가 매우 발전되어 있다. 참고문헌을 모두 제시할 수는 없지만 대표적인 것으로, Jackson, J.H., *Sovereignty, the WTO and Changing Fundamentals of International Law*, Cambridge University Press, 2006이 있다.

9) 예를 들어, Van Harten, G., *Investment Treaty Arbitration and Public Law*, Oxford University Press, 2007, 특히 Chapter 3 "From Contract to Public Law" 참조.

10) *Klöckner Industie Anlagen GmbH and others v. United Republic of Cameroon and Société Camerounaise des Engrais*, Case No. ARB/81/2, Decision on Annulment, 3 May 1985, an unofficial English translation is available at 〈http://icsid.worldbank.org/ICSID/FrontServlet〉.

1. *Klöckner I* 결정

Klöckner I 결정은 투자보호협정이 아닌, 투자계약의 중재조항에 기초한 사건이다. 이 결정은 투자유치국법인 카메룬법을 적용하지 않고 프랑스가 주장한 법의 원칙(principles)을 적용하였다는 점에서 권한의 명백한 일탈로서 취소를 청구한 것에 대하여 이를 긍정하였다. 이 판정에서는 원 중재판정이 프랑스 국내법의 원칙이 아니라 국제법의 일반원칙을 적용한 것일 수도 있지만, 국내법이 먼저 적용되어야 하므로 국제법의 일반원칙을 적용하는 것은 허용되지 않는다고 하였다. 그 이유는 국제법은 국내법의 '법의 흠결'(*lacuna*)이 있는 경우에만 이를 보충하는 보완적(complementary) 역할과 국내법이 국제법의 원칙에 부합하지 않는 경우의 시정적(corrective) 역할을 가지고 있고, 나아가 이를 검토할 때 우선 적용되는 국내법의 내용을 확정하고 이를 적용한 뒤에 국제법을 검토하는 것이 순서라고 하였다. ICSID 협약 제42조 1항 2문은 국내법이 국제법에 우선하는 것을 인정하고 있으므로, 국제법에만 기초하여 결정하는 것은 허용되지 않는다고 판단한 것이다.[11] 이러한 해석은 그 후의 중재판정에서도 계속되어,[12] 동조의 준비문서에도 합치하는 것으로서 확립된 해석으로 받아들여지고 있었다.[13]

---

11) *Klöckner I* 결정, para.60.

12) 예를 들어, *Amco Asia Corporation, Pan American Development Limited and PT. Amco Indonesia v. Republic of Indonesia*, Case No. ARB/81/1, Tribunal Award of 20 November 1984, 1 *ICSID* Rep. 413, paras.21–22; *Southern Pacific Properties (Middle East) Limitied v. Arab Republic of Egypt*, Case No. ARB/84/3, Tribunal Award of 20 May 1992, 3 *ICSID Rev.-FILJ* 264 (1993), paras.80–84. (이하 '*SPP* 중재결정')

13) Shihata & Parra, *supra* note 1, p.192; Reisman, *supra* note 1, pp.362–366; Schreuer, *supra* note 1, pp.622–631; Gaillard & Banifatemi, *supra* note 1, p.381; Di Pietro, *supra* note 1, p.253; Begic, *supra* note 1, pp. 155–156; Spiermann, *supra* note 1, pp.103–105.

그러나 ICSID 협약 제42조 1항 2문의 문언해석의 문제로, 상기 *Klöckner I* 결정에 의문이 제기되고 있다. 앞서 서술한 것처럼 동 조 문은 "분쟁 체약국의 법(the law of the Contracting State party to the dispute)[…] 및 적용 가능한 국제법의 규범(such rules of international law as may be applicable)"을 적용법규로 할 것을 명시하고 있는데, 투자유치국법과 국제법은 '및'(and)으로 연결되어 있을 뿐이므로 국 제법이 2차적인 역할만을 가진다고 시사하는 문언은 찾을 수 없기 때문이다.[14]

일견, 일의적으로 국내법을 검토하는 것을 투자유치국 정부와의 투자계약위반을 둘러싼 분쟁의 적용법규로 선택하는 것이 자연스럽 다고 생각한다. 또한 수용보상에 관한 국제법만 보더라도 국제관습 법 또는 법의 일반원칙상의 합의된 문서가 존재하지 않으므로, 국제 법을 일의적으로 재판규범으로써 이용하는 것도 기술적으로 용이하 지 않다. 그러나 투자보호협정과 같이 구체적인 권리의무가 명문으 로 규정되어 있는 국제법을 직접적인 적용법규로 하는 경우에는 이 러한 기술적인 문제는 없다. ICSID 협약 제42조 1항 2문은 그 문언 상 투자계약에 기초한 중재와 투자보호협정에 기초한 투자협정중재 를 구별하고 있지 않지만, 후자에 대해서도 *Klöckner I* 결정을 그대로 적용하는 것이 좋은지에 관해 논의의 여지가 크다. 동 규정의 해석 에서 국제법을 직접적인 적용법규로 인정한 것이 다음에서 살펴볼 *Wena Hotels Limited v. Arab Republic of Egypt*의 취소결정[15]이다.[16]

---

14) 이 점을 지적한 것으로서, Gaillard & Banifatemi, *supra* note 1, p. 399 이하. 또 *Ibid.*, pp.382-383는 조약법에 관한 비엔나협약 제32조가 규정하는 조약의 준비문서를 당해 조약의 해석에 사용하는 경우의 제한을 이유로 *Klöckner* 결정의 ICSID 협약 제42조 1항에 대한 해석을 비판한다. 나아가 준비문서 자체도 *Klöckner I* 결정을 지지하지 않는다. *Ibid.*, pp.383-388.

15) *Wena Hotels Ltd. v. Arab Republic of Egypt*, Case No. ARB/98/4, Decision on Annulment of 28 January 2002, 41 *I.L.M.* 933 (2002)(이하 '*Wena* 결정').

2. *Wena* 결정

Wena 결정은 *Klöckner I* 결정과는 달리, 국내법의 검토에 앞서 국제법인 투자보호협정의 규정을 적용하는 해석의 길을 열었다. 이 사건은 이집트 정부와 관련된 조직이 외국투자자의 투자재산인 호텔을 불법점유하고 그 내부를 파괴한 것 등에 대하여 이집트 정부에 책임을 물어야 할 이유가 있다고 하여, 이집트와 영국 간의 양자 간 투자보호협정이 규정하는 의무를 이집트 정부가 위반하였으므로 동 협정의 중재조항에 기초하여 외국투자자가 그 배상을 구하는 중재를 부탁한 사례이다. 동 투자보호협정은 외국투자자와 투자유치국 정부 간의 투자에 관한 모든 분쟁(any dispute)을 ICSID 중재에 부탁하는 것을 인정하고 있었다.[17] 이집트 정부는 원 중재판정이 이집트와 영국 간의 투자보호협정을 적용하여 손해배상을 인정한 것에 대하여, 몇 가지 쟁점에서 ICSID 협약 제42조 1항에 위반되고 이집트 법을 적용하지 않은 점에서 권한의 명백한 일탈이 있다고 하여 취소 청구를 하였다.[18] 이에 대하여 *Wena* 결정은 이 청구를 기각한 것이다.[19]

동 결정은 투자보호협정의 구체적인 규정을 근거로 들어 청구가 가능한지의 여부를 직접 논한 것은 아니지만,[20] 일반론으로서 ICSID 협약 제42조 1항의 문언에서 투자유치국법이 국제법과 아울러(in

---

16) ICSID 협약 제42조 1항 2문의 검토 없이 투자보호협정상의 의무위반을 청구원인으로 신청하는 것을 요건으로 하는 중재판정은 *Wena* 판성 이선에도 손재하였다. 예를 들어, *Compania de Auas del Aconquija, S.A. & Companie Generale des Eaux v. Argentine Republic*, Case No. ARB/97/3, Tribunal Award of November 21, 2000, available at ⟨http://icsid.worldbank.org/ICSID/FrontServlet⟩, pp.40~55.

17) 동 협정 제8조 1항.

18) *Wena* 결정, para.21.

19) 위의 결정, para.113.

20) 위의 결정, paras.47~53.

conjunction with) 적용되는 경우도 있지만 국제법이 단독으로 적용되는 경우도 있다고 하여, 결론적으로 국제법도 직접적인 적용규정이 된다는 해석을 하였다. 동 결정은 나아가 투자유치국의 동의에 직접 또는 간접적으로 관련된 국제법의 규정은 국내법에 우선하는 것으로 하여, 이에 대한 고려요소로서 비준되고 공포된 조약의 '법으로서의 효력'을 이집트 헌법이 인정하고 있고 이 규정이 조약을 국내법과 동일시하는(equating) 취지라고 해석된다는 것, 판례도 조약이 이전부터 존재하는 제정법만이 아니라 후에 제정된 법률에도 우선되는 것이 인정되어 왔다는 것 등을 인정하였다.[21)]

결정이유를 포함하는 이 *Wena* 결정의 판시는 그 후 투자보호협정에 기초하여 이루어진 ICSID 중재에서 여러 번 인용되어, 동 취지의 판단이 반복되고 있다.[22)] 투자유치국법이 국제법의 국내법적 효력을 인정하고 있는 경우에 양자 간 투자보호협정의 규정에 직접적으로 기초한 청구가 인정되는 선례가 확립되어 있다고 할 수 있다.[23)]

---

21) 위의 결정, paras.40-42. 국제법의 적용 가능성을 인정하는 논리로 국내법으로의 편입은 자주 사용되고 있는 논리라는 점에 대해서는 Lillich, *supra* note 1, pp.93-94를 참조. 또한 *Wena* 결정은 국제법을 적용하는 논리로 이집트법에 의한 국제법으로의 '반정(renvoi)'이라는 표현도 사용하고 있지만(위의 결정, para.42), 상기의 국제법 규범이 이집트법에 편입되어(incorporated) 적용된다는 취지로 이해해야 할 것이다. 반정은 준거법 선택법칙의 하나이며, 국제법으로의 반정은 대상 사항에 대한 이집트 국내법이 아니고, 국제법을 준거법으로 하는 것을 말하는 것이기 때문에 이집트 국내법은 적용되지 않게 되는 결과를 초래한다. 그러나 *Wena* 결정 자체가 그러한 결과를 의도하고 있다고는 생각되지 않는다. 국제사법상 반정의 개념에 대해서는, 石黑一憲, 『國際私法』(新世社, 1994年), 3.2장을 참조.

22) 그러한 예로는 *CMS GAS Transmission Company v. The Argentine Republic*, Case No. ARB/01/8, Tribual Award of May 12, 2005, 44 I.L.M. 1205 (2005), p.116; *Azurix Corp. v. Argentine Republic*, Case No. ARB/01/12, Tribunal Award of July 14, 2006, available at 〈http://icsid.worldbank.org/ICSID/FrontServlet〉, paras.58-62; *LG & E Energy Corp. et al v. Argentine Republic*, ARB/02/1, Tribunal Award of October 3, 2006, 21 *ICSID Rev.-FILJ* 155 (2006), paras.95-99; *Siemens A.G. v. The Argentine Republic*, ARB/02/8, Tribunal Award of February 6, 2007, available at 〈http://icsid.worldbank.org/ICSID/FrontServlet〉, paras.76-79; *Enron Corporation & Ponderosa Assets, L.P. v. Argentine Republic*, Case No. ARB/01/3, Tribunal Award of May 22, 2007, available at 〈http://icsid.worldbank.org/ICSID/FrontServlet〉, para.207 등. 또한 투자보호협정을 적용법규로 하는 묵시적 합의가 인정되고 있는 사례도 적지 않다. Spiermann, *supra* note 1, pp.108-109.

그러나 국내법의 우선적용의 가능성이 배제되어는 것은 아니다. 오히려 *Wena* 결정 스스로가 그 가능성을 인정하고 있는 것처럼, 국제법이 단독으로 적용되기보다 국내법과 함께 적용되어야 하는 경우도 있다는 것이 명백하다. 예를 들어, 투자유치국 정부와 외국투자자 간의 계약이행을 둘러싼 분쟁이라면, 우선은 국내법을 적용법규로서 검토한 다음 보충적으로 국제법을 검토하는 것이 통상적이고, 자연스럽다고 생각된다. *Wena* 결정 후에도 그러한 중재판정의 예를 찾을 수 있다.[24] 이는 계약위반에 대한 청구가 투자보호협정의 이른바 '의무준수조항'에 기초하고 있다고 하더라도 마찬가지이다.[25]

Ⅲ. 국제법 직접적용의 근거 검토

앞에서 본 것처럼 ICSID 협약 제42조 1항 2문의 해석상 투자보호협정이 투자중재의 대상으로 투자보호협정상의 권리의무에 관한 분쟁을 포함한다고 명시되어 있지 않더라도, 투자협정중재에서 국제법, 적어도 투자보호협정을 직접 적용법규로 하는 것은 확립되어 있다고 생각된다. 즉, 투자보호협정이 국내재판소의 대안으로 투자협

---

23) *Wena* 결정의 취지에 대하여는, ICSID 협약 제42조의 기초 경위부터도 지지할 수 있는 것은, Gaillard & Banifatemi, *supra* note 1, p.409. 반대의 입장을 취하는 것은, Spiermann, *supra* note 1, p.110.

24) 예를 들어, *Autopista Concesionada de Venezuela, C.A. v. Bolivarian Republic of Venezuela*, ARB/00/5, Tribunal Award of September 23, 2003, available at 〈http://icsid.worldbank.org/ICSID/FrontServlet〉, paras.100-101. Piermann, *supra* note 1, pp.105.

25) 예를 들어, *Mtd Equity Sdn. Bhd. and MTD Chile S.A. v. Republic of Chile*, Case No. ARB/01/7, Tribunal Award of May 25, 2004, available at the AISL site, para.187. 단, Di Pietro, *supra* note 1은 이 사건을 국제법이 투자보호협정상의 투자자 대 투자유치국 정부 간 분쟁의 유일한 적용법규라 하는 것을 설명하는 예로 들고 있다. paras.239-240. 또한 Lowenfeld, A.F., *International Economic Law*, Oxford University Press, 2002, pp.458-460.

정중재를 상정하고 있어도 국제법의 직접적용이 가능하다는 것으로 NAFTA형 투자협정중재제도로 접근하는 경향이 관찰된다.

그러나 *Wena* 결정 및 그 후의 선례와는 다른 이유에서 같은 결론을 이끌어낸 선례도 있다. *Wena* 결정은 투자유치국법이 국제법의 국내법 적 효력을 인정하고 있기 때문에, 투자유치국의 국내재판소에 있어서도 국제법이 적용되는 것을 전제하고 있다. 그러나 *Wena* 결정 후, 그러한 입장에서 한발 더 나아가 투자유치국법이 조약의 국내법적 효력 인정여부를 검토하지 않고 바로 양자 간 투자보호협정의 해석검토로 나가는 중재판정이 있는데, 이것이 *Parkerings* 중재판정이다.[26]

이 사건은 리투아니아 공화국이 시장경제로 이행하는 과정에서 발생하였다. 시의 주차장 시스템의 설계, 건설 및 운영 프로젝트를 낙찰받은 기업이 시중의 노상주차 시스템의 운영까지도 위탁받아 그것을 전제로 시 당국과 계약을 체결하였다. 그러나 그 후의 법령 개정 등에 의해 필요한 계약을 체결할 수 없게 되었고, 또한 시 당국 이 다른 기업에 별도의 주차장 건설을 의뢰하는 등의 경과를 밟아 시 당국 측이 상기 계약을 해제하였다. 이에 대하여 낙찰기업의 구성원이 입은 손해의 배상을 청구하는 중재를 신청한 것이다.[27] 노르웨이와 리투아니아 간의 투자보호협정 제9조는 '투자에 관한 모든 분쟁'에 대하여 ICSID 중재를 이용할 권리를 체약국의 투자자에 부여하고 있지만, 적용법규에 대해서는 특별히 정하지 않았다.

이 사건에서는 시 당국이 체결한 계약의 위반이 아니라 노르웨이 와 리투아니아 간의 투자보호협정의 특정조항의 위반이 문제가 되

---

26) *Parkerings-Compagnient AS v. Republic of Lithuania*, Case No. ARB/05/8, Tribunal Award of September 11, 2007(이하 '*Parkerings* 중재판정'이라 한다), available at 〈http://icsid.worldbank.org/ICSID/FrontServlet〉.

27) *Parkerings* 중재판정, para.4.

었다. 당사자는 이 문제에 대하여 리투아니아 국내법을 적용법규로
서 특별히 주장하지 않았던 것으로 보이고, 중재재판도 이 점에 대
하여 특별히 논의하지 않고 투자보호협정의 조항위반의 유무를 바
로 판정에서 검토하고 있다.[28] 신청자는 리투아니아 정부가 관련 계
약의 법적 통일성을 존중하고 보호할 정당한 기대에 반함으로써 투
자보호협정에 위반하고 있다고 주장하였지만, 중재판정은 이에 관한
당해 계약의 의도를 명확히 하지 않은 채 국제법에 위반이 되는 정
당한 기대의 침해여부를 논하고 있다.[29]

이 중재판정은 Wena 결정과는 달리 투자유치국의 국내법 질서에
서 국제법의 효력이 인정되고 있다는 것을 근거로 하지 않고, ICSID
협약 제42조 1항의 직접적인 효력으로 인하여 국제법인 투자보호협
정을 직접 적용할 수 있다고 한 것이다.[30] 투자보호협정이 국내법화
되어 있지 않아 국내재판소에서 구제를 받을 수 없는 경우라 하더라
도 투자협정중재를 통해 구제를 받을 수 있다고 한다면, 더 이상 투
자협정중재가 국내재판소의 대체를 목적으로 한다고는 말할 수 없
다. 투자협정중재를 규정하고 있는 투자보호협정은 투자협정상의 권
리의무에 관한 분쟁을 중재의 대상으로 명시하고 있지 않아도,
NAFTA와 마찬가지로 이를테면 외교보호권의 대리행사까지도 인정
하는 취지라고 이해할 수 있다.

이 입장이 그 후 지배적인지 아닌지는 아직 불명확하고, 또한 투
자협정중재규정을 두고 있는 투자보호협정에 대하여 당해 협정을

---

28) 예를 들어, 협정 제3조의 공정하고 합리적인 취급의 의무에 대해서는, *Parkerings* 중재판정 para.268
이하.

29) 위의 중재판정, paras.326-346.

30) 더욱이 제42조 1항 2문에 명시적으로 언급한 다음 투자보호협정을 적용법규로 하는 판단 예로는,
Saipem S.p.A. v. The People's Republic of Bangladesh, Case No. ARB/05/7, Tribunal
Award of June 30, 2009, available at 〈http://ita.law.uvic.ca〉, paras.95-101.

적용법규로 하는 묵시적인 동의가 있다고 설명하면서, ICSID 협약 제42조 1항 2문을 적용하지 않는다는 견해도 나타나고 있다.[31] 어쨌든 이 문제에 대해서는, 다음의 두 가지 점에서 투자유치국의 국내법화의 과정을 경유하지 않는다는 견해가 유리하다고 생각된다.

첫째, *Wena* 결정의 논리는 ICSID 협약 제42조 1항의 문언해석상 오류가 있는지가 문제된다. 투자보호협정에 투자유치국법의 국내법으로서의 효력이 인정되는지가 관건이라면, ICSID 협약 제42조 1항 2문에 따라 투자보호협정을 투자유치국법으로 보면 되는 것이지, '적용 가능한 국제법'이라는 문언에 이에 대한 근거를 찾을 필요가 없게 된다.[32] 이는 존재하는 모든 문언에 의미를 부여해야 한다는 조약의 실효적 해석(effective interpretation)의 원칙[33]에 반한다고 생각한다.

둘째, *Wena* 결정의 이유 제시는 투자보호협정 및 투자협정중재의 유효성을 손상시킬 우려가 있다. 조약의 국내법적 효력을 인정할 것인지 여부는 그 국가의 재량에 맡겨져 있고, 투자유치국 정부는 투자보호협정의 국내법적 효력을 부정하는 것이 언제든지 가능하기 때문이다.

---

31) 예를 들어, Spiermann, *supra* note 1, paras.107–110.

32) 국내법에 편입된 국제법이 국내법으로서 적용되는 것에 대해서는 Schreuer, *supra* note 1, pp.584–585; Kreindler, *supra* note 1, pp.413–415.

33) Effective interpretation 원칙에 대해서는, Brownlie, L., *Principles of International Law*, Oxford University Press (fifth ed. 1998), pp.636–637.

Ⅳ. 적용되는 국제법의 범위

1. 청구의 근거로서 가능한 국제법의 범위

국제법을 직접 적용하는 근거를 국제법이 국내법상 효력이 인정되는 것을 매개로 하지 않고, ICSID 협약 제42조 1항 2문의 문언 자체에서 구한다고 한다면, 국제법이면 모두 적용법규가 될 수 있는지가 문제된다. ICSID 협약 제42조 1항에서 말하는 '국제법'은 국제사법재판소 규정 제38조 1항에서 규정하고 있는 법의 연원 모두를 포함한다고 생각되지만,[34] 그 범위의 제한은 없는 것인지가 문제되는 것이다. 중재판정부의 재량에 맡겨져 있다고 하는 견해가 있지만,[35] 자유재량이어도 된다고 하기보다 재량권 행사의 요건과 판단범위를 분명히 할 필요가 있다.

이 점에 대하여 상세하게 논하는 문헌은 찾을 수 없지만, 적어도 사인이 사용할 수 있는 사법적 절차에 투자협정중재절차를 포함하는 것으로 당해 조약이 예정하고 합의하고 있다는 것이 고려되어야 한다고 생각한다. 국제법은 국내법과는 달리, 사법적인 집행 메커니즘에 근거하여 볼 때 특히 사인이 당사자가 될 수 있는 집행 절차에서 주장 가능한(invoke) 내지 재판규범으로 적용 가능한 것을 당연한 전제로 하는 법 시스템이 아니다.[36] 가령, 사법적으로 집행될 수 있다고 하면 교섭이 어려워지는 조약도 있을 것이고, 일반적으로도 사

---

34) Schreuer, *supra* note 1, pp.608-618.

35) Gaillard & Banifatemi, *supra* note 1, p.410. 그러나 재량권 행사에 대해서 어떠한 요소를 고려하여 결정할 것인가는 논해지지 않는다. Di Pietro, *supra* note 1, p.256도 그러하다.

36) 이에 관하여 官野洋一, 「国際法学と紛争処理の体系」, 国際法学会編, 『紛争の解決-日本と国際法の100年』第9巻 (三省堂, 2001年), 28면이 제시한 '復線的構造論'의 논의를 참조.

법적으로 집행될 수 있는 정도가 높다고 반드시 바람직한 것은 아니다.[37] 체약국의 자발적 준수를 기본으로 하고, 그 준수상황을 감시하며, 그 결과에 기초한 협상 속에서 준수를 재촉해가는 것이 예정되어 있는 조약도 적지 않다.[38] 이러한 점에 비추어 "as may be applicable"이라고 하는 문언의 해석과 적용에 있어, 문제가 되는 조약이 어떠한 집행 메커니즘을 상정하고 있는지의 검토가 요구되어야 할 것이다.

이러한 견해는 투자보호협정 이외의 조약의 대부분에 적용되지 않을 것이다. 예를 들어, WTO 협정은 분쟁해결양해가 동 협정상의 분쟁에 관한 국가 간의 분쟁해결절차를 정하고 있고, 언뜻 보기에는 사법적 절차에 적용하는 것이 상정되어 있는 것처럼 보인다. 그러나 WTO의 분쟁해결절차는 협정에 합치하지 않는 조치에 대한 구제를 향후 조치를 개선하는 것에 한정하고 있고,[39] 과거의 위반에 관하여는 그 이상의 구제(예를 들어, 손해배상)를 인정하지 않고 있다.[40] 따라서 투자협정중재와는 달리, WTO는 ICSID 협약 제42조 1항에

---

37) WTO 분쟁해결수단에 있어서 패널 및 항소기구 기능의 한계의 하나인 standard of review 의 논의에 관하여 Croley, S.P. and Jackson, J.H., "WTO Dispute Procedures, Standard of Review and Deference to National Governments", 90 *AJIL* 193 (1996).

38) ILO조약에 대해서는, 조약·권고에 관한 상설적 감독제도가 설치되어 있고, 그 보고서 작성·제출을 통한 조약의 이행을 도모하고 있다. 예를 들어, 中山和久編著, 『教材国際勞働法』 (三省當, 1998年), 41–45면; 吾郷眞一, 『勞働CSR入門』(講談社, 2007年)을 참조. 또 국제환경법에 대한 예로, 오존층의 보호에 관한 몬트리올 의정서는 이행위원회에 의한 정보수집, 조사 및 권고라는 방법에 의하여 이행을 확보하고 있다. 磯崎博司, 『國際環境法』 (信山社, 2000年), 251–252면.

39) 부속서 2, 분쟁해결에 대한 규칙 및 절차에 관한 양해 제19조 1항.

40) GATT 시대의 선례 중에는, 분쟁해결절차가 개시되는 시점에 실효된 조치는 대상으로 하지 않는다는 선례도 존재한다. GATT Panel Report on *EEC-Measure on Animal Feed Proteins*, adopted on 14 March 1992, BISD25S/49. 단, WTO 분쟁해결절차에서는, 협정에 위반하지 않는 조치를 다툴 수 있는 비위반신청(GATT 제23조 1항 (b))의 사례에 있어서, 과거의 조치가 현재 무역에 미치는 영향을 들고 있다. Panel Report on *Japan-measures Affecting Consumer Photographic Film and Paper*, WT/DS44/R, adopted 22 April 1998, DSR 1998: IV, p.1, 177, par 이 문제를 지적하는 것으로서, Leeks, A., "The Relationship between Bilateral Investment Treaty Arbitration and the Wider Corpus of International Law: The ICSID Approch", in 65 U.T. Fac. L. Rev. 1 (Spring 2007), as, 10.57–10.59.

서 규정하고 있는 것처럼 '적용 가능한 국제법'이라는 규정을 두지 않고, WTO 협정들을 그 적용법규로 하고 있다.

2. 항변의 근거로 가능한 국제법의 범위

앞에서 본 것처럼 ICSID 협약 제42조 1항 2문에 의해 국제법의 직접적인 적용을 인정한다 하더라도, 투자보호협정 이외의 국제법, 특히 조약은 청구의 근거로 볼 수 없다는 해석이 가능하고, 또한 그 것이 타당할 것이다. 그러나 투자유치국 정부의 관점에서 보면, 투자보호협정 이외의 조약 기타 국제법상의 의무가 전혀 고려되지 않는다고 한다면 문제가 발생할 가능성이 있다. 예를 들어, 환경보호를 위한 조약이 체결되어 그 조약상 의무가 되는 행위를 하거나 조약상의 권리를 행사하는 것이 투자보호협정 위반이 되어, 어떠한 항변도 인정되지 않고 투자자에 대한 손해배상을 지불해야 한다는 것은 받아들이기 어렵다.[41] 조약의 준수를 위하여 특정한 투자를 불리하게 취급하거나 절차적 공정을 무시할 수밖에 없는 사태가 현실적으로 존재하는지에 대해 의문이 있지만, 일단 고려를 할 필요가 있다. 당사국 정부 간의 분쟁만이 문제된다면, 이 모순은 정부 간 협의에 의해 해결될 수 있으므로, 중재인이 투자보호협정의 문제에 전념하도록 하여도 지장은 없지만, 투자자가 제기하는 투자협정중재에 있어서는 그러한 해결을 기대할 수 없기 때문이다.

이 문제는 투자보호협정의 실체적 규정을 해석할 때 투자보호협정 이외의 국제법을 고려하는 것에 의해 어느 정도 해결이 가능할

---

41) 이 문제를 지적하는 것으로서, Leeks, A., "The Relationship between Bilateral Investment Treaty Arbitration and the Wider Corpus of International Law: The ICSID Approch", in 65 U.T. Fac. L. Rev. 1 (Spring 2007).

것이다. 그 고려의 범위에서 당해 국제법을 사실상 적용하게 되는 것이다. 예를 들어, *SPP* 중재판정은 이집트 정부가 행한 토지수용에 대해서 UNESCO조약상 보호되는 문화유산을 보호하기 위하여 필요한 조치였고, 정당화된다는 반론을 피하는 방편으로 조약의 절차상 당해 토지가 이집트 정부에 의하여 문화유산으로서 지정되는 것이 선행되어야 하고, 따라서 그 이전에 행한 수용은 정당화될 수 없다고 하였다.[42] 이 부분을 반대 해석하게 되면 UNESCO조약상 필요한 절차를 경과한 후라면, 수용이 정당화될 여지가 있다. 즉, '적용 가능한 국제법'으로서 적용될 가능성을 전제로 하고 있는 것이 된다.[43] 기타 조약상의 실체적 규정에 대해서도 투자보호협정의 해석상 위와 같이 고려를 하거나 곧바로 적용법규로 하는 유연성을 남겨둘 필요가 있다고 생각한다.[44]

---

42) *SPP* 중재판정, paras.155-156.

43) 이 점과 관련된 것으로, 예를 들어, Pauwelyn, J., *Conflict of Norms in Public International Law*, Cambridge University Press, 2003을 참조.

44) 단, 법해석론으로는 해결이 가능하더라도 제도적인 측면에서 충분할 것인지에 대하여 의문이 든다. 이와 같은 틀에서는 투자보호협정의 정책목적인 투자보호와 환경보호조약 등의 환경보호 기타 정책목적과의 비교형량이라는 정책판단을 중재인에게 사실상 맡길 수밖에 없기 때문이다. 이 문제를 회피하기 위해서는 (일정한 범위의 또는 개별적으로 지정하는) 국제협정상 요구되는 행위를 면책하는 것도 고려되고 있지만, 그 경우에는 적어도, 국제협정상의 의무이행이라 하더라도 때에 따라서는 투자보호협정에 저촉될 가능성이 있다는 것도 감안할 필요가 있다.

실체법

제4장 최혜국대우
- 투자협정중재에 의한 해석과 발전

西元 宏治 (니시모토 코우지)

서 론

1. 최혜국대우의 개념과 기능

최혜국대우는 '어떤 국가의 영토 내에서 타 국가, 사람 또는 사물에 부여된 대우에서, 그 대상이 동일한 경우 제3국이 그 영토 내에서 부여된 대우보다 불리한 대우를 받지 않을 것'[1]을 말한다. 최혜국대우조항의 기본적인 기능은 일방 체약국이, 대상 사항에 관하여 해당조약에서 제3국에게 부여된 동등한 대우를 원칙으로 자동적으로 동등한 대우를 받는 것, 즉 일방 체약국이 타방 체약국에 대하여 해당사항에 관한 가장 유리한 대우(혹은 불리하지 않은 대우)를 약속하는 것이다. 즉, 어떤 국가가 일정한 사항에 관하여 다른 국가들에게 최혜국대우를 부여한다는 것은 그런 사항에 대하여 적어도 형식적인 평등을 보장하는 것이며, 국민들의 경쟁조건을 평준화하여 자유로운 경쟁을 촉진하는 것을 의미한다.[2]

---

1) 国際法學會編, 『国際関係法辞典 (第 2 版)』(三省堂, 2005年), 404-406면[左分晴夫 執筆].
2) 村瀬信也, 『国際法の経済的基礎』(有斐閣, 2001年), 78-81면.

국내에 체류하는 외국인의 재산 및 경제활동에 관한 대우의 평등을 보장하는 최혜국대우의 기원은 11세기 지중해에서 이탈리아 상인의 무역활동에 대하여 당시의 봉건영주들이 제공했던 대우로 거슬러 올라간다. 15세기에는 당시까지 봉건영주에 의한 일방적인 보장으로부터 통상조약에서 이 대우를 쌍무적으로 보장하는 조항(최혜국대우조항)이 삽입된 조약실행이 등장하였다. 게다가 이전에는 특정 국가에 한정되었던 '제3국'의 내용이 후에 체결하는 모든 조약체결국으로 확대되어 갔다.[3] 또한 그 적용 범위도 점점 확대되어 갔다. 17세기 중반에는 이 대우에 따라 동등한 대우를 부여한다는 내용이 이미 부여된 이익에서 장래 제3국에게 부여할 수 있는 이익으로 확대되어, '모든 제3국의 국민에게 이미 부여하였고, 그리고 장래에 부여할 수 있는 이익'의 제공을 상호 간에 보장하는 대우로 현재와 거의 같은 의미를 가지게 되었다.[4]

이런 최혜국대우가 가지고 있는 평준화 기능은 오늘날과 같이 통상에서 WTO 체제와 같은 다자간 조약체제가 존재하지 않았던 시대에서도 각각 체결된 양자 간 통상조약의 내용을 연결하여 국제적인 경제활동을 하는 이해관계자의 경쟁조건의 차이를 제거하였다. 그리고 보다 자유로운 국제시장을 창출하는 원동력으로 기능함에 따라 최혜국대우는 경제에 관련한 국제법의 주요한 '원칙'으로 정착하였다.[5] 이와 같이 정식화된 최혜국대우의 개념과 그 실정법상 표현인 최혜국대우조항은 그 후에 관세 기타 무역규칙, 상선 및 항공기 등의 운송수단에서 취급되고, 자연인 및 법인의 권리의무, 공업소유권, 외교관 및 영사의 지위 등에 관한 다양한 조약에 삽입되어 갔다.

---

3) 同上, 32면.
4) 同上.
5) 同上, 32-39면.

오늘날 2,600건 이상의 양자 간 투자협정이 체결되었고, 최혜국대우의 조항은 다양한 종류와 표현으로 삽입되어 있다.[6] 일본 정부도 투자협정의 체결교섭에서 항상 최혜국대우의무를 요구하고 많은 투자협정 및 경제제휴협정에 최혜국대우조항을 두고 있다.[7]

2. 최혜국대우조항의 특징 및 성격

(1) 상대적 기준으로서 최혜국대우

각 투자협정에 규정된 투자대우에 관한 조문은 다양하지만, 그 성질에 따라 절대적 기준과 상대적 기준으로 크게 구별된다. 유치국이 투자자 및 투자재산에 대하여 공정·형평대우[8] 및 완전보호 등 절대적으로 유지해야 할 대우의 수준은 투자유치국의 상황에 관계없이 규정하는 반면, 내국민대우[9]와 같이 국적에 근거한 차별 규정인 최혜국대우가 보장하는 대우의 수준은 제공 국가가 당해 사항에 관하여 제3국에게 부여한 새로운 권리와 이익에 따른 구체적인 기준에 의하여 제시된다. 즉, 최혜국대우가 보장하는 대우의 구체적인 내용은 제3국과의 관계에서 확정되는 것으로 상대적이다. 가령 최혜국대우를 제공하고 있는 국가가 후에 다른 어떤 제3국과의 사이에서 당해 사항에 관하여 조약관계를 가지지 않으면 구체적인 내용이 없는 불확정한 기준이기도 하다.[10]

---

6) UNCTAD, "Recent Development in International Investment Agreements (2008–June 2009)", *IIA MONITOR*, No. 3 (2009).

7) 經濟産業省通商政策局編 『2009年不公正貿易報告書』 (2009年), 499면.

8) 공정·형평대우에 관하여는 본서 제6장을 참조.

9) 내국민대우에 관하여는 본서 제5장을 참조.

10) 村瀨, 「전게서」 (각주 2), 92면.

이 기준의 상대성 및 불확정성은 국제사법재판소 *Rights of Nationals of the United States of America in Moroco* 사건(1952년)[11]에서 다투어진 것과 같이 일단 제3국에 의해 유리한 권리 및 이익이 부여됨에 따라 권리와 이익을 획득하였더라도 후에 당해 제3국 조약의 실효 등에 의하여 제3국에 대한 권리 및 이익이 철회되는 경우, 혹은 외국자본에 대한 전반적인 정책이 전환된 경우에는 최혜국대우조항에 의하여 획득한 권리 및 이익은 철회되거나 줄어드는 것을 의미한다.

(2) 최혜국대우에서 비차별원칙과 상호주의

최혜국대우의 개념 및 기능에 대해서는 국제법상의 일정한 정형화가 이루어지고 있지만, 한편으로는 개별·구체적인 최혜국대우는 '국가의 합의'를 매개로 조문으로 구체화되어야 비로소 그 효력이 생기는 조약상의 의무이기도 하다.

어떤 국가가 일정한 사항에 관하여 다른 국가들에게 최혜국대우를 부여하는 것은 그 사항에 관하여 그 국가들에게 적어도 형식적인 평등을 보장하고 국적에 의한 차별 없이 평등한 환경을 제공할 것을 약속하는 것이다.[12] 그 때문에 각국은 조약을 협상할 때, 재외국민의 평등대우의 확대를 지향하는 동시에 자국 경제정책에의 제약을 고려하게 된다. 각국은 개개의 조약이 대상으로 하는 이익의 균형 및 최혜국대우에 의한 장래 이익의 극대화를 목표로 하고 당해 조약에서 최혜국대우를 수용할지, 어떠한 분야에서 최혜국대우를 약속할지, 어떠한 유형(쌍무적·편무적 조항, 무조건·조건부 조항, 무제한·

---

11) *Rights of Nationals of the United States of America in Moroco* (France v. United States of America), *ICJ Reports*, 1952, p.176. 이 사건의 상세한 내용은 村瀬, 「전게서」 (각주 2), 95~99면.
12) 村瀬, 「전게서」 (각주 2), 78~81면.

제한적 조항)의 최혜국대우조항을 삽입할지를 결정하여 조문을 규정한다.[13] 그 결과 각국의 경제정책 및 개개의 조약교섭에서 당사자 간의 이해를 반영하는 개개의 최혜국대우조항에는 비차별원칙의 기능과 더불어 상호주의에 근거하는 제약이 내재하게 된다.[14] 그리고 구체적인 상황에서 개별적으로 최혜국대우조항을 해석적용할 때 제3국의 투자자와 체약국 투자자 간의 비차별대우 실현에 더하여 개개의 합의를 성립시킨 상호주의에 근거하여 제약을 확정할 것을 요구하게 된다.[15]

3. 투자협정에서 최혜국대우조항에 대한 현재의 논의동향과 과제

이상과 같은 최혜국대우 및 최혜국대우조항의 특징과 성격은 양자간 통상조약의 시대에서부터 그 적용범위를 두고 여러 대립이 있어 왔다.[16]

국제통상법의 분야에서 최혜국대우조항의 불확정성은 각 국가 간의 양자 간 통상조약이 GATT/WTO 체제라는 다자적인 구조로 발전해 나가는 가운데 조약 및 조문의 일원화에 의해서 내국민대우를 포함한 비차별원칙 일반으로 일반적으로 정착됨에 따라 상당 부분 제도적으로 해소되었다.[17] 다른 한편, 투자에 관한 국제법에 대해서

---

13) 최혜국대우조항의 유형에 관해서는 村瀬, 「전게서」(각주 2), 40–63면.

14) 전게서, 78면.

15) *Ibid.*

16) 양자 간 통상조약으로부터 GATT에서 이르는 최혜국대우조항의 역사적 발전에 대하여는 村瀬, 「전게서」(각주 2), 32–82면을 참조.

17) 村瀬, 「전게서」(각주 2), 111–113면. 또 통상과 투자에서서 비차별원칙의 전개과정과 현황의 차이에 대해서는 DiMascio, N, Pauwelyn, J., "Nondiscrimination in Trade and Investment Treaties: Worlds Apart of Two Sides of the Same Coin", *American Journal of International Law*, vol. 102, no. 1 (2007), pp.48–89 참조.

는 1998년 OECD에 의한 MAI 다자간 투자협정 교섭의 좌절 이후, 다각화의 전망 없이 현재 투자에 관한 국제법의 많은 부분이 양자 간 투자협정 및 경제제휴협정이라고 하는 양자 간 조약의 네트워크라는 형태로 형성되고 있다. 이러한 상황은 그 자체로 다양한 형식으로 존재하는 투자에 관한 국제법을 연동하고 제휴하게 하여 투자자 간 경쟁조건을 평준화하는 최혜국대우조항의 중요성을 나타냄과 동시에 다각적인 구조로의 계기를 가지지 않은 채 각 투자협정에서의 최혜국대우조항의 해석적용에 불확정성을 그대로 두게 되었다.

오늘날 2,800건 이상의 양자 간 투자협정이 존재하고 있고, 각각의 최혜국대우조항은 일정한 유형을 보인다. 그러나 최혜국대우조항은 그 내용, 범위 그리고 조문의 문언은 반드시 동일하지 않고 각국의 외국자본의 도입 및 자본시장의 개방을 둘러싼 다양한 이해를 반영하고 있기 때문에 협정에 따라 여러 가지로 표현되고 있다. 그리하여 투자협정상 최혜국대우조항의 해석적용은 1990년대 후반부터 급증해온 투자협정중재의 이용에 따라 수용보상의무 및 공정·형평대우에 관한 규정과 함께 격렬한 논쟁의 대상이 되어 왔다.

이 장에서는 일련의 투자협정중재에서 나타나는 판단을 중심으로 투자협정에 의한 최혜국대우조항의 해석적용 범위를 둘러싼 현재의 논의 동향과 그 의의에 관하여 검토하고자 한다.

I. 투자협정중재에서 최혜국대우의 해석적용

전술한 바와 같이, 투자협정에서 최혜국대우에 관한 규정은 일률적이지 않지만, 다른 한편으로 각 협정 최혜국대우조항 문언의 해석은 일반법인 조약법에 관한 비엔나협약의 해석규칙(제31조~ 제33조)에 의한다.[18] 이 규칙을 적용할 때에는 당해 투자자가 투자자의 국적국과 투자유치국 간에 체결한 투자협정(기본조약)의 최혜국대우조항의 해석에 근거하여 (ⅰ) 유치국이 제3국과 체결한 조약(제3국 조약)에 따라 제3국의 투자자에게 제공한 대우와 같은, 혹은 불리하지 않은 대우를 요구하는 상황('같은 상황(in like situation)' 또는 '같은 환경(in like circumstances)')에 있는지, (ⅱ) 같은 상황에 있는 경우에도 당해 투자자가 제3국 조약으로부터 동등한 대우를 요구하는 권리 및 이익이 기본조약의 최혜국대우조항이 가리키는 '대우(treatment)'의 사항과 범위를 포함하는지 여부('동종문언의 원칙(*ejusdem generis rule*)')가 구체적인 논점이 된다.

투자협정중재의 선구가 된 1990년의 *AAPL v. Sri Lanka* 사건[19] 이래로 각 투자협정의 최혜국대우조항 해석적용에 관한 중재판정부의 판단(관할권 판단 등의 중간 판단을 포함)이 나타난 사안은 2008년 ICCA가 공표한 조사[20]와 그 후에 공표한 조사[21]에 따르면 30건이 넘는다. 이러한 사례는 신청인이 최혜국대우조항에 근거한 신청

---

18) 조약법에 관한 비엔나협약에서 문언주의의 의의에 대해서는 坂元茂樹, 「條約法 法典化における解釈規則の形成とその問題点」, 『関西大學法學論集』, 第27卷 6号 (1978年), 886~945면; 西元宏治, 「條約解釈Vにおける'事後の実行'」, 『本鄕法政紀要』, 第6卷 (1997年), 207~240면 참조.

19) *Asian Agricultural Products Ltd. v. Sri Lanka*, ICSID Case No. ARB/87/3 (UK/Sri Lanka BIT), Award, 27 June 1990.

20) Krishan D. & Farren, A., "Digest of Investment Treaty Decisions and Awards", *Yearbook of Commercial Arbitration*, Vol. XXXIII (2008).

21) ICCA의 조사 이후에 공표되고 있는 것으로서, *Société Générale v. Dominican Republic*, UNCITRAL, LICA Case No. UN 7927 (France/Dominican Republic BIT), Preliminary Objections to Jurisdiction, 19 September 2008; *Wintershall Aktiegesellschaft v. Argentine Republic*, ICSID Case No. ARB/04/14 (Germany/Argentina BIT), Award, 8 December 2008; *Renta 4 S.V.S. A et al. v Russian Federation*, SCC No. 24/2007 (Spain/Russia BIT), Award on Preliminary Objections, 20 March 2009; *Tza Yap Shum v. Republic of Peru*, ICSID No. ARB/07/6 (China/Peru BIT), Decision on Jurisdiction and Competence, 19 June 2009; *Bayindir Insaat Turizm Ticaret Ve Sanayi A. S v. Islamic Republic of Pakistan*, ICSID Case No. ARB/03/29 (Turkey/Pakistan BIT), Award, 27 August 2009.

의 구성에 따라 크게 2가지로 분류된다. 우선, 신청인은 기본조약의 최혜국대우조항을 근거로 다른 외국투자자 간에 차별적인 대우를 문제시하여 투자유치국의 비차별원칙 위반에 대하여 중재에 부탁하는 경우('1. 직접적용형')가 있고 다음으로, 신청인이 기본조약의 최혜국대우조항을 근거로 제3국에 관하여 조약에 규정된 권리 및 이익의 동등한 대우를 주장하면서 그 동등한 대우에 따른 권리 및 이익에 의거하여 부탁을 하는 경우('2. 간접적용형')가 있다.

1. 직접적용형

투자자의 국적국과 투자유치국 사이에 체결한 투자협정(기본조약)의 최혜국대우조항에 근거하여 신청인이 다른 외국투자자와의 관계에서 나타난 차별적 대우를 문제시하여 투자유치국의 비차별원칙 위반에 대하여 중재에 부탁하는 사례이다. 구체적으로는 차별적인 조치의 존재 여부와 당해 투자자가 제3국 조약에 따라 제3국의 투자자에게 부여된 대우와 동등, 혹은 불리하지 않은 대우를 요구할 수 있는 상황 ('같은 상황(in like situation)' 또는 '같은 환경(in like circumstances)') 에 있는지가 쟁점이 된다.

현재까지 이 유형이 포함된 사례는 *Parkerings v. Lithuania* 사건(2007 년)[22] 및 *Bayindir v. Pakistan* 사건(2009년)[23] 등 소수이다.[24] *Parkerings v. Lithuania* 사건에서는 세계유산지정지구의 환경보호를 위한 규제

---

22) *Parkerings-Compagniet AS v. Republic of Lithuania*, ICSID Case No. ARB//05/8 (Norway/ Lithuania BIT) Award, 11 September 2007. 이 사건의 개요에 대하여는 経済産業省通商政策 局編, 「전게서」 (각주 7), 524-525면 참조.

23) *Bayindir, supra* note 21.

24) 현재까지 확인가능한 최혜국대우에 근거한 비차별대우의 청구에 관한 판단이 본안에 나타난 사례는 이 2건이다.

가 투자재산의 다른 대우를 정당화하는 것으로 인정되어 신청인이 제3국의 투자자와 '같은 상황'에 있지 않다고 판정하였고,[25] *Bayindir v. Pakistan* 사건에서는 계약의 내용과 조건이 다른 제3국의 투자자도 '같은 상황'에 있다는 것에 대한 입증이 불충분하다고 하여 최혜국대우의무 위반의 주장은 받아들여지지 않았다.[26]

이러한 판정 중 NAFTA의 *Pope & Talbot v. Canada* 사건에서 내국민대우를 적용할 때 보이는 국내투자자와 외국투자자에 대한 다른 대우는 합리적인 정책판단을 근거로 국내투자자에 대한 우대를 의도한 것이 아닌 경우에는 같은 상황이라고 할 수 없다는 해석기준에 의존하고 있다.[27] 그러나 내국민대우에서 국내투자자와 외국투자자의 구분과 최혜국대우에서 투자자 간의 구분에는 차이가 있을 수 있다는 가능성은 검토되지 않았고 최혜국대우에 근거한 비차별원칙 적용의 고유한 의의에 관한 논쟁을 찾아볼 수도 없다. 결국 마찬가지로 그 해석적용이 논쟁의 대상이 된 공정·형평대우 및 내국민대우와 비교할 경우에[28] 현재까지 축적되어 온 투자협정중재판정에서 유치국의 조치에 대한 위반을 인정하고 비차별원칙으로서 최혜국대우가 직접적인 역할을 하는 것은 매우 한정적인 것에 그치고 있다.

이러한 비차별원칙으로서 최혜국대우조항의 이용이 저조한 것은 기업의 다국적화, 또는 투자협정 내용의 균질화 및 최혜국대우에 의한 투자환경이 평준화된 결과로, 유치국에 의한 선택적인 외국자본 정책을 표면화하는것이 어려워졌다고 해석할 수 있다. 그러나 다른

---

25) *Parkerings, supra* note 22, paras.366–375.

26) *Bayindir, supra* note 21, paras.412–420.

27) *Parkerings, supra* note 22, paras.369–370. 또한 *Pope & Talbot v. Canada* 사건의 개요에 대해서는 経済産業省通商政策局編 「전게서」(각주 7) 521면 참조.

28) 내국민대우 및 공정·형평대우의 의무위반의 인정의 상세한 내용은 각각 본서 제5장, 제6장 참조.

한편으로, 투자협정상 실체규정의 해석적용이 표면화된 중재절차에서는 공정·형평대우 등 기타 실체규정이 위반의 입증도 포함함으로써 보다 이용하기 쉽다는 가능성, 환언하면, 적용법규로서 최혜국대우조항이 남용될 수 있는 가능성이 있다. 평등하고 공정한 투자환경의 정비라는 투자협정의 기본적인 기능에 비추어 내국민대우, 공정·형평대우 등의 다른 비차별 원칙에 관한 조항의 적용상황과 비교하는 것은 차후 검토가 요구되는 주제라고 생각한다.

2. 간접적용형

이 유형은 기본조약에서 최혜국대우조항에 근거하여, 제3국 조약에 규정된 권리 및 이익에 대한 동등한 대우를 주장하고 그 동등한 대우를 받아야 할 권리 및 이익에 근거하여 중재를 부탁하는 것이다. 이 부탁에 대하여 중재판정부는 당해 투자자가 제3국 조약으로부터 동등한 대우를 요구할 권리 및 이익이 협정의 조문 및 '동종문언의 원칙(*ejusdem generis rule*)'에 따라 기본조약에서의 최혜국대우조항이 부여하는 '대우(treatment)'에 포함되는지를 확정하게 된다.[29]

이 유형에 속하는 사례는 신청의 내용에 따라 다음과 같이 나눌 수 있다.

(1) 실체적 사항에 관한 사례

첫 번째 유형은 기본조약의 최혜국대우조항에 따라 동등한 대우

---

29) 이 유형에도 제3국 조약에 규정된 권리 및 이익의 동등한 대우를 주장하는 전제로서, 최혜국대우조항의 해석상, 신청인이 제3국의 투자자와 '같은 상황(in like situation)'에서 차별의 존재가 논점이 될 수 있지만 실제의 중재절차에는 이 논점은 명확한 쟁점으로 부상하지 않고 있다.

가 부여된 제3국 조약에서 규정하는 공정·형평대우 등의 실체적인 기준을 원용하여 그 위반을 신청한 경우이고, 공정·형평대우의 구체적인 내용에 관하여 최혜국대우조항에 의해 동등한 대우를 요구하는 *MTD v. Chile* 사건(2004년)이 이에 속한다.[30] 동 사건의 중재판정부는 신청을 인정하였고, 제3국과의 조약에 규정되어 있던 공정·형평대우, 적법절차, 의무준수조항 등의 원용을 인정하였다. 또한 2008년의 *Rumeli Telekom v. Kazakhstan* 사건에서도 거의 같은 주장이 있었고 중재판정부는 후에 제3국과의 조약에 규정된 공정·형평대우, 완전보호, 차별적인 조치 및 정의실현 거부의 금지 등 실체적인 기준의 원용을 인정하고 있다.[31] 그 밖에도 2001년 *CME v. Czech Republic* 사건에서는 최혜국대우조항에 근거하여 보다 높은 배상수준의 원용이 인정되고 있다.[32] 한편, 예외적으로 1990년 *AAPL v. Sri Lanka* 사건에서는 최혜국대우조항에 근거하여 제3국 조약에 규정된 실체적 기준의 원용이 부정되었다. 청구내용은 내전으로 훼손된 투자재산의 보상에 관하여 기본조약에 있는 내란 시의 보호에 관한 규정을 벗어날 목적에서 제3국 조약의 일반적 대우에 근거한 보상수준의 적용을 주장하는 것이었는데, 이는 변칙적인 것이었다.[33]

이러한 사례에서는 대부분 신청인이 제3국의 투자자와 '같은 상

---

30) *MTD Equity Sdn. Bhd. and MTD Chile S.A. v. Republic of Chile*, ICSID Case No. ARB/01/7 (Chile/Malaysia BIT), Award, 25 May 2004. 같은 공정·형평대우에 관한 것으로서 *ADF Group Inc. v. United States*, ICSID Case No. ARB (AF)/00/1 (NAFTA), Award, 9 January 2003이 있지만, *DF Group Inc. v. United States* 사건에서는 원래 기본조약에 있는 NAFTA에 관하여 정부조달에 관한 조치와 내국민대우 및 최혜국대우의 적용으로부터 제외되고 있는 것을 이유로 하여 신청인의 주장은 거절될 수 있었다.

31) *Rumeli Telekom A.S. and Telsim Mobil Telekomunikasyon Hizmetleri A.S. v. Republic of Kazakhstan*, ICSID Case No. ARB/05/16 (Turkey/Kazakhstan BIT), Award, 29 July 2008.

32) *CME Czech Republic B.V. v. Czech Republic*, UNITRAL (The Netherlands/Czech Republic BIT), Partial Award, 13 September 2001, paras.496–500.

33) *AAPL*, *supra* note 19, para.154.

황(in like situation)'에 있는지 혹은 동등한 대우의 대상이 되는 실체적 기준을 원용하는 이익이 기본조약의 최혜국대우조항이 가리키는 '대우(treatment)'에 관련된 것인지에 관하여는 다툼이 없다. 중재판정부에 따라 사전에 기본조약의 최혜국대우조항이 의미하는 범위 내의 사항에 대하여 최혜국대우에 의한 이익에 대해 동등한 대우를 하고, 신청인에 의해 최혜국대우조항에 근거하여 제3국 조약 규정의 원용을 인정하고 있기 때문에 심각한 대립은 존재하지 않는다.

(2) 분쟁해결조항에의 적용에 관한 사례[34]

간접적용형의 또 하나의 유형은 투자자 대 국가의 중재절차를 정하는 분쟁해결조항에서 최혜국대우의 적용을 요구하고, 중재절차의 이용 조건에 관하여 당해 투자자에 의해 보다 유리한 조항의 원용을 요구하는 것이다. 이 유형은 최혜국대우에 관한 중재판정 전체에서 과반수를 차지하고, 투자협정중재에서 최혜국대우조항의 해석적용에 관한 논쟁도 최혜국대우의 분쟁해결조항에 대한 동등한 대우의 시비를 가리는 데 집중되고 있다.

현재까지 공표되고 있는 일련의 중재판정은 대부분의 최혜국대우조항에 대한 해석을 어떻게 적용할지에 대한 논의를 다시 일으켰던 2000년 *Maffezini v. Spain* 사건의 관할권 판단을 원용하거나 비판하면서 당해 최혜국대우조항이 대상으로 하는 동등한 대우의 범위에 관하여 그 입장을 밝히고 있다. 그리고 *Maffezini v. Spain* 사건의 관할권 판단을 필두로 하는 이 유형의 최혜국대우조항의 해석적용에 관한 논쟁은 다른 유형의 최혜국대우조항의 해석적용 및 각국의 조

---

34) 이 논점에 관한 상세한 논의는 西元 宏治, 「投資協定仲裁における最惠国大愚條項の解釋適用」, 『JCAジャーナル』, 第55卷 9号 (2008年) 참조.

약 이행에도 큰 영향을 주고 있다.

따라서 이하에서는 분쟁해결조항에 관한 최혜국대우조항의 적용이 인정된 사례와 부정된 사례 중 주요한 중재판정을 개관하고, 각각의 중재판정의 논거와 쟁점을 살펴보고 최혜국대우조항의 해석적용 범위를 둘러싼 문제점과 그 함의를 분명히 하고자 한다.

① 최혜국대우조항의 적용을 긍정한 중재판정

(a) *Maffezini v. Spain* 사건 관할권 판단(2000년)[35]

아르헨티나 국민인 Maffezini는 화학제품에 관한 합작사업 실패의 원인이 파트너였던 스페인의 금융기관의 작위·부작위에 있다는 것을 근거로 아르헨티나-스페인 투자협정위반을 주장하며 중재를 신청하였다. 이때, Maffezini는 투자협정중재를 부탁하기 전에 사전 협의 및 국내재판소를 이용할 것을 조건으로 하여 18개월의 '대기기간(waiting period)'[36]을 규정하였던 아르헨티나-스페인 간의 투자협정 제10조가 아니라, 동 투자협정의 최혜국대우조항(제4조 2항)을 통하여 칠레-스페인 간의 투자협정의 분쟁해결조항에 따라 중재를 신청하였다. 칠레-스페인 투자협정 제10조 2항에서는 투자협정중재에 부탁을 하기 위한 조건 없이 투자자가 직접 ICSID 중재에 부탁하는 것을 인정하고 있었다.

이 신청에 대하여 스페인 정부는 최혜국대우조항을 분쟁해결조항에 적용하는 것을 부정하는 주장을 하였다. 즉, 최혜국대우조항에

---

35) *Emilio Agustin Maffezini v. Spain*, ICSID Case No. ARB/97/7(Argentina/Spain BIT), Decision on Jurisdiction, 25 January 2000.

36) 투자협정중재 부탁에 앞선 대기기간 및 사전협의 요건 등의 관한 상세한 내용은 岩月直樹, 『国際投資仲裁における管轄権に抗弁とその処理』, RIETI Discussion Paper Series (08-J-012) (2008), 26-30면.

의한 동등한 대우의 범위는 '동종문언의 원칙'에 따라 확정되며, 기본조약의 '동종문언의 원칙'에 관해서만 동등한 대우가 인정되고 이 원칙에 따라 동등한 대우의 대상이 되는 것은 실체적 사항뿐이고, 분쟁해결조항과 같은 절차적 사항에는 미치지 않는다고 주장하였다.[37] 더욱이 최혜국대우조항에 의해 금지되고 있는 차별은 실체적이고 경제적인 대우에 관한 것에 한정되어 있어 본 사건과 같은 절차적 사항에는 미치지 않는다고 하였다.

양 당사자의 주장에 대하여 중재판정부는 과거 국제재판 및 중재에서 보인 양자간 통상조약의 최혜국대우조항에 관한 원칙을 확인하고, 특히 *Ambatielos* 사건의 중재위원회가 보였던 '동종문언의 원칙'에 관하여 다음과 같은 해석에 주목하였다.[38]

> "'사법의 운영'은 단독으로 볼 경우, '통상 및 항해' 이외의 사항이다. 그러나 이는 상인의 권리보호와 관련지어 볼 경우 반드시 그렇다고 할 수 없다. 상인의 권리보호는 당연히 통상항해조약의 사항 중에 포함된다. 따라서 사법의 운영이 관련된 권리보호에 관계하는 한 '통상 및 항해에 관한 모든 사항'을 포함하여 규정하는 최혜국대우조항의 적용 범위로부터 당연히 제외되는 것은 아니다. 이 문제는 조약의 합리적인 해석으로부터 이끌어낸 체약국의 의사에 의해서만 결정된다."[39]

그리고 중재판정부는 앞의 *Ambatielos* 사건에서 나타난 기준, 즉 특정한 사항에 관하여 최혜국대우의 적용을 제외한다는 명확한 의사가 보이지 않는 한, 분쟁해결조항을 포함한 모든 사항이 최혜국대우조항의 적용 범위에 포함된다는 Maffezini 측의 주장이 각국의 조약

---

37) *Maffezini, supra* note 35, paras.41-42.

38) *Ibid.,* paras.49-50.

39) *Ambatielos Case* (Greece v. UK), *Reports of International Arbitral Awards,* vol.XII, United Nations, 1963, p.107. 동 사건의 개요에 관하여는 村瀨,「전게서」(각주 2), 85-86면 참조.

실행에도 합치한다고 확인하였다. 그 후 '본 투자협정에 관한 모든 사항(in all matters to this Agreement)'을 동등한 대우의 대상으로 하는 아르헨티나-스페인 투자협정의 최혜국대우조항(제4조 2항)[40]에 관하여 다음과 같이 해석하였다.

당해 투자협정의 최혜국대우조항에 '분쟁해결'이란 사항이 명기되어 있지 않더라도 이전의 통상조약의 상인에 대한 권리보호와 같이, 오늘날 외국투자자의 보호와 투자협정의 분쟁해결 메커니즘(투자협정중재)으로의 접근은 불가분의 존재이다.[41] 이러한 투자협정중재로의 접근은 엄밀히 말하면 투자에 관한 실체적 사항이라고 할 수 없지만 투자자의 권리에 대한 충분한 보호에는 필수적이다. 또한 오늘날의 투자협정에서 당해 협정이 부여하는 대우의 실체적인 측면과 분쟁해결 메커니즘은 밀접하며 제3국과의 투자협정에서 투자자의 권리 및 이익의 보호에 보다 유리한 분쟁해결조항이 원용되는 경우는 '동종문언의 원칙'을 적용하여 그 이익은 동등한 대우를 받게 된다.[42]

한편, 중재판정부는 조문상 명기되어 있지 않은 경우에도 '동종문언의 원칙'의 적용에는 '공공정책 고려(public policy consideration)'에 의한 제약이 존재한다는 것도 지적하였다. 즉, '동종문언의 원칙'이 분쟁해결조항에 적용되더라도 체약국이 협정 전체를 성립시키기 위해서 하였던 기본적인 이익의 교환에 관한 부분에는 공공정책 고려에 의한 제약이 우선하고, 적용 제외에 관한 명확한 의사표시가 없어도 최혜국대우조항에 의한 동등한 대우에는 영향을 주지 않는다

---

40) 아르헨티나-스페인 투자협정 제4조 2항의 규정은 다음과 같다.
   "In all matters subject to this Agreement, this treatment shall not be less favorable than that extended by each Party to the investments made in this territory by investors of a third country."

41) *Maffezini, supra* note 35, para.54.

42) *Ibid.*, para.56.

고 판정하였다.[43] 중재판정부는 분쟁해결조항에서 공공정책 고려에 의해 제한의 대상이 될 수 있는 분쟁해결절차의 구성요소와 전제조 건에 관해서는 국내구제원칙, 선택조항(fork in the road clause),[44] 중 재포럼의 선택 그리고 중재규칙의 선택 4가지를 예로 들었다.[45]

이 사건에서는 스페인에 의해 국내구제원칙을 근거로 한 항변이 제시되었지만, 이 점에 관해 중재판정부는 당해 협정에서 양국의 교 섭 경위 및 스페인이 다른 국가들과 체결했던 25건의 투자협정에서 분쟁해결조항의 조문을 검토하였다.[46] 그 결과 중재판정부는 대기기 간 내의 국내재판소 이용에 관한 절차적인 조건은 의무적인 것이라 고 생각할 수 없다며 본 사건에서 신청인이 주장하는 이익의 동등한 대우에 대하여 공공정책에 의한 제약은 영향을 주지 않는다고 하여 Maffezini가 주장하는 분쟁해결조항에 최혜국대우조항의 적용을 인 정하는 결론을 내렸다.[47]

(b) *Siemens v. Argentine* 사건 관할권 판단(2004년)[48]

2004년의 *Siemens v. Argentine* 사건에서는 *Maffezini v. Spain* 사건의 중재판정보다 좁은 동등한 대우의 범위를 보여준 표현의 예시인 독 일-아르헨티나 투자협정의 최혜국대우조항의 해석을 다투었다.[49] 독

---

43) *Ibid.*, para.62.

44) 선택조항(fork in the road clause)에 관하여는 中村達也, "国際投資仲裁と並行的手続ー国際法 による規制、調整お中心としてー", RIETI Discussion Paper Series (08-J-025) (2008), 29- 31면 참조.

45) *Maffezini, supra* note 35, para.63.

46) *Ibid.*, paras.58-61.

47) *Ibid.*, para.65.

48) *Siemens A G v. The Argentine Republic,* ICSID Case No. ARB/02/8 (Germany/Argentina BIT), Decision on Jurisdiction, 3 August 2004.

49) 최혜국대우에 관하여 규율한 독일-아르헨티나 투자협정 제3조의 규정은 다음과 같다.
   (1) None of the Contracting Parties shall accord in its territory to the investments of

일 기업인 Siemens사의 현지 자회사는 독일-아르헨티나 투자협정의 최혜국대우조항을 유지하고 아르헨티나-칠레 투자협정의 분쟁해결 조항을 근거로 직접 ICSID에 중재를 부탁하였다. 이때, Siemens사는 최혜국대우조항을 원용하여 기본조약인 독일-아르헨티나 투자협정의 분쟁해결조항에 규정되어 있는 대기기간(18개월) 내에는 국내재판소를 이용해야 한다는 조건의 면제를 요구하였다.

중재판정부는 이 사건의 투자협정 조문이 좁게 표현하고 있는 것을 인정하고[50] *Maffezini v. Spain* 사건과 같이 *Ambatielos* 사건 중재위원회의 견해에 따라 신청인이 주장하는 분쟁해결조항에 대한 동등한 대우가 당해 최혜국대우조항에서 규정하고 있는 투자의 '대우(treatment)' 및 '투자에 관련된 활동(activities related to the investment)'의 일부에 포함된다는 해석을 하였다.[51] 또한 아르헨티나가 주장했던 분쟁해결조항에 있는 18개월 대기기간의 의무적 성격에 관하여는 동 조건의 내용은 일반 국제법상 국내구제원칙과는 달리 최혜국대우의 적용으로부터 묵시적으로 면제되는 성질의 것이 아니라고 하였다.[52] 더욱이 아르헨티나와 타국이 체결했던 투자협정의 내용에서도 국내재판소의 관여에 관한 아르헨티나의 정책은 일관되지 않았고 공공정책 고려도 인정하지 않는 견해를 보였다.[53]

---

nationals or companies of the other Contracting Party or to investments in which they hold shares, a less favorable treatment than the treatment granted to the investments of its own nationals or companies or to the investments of nationals or companies of third States.

(2) None of the Contracting Party shall accord in its territory to nationals or companies of the other Contracting Party a less favorable treatment of activities related to investments than granted to its own nationals and companies or to the nationals and companies of third States."

50) *Siemens*, *supra* note 48, para.103.

51) *Ibid.*, paras.94–102.

52) *Ibid.*, para.104.

53) *Ibid.*, para.105.

이와 같이 최혜국대우조항을 분쟁해결조항으로 적용하는 것을 긍정하는 입장에서는 최혜국대우조항의 표현의 차이에도 불구하고 투자의 보호(실체적 사항)와 그 수단으로 투자협정중재(절차적 사항)의 실질적인 관련성을 중시하고, 후자에 관해서도 최혜국대우의 동등한 대우의 대상이 된다는 판단을 내리고 있다. 한편 적용제외에 관한 명확한 의사표시가 없는 경우에도 협정 전체를 성립시키기 위해 했던 기본적인 이익의 교환이 관련된 부분에 관하여는 최혜국대우의 동등한 대우가 인정되지 않는다는 내재적인 제약이 존재하는 것으로 보인다.

② 최혜국대우조항의 적용을 부정한 중재판정

(a) *Salini v. Jordan* 사건 관할권 판단(2004년)[54]

앞의 *Siemens v. Argentine* 사건 직후에 내려진 *Salini v. Jordan* 사건의 판정은 이탈리아의 건설회사인 Salini사가 요르단 정부기관과 체결했던 댐 건설에 관련된 계약상의 분쟁을 ICSID 중재에 부탁한 사안에 관한 것이었다. 이 사건에서 기본조약인 이탈리아-요르단 투자협정은 투자협정상의 중재절차에 부탁에 관하여 당해 국가의 개별적인 합의를 요구하였다. 그 때문에 신청인인 Salini사는 이탈리아-요르단 투자협정의 최혜국대우조항을 통하여[55] 중재에 분쟁을 부탁

---

54) *Salini Costruttori S.P.A. and Italstrade S.P.A. v. Hashemite Kingdom of Jordan*, ICSID Case No. ARB/02/13 (Italy/Jorgan BIT), Decision on Jurisdiction, 29 November 2004.

55) 최혜국대우에 관해 규율한 이탈리아-요르단 투자협정 제3조 1항의 규정은 다음과 같다.
"Both Contracting Parties, within the bounds of their own territory, shall grant investments effected by, and the income accruing to, investors of Contracting Party no less favourable treatment than that accorded to investments effected by and income accruing to, its own nationals or investors of Third States."

할 때 당사국의 개별적 합의를 요구하지 않는 영국-요르단 투자협정과 미국-요르단 투자협정의 분쟁해결조항 및 양 협정에 규정되어 있는 의무준수조항(소위 '포괄적 보호조항(umbrella clause)')[56]을 근거로 하여 당해 계약분쟁에 대한 투자협정중재의 물적 관할의 성립을 주장했다.

이 사건에 대하여 중재판정부는 *Maffezini v. Spain* 사건 관할권 판단과 반대로 해석하였는데, 이탈리아-요르단 투자협정의 최혜국대우조항은 '모든 사항(all matters)'에 언급했던 것이 아니며 또한 당해 투자협정의 분쟁해결조항은 정부기관과의 계약상의 분쟁에 관련된 당해 계약의 분쟁해결조항에 따라 처리해야 할 것을 명기한 것(제9조 2항)으로, 신청인이 요구하는 제3국 조약의 분쟁해결조항의 이익에 대한 동등한 대우를 인정하지 않는다는 결론을 내렸다.[57]

(b) *Plama v. Bulgaria* 사건 관할권 판단(2005년)[58]

Salini v. Jordan 사건 이듬해에 내려진 *Plama v. Bulgaria* 사건의 관할권의 판단은 *Maffezini v. Spain* 사건에 대한 비판적인 자세가 보다 명확하게 드러났다. 키프로스 법인인 Plama사는 석유정제사업에 대한 불가리아 정부의 조치가 불가리아-키프로스 투자협정에 위반하였다고 하여 ICSID에 중재를 부탁하였다. 이때, 신청인인 Plama사는 투자자 대 국가에 의한 중재절차의 대상을 수용에 따라 발생한 손해가액에 관한 것에 한정하였다. 한편 중재부탁에 관하여 사건마다 동의를 요구하는 불가리아-키프로스 투자협정의 분쟁해결조항이 아니

---

56) 의무준수조항에 관하여는 본서 제8장을 참조.

57) *Salini, supra* note 54, paras.117−119.

58) *Plama Consortium Limited v. Republic of Bulgaria*, ICSID Case No. ARB/03/24 (Cyprus v. Bulgaria), Decision on Jurisdiction, 8 February 2005.

라 동 조약의 최혜국대우조항에 근거하여[59] 사건마다 동의를 요구하지 않고 보다 넓은 분쟁사항에 대하여 중재부탁을 인정하고 있는 에너지헌장조약 및 불가리아-핀란드 투자협정의 규정을 원용하여 신청하였다.

이 신청에 대하여 중재판정부는 조약법에 관한 비엔나협약에 근거하여 조약의 문언, 문맥, 협정 전체의 목적의 검토로부터 불가리아-키프로스 투자협정의 최혜국대우조항에 언급된 '대우(treatment)'의 의의에 대해 확정적인 해석을 도출한다고 할 수 없다고 하여[60] 불가리아와 각 국가와의 조약실행의 검토에 따라 '당사국 의사'의 해명을 시도하였다. 불가리아는 공산주의체제 붕괴 후 대폭적으로 정책 전환을 하고 각 국가 간에 보다 포괄적인 분쟁해결조항이 포함된 투자협정을 체결하였다. 불가리아와 키프로스 사이에도 공산주의체제 붕괴 후에 조약의 개정교섭을 진행하였지만 결과는 좋지 않았다.[61] 중재판정부는 그 경위를 중시하였고, 그 교섭의 경위에서부터 양 당사국이 당해 조약에 이르기까지 최혜국대우조항을 분쟁해결조항과 동등하게 보는 의도를 발견할 수 없다는 결론을 도출하였다.[62]

또한 중재판정부는 1980년대 이후, 포괄적인 분쟁해결조항에 의하여 투자협정중재의 이용 가능성이 확대되고 있다는 것을 인정하면서도 여전히 중재에 관한 당사자의 합의는 '명백한 것(clear and

---

59) 최혜국대우에 관하여 규정한 불가리아—키프로스 투자협정 제3조의 규정은 다음과 같다.
　(1) Each Contracting Party shall apply to the investments in its territory by investors of the other Contracting Party a treatment which is not less favourable than that accorded to investments by investors of third states.
　(2) This treatment shall not be applied to the privileges which either Contracting Party accords to investors from third countries in virtue of their participation in economic communities and unions, a customs union or a free trade area.

60) Plama, supra note 58, paras.187-193.

61) Ibid., paras.195-197.

62) Ibid., para.195.

unambiguous)'이어야 한다고 하였다.63) 분쟁해결조항의 구체적인 내용은 각각의 투자협정에서 보호의 대상 및 규정과 결합되고 있을 뿐만 아니라 각 협정에서 원용되고 있는 각종 중재 절차(임시 중재, UNCITRAL, ICSID 등)는 각각 다른 것이며, 분쟁해결조항에서 최혜국대우의 동등한 대우는 명시된 것이어야 한다고 하였다.64) 더욱이 이 사건의 중재판정부는 *Maffezini v. Spain* 사건의 관할권 판단에 대하여, 18개월간의 대기기간의 단축이라는 결론은 이해가 가지만 이 결론을 도출해내기 위해서 그 근거와 내용을 명확하게 밝히지 않고 공공정책 고려라는 과도한 일반화의 가능성을 남기는 판정을 하였다고 비판하였다.65)

이러한 *Plama v. Bulgaria* 사건 중재판정부의 접근방식은 기본조약에 중재부탁사항에 관한 당사국의 의사, 즉 기본조약을 성립시키는 이익의 교환에 관한 개별 합의를 중시하는 데 있고, 투자 및 투자자의 보호라는 관점에서 최혜국대우의 적용을 판단함에 있어 신중한 태도를 보이고 있다.

3. 소결: 최혜국대우의 적용 범위와 견해의 대립

이상과 같이 2000년의 *Maffezini v. Spain* 사건을 효시로 최혜국대우조항을 분쟁해결조항으로 적용하는 것을 둘러싼 일련의 사건에서 최혜국대우조항과 관련하여 대립하는 두 가지 입장이 병존하는 상황이 계속되고 있다. 2007년까지 공표된 중재판정 중 신청인의 주장

---

63) *Ibid.*, para.198.

64) *Ibid.*, paras.207-209.

65) *Ibid.*, paras.220-224.

이 인정되어 최혜국대우조항의 적용이 인정된 사건은 6건이고,[66] 부정된 사례도 6건으로[67] 투자협정중재에서 분쟁해결조항을 둘러싼 최혜국대우조항의 해석은 양분되고 있다.

한편 중재판정의 결론에서 도출된 동등한 대우의 범위에는 일정한 패턴이 있었다. 즉, 최혜국대우조항을 분쟁해결조항으로 적용함에 따라 동등한 대우로부터의 이익은 중재로 가는 대기기간의 단축에만 있고,[68] 투자협정상 분쟁 해결의 메커니즘을 구성하는 그 이외의 요소, 구체적으로 국내구제원칙, 중재에 부탁가능한 분쟁에 대한 물적 관할, 중재규칙, 중재포럼 등에는 미치지 않았다. 이에 대하여 부정된 사례는 기본조약의 분쟁해결조항이 사건마다 투자협정중재부탁을 합의할 것과 중재부탁사항이 제한적일 것[69], 또는 신청인이 최혜국조항에 따라 제3국 조약의 의무준수사항에 근거하여 투자협정중재의 관할권의 성립을 요구하는 것이었다.[70] 요컨대, 분쟁해결조항으로 최

---

66) *Maffezini, supra* note 34; *Siemens, supra* note 48; *Gas Natural SDG, S. A v. The Argentine Republic*, ICSID Case No. ARB/03/10 (Spain/Argentina BIT), Decision on Jurisdiction, 17, June 2005; *Suez, Sociedad General de Aguas de Barcelona, S.A. and Vivendi Universal, Suez, Sociedad General de Aguas de Barcelona S.A. and InterAguas Servicios Integrales del Agua S.A. v. The Argentine Republic*, ICSID Case No. ARB/03/17 (France/Argentina and Spain/Argentina BITs), Decision on Jurisdiction 16, May 2006; *National Grid plc v. The Argentine Republic*, ICSID Case No. 19 (UK/Argentina BIT), Decision on Jurisdiction 20, June 2006; *v. The Argentine Republic*, ICSID Case No. ARB/03/10 (Spain/Argentina BIT), Decision on Jurisdiction, 17, June 2005; *Suez, Sociedad General de Aguas de Barcelona, S.A. and Vivendi Universal, S.A. v. Argentine Republic*, ICSID Case No. ARB/03/19 (France/Argentina and Spain/Argentina BITs), Decision on Jurisdiction, 3, August 2006.

67) *Plama, supra* note 58; *Vladimir Berschader and Michael Berschader v. Russian Federation*, SCC Case No. V080/2004 (Belgium/Russia BIT), Decision on Jurisdiction, April 2006; *Telenor Mobile Communications A.S. v. Republic of Hungary*, ICSID Case No. ARB/04/15 (Norway/Hungary BIT), Decision on Jurisdiction, 13, September 2006; *PSEG Global, Inc., The North American Coal Corporation, and Konya Ingin Electrik Uretime ve Ticaret Limited Sirketi v. Turkey*, ICSID Case No. ARB/02/5 (United States/Turkey BIT), Decision on Jurisdiction, 4, June 2004; *Salini, supra* note 54; *Impregilo S.p.A. v. Islamic Republic of Pakistan*, ICSID Case No. ARB/03/3 (Italy/Pakistan BIT), Decision on Jurisdiction, 22, April 2005.

68) *Maffezini, supra* note 35; *Maffezini, supra* note 34; *Gas Natural SDG, S.A. v. The Argentine Republic, supra* note 66.

69) *Plama, supra* note 58; *Berschader, supra* note 67; *Telenor, supra* note 67.

혜국대우조항의 적용이 부정된 사안에 관해 부정된 동등한 대우의 이익의 내용은 분쟁해결조항으로서 적용을 긍정하는 중재판정부가 보인 최혜국대우조항의 적용 범위와 공공정책 고려 및 상호주의의 제약과 반드시 대립하는 것은 아니며,[71] 또한 분쟁해결조항을 적용하는 것에 의하여 동등한 대우를 받은 이익의 내용은 중재부탁에의 대기기간의 단축에만 있으므로 결론적으로 양자가 인정하는 동등한 대우의 범위에서는 큰 차이가 없었다.

그럼에도 불구하고 양자가 첨예하게 대립하는 부분은 후술하는 바와 같이, 각각의 중재판정부가 원용한 상반되는 조약 해석의 접근 방법과 그 논리적인 귀결이다. 그리고 상반되는 접근법에 의한 논쟁 배경에 있는 최혜국대우의 적용 범위 경계선도 최근에는 모호하다. 2008년 공표된 *RosInvest v. Russia* 사건 관할권 판단에서는 종래에 분쟁해결조항으로 적용하는 것을 긍정하는 입장을 취한 중재판정에서도 인정하지 않았던 물적관할권의 확대가 인정되었다. 동 중재판정부는 투자자에 의한 투자재산의 '사용(use)'과 '향유(enjoyment)'에 중대한 영향을 준다는 이유를 들면서, 기본조약에서 '수용에 대한 보상의 가격과 그 방식'과 '그 다른 수용의 결과를 발생시키는 사항'에 한정되었던 투자협정중재의 물적관할권을 최혜국대우의 적용에 따라 그 관할권을 초월하여 조세조치의 남용에 대한 수용의 발생의 유무 자체를 본안에서 심리한 판단을 보였다.[72] 이에 반하여 *Siemens v. Argentine* 사건과 마찬가지로 독일-아르헨티나 투자협정의 분쟁해

---

70) *PSEG, supra* note 58 ; *Salini, supra* note 54 ; *Impregilo, supra* note 67.

71) *Maffezini, supra* note 35, paras.57–63.

72) *RosInvest Co UK Ltd v. Russia Federation*, SCC Csae No. V079/2005 (UK/Russia BIT), Decision on Jurisdiction, 5 October 2007, paras.130–133. *RosInvest* 사건의 판정과 그 의의에 대해서는 "전게논문" (각주 34), 13–14면 참조.

결조항에서 규정된 대기기간의 면제의 이익이 문제가 되었던 2009
년 *Wintershall v. Argentina* 사건에서 중재판정부는 *Siemens v. Argentine*
사건의 판정을 비판하고 분쟁해결조항에 최혜국대우를 적용하는 것
을 부정하는 결론을 내렸다.[73]

II. 투자협정중재에서 최혜국대우조항의 해석적용
논리와 그 문제점

1. 분쟁해결조항을 둘러싼 해석론의 대립점

일련의 중재판정에서 최혜국대우조항을 분쟁해결조항에 적용하는
것에 대한 해석론의 대립점은 양자 모두 원칙적으로 조약법에 관한
비엔나협약의 해석규칙에 기초한다. 그러나 신청인이 최혜국대우의
동등한 대우를 주장하고 있는 사항이 당해 투자협정의 최혜국대우
조항의 대상에 포함되는지에 대해서 최혜국대우조항의 문언 및 예
외조항에 명시된 사항(관세동맹, 자유무역지역, 경제공동체 등)으로
직접적인 판단을 할 수 없는 경우에 어떤 원칙에 따라 보충하는지가
문제된다.

분쟁해결조항에 대한 동등한 대우를 긍정하는 입장은 예외조항과
같은 문언상의 제약이 존재하지 않는 한, 원칙으로 부여된 대우에
관한 모든 사항은 동등한 대우의 대상에 포함된다고 한다. 이에 반
하여 부정하는 입장에 있는 중재판정은 중재절차에 대한 국가 동의

---

73) *Wintershall, supra* note 21, paras.185-197.

의 명확성을 중시하고 'expressio unius est exclusio alterius 원칙'(하나를 명기하고 있는 것은 그 외의 것의 배제를 의미한다)에 의해 '당사국의 의사'가 명시적으로 확인될 수 없는 경우는 최혜국대우의 대상에는 포함시키지 않는다는 입장을 보였다.

앞서 기술하였듯이 최혜국대우조항을 분쟁해결조항에 적용하는 것을 다투는 중재판정은 그 결론을 맺는 동등한 대우의 범위에서 크게 어긋나지 않았다. 그럼에도 불구하고 양자가 논쟁의 대상이 된 것은 논쟁의 발단이 된 *Maffezini v. Spain* 사건의 중재판정부가 투자 및 투자자의 보호라는 관점에서 '실체적 사항과 절차적 사항'의 구분을 상대화하는 한편, 해석론으로서 최혜국대우의 동등한 대우에 내재한 제약 요인의 내용과 근거를 명확하게 하지 않았기 때문이었다. *Maffezini v. Spain* 사건의 중재판정부는 자주 동종문언의 원칙에 내재적인 제약으로 언급된 '실체적 사항과 절차적 사항'의 구분을 부정하고, 원래 실체적 사항에 한정해야 할 동등한 대우의 대상을 절차적 사항에도 확대하였기 때문에 비판받았다. 그러나 *Maffezini v. Spain* 사건에서도 실체적 권리와 절차적 권리의 구분 그 자체가 부정된 것은 아니었다. 동 사건 중재판정은 이러한 구분의 단정적인 적용을 부정하는 것이었고, 체약국에 의해 명시적으로 제외되지 않는 사항에 대해서는 동등한 대우의 대상이 되는 실체적 사항의 보호에 부여한 영향과의 관계에서 판단한 것에 불과하다.

오히려 *Maffezini v. Spain* 사건에서 해석의 문제점은 '실체적 사항과 절차적 사항'의 구분에 대한 단정적인 적용을 부정한 한편, 동등한 대우의 한계를 설정하는 논리, 즉 '실체적 사항과 절차적 사항'의 구분이 내재적 제약으로서 동등한 대우의 범위를 구분하는 기능을 가진 경우와 실체적 사항의 보호와의 관계에서 절차적 사항을 관련

지을 수 있고 절차적 사항에의 동등한 대우를 인정할 수 있는 경우를 구별하는 기준, 또는 스스로 열거했던 공공정책 고려 등의 제약 사유의 근거 및 내용을 명확하게 하지 않았던 점에 있다.[74] 예를 들어, 18개월의 대기기간에 있어 국내재판소의 이용이라는 조건이 투자자의 실체적인 권리보호에 미치는 영향에 대하여는 그 후의 최혜국대우를 분쟁해결조항에 적용하는 것을 긍정하는 중재판정에서도 검토되지 않았다.[75]

확실히 논쟁의 발단이 된 *Maffezini v. Spain* 사건의 중재판정부의 해석은 *Plama v. Bulgaria* 사건 중재판정부가 지적한 바와 같이 '예외적인 상황에 관한 판단을 장래의 중재판정에 지침을 주는 일반적인 명제에서 취해야 하는 것은 아니었다'[76]라는 비판을 피할 수 없었다. 한편, 분쟁해결조항에 대한 동등한 대우를 부정하는 중재판정에서 볼 수 있는 기본조약에서 '당사국의 의사'를 강조하는 중재판정부도 각각의 합의를 성립시키는 상호주의 또는 공공정책 고려에 근거한 제약에 관한 기준을 명확히 하고 있는 것은 아니다. 최혜국대우를 확정하는 근거는 당사국에 의해 확정된 최혜국대우조항 및 관련된 조문 등 조약 전체의 합리적인 해석에서 도출되어야 한다. 조약 문언 이외의 요소 및 특정한 조문에서만 최혜국대우의 확정에 관한 '당사자의 의사'를 확정하는 것은 조약법에 관한 비엔나협약에 법전화된 해석 규칙을 일탈하는 것일 뿐만 아니라,[77] 기본조약에서

---

74) *Maffizini* 사건 중재판정부는 스스로가 최혜국대우조항의 제약 요인이 있다고 제시했던 '공공정책 고려'에 관하여도 분쟁해결조항에 적용할 때 고려해야 할 사항으로 열거한 4가지 사항의 상호관계를 명백히 하지 않고 이 4가지의 사항 가운데에는 '국제법상의 기본규칙' 및 '합의의 기본적 조건' 등 질적으로 다른 요소가 혼재하고 있다(*Maffezini, supra* note 35, para.63).

75) 분쟁해결조항에 최혜국대우조항의 적용을 긍정한 입장 중에서도 비효율적이고 불공정한 조건은 언급될 수 없다는 것(*National Grid, supra* note 66, paras.93~94)과 보호의 수준을 끌어내리게 되는 견해(*Gas Natural, supra* note 66, paras.28~30) 등이 있고 그 평가는 나뉘고 있다.

76) *Plama, supra* note 58, para.224.

약속된 동등한 대우를 받아야 할 권리 및 이익을 '당사자의 의사'라는 이름으로 사후적으로 제약하는 것이 된다. 그 결과 이러한 접근법은 투자협정에 따른 투자보호에서 투자자의 기대를 해칠 뿐만 아니라 양자 간 투자협정의 네크워크로서 형성된 투자에 관한 국제법에 의한 투자환경의 평준화 역시 현저히 제약하게 된다.

2. 분쟁해결조항을 둘러싼 대립의 함의와 그 확대

분쟁해결조항에 대한 최혜국대우의 적용을 두고 상반된 중재판정이 병존하는 가운데, 2008년 공표된 *RosInvest v. Russia* 사건 관할권 판단에서는 종래의 대립상황과는 거리가 있는 견해가 제시되고 있다. 동 사건의 중재판정부는 '실체적 사항과 절차적 사항'의 구분을 유지하면서 적어도 수용에 관한 분쟁은 투자재산의 이용 및 향유에 주는 영향이 중대하므로 투자협정중재에 부탁 가능성을 판단하는 절차적인 사항에 최혜국대우의 동등한 대우가 실체적 사항의 동등한 대우와 같은 가치를 가질 수 있다고 하고,[78] 최혜국대우를 적용하여 기본조약인 영국-소련 투자협정의 분쟁해결조항에 규정된 물적 관할의 확대를 인용한 판정을 내렸다.[79] 그때 중재판정부는 해석론으로 조약법에 관한 비엔나협약의 원칙에 대한 입장을 표명한 후[80] '본 판정부의 임무는 최혜국대우조항의 해석에 대해 일반적인 법리를 전개하는 것일 뿐만 아니라 그 문제에 대하여 판단을 내리는

---

77) 조약법에 관한 비엔나협약에서 문언주의의 의의에 관해서는 西元 宏治, "전게논문"(각주 18), 207-240면 참조.

78) *RosInvest, supra* note 72, para.132.

79) *Ibid.*, paras.130-133.

80) *Ibid.*, paras.38-39.

것이며 당해 조약의 제3조(최혜국대우)와 제7조(예외)의 문언과 같은 구조에서 해석이 요구된 사례는 다른 중재판정에는 없다'[81]고 설명하였다. 그리고 중재판정부에 의한 협정해석의 목적은 개별 분쟁 해결에 이바지하는 것이고, 개별 사안에서 중재판정부에 의한 협정해석이 각각의 협정 조문 및 문언에 의한 것임을 강조하면서 최혜국대우의 일반적인 해석적용에 주는 영향을 한정적으로 받아들이는 입장을 명확히 하고 있다.

RosInvest v. Russia 사건 중재판정부가 지적한 바와 같이, 투자협정 중재에서 조문해석의 기본적인 기능은 개별 분쟁해결에 이바지하는 것이고 각 중재판정부의 존립 기반인 투자협정의 내용에서 공유하는 부분은 많은 것이 사실이다. 그러나 저마다 다양한 표현과 형식으로 규정되고 있다. 동 사건 관할권 판단 이후에도 마찬가지로 사회주의 정권하에서 체결된 스페인-소련 투자협정의 제한적인 분쟁해결조항을 근거로 Yukos사의 수용에서 발생한 손해에 대한 보상이 청구된 *Renta v. Russia* 사건의 관할권 판단에서는 이 사건 협정에서 '대우'에는 분쟁해결조항의 문제를 포함하지 않는다고 생각하는 한편, 최혜국대우의 내재적인 제약요인으로 논의되었던 '실체적 사항과 절차적 사항'의 구분에는 국제법상 명확한 근거가 없고, 최혜국조항을 통한 국제법적인 중재절차에의 접근은 투자자가 합리적으로 고려할 범위 내의 사항으로서, 원칙적으로 최혜국대우조항의 적용대상이 되는 투자자의 '대우'에 당연히 포함되어야 할 사항이라고 판단되었다.[82] 또한 마찬가지로 제한적 분쟁해결조항이 있는 중국-

---

81) *Ibid.*, para.137. 괄호 내 필자 주.

82) *Renta, supra* note 21, paras.98-102. 단, 이 사건에서 관할권 성립의 근거는 분쟁해결조항의 문언과 스스로 관할권을 결정하는 중재판정부의 고유한 권한에 있다(상세한 내용은 西元 宏治, 「投資協定仲裁判断例研究： 旧社会主義BITの制限の紛争処理条項の解釈と最恵国待遇条項の紛争処理条項えの適用」, 『JCAジャーナル』, 第57巻 6号 참조).

페루 투자협정에 근거한 *Tza Yap Shum v. Peru* 사건의 관할권 판단에
서는 최혜국대우의 범위에 보다 유리한 절차적 보호의 제공을 포함
한다고 하는 한편, 당사국에 의하여 기본조약의 분쟁해결조항에 부
여된 제한 및 조건을 중시하여 최혜국대우조항의 적용과 같이 물적
관할의 확대는 인정하지 않는다는 판단을 하는 등,[83] 분쟁해결조항
에 최혜국대우조항을 적용하는 문제에 관한 중재판정부의 판단은 일
반적인 논쟁의 구조가 밝혀지지 않은 채 더욱 개별화되어 가는 경향
이 있다.

투자협정중재에서 최혜국대우의 해석적용에 관한 대립이 분쟁해
결조항의 적용을 두고 나타났던 배경에는 최혜국대우 자체의 불확
정성 및 해석 방법의 대립뿐만 아니라 투자협정중재의 이용 가능성
에 대한 평가, 나아가서는 투자협정이 규율 대상이라고 생각하는 '대우
(treatment)' 자체의 가변성 및 평가구조의 변화가 있다.[84] 투자협정
을 포함한 투자에 관한 국제법이 형성 중이고, 정립방식 및 조문과
내용에서도 변화 중인 현재의 논의 동향에 입각하여 각각의 중재판
정에서 과도하게 일반적인 결론을 도출하거나 일련의 중재판정에서
논리의 단순한 일치를 요구하여서도 안 된다. 현재 중재판정의 대립
상황에서 파악되는 문제를 검토하여 투자협정중재의 역할을 재정립
하고 나아가 투자협정에 의한 투자보호라는 본연의 모습을 고려하
여 파악하는 것도 필요하다.

어쨌든 투자의 대우, 또는 최혜국대우의 내재적 제약의 확정에 관

---

83) *Tza Yap Shum*, *supra* note 21, paras.213-220.

84) 투자협정중재에 대한 평가에 관하여는 Gus Van Harten and Martin Loughlin, "Investment
Treaty Arbitration as a Species of Global Administrative Law", *European Journal of
International Law*, Vol. 17, No. 1, pp.212-150 참조. 또한 투자협정에 따른 투자의 보호에 대
한 평가에 대하여는 우선 西元 宏治, 「Ethyl 事件の虚像と実像 : NAFTA 第11章 仲裁手続とカ
ナダにおける貿易・投資の自由化の一局面 (上)」, (小寺彰 監修) 『国際商事法務』, 第33卷 9号
(2005年), 1,193-1,196면 참조.

한 *Maffezini v. Spain* 사건 이후에 대립상황이 종료되는 조짐은 찾아볼 수 없고, 최혜국대우조항의 해석적용을 둘러싼 불확정성에 대해서는 새로운 협정에서 규율 내용의 명확화 및 정치화(精緻化)를 통하여 대응하는 것이 바람직할 것이다. 그러나 새로운 조문의 준비는 현존하는 투자협정에 삽입되고 있는 최혜국대우조항의 해석적용 범위를 둘러싼 문제를 직접적으로 해소하는 것이 아니기 때문에, 향후 집적된 개별 사안의 투자협정해석을 통해 판단기준이 명확화, 구조화되는 것은 여전히 요구된다.

결 론

이상과 같이 투자협정의 최혜국대우조항은 투자보호에 관한 주요한 규정임에도 불구하고 최근의 중재판정에서 해석에 차이가 크고, 중재판정부의 협정해석을 통한 최혜국대우조항 해석적용 범위 판단구조의 명확화와 구조화는 아직도 진행 중에 있다. 각 사건에서 중재판정부는 유사한 사안의 중재판정을 상호적으로 참조하고 비판하면서 판단구조의 명확화 및 구조화를 위한 노력을 계속하고 있지만 *Maffezini* 사건 이후의 대립상황은 이후에도 쉽게 끝나지 않은 것으로 생각한다. 그리고 오늘날까지 이어지는 대립상황과 각각의 해석론이 가지는 취약성은 이미 최근에 국가들이 조약실행에 영향을 주고 있다.

각국의 투자협정 중에는 새롭게 체결한 투자협정에서 최혜국대우조항의 불확정성을 배제하기 위해 최혜국대우조항의 적용대상을 명확히 하고 정치하게 규정한 것을 많이 목격할 수 있다. 예를 들어,

영국의 모델협정에서는 통상적으로 최혜국대우의 적용에 포함되지
않는 투자재산과 투자자의 정의, 예외, 시간적 적용범위 등 협정이
규정하는 모든 사항을 최혜국대우의 대상으로 하는 것이 확인된
다.[85] 영국 이외의 많은 국가들도 *Maffezini* 사건 이후의 대립상황을
받아들여 새롭게 체결하는 투자협정에서 최혜국대우를 채택한 후,
'명확하게 하기 위해서(for greater certainty)'나 '오류를 피하기 위해
서(for the avoidance of doubt)'와 같은 표현을 덧붙여 특정한 사항에
관해 최혜국대우의 적용을 확보하거나 배제하는 조문을 규정하고
있다.[86]

더욱이 투자에 관한 국제법을 둘러싼 보다 일반적인 상황이 목표
로 하는 것은 양자간 투자협정에 더하여 에너지헌장조약 등 분야별
다자간 조약 구조, WTO체제의 TRIM과 GATS의 서비스 무역의 규
율 또는 지역경제통합조약 등의 규율이 집적되는 것이고 동시에 그
정립방식과 내용은 확산되고 있다는 것이 지적되고 있다.[87] 단일한
협정을 보아도 종래 일반적인 대우 설정에 의한 투자보호에서부터
이행요건(performance)의 부과 금지와 같은 자유화 규율 또는 경제제
휴협정(EPA)과 같은 무역의 자유화와 투자보호 촉진까지도 연동하
는 것으로 확대되고 있다. 그리고 최근 협정에서는 일반적인 대우에
관한 원칙과 예외를 중층적으로 조직하여 자국이 관심 있는 특정한

---

85) Article 3 of UK Model Text of Investment Promotion and Protection Agreement (July,
    2008).

86) See, *e.g.*, Footnote 13 to Free Trade of the Americas(FTAA) (Draft Text) (November 21,
    2003); Central American Free Trade Agreement (CAFTA) (Draft Text) (January 28, 2004),
    reported in *ASIL*, International Law in Brief (February 4, 2004); Annex Ⅲ to Canada's
    Foreign Investment Protection and Promotion Agreement (FIPAs) (Negotiating Programme)
    (May 19, 2004). 또한 2009년 일본-스위스 EPA 제88조 2항에서는 명시적으로 분쟁해결에 관한
    대우를 최혜국대우의 대상에서 제외하고 있다.

87) UNCTAD, "Development Implications of International Investment Agreements", *IIA Monitor*,
    No. 2 (2007).

사항에 관하여는 별도규정을 설정하여 국가에 의한 규제권한의 명확화 또는 당해 사항에 관련된 투자재산 및 투자자의 대우를 명기한 조문의 세분화가 진행되고 있다.[88]

이러한 정립방식의 다양화에 의해 투자에 관한 국제법의 중층화(重層化) 및 각 규정의 규율내용의 명확화와 정치화(精緻化)가 진행되는 가운데 경쟁조건의 평준화라는 최혜국대우조항의 기능이 제약되는 경향이 있고,[89] 최혜국대우조항만으로 국제적인 투자환경의 평준화를 기대할 수는 없는 국면이 확대되고 있다고 생각한다.[90] 다시 말해, 투자유치국으로서 최혜국대우의 불확실성에 따르는 위험을 회피하면서 투자자의 국적국으로서 최혜국대우에 의한 동등한 대우의 이익을 최대화하기 위해서는 최근 투자협정중재에서 최혜국대우조항에 근거한 비차별대우 신청이 거의 없는 현재의 동향을 주목하여[91] 어떤 목적에서 최혜국대우를 도입하는지, 그에 따라 어떠한 대우가 실현되는지 또는 어떻게 유치국에 의한 조치 및 상황을 피하고 있는지를 한 번 더 검토할 필요가 있을 것이다.[92]

또한 지금까지 최혜국대우에 기대되었던 제3국 기업 및 투자자에

---

88) See, *e.g.*, Draft Model Norway BIT 2007; Canada's Foreign Investment Protection and Promotion Agreement (FIPAs) (Negotiating Programme) (May 19, 2004); US Model BIT 2004.

89) 현재까지의 투자협정중재에서는 명확한 판시가 보이지 않지만 피신청국 중에는 경제제휴협정의 투자 챕터에 의해 부여된 투자에 관한 대우는 많은 투자협정에서 최혜국대우의 예외사항으로 들고 있는 '자유무역지역'에 의해 부여된 대우에 해당하기 때문에 최혜국대우의 적용 밖에 있다는 주장도 있다 (*Société Générale*, *supra* note 21, paras.42-43).

90) 통상에 관한 국제규율의 중층화와 비차별원칙의 침식에 관하여는 上野麻子, RIETI コラマ 163: 特恵的貿易取極による無差別原則の浸食-サザランドレポートの警鐘-」, 独立行政法人経済産業研究所 HP: 〈http://www.rieti.go.jp/jp/columns/a01_0163.html〉 참조.

91) 본장 Ⅰ. 62-63면 참조.

92) 동남부아프리카공동시장(COMESA) 및 안데스공동체(Andean Pact) 등의 경제통합조약 또는 일본-싱가포르(2002년), 한국-싱가포르(2005년), EC-칠레(2000년)의 EPA, 그리고 인도-싱가포르의 포괄경제협력협정(2005년)과 같이 투자챕터에서 최혜국대우를 원용하지 않는 것도 있다. 특히 싱가포르가 체결한 조약에서 최혜국대우를 원용하지 않는 경우가 많다.

대한 동등한 투자환경의 확보라는 문제는 기업 및 투자자에 의한 투자협정중재에서 원용되는 것에서 그치지 않는다. 일본이 체결했던 투자에 관한 협정에서도 일본-멕시코 EPA 및 일본-말레이시아 EPA 등에서는 협정상의 기관으로서 민간대표도 참가하는 '비즈니스환경 정비 소위원회'가 설치되어 정기적으로 비즈니스 환경의 정비에 관한 협의 및 그 개선책에 관하여 양 체약국에 권고하고 있다.[93] 제3국 조약에 의한 권리 및 이익의 동등한 대우라는 점에 대해서도 장래 자유무역협정 및 관세동맹 등에 따라 제3국에 보다 유리한 대우가 계속되는 경우에는 그 대우를 통보하고 상대방의 요청이 있는 경우 그 대우를 동등하게 적용할 사항에 관한 협의를 할 것을 의무로 하는 규정을 마련하는 등 투자에 관한 국제법의 중층화를 위한 시도도 나타나고 있다.[94]

이러한 시도가 실제로 어느 정도로 기능하는가에 대해서는 앞으로 검증이 필요하겠지만 자의적인 외국자본 이용 및 일관성이 없는 정책에 의한 위험을 배제하기 위해서는 투자에 관련된 국제법 네트워크가 중층화되면서, 기업 및 투자자의 대우 및 그 보호에 관련된 구조가 끊임없는 변화에 노출되어 있다는 것을 인식하고 투자유치국에게 공평한 투자환경의 정비를 요청하는 자세가 보다 중요하다.

---

93) 상세한 내용은 "第8章 国家間における紛争解決、ビジニス環境整備", 経済産業省通商政策局編, 『전게서』(각주 7), 615-618면 참조.

94) 일본-스위스 EPA 제88조 3항. 또한 노르웨이의 모델 BIT의 초안에서도 '자유무역지역, 관세동맹(또는 동일한 투자의 자유화에 관한 협정), 근로시장통합협정'에 관한 이익의 동등한 대우를 예외로 하면서도, 일방의 당사자 요청에 근거하여 이 협정에 의해 부여되는 권리와 이익에 대한 동등한 대우의 가능성에 관한 협의를 하는 것을 의무로 부과하는 조항을 마련하고 있다(Article 4(2) of Draft Norway BIT 2007).

제5장 내국민대우
- 내국민대우는 주권을 위협하는가?

小寺 彰 (코테라 아키라)
松本 加代 (마츠모토 카요)

서 론

투자자 국적국의 국민 또는 기업을 투자유치국의 국민 또는 기업
과 동일하게 취급하는 것을 '내국민대우'라고 하고 투자협정에서 이
취지의 규정이 넓게 채용되어 있다. 내국민대우에는 투자자유화를
의미하는 '투자 전'의 것과 투자 후의 동등대우를 의미하는 '투자
후'의 것이 있다. 세계적으로는 '투자 후'의 것만을 규정하는 것이
많지만(1990년대까지의 일본의 투자협정 등), 2000년 이후의 일본
투자협정과 경제제휴협정의 '투자챕터' 및 미국의 최근 투자협정과
NAFTA 등의 자유무역협정에는 '투자 전'의 내국민대우도 규정하고
있다.

투자 후의 내국민대우의 전형적인 규정, 또는 투자 전을 포함한
규정은 각각 다음과 같다.

> (i) '투자 후만'
> 어느 일방의 체약국의 투자자도 다른 쪽 체약국의 영역 내에 있는 투자
> 재산, 수익 및 투자에 관련한 사업 활동에 관해 다른 쪽의 체약국의 투
> 자자에게 부여되는 대우보다도 불리하지 않은 대우를 부여한다.[1]
> (ii) '투자 전 및 투자 후'

각 체약국은 투자의 설립, 취득, 확대, 관리, 경영, 운용 및 매각 또는 다른 처분에 관한 다른 체약국의 투자자 및 기업에 대하여 같은 상황하에서 자국의 투자자와 기업에 부여한 대우와 동등한 대우 혹은 그 이상의 대우를 부여한다.[2]

투자협정중재에서 문제가 되는 것은 현시점에서 투자 후의 내국민대우에 한한다. 이 장에서는 '투자 후'의 내국민대우만을 검토한다. 이하에서 내국민대우는 '투자 후'의 내국민대우를 가리킨다.

I. 내국민대우가 제기하는 문제

내국민대우규정이 투자유치국에 대하여 투자자 또는 투자재산의 대우에서 형식적으로 내외 차별 없이 취급하는 것만을 요구하는 것이라면 큰 문제가 되지 않는다. 그러나 실질적인 내외 비차별까지 요구한다면 다른 이야기가 된다. 이미 GATT에서는 내국민대우가 '동종상품(like product)'에 대해서 수입품과 국산품을 동일하게 취급하는 것을 강제하기 위해 무엇이 동종의 상품인지가 큰 쟁점이 되었다. 보드카류에서 수입품과 국산품을 동일하게 취급하는 것은 당연하지만, 만약 보드카와 소주를 동일하게 취급하지 않는 것이 내국민대우를 위반하게 되는 것인지에 대한 문제가 제기되었다. 보드카와 소주 각각에 대해서 수입품과 국산품을 동일하게 취급하여도 내국민대우원칙(GATT 제3조)에 반한다는 결론이 WTO 분쟁해결절차에

---

1) 예를 들어, 일본-파키스탄 무역협정 제3조 2항, 일본-러시아 투자협정 제3조 2항 등. 이들 협정에서 투자와 관련된 사업 활동은 투자 후의 활동만을 가리킨다(각각 제1조 6항, 제1조 5항).

2) NAFTA 제1102조 1항. 내국민대우를 부여하는 투자활동에 투자재산의 설립, 취득과 확장이 명확하게 포함되어 있는 점에서 '투자 후'만을 규정한 조항과 차이를 나타낸다. 예를 들면, 일본-라오스투자협정 제2조 1항 등이 있다.

서 나오고 있다(WTO 주세사건)[3]

이러한 원칙을 투자분야에 적용하면 다음과 같은 사례를 제시할 수 있다. 국내기업, 외자기업을 불문하고 중소기업육성정책을 적용한다고 하자. 그러나 '기업'이라는 점에서는 대기업도 중소기업과 같은데 중소기업만을 구별해서 우대하는 것은 어떤가? 이와 같은 사례의 배경에는 외자기업은 대기업이 많고 중소기업이 적기 때문에 중소기업육성정책이 실질적으로는 국내기업을 우대하는 것이 아닌가라는 의문이 제기될 가능성이 있다. 중소기업육성책과 같은 '사회정책'을 내국민대우에 반한다고 해석하다면 내국민대우를 규정하는 투자협정이 단순한 통상 분야의 조약이 아니라, 국가의 정책 전체에 영향을 주는 높은 차원의 조약이 되는 것을 의미한다고 할 수 있다. 투자협정에서 내국민대우를 규정한 것은 단지 외국기업의 사업 환경의 정비를 약속한 것에 그치지 않고, 국내정책의 기본에 투자협정, 그중에서도 내국민대우를 두었다고 생각해도 좋은가? 이 문제는 사회정책에 그치지 않고 환경정책, 식품안전정책, 원주민정책 등 국가의 기본에 관한 정책에 대해서도 제기될 수 있다.

OECD에서 다자간투자협정(MAI)의 교섭이 1998년에 결렬되었던 첫 번째 이유는 MAI가 각국의 주권을 제한한다는 점에 있었다.[4] 무엇보다 그것이 투자협정중재와 내국민대우의무 또는 수용보상의무가 결부되어 있으면 중재판정부가 MAI를 적용하여 각국의 정책을 MAI, 구체적으로는 외국으로부터의 투자정책에 종속시킬 수 있는 것에 대한 우려 때문이었다. 상기의 예시를 들어 설명하자면, 내국

---

3) *Report of the Appellate Body, Japan-Taxes on Alcoholic Beverages*, WT/DS8/AD/R, WT/DS10/AB/R, WT/DS11/AB/R (1996).

4) MAI 교섭의 경위에 대해서는 Perter T. Muchlinski, "The Rise and Fall of the Multilateral Agreement on Investment: Where Now?" 34 *International Lawyer* (2000), pp.1,033ff. 참조.

민대우의무를 위반하는 것 때문에 중소기업육성책을 강구할 수 없게 될지도 모른다는 우려를 할 수 있다. 이는 GATT에서의 '동종상품'의 개념을 활용하여 내국민대우규정(GATT 제3조)의 효과가 확대되었다는 것에서 연상되었다고 할 수 있다.

실제로 1990년대 연비가 좋은 자동차의 자동차세를 연비가 나쁜 것보다 경감하는 방식으로 '에너지절약'을 도모하려 한 '탑-러너(Top-Runner) 방식'이 GATT 제3조 위반인지에 대한 논의가 있었다. 말할 필요도 없이, 연비가 좋은 것은 일본 자동차이고 나쁜 것은 외국 자동차였다. 이를 판단 근거로 삼으면 '탑 러너(Top-Runner) 방식'은 일본 자동차에 대한 우대조치라고 볼 수 있는 여지가 있었다(작년부터 일본에서 실시되고 있는 '에코 자동차 절세'에 대해서도 비슷한 논의가 미국에서 이루어졌다). 그러나 '에너지 절약'을 실현하기 위해서 자동차세를 사용하는 것은 허락되어도 좋지 않을까? 이러한 것은 투자협정 내국민대우의 경우에 보다 빈번하게 더 강한 영향을 미칠 것이 예상되었다. GATT는 투자유치국이 수입하는 물품만이 관심의 대상이었던 것에 반해, 투자협정은 투자유치국 내의 모든 개인과 기업의 활동을 관심의 대상으로 하고 있었기 때문이다. 물론, 물품에 대한 규제와 비교해보면 개인과 기업에 대한 규제는 깊이와 넓이에서 현격한 차이가 있다.

이러한 관점에서 내국민대우에 관한 실제의 투자협정중재 판단은 어떻게 평가할 수 있을까? 투자협정중재는 내국민대우 규정에 익숙해져 있는가?

Ⅱ. 내국민대우에 관한 중재판단

내국민대우에 관한 투자협정중재판정은 수용과 공정·형평대우
만큼 많지는 않다. 현재까지 공표되어 있는 사건에서 근거가 된 투
자협정은 NAFTA와 양자 간 투자협정이지만 하나의 사건(*Bayindir
Insaat Turizm Ticaret Ve Sanayi A.S. v. Islamic Republic of Pakistan*, ICSID
Case No. ARB/03/29 (Turkey/Pakistan BIT))을 제외하면 나머지는 미
국이 맺은 협정이다. 상기 *Sanayi* 사건은 신청인이 전혀 다른 것을
비교해서 내국민대우 위반을 주장했던 것이기 때문에, 여기에서는
그 외의 사건에 대해 검토한다.

서론에서 보았던 조문은 NAFTA의 내국민대우 규정이었지만 이
장에서 검토하는 NAFTA 외의 투자협정의 내국민대우 규정도 거의
같은 모습이다. 비교 대상이라고 주장되는 국내기업이 해당 외자기
업과 '같은 상황하'에 있는지의 여부가 주요한 문제가 된 것도 많다.
외국투자자와 외국투자재산이 얼핏 보면 자국민이나 자국민재산과
동일하게 취급되지 않고 있어도 그것들이 '같은 상황하'에 있는 것
이 아니면 내국민대우위반이 되지는 않기 때문이다.

1. NAFTA에서의 판단

(1) *S.D. Myers* 사건5)

캐나다의 PCB 폐기물을 미국에 운송(수출)해서 미국 자사 공장에
서 처리하는 사업을 행하고 있던 미국계 기업이 캐나다 정부의 PCB

---

5) *S.D. Myers Inc. v. Government of Canada*, Partial Award, UNCITRAL, Nov. 13th, 2000.

수출금지조치에 의해 사업을 할 수 없게 되었다. 그러나 국내에서 처리하고 있던 캐나다의 PCB 폐기물처리업자는 수출금지조치의 영향을 받지 않았다. 따라서 수출금지조치가 캐나다 PCB 처리업자의 시장점유율(market share)을 보호하는 목적과 효과를 가져 내국민대우위반에 해당하는지가 문제되었다.

중재판정부는 문제의 미국계 기업과 캐나다 기업이 PCB의 처리에서 경쟁관계에 있음을 지적하고 신청인과 캐나다 기업은 '같은 상황하'에 있다고 판단하였다(paras.250-251). 또한 내국민대우의 판단에서 의도는 중요하지만, 보호주의적 의도가 있다는 것이 반드시 결정적으로 내국민대우의무 위반을 인정하는 요건은 아니고, 조치가 실질적으로 영향을 미치는 것을 필수 요건으로 하여 내국민대우 위반을 인정하였다. 이 판단의 전제를 중재판정부는 다음과 같이 기술하였다.

> The Tribunal considers that the interpretation of the phrase "like circumstances" in Article 1102 must take into account the general principles that emerge from the legal context of the NAFTA, including both its concern with the environment and the need to avoid trade distortions that are not justified by environmental concerns(para.250).

요약하면, 내국민대우규정의 해석에서 NAFTA의 법적 맥락을 고려할 필요가 있고, 그것을 위해서 환경에 대한 관심과 무역왜곡방지 모두를 고려해야 한다는 것이다.

(2) *Pope and Talbot* 사건[6]

캐나다 브리티시콜롬비아주(이하 BC주)에서 연재(軟材, soft wood) 업을 운영하고 있던 미국계 기업은 1996년 미국-캐나다 사이에 체결된 연재협정의 이행 조치로 캐나다 정부가 BC주를 포함한 4개의 주에 한해 수출허가제를 채택하고 또 일정수준 이상의 수출에 대해 수출세를 징수하기로 하자 이를 내국민대우 위반이라고 주장하며 중재를 부탁하였다. 구체적으로 차별이 문제가 된 것은 (i) 수출규제를 적용하는 주와 제외된 주 간의 차별, (ii) 수출규제를 적용하는 주 내에서 생산 및 수출 비중의 증가에 따른 퀘벡 주와 BC 주의 생산자 간 차별, (iii) BC 주 내의 생산자 간 차별의 3가지 차원에서의 차이였다.

중재판정부는 (i) 사실상으로나 표면상으로도 외국투자자와 국내투자자를 구별하지 않았고, 또 (ii) 그 외에도 NAFTA의 자유화 목적을 손상시키지 않는 합리적인 정책과 타당한 결합이 있는 경우가 아니면, 차별적 취급은 내국민대우 위반으로 추정된다고 기술하여, 이 사건에서 문제가 된 조치가 이 조건에 해당하지 않는다고 하며 신청인의 주장을 기각했다.

내국민대우 위반의 기준을 제시할 때 중재판정부는 다음과 같이 설명하였다.

> The Investor submits that the legal context of Article 1102 includes "the trade and investment-liberalizing objectives of NAFTA." The Tribunal agrees(para.77).

---

6) *Pope and Talbot Inc. v. The Government of Canada*, Award on the Merits of Phase 2, UNCITRAL Rules, April 10th, 2001.

이는 NAFTA 제1102조의 해석을 할 때는 목적을 포함한 NAFTA 의 법적 맥락을 고려해야한다는 취지이다. 또 신청기업과 국내기업 을 사실상 달리 대우하고 있었고 그것이 투자유치국의 합리적인 정 책과 관련되지 않는 경우에는 내국민대우 위반이 추정되어, 이러한 추정을 번복할 반증책임은 투자유치국에 있다고 하였다. 국내산업보 호라는 목적은 *S.D Meyers* 사건에서와 같이 불필요하다는 것이 그 전제이다.

(3) *Feldman* 사건[7]

미국계 기업 CEMSA사는 멕시코 국내의 소매업자로부터 구입한 담배를 수출하고, 수출담배의 소비세(85%)를 환급받고 있었지만, 법 개정으로 환급을 받을 수 있는 것은 담배 생산업자로부터 직접 담배 를 구입한 사람으로 제한되었기 때문에 환급을 받을 수 없게 되었 다. 한편 동일한 담배의 재판매 및 수출사업을 운영하는 타사가 환 급을 받고 있었기 때문에 내국민대우가 문제되었다.

중재판정부는 '같은 상황하'에 있는 많은 회사들(universe of firms)은 담배의 재판매 및 수출사업을 운영하는 멕시코 및 외국소유의 기업 이라고 하였다. 그리고 CEMSA사가 환급을 받지 못하게 된 시기에 행해진 동종 업자들에 대한 환급과 CEMSA사를 상대로만 행해진 감 사와 근거가 명확하지 않은 수출업자등록 거부는 차별이 있다고 추 정할 수 있게 하므로 멕시코가 이에 대해 반증할 수 없는 이상 내국 민대우 위반이라고 하였다.

내국민대우는 국적을 이유로 차별하지 않는 것을 의미하며, 관련

---

7) *Marvin Fledman v. Mexico*, ICSID Case No. ARB(AF)/99/1, Award, Dec. 16, 2002.

자의 수가 적더라도 국적을 이유로 한 차별이 있으면 내국민대우 위반임을 명확히 하였다.

(4) *GAMI* 사건[8]

멕시코 정부의 설탕산업 안정화 체제(regime)에 근거하여 2001년 미국계 기업 GAMI사의 공장이 수용되었음에도 불구하고, 수용되지 않는 멕시코 기업이 있었기 때문에 내국민대우 위반이 문제가 되었다.

중재판정부는 실질적으로 채무를 초과하고 있는 공장에 공적관리가 필요하다는 판단에 근거하여 멕시코의 조치가 취해졌기 때문에 옳고 그름의 판단은 정책 및 정치의 문제이고, 조치가 효과적이지 않은 것은 차별의 문제가 아니라고 판단하였다. 게다가 조치가 정당한 정책 목적과 관련된 점을 인정하고 타사와 '같은 상황하'에 있다고 인정되지 않음을 이유로 내국민대우 위반을 부정하였다.

(5) *Methanex* 사건[9]

캘리포니아주가 가솔린 첨가제 MTBE의 사용을 금지한 것이 MTBE의 원료인 메탄올을 생산하고 있던 캐나다계 기업과 사용이 허가된 가솔린 첨가제 ETBE의 원료인 에탄올을 생산하는 사업자 사이에 '차별'이 있었는지 즉, 내국민대우 위반 여부가 문제되었다. 메탄올과 에탄올은 가솔린첨가제 분야에서 경쟁관계에 있었다.

중재판정부는 메탄올 제조업자의 47%가 국내사업자이고 적절한

---

8) *GAMI Investments, Inc. v. The Government of United Mexican States*, Final Award, Nov. 15, 2004.

9) *Methanex Corporation v. United States of America*, UNCITRAL Arbitration Rules, Final Award, Aug. 3, 2005.

비교의 대상은 미국 내의 에탄올 제조업자가 아니라 메탄올 제조업자라고 하였다. 게다가 '동종상품'에 대해서 내국민대우를 판단하는 GATT 제3조와 '같은 상황하'에 대해 판단하는 NAFTA 제1102조의 문언이 다른 것은 의도적이며, 그렇기 때문에 GATT의 '동종상품'에 관한 해석에는 관계가 없다고 하였다. 따라서 중재판정부는 메탄올 사업자와 에탄올 사업자는 '같은 상황하'에는 있는 것이 아니라고 하여 내국민대우 위반을 부정하였다.

중재판정부는 '같은 상황하'에 대해서 경쟁관계에 있는 것을 대상으로 내국민대우를 생각하는 것이 아니라, 같은 상품의 제조자를 대상으로 하여야 한다고 하였다. 이 논의의 전제로 중재판정부는 다음과 같이 기술하였다.

> Given the object of Article 1102 and the flexibility which the provision provides in its adoption of "like circumstances", it would be as perverse to ignore identical comparators if they were available and to use comparators that were less "like", as it would be perverse to refuse to find and to apply less "like" comparators when no identical comparators existed(Part IV, Chapter B, para.17).

NAFTA 제1102조의 해석에서 그 목적을 고려하여야 한다는 점을 설명하고 있다.

(6) UPS 사건[10]

미국기업 UPS사의 자회사가 택배사업을 경영하고 있던 캐나다에서 UPS사는 우편사업을 독점적으로 경영하는 국영회사 캐나다포스

---

10) *United Parcel Service of America Inc. v Government of Canada*, UNCITRAL Arbitration Rules, May 24, 2007.

트와 경쟁 관계에 있었다. UPS사는 캐나다 정부에 의한 개정 관세법의 실시 방법이 캐나다포스트에 비용절감효과를 가져오기 때문에 내국민대우 위반에 해당하는지에 대하여 문제 삼았다.

중재판정부는 택배사업과 우편사업을 비교할 수 없다고 했지만, 그 근거는 양자의 시스템의 차이와 국가들에 의한 우편사업과 택배업의 인식 차이에 대한 요청이고, 양자가 '같은 상황하'에 있지 않는 이상 내국민대우 위반에는 해당하지 않는다고 판단하였다. 양자의 차이라는 것은 택배의 경우 (i) 발송에 대해서 사전에 상세한 정보를 제공하고, 그 결과 세관에서 위험률 평가 등의 체크가 가능한 점, (ii) 자기평가(assessment)와 우편에 있어서 세관직원 판단이 다른 점, (iii) 운송루트와 거래 연쇄 관리에 의해 안전성을 도모한다는 점 등이다(para.102). 게다가 우편업과 택배업은 캐나다뿐만 아니라 미국과 영국 또 세계관세기구와 만국우편연합에서도 다르게 인식되고 있다는 점도 덧붙여졌다.

한편 이 사건에서 Cass 중재인은 제1102조의 해석은 NAFTA 전체 가운데서 행해져야 하고, '같은 상황하'의 해당 여부에 관한 판단은 경쟁관계에 있는지의 여부가 핵심이라는 개별의견을 발표했다. Cass 중재인에 따르면, 경쟁관계에 있는 자를 다르게 대우하면 제1102조 위반의 추정이 성립되고 캐나다는 그 추정을 번복하는 주장을 할 수 없었다. NAFTA를 조약의 목적을 중시해서 해석할지, 문언을 중시해서 해석할지에 따라 결론이 바뀐다는 것을 알 수 있다.

(7) *ADM* 사건[11]

2002년 1월 멕시코 정부는 세법을 개정하고 사탕수수당(설탕) 이 외의 감미료를 포함한 소프트드링크 등의 음료, 시럽의 취급 및 이송을 위한 위탁 등의 서비스에 20%의 세금을 부과하였다.[12] 이를 이유로 하여 고과당 콘시럽(HFCS)을 생산하는 미국계 기업 ALMEX사가 이 과세조치에 대하여 내국민대우 위반으로 문제를 제기하였다.

중재판정부는 우선 HFCS 제조업자와 멕시코의 설탕산업이 '같은 상황하'에 있는지를 검토하였다. NAFTA의 선례를 참조하여 같은 산업의 일부이고 게다가 소프트드링크 및 가공식품의 시장에 감미료를 제공하는 경쟁관계에 있다는 것을 근거로, 양자가 '같은 상황하'에 있다는 것을 인정하였다. *Methanex* 사건과의 차이점으로 (ⅰ) 이 사건에서는 HFCS를 생산하는 멕시코 기업이 존재하지 않고 '동일한' 비교대상이 없는 점, (ⅱ) 메탄올은 그 자체로 가솔린 첨가제로 사용할 수 없다는 점을 들었다. 게다가 차별적인 대우에 대해서 중재판정부는 (ⅰ) HFCS 과세가 국내 생산품보다도 높다는 점, (ⅱ) 멕시코가 설탕산업을 보호하려는 의도 및 효과를 가지고 있다는 점을 들어 멕시코의 조치가 차별적이라고 판단하고 내국민대우 위반을 인정하는 결론을 내렸다.

'같은 상황하'에 대한 판단에서 기업의 경쟁관계를 명확하게 읽어낸 것이 중요하다고 할 수 있다.

---

11) *Archer Daniels Midland Company and Tate & Lyle Ingredients Americas, Inc. v. The United Mexican States*, ICSID Additional Facility Rules, Award, Nov. 21, 2007.

12) 멕시코에서 HFCS는 음료제조시 민감한 설탕의 대용품으로 사용되고 있다. 1998년 1월 멕시코 정부는 미국으로부터의 HFCS 수입에 덤핑방지세를 부과하는 최종 결정을 하여 WTO의 패널은 AD협정위반으로 판단하였다. 2001년에는 멕시코가 HFCS의 수입규제를 했지만 국내재판소에서 위헌으로 판단되었다. 이 조치도 미국의 신청에 의해 WTO에서 다투어졌는데 패널 및 항소기구가 GATT 제3조를 위반한 것이라고 판단하였기 때문에 2007년 1월 멕시코는 동 조치를 폐지하였다.

2. NAFTA 이외의 BIT에 관한 판단

NAFTA 이외에 IIA에 근거한 중재판단에서도 내국민대우에 관한 것이 존재한다. 근거가 되는 내국민대우 규정 사이에도 문언상 큰 차이는 없으며 모두 '같은 상황하'를 언급하는 문언을 포함하고 있다.

(1) *Occidental* 사건[13]

에콰도르의 세법이 개정되어 석유제품의 수출에 관해서는 부가가치세의 환급을 받을 수 없게 된 반면, 꽃과 광업품 등 그 외의 생산품 중에는 환급을 받을 수 있는 것이 있었다. 미국의 Occidental사는 그 회사가 환급을 받을 수 없는 것이 내국민대우 의무를 위반한 것이라고 주장하였다.[14] 한편 같은 나라 석유기업 페트로에콰도르도 함께 환급을 인정받지 못하고 있었다.

중재판정부는 우선 세법 등의 여러 규정에는 부가가치세의 환급에 관해 석유산업만을 예외로 하는 규정이 없다는 점(para.133), 에콰도르법상 법적효과를 가지는 안데스공동체법이 목적으로 하는 간접세의 하모니제이션*과 부가가치세 환급의 경제적인 근거가 모든 수출에 공통되는 점(paras.145-152) 등을 지적하였다. 또한 내국민대우는 국내사업자와 비교해서 외국투자자를 보호하는 것을 목적으로 하므로 '같은 상황하'에 있는지의 여부에 대해서 특정 사업 활동이 행해지는 사업 분야를 비교하는 것만으로는 충분하지 않고, 협정상

---

* 관세인하에 있어 동종상품의 관세율이 비슷해지도록 높은 세율은 대폭으로, 낮은 세율의 것은 소폭으로 인하하는 방식을 말한다.

13) *Occidental Exploration and Production Company v. The Republic of Ecuador*, UNCITRAL Arbitration Rules, LCIA Case No. UN 3467, July 1, 2004.

14) 미국-에콰도르 BIT에서는 "in like circumstances"가 아니라 "in like situations"라고 하는 용어가 사용되고 있다.

의 '상황'에 경쟁상품과 대용상품이 포함된다고 해석하는 GATT 제3조의 '동종상품' 개념과는 다르며 모든 수출 사업자가 향유하는 '상황'이라고 해석할 수 있다고 설명하면서 내국민대우 위반을 인정하였다.

동일사업을 운영하는 국내투자자와 동등한 대우라고 하더라도 투자유치국의 구별에 정당한 이유가 없는 경우에는 내국민대우 위반이 인정된다는 것이 중요하다.

(2) *Champion Trading Company* 사건[15]

이집트의 국영 면직물 기업에 대해서는 보상금이 지급됨에도 불구하고 외국기업에는 지급되지 않았던 것이 면직물 산업제도에서의 내국민대우 위반에 해당되는지가 문제되었다.

중재판정부는 제도상 보상금이 지불되기 위해서는 시장이 아니라 정부의 '수집센터'로부터 정부가 지정한 가격으로 면직물을 구입하는 것이 요건이라는 점을 지적했다. 게다가 시장가격으로 면직물을 구입한 기업과 수집센터에서 고정가격으로 면직물을 구입한 기업 간에는 중대한 차이가 있다고 하여 양자가 보상금 지불에 관해서 '같은 상황하'[16]에 있는 것이 아니라고 판단하며 내국민대우 위반을 인정하지 않았다.

이 판단은 취급에 관한 표면적인 차이에 의해서만 판단한 것이 아니라 제도의 구조까지를 판단 근거로 삼아 조치의 정당성을 판단한 것이다.

---

15) *Champion Trading Company Ameritrade International, Inc. v. Arab Republic of Egypt,* ICSID Case No. ARB/02/9, Oct. 27, 2006.

16) 이 사건의 근거가 되는 미국-이집트 BIT도 "in like situations"라는 용어를 사용하지만 중재판정부는 situations과 circumstances의 차이에는 특별히 주의를 기울이지 않는다. paras.129-130.

Ⅲ. 투자협정에서의 내국민대우의 구조

1. 중재판단의 기본구조

상기의 사례들은 내국민대우에 관해 '같은 상황하'에서 부여된다는 취지의 문언이 명시적으로 규정된 조약에 관한 것이었기 때문에 내외차별의 여부를 중재판정부가 판단할 때 신청기업과 무엇을 비교할지, 이를테면 무엇을 '같은 상황하'에 있다고 볼 수 있는지가 중요한 논점이 되었다. 상기의 중재판단은 (ⅰ) '같은 상황하'에 있는지를 판단할 때 '경쟁 환경'을 중심으로 생각한 후 필요에 상응한 조치의 목적과 효과를 검토하는 것(*S.D. Myers* 사건, *UPS* 사건의 반대 의견, *ADF* 사건), (ⅱ) '같은 상황하'의 여부를 판단할 때 '조치의 전제가 된 사업 환경과 사업의 동일성'을 중심으로 검토하고 있는 것(*GAMI* 사건, *Feldman* 사건, *Methanex* 사건, *UPS* 사건, *Occidental* 사건, *Champion Trading* 사건)과 (ⅲ) '같은 상황하'에 있다는 것을 전제로 조치의 목적과 효과를 중심으로 판단하는 것(*Pope and Talbot* 사건)으로 분류할 수 있다.

다른 각도에서 보면 NAFTA의 사안에서는 *UPS* 사건 이외에는 대부분 경쟁환경 및 사업환경이 중시되었던 점(NAFTA 이외의 IIA에서는 그렇지 않음), 또는 조치의 목적과 효과가 내국민대우의무 위반의 유무를 판단할 때 중점이 되었던 점을 확인할 수 있다.[17] 전자는 NAFTA가 가지는 투자자유화협정의 성질을 반영한 것이라고 생

---

17) 일본의 IIA에는 '같은 상황하'라는 문언이 없지만, '같은 상황하'라는 문언이 빠져 있더라도 비교 대상이 되는 기업을 동정하는 것은 불가피하므로 이 문언을 쓸 수 있는 경우와 결과는 바뀌지 않는다고 생각할 수 있다. 물론 이런 종류의 문언이 없다는 것의 의미를 추궁할 가능성이 전혀 없다고는 할 수 없기 때문에 만약 추궁당한다면, 문언이 있는 경우보다도 내국민대우 의무가 강하다고 해석될 가능성이 있다.

각한다(이 점에서 *UPS* 사건은 특이한 것이고, 투자협정 중재의 판단에서 흔치 않게 반대 의견이 더하여진 것도 그 이유이다).

내국민대우를 형식적으로 판단하지 않고 조치의 목적과 효과 그리고 조약에서 그 전제로서 경쟁 환경 및 사업 환경까지 고려하면 확실히 'Ⅰ. 내국민대우가 제기하는 문제'에서 가리킨 내국민대우가 포함하는 문제점이 해석에 따라 제기될 가능성이 있다고 할 수 있다. 다만 현실의 중재판단은 대체로 적정한 수준에 머물러 있는 것으로 생각한다. 그 원인은 어디에 있을까?

2. 내국민대우 해석상의 포인트

(1) IIA 해석

신청기업과 무엇을 비교해야 하는가에 대해 앞에서 살펴본 중재판단은 크게 나눠서 (ⅰ) 규정 없이 조약의 목적을 중시하는 것과 (ⅱ) 사회 전반의 인식 등을 근거로 해석하는 것(*UPS* 사건)이 있다고 볼 수 있다.

조약해석규칙을 결정하는 조약법에 관한 비엔나협약 제31조 1항은 조약해석의 전반적인 규칙에 대해 '조약은 조약문의 문맥 및 조약의 대상과 목적으로 보아, 그 조약의 문언에 부여되는 통상적 의미에 따라 성실하게 해석되어야 한다'라고 규정하고 있다. 이는 조약교섭 과정 등을 조약해석의 근거로 삼는 것이 아니라 오로지 조약문(text)에 입각해서만 해석해야 한다는 것이다. 단, 동 조 제3항은 '문맥과 함께 다음의 것을 고려한다'고 하며 '(a) 조약의 해석 또는 그 조약규정의 적용에 관한 당사국 간의 추후의 합의, (b) 조약의 해석에 관한 당사국의 합의를 확정하는 그 조약 적용에 있어서의 추후의 관행'을 들어 조약문 이외의 것을 고려할 수 있는 여지를 인정하고 있다.

조약해석규칙에 의하면 (i)의 접근방식은 조약의 '취지 및 목적'을 중시했던 해석이고 또 (ii)의 접근방식은 제31조 3항 (b)호(조약의 해석에 관한 당사국의 합의를 확정하는 그 조약 적용에 있어서의 추후의 관행)에 입각하여 '용어의 통상적인 의미'를 중시했던 해석으로 보인다. 상황에 따라 (i) 또는 (ii)가 고려되는 것이며, 양자는 본질적으로 대립하는 것은 아니다.[18] 애초에 조약법에 관한 비엔나협약 제31조는 동 제26조와 같은 맥락으로 제26조(약속은 준수하여야 한다)는 '유효한 모든 조약은 그 당사국을 구속하며 또한 당사국에 의하여 성실하게 이행되어야 한다'고 규정한다. 조약을 성실하게 이행하기 위해서는 해석적용이 필요하고 그러기 위해서 조약해석규칙이 있다는 것이 제26조와 제31조의 관계이다. 요컨대 조약 또는 그 안의 규정은 특정의 목적을 실현하기 위해서 작성된 것이고 따라서 조약 이행의 전제가 되는 조약해석은 조약 목적의 실현에 이바지해야 한다.

결국 '용어의 통상적인 의미'는 조약의 '취지 및 목적에 부합한다'라는 것이고, 조약의 '취지 및 목적'을 벗어나 '용어의 통상적인 의미'는 있을 수 없다. '같은 상황하'의 해석에서 조약 자체 및 그 규정의 목적을 고려해야 한다는 것은 말할 필요도 없지만, 동시에 조약상의 문언에 대해 당사자 간에 의사가 일치하는 경우에는 그것을 채택하는 것도 필요하다. 물론 조약해석규칙이 단일하더라도 UPS 사건처럼 구체적인 사안에서는 중재인이 중점을 두는 방식의 차이에 따라 해석에 차이가 생길 수 있다.

---

18) (ii)는 (i)의 범위 안에서 취해진 것으로, '조약의 취지 및 목적'을 고려하지 않은 채 '용어의 통상적인 의미'를 해석하는 것은 허락되지 않고, (ii)를 전면에 내세운 *UPS* 사건 해석은 우편이라는 특수한 제도가 문제였기 때문에 가능하였으며 그러한 즉, 다른 반대의견이 있었다고 할 수 있다.

이 조약해석규칙을 전제로 하면 신청기업과의 비교대상을 분류하는데 경쟁관계와 문제가 되는 조치의 목적과 효과는 어떻게 이해할 수 있을까?

(2) 고려할 사항으로서 '경쟁관계'

(1)에서 검토하였던 조약해석규칙에 따르면 내국민대우 유무의 인증 대상이 되는 투자유치국 기업군의 선정은 IIA와 내국민대우를 규정한 조항의 목적에 의해 좌우된다. 따라서 IIA가 내국기업과의 관계에서 경쟁관계의 동등성을 목적으로 하는지 여부가 포인트가 된다. NAFTA 제1102조는 투자 후의 투자자 및 투자재산에 대한 대우와 함께 투자 전의 내국민대우, 즉 투자자유화를 규정하고 있어 NAFTA에서 경쟁관계의 대등성을 확보하기 위하여 내국민대우규정을 두었다는 해석이 충분히 가능하다. 한편 NAFTA 이외의 IIA에서는 오로지 투자 후의 투자자 및 투자재산의 대우확보가 목적이고 투자자유화의 목적은 존재하지 않는다. 이 경우에 경쟁관계의 동등성이 IIA의 목적이라 할 수 있을지는 협정마다 다르다. 때문에 투자자유화의 목적을 가지지 않는 IIA에 대해서는 경쟁관계의 유무가 고려되지 않고, 경쟁관계에 있지 않은 업종의 기업군을 비교대상으로 투자유치국의 투자자 및 투자재산에 대한 내국민대우가 검토되더라도 이상하지 않으며 NAFTA 이외의 IIA에 근거한 중재판단에서 경쟁관계가 중시되지 않는 것은 당연하다고 할 수 있다.

이와 관련하여 일본에서도 문제가 될 수 있는 우편과 택배편의 차이를 다룬 *UPS* 사건을 돌이켜 생각해보자. *UPS* 사건에서 캐나다포스트와 UPS사의 관계는 우편사업주식회사(EMS 사업)와 국제택배와의 관계에 변화를 줄 수 있었다. 일찍이 일본에서도 공정거래위원회에 의해 경쟁정책의 관점에서 양 사업자의 통관수속 동등화에 대한 검토 필요성이 지적된 적이 있었다.[19] 1999년 국제우편물의 통관수속이 변경되어 완전하지는 않지만 부분적인 동등화가 이루어졌다.[20] *UPS* 사건 판단을 이 문제에 적용하면 우편과 택배가 서로 다른 업종으로 취급되거나 또는 여러 외국에서도 달리 취급되고 있는 이상, 가령 NAFTA 내국민대우조항과 같은 조문이 일본에 적용되더라도 문제가 없다고 할 수 있다. 한편 반대의견에서는 EMS와 국제택배의 일본에서의 대우 차이가 어느 정도 국제우편과 택배의 차이 등에 근거하여 정당화되는가에 대한 실질적인 설명이 필요하다고 하였다.

또 내국민대우의 문제를 생각할 때 내국민대우에 관한 GATT 제3조의 해석이 자주 등장한다. WTO에서 GATT 제3조의 해석과 투자협정중재에서 NAFTA 이외의 IIA상 내국민대우의 해석은 엇갈려 있다고 생각된다. GATT 제3조에서 정하는 내국민대우는 내외상품의 비차별대우를 요구하지만 그것이 국산품과 수입품의 경쟁상 대등성을 확보하는 목적에 근거한다는 것은 이미 과거의 분쟁해결 판정에서 지적되어 왔다.[21] 그러나 이러한 GATT 제3조의 해석은 어디까지나 GATT 제3조와 나아가 GATT 자체의 목적에 기초하고 있다는 것을 기억하여야 한다. 즉, 내국민대우 유무의 인증 대상이 되는 투자유치국 기업군의 선정은 IIA와 내국민대우를 규정하는 조항의 목적에 의해 크게 좌우되며, GATT 제3조의 해석과 다른 결과가 나오는 것은 당연하다.

---

19) 公正取引委員会, "郵政民営化関連法律の施行に伴う郵便事業と競争政策上の問題点について一 独占領域を用いた反競争的行為への対応一"(平年 18年 7月) 참조.

20) 財務省関税・外国為替審議会答申(平年 18年 12月 14日) 및 관세 홈페이지 참조, 〈http://www. customs.go.jp/tsukan/yubin/yubin210216.htm〉.

21) 일본주세사건(WT/DS8, 10, 11; WT/DS8, 10, 11/AB/R) 등. 松下満雄・中川淳司・清水章雄 編 『ケースブックWTO法』(2009年), 23–37면 참조.

(3) 사실상의 차별 대우

내국민대우의무 위반에 대해서는 문제된 조치에 대하여 투자유치국 정부가 확실히 설명을 하였는지, 설명을 한 경우에는 그것이 정당한지가 문제가 되었다. 실제 중재판정에서는 가령 사실상 차별이 인정되더라도 투자유치국 정부의 사회정책 등에 의해 정당화되는 경우에는 내국민대우 위반이 인정되지 않았다. 이는 지금까지 중재에서 해석이 요구된 IIA 규정에서는 투자유치국의 합리적인 정책에 근거하여 채택된 조치에까지 내국민대우 위반이라는 취지를 도출할 수 없었기 때문이다. 이것도 규정의 문언, 나아가 조약의 목적에 의해 결정된다.

결 론

내국민대우가 중재와 결부되어 투자협정이 국가의 사회정책 등 여러 분야의 정책에 대한 여지를 좁힌다는 우려는 현재까지 현실화되지 않았고, 오히려 중재의 신중한 해석이 두드러진다고 할 수 있다. 경쟁조건 동등성 요소 외에도 조치의 목적 및 효과의 판단에서 신중한 자세가 뚜렷이 드러나고, 투자유치국 조치의 목적 및 효과의 판단을 실질적인 근거로 삼지 않는 중재 판정도 있었다. 이는 문제되었던 NAFTA 이외의 IIA의 목적이 투자보호에 있고 투자자유화에 있는 것은 아니기 때문이라고 생각할 수도 있다. 투자자유화가 목적이라면 그 안에는 내외기업 간의 경쟁관계의 동등성 확보가 포함되어 있고, 그러한 관점에서 조치의 목적과 효과에 대한 검증이 필요하게 된다. 그러나 투자보호가 목적이라면 그 안에는 내외기업 간 경쟁관계의 동등성 확보를 포함하고 있는지에 대한 검토가 필요하고, 이 점에 대한 고려가 불필요하다는 생각도 충분히 가능하다. 물론 *Occidental* 사건에서처럼 내국민대우 규율이 외국인투자자를 국내사업자보다 넓게 보호한다는 목적을 가진다는 것에 주목하면 내국민대우의무의 의미는 예상 이상의 영향력을 가지는 것이 된다.

한편 NAFTA 등의 투자자유화협정에 대해서는 조치의 목적 및 효과까지를 근거로 실질적인 판단을 하는 것이 당연하고, 여전히 앞부분(冒頭)에 언급했던 우려가 현실화될 가능성이 존재한다. *UPS* 사건, 특히 반대의견에서처럼 문제가 된 조치의 실질적인 정당성인 설명가능성까지 추궁당할 수도 있다.

현재까지의 중재판정을 보면, 내국민대우 규율이 국가의 규제주권에 미치는 영향력은 제한적이라고 할 수 있지만, 그것이 커질 가능성이 전혀 없는 것은 아니다. 영향력의 크기는 IIA가 내국민대우 규정에 의해 어떠한 목적을 가지고 있다고 이해되는가에 의존한다. 일반적으로 투자보호협정에서 경쟁관계의 동등성을 근거로 투자유치국의 정책 선택의 여지를 좁히려는 조약의 목적을 찾아내는 것은 어렵다고 생각한다.

[주요 참고문헌] (본문에서 인용한 것 이외)

Henrik Horn and Petros C. Mavroidis, "Still Hazy after All These Years: The Interpretation of National Treatment in the GATT/WTO Case-law in Tax Discrimination", *European Journal of International Law*, vol.15 (2004), pp.39-60.

Todd J Grierson-Weiler and Ian A Laird, "Standards of Treatment", in Peter Muchilinski, Federico Ortino and Christoph Schreuser ed, *The Oxford Handbook of International Investment Law* (2008), pp.259-304.

Federico Ortino, "From 'Non-discrimination' to 'Reasonableness': a Paradigm Shift in International Economic Law?" Jean Monnet Working Paper 01/05 (2005).

UNCTAD, National Treatment, UNCATAD/ITE.IIT/11 (vol.IV) (1999).

제6장 공정·형평대우
- 투자재산의 일반적 대우

小寺 彰 (코테라 아키라)

서 론

1. 문제 상황

'공정·형평대우' 의무란 투자유치국이 외국인 투자자의 국적국으로부터 받아들인 투자자의 투자재산, 구체적으로는 투자유치국에 소재하는 자회사와 그 재산에 대해 '공정하고 형평한(fair and equitable)' 대우를 해야 한다는 의무이다. 이러한 종류의 의무로서, 투자재산의 '충분한 보호 및 보장'이 있다.[1] 유럽 국가들이 널리 채용하고 있는 것은 '각 당사국은 다른 당사국 투자자의 투자재산에 관하여 공정하고 형평에 맞는 대우를 보장한다'는 것과 같은 단순한 형태이다. 한편, 일본-멕시코 경제제휴협정(EPA) 제60조에는 다음과 같은 주석이 달려 있다.

---

1) '충분한 보호 및 보장'에 관하여, Giuditta Cordero Moss, "Full Protection and Security", in August Reinisch, *Standards of Investment Protection* (2008), pp.131-150 참조.

이 조는 다른 체약국 투자자의 투자재산에 부여하여야 할 대우의 최저 한도기준으로, 외국인대우에 관한 국제관습법상의 최저기준을 이용하는 것을 규정하는 것이다. '공정하고 형평한 대우' 및 '충분한 보호 및 보장'의 개념은 외국인대우에 관한 국제관습법상의 최저기준이 요구하는 이상의 대우를 부여하는 것을 요구하는 것은 아니다. 이 협정의 다른 규정과 다른 국제협정에 대해서 위반이 있다는 취지의 결정이 나오는 것은 이 조문 규정에 관해 위반이 있다는 것을 증명하는 것은 아니다.

공정·형평대우 의무는 투자협정중재에서 누구도 생각하지 않았던 큰 역할을 수행하였고, 그 때문에 활발한 논의를 불러일으켜 주목을 받았다.[2] 후술하는 바와 같이, 일본-멕시코 EPA 주석도 이에 부합한다.

공정·형평대우 의무는 양자간 투자협정(BIT)과 자유무역협정 '투자챕터(이하, 양자를 'IIA'로 총칭한다)'에서 채택되었다. 다만, 일본이 맺은 종래의 IIA에서 규정된 적은 적었다.[3] 일본 정부가 이를 채용하는 데 적극적이지 않았던 것은 의무의 내용이 추상적이고 일반적이어서 투자유치국 이행의무의 내용이 분명하지 않고, 규정으로서의 의미가 없다고 생각했기 때문으로 보인다.

확실히 조약의 해석적용이 당사국에 위임될 때에는 투자유치국의 특정조치가 본 규정에 비추어 보아 문제가 된다고 투자자의 국적국이 생각하여 투자유치국에 문제를 제기하더라도 규정의 내용이 추상적이라면 투자자의 국적국과 투자유치국 사이에서 해석이 일치하지 않아 투자유치국이 IIA규정 위반을 인정할 가능성이 낮다. 예를

---

2) 공정·형평대우 의무에 관하여 많은 연구가 있어 왔다. 현재 연구동향에 대해서는, Ioana Tudor, *The Fair and Equitable Treatment Standard in the International Law of Foreign Investment* (2007); Rudolf Dolzer and Christoph Schreuer, *Principles of International Investment Law* (2008), pp.119-149 참조.

3) 최근에 체결한 협정을 제외하고 공정·형평대우 의무를 규정하는 것은 일본-러시아 투자협정과 한국-일본 투자협정뿐이다. EPA 투자챕터에 대해서도 일본-싱가포르 EPA에는 해당 규정이 없다.

들어, 투자자의 국적국의 기업 및 자회사와 투자유치국 기업을 동일하게 취급할 의무를 부과하는 내국민대우와 비교한다면 내용의 차이는 뚜렷하다.[4] 그러나 중재판정이라는 제3의 기관이 조약을 해석 적용하면 사정은 크게 바뀐다. 중재를 통할 때 IIA상의 공정·형평 의무는 어떠한 의미와 역할을 갖게 되는 것인가?

2. 공정·형평대우 의무의 의미

(1) 개요

IIA의 목적 중 하나는 투자자와 그의 재산(지점·자회사 등)에 대한 대우(treatment)를 확보하는 것이고, 최혜국대우[5]와 내국민대우가 그 대표적인 예이다. 그러나 대우와 관련하여 최혜국대우는 가장 유리한 취급을 받는 투자자 및 투자재산과 동일한 대우를, 내국민대우는 투자유치국의 투자자 및 투자재산과 동일한 대우를 보장하는 것에서 나타나듯이, 모든 대우의 구체적 내용은 일의적으로 결정되지는 않는다. 최혜국대우에서는 다른 외국의 투자자와 투자재산을, 내국민대우에서는 투자유치국의 투자자와 투자재산에 대해 투자유치국이 어떠한 취급을 할 것인지에 따라 투자유치국이 외국투자자와 투자재산에 대해 부여해야 할 대우가 바뀌기 때문이다.

한편 공정·형평대우 의무는 형식적으로 투자유치국의 상황과 무관하게 투자유치국이 외국투자자의 투자재산에 대해서 일정한 대우를 부여하여야 하는 것이라고 생각할 수 있다. 그러므로 최혜국대우

---

4) 내국민대우에 대해서는 본서 제5장 참조. 물론, 내국민대우에 관해서도 항상 내용이 명확하지 않은 것을 새삼 밝힐 필요는 없을 것이다.

5) 최혜국대우에 대해서는 본서 제4장 참조.

와 내국민대우가 상대적인 기준인 것에 비해, 공정·형평대우는 절대적인 기준으로 성격이 정해진다.

(2) 내용에 관한 2가지 견해

공정·형평대우의 의미에 관해서 2가지 견해가 존재한다. 하나는 국가가 국제관습법상 외국인에게 부여하여야 한다는 '최저기준(minimum standard)'을 확인하는 것에 지나지 않는다는 견해이며, 다른 하나는 국가가 국제관습법상 외국인에게 부여해야 하는 의무 이상의 것을 부여해야 한다는 견해이다.

사람이 외국에 있거나 혹은 재산이 외국에 있을 때 그 사람 및 재산은 기본적으로는 해당 거주국 및 소재국의 법령에 의해서 규율된다. 그러나 투자유치국이 그 사람 및 재산에 대해서 어떠한 대우를 부여하여도 된다는 것이 아니며, 이에 대한 국제관습법상의 제약이 있다.[6] 전자의 견해는 공정·형평대우가 국제관습법상의 기준을 가리킨다는 것이다. 이 경우 IIA의 규정에 따라 중재에서 그 의무위반이 인정될 수 있다는 것이 가장 큰 의미이고, 실체적 내용은 국제관습법상의 원칙을 확인하는 것에 지나지 않는다.

후자의 견해는 투자자가 불공정한 대우를 받았다고 생각하였지만 그것이 국제관습법상의 '최저기준' 이하라고 말할 수 없는 경우에, 공정·형평대우가 '최저기준'을 초과하여 투자자를 구제하기 위한 근거를 제공한다고 하는 것이다.[7] 이 견해에 따르면 IIA를 체결하여 각각의 투자재산에 공정·형평대우를 부여할 것을 약속하는 것은

---

6) 국제표준주의와 국내표준주의가 있다.

7) F.A. Mann, "British Treaties for the Promotion and Protection and Protection of Investments", in *Further Studies in International Law* (1999), p.238.

외국인대우에 관한 국제법상의 '최저기준'을 상회하는 대우를 상대국 투자자에 부여하기 위해서라고 볼 수 있다.

Ⅰ. IIA 중재에서의 공정·형평대우

1. NAFTA의 동향

NAFTA에 근거한 중재는 공정·형평대우가 IIA중재에서 주목을 받게 된 계기가 되었다.[8] 1990년대 후반부터 NAFTA에 관한 사건에서는 공정·형평대우에 대하여 규정하고 있는 NAFTA 제1105조의 해석이 큰 문제가 되었다. NAFTA 제1105조는 다음과 같이 규정한다.

> Each Party shall accord to investments of investors of another Party in accordance with international law, including fair and equitable treatment and full protection and security.

이하에서는 NAFTA 제1105조가 문제가 된 사례의 주요 사안을 검토하도록 한다.

(1) *Metalclad* 사건[9]

Metalclad 사건은 NAFTA에서 공정·형평대우가 큰 문제가 된 최

---

8) 투자협정중재에서 시작하여 문제시된 것은 *American Manufacturing & Trading, Inc. v. Republic of Zaire*, ICSID Case ARB/93/1 (United States/Zaire BIT), Award, 21 February 1997이다. 그러나 이 사건은 공정·형평대우를 어떻게 이해하여도 위반이 되는 사안으로 주목을 끌지 못하였다.

9) ICSID Additional Facility, Case No. ARB (AF)/97/1, Award, 30 August 2000.

초의 사건이다. 미국계 기업 Metalclad사가 기획한 폐기물처리사업이 조업 직후 중지된 사안에 대해서 중재판정부는 공정·형평대우 의무와의 관계에서 다음과 같이 논하였다. 우선 'NAFTA의 기본 목적은 국경을 넘는 투자기회를 촉진하고 증가시키는 동시에 투자계획을 성공하도록 확보하는 것이다(para.75)'라는 성격을 부여한 후, 멕시코 정부의 여러 조치를 들어 그것에 따라서 '멕시코가 Metalclad사의 경영계획 및 투자에 대해 투명하고 예측 가능한 체계를 보장하지 않았다(para.99)'고 인정하고 NAFTA 제1105조 위반으로 판단하였다.

이 사건에서는 국경을 넘는 투자의 촉진 및 증가 등을 NAFTA의 목적이라고 한 후, 공정·형평대우 의무가 '투자에 대하여, 투명하고 예측 가능한 체계의 보장을 요구하는 것'이라고 정의한 점이 중요하다.

(2) *Pope and Talbot* 사건[10]

Pope and Talbot 사건에서는 미국기업 Pope and Talbot사에 할당된 무관세수출범위가 문제가 되었다. 이 사건의 중재판정부는 제1105조에 대해서 일반국제법에 포함된다고 하는 해석과 '공정의 요소'를 일반국제법에 부가한다는 해석이 가능하다고 한 후, NAFTA 제1105조가 모델로 한 1987년의 미국 모델투자조약은 공정·형평대우 의무를 '투자는 항상 공정하고 형평한 대우를 받는 충분한 보호와 보장을 누리고, 어떠한 경우에도 국제법이 요구하는 대우수준을 하회하는 대우를 부여할 수 없다'고 규정한 것을 근거로 하여 일반국제법에 부가적인 성질을 지닌다고 판단하였다(NAFTA 제1103조의 최

---

10) UNCITRAL (NAFTA), Award on Merits, 10 April 2001.

혜국대우규정[11])에 의한 동등한 대우도 고려). 그리고 중재판정부는 '제1105조는 NAFTA 국가하에서 적용되는 통상의 기준으로의 공정 요소에 기인하는 이익을 상대 투자자와 투자가 누릴 수 있도록 요구 한다'고 해석하였다.

이 사건은 공정·형평대우 의무가 국제법상의 기준보다 높은, 말 하자면 NAFTA 기준이라는 것을 명시한 점에서 주목을 받았고, 찬 반양론을 야기하였다.

(3) S.D. Myers 사건[12])

S.D. Myers 사건은 미국 기업 S.D. Myers사가 캐나다의 유독폐기 물을 미국으로 수출해 처리하는 사업을 하고 있었으나, 캐나다가 PCB 함유폐기물의 수출을 금지하였기 때문에 조업정지에 처하게 되면서 문제가 되었다.

중재판정부는 '공정·형평대우는 정부가 차별적으로 행동하지 않 는 경우에도 외국투자자의 대우에 대해서 만족시켜야 하는 기준을 말한다(para.259)'라고 한 뒤, 공정·형평대우 및 '충분한 보호와 보 장'은 각각 단독적으로 볼 것이 아니라, '국제법에 따른 대우'라고 하는 용어도 같이 고려해야 한다고 한다. 게다가 '국제적인 관점에 서 볼 때 투자자가 받아들이기 어려울 정도에 이르고, 자의적이고 불공정한 대우를 받는 것으로도 나타나면 제1105조 위반이 발생한 다(para.263)'고 해석하였다.

이 사건 판단에서는 공정·형평대우 의무위반을 '국제적인 관점

---

11) 제1103조는 다음과 같은 규정이다. 「각 체약국은, 투자의 설립, 취득, 확대, 경영, 수행, 활동, 매각 또는 다른 처분에 대해서, 같은 조건으로 자국의 투자자에 부여하는 것보다도 불리하지 않은 대우를 다른 체약국의 투자자에게 부여한다.」

12) UNCITRAL(NAFTA), Final Award, 30 December 2002.

에서 볼 때 투자자가 받아들이기 어려운 정도에 이르고, 자의적이고 불공정한 대우'로 정의한 것이 중요하다.[13]

(4) NAFTA 자유무역위원회 각서

Metalclad 사건과 *Pope and Talbot* 사건의 판단에 대해서 국내재판소에서도 인정할 수 없을 것 같은 소송을 애매모호한 내용의 규정에 따라 중재를 허용하였다고 하면서 미국 내를 중심으로 강한 비판의 목소리가 일었다. 이러한 움직임에 따라, 2001년 8월 1일 NAFTA 자유무역위원회(Free Trade Commission)는 'NAFTA 제11장에 관한 각서(Notes of Interpretation of Certain Chapter 11 Provisions)'를 공표하였다.[14] 이 각서는 제1105조에 대하여 다음과 같이 서술하였다.

1. 제1105조 1항은 외국인 대우에 대한 국제관습법상의 최저기준을, 타 당사국의 투자자의 투자재산에 부여하여야 하는 최저기준을 부과한다.
2. '공정하고 형평한 대우' 및 '충분한 보호 및 보장'은 국제관습법상의 외국인 대우의 최저기준에 의해 요구할 수 있는 대우에 부가하는 또 는 그것을 초과하는 대우를 요구하지는 않는다.
3. NAFTA상의 또는 독립한 국제협정의 다른 규정의 위반이 있다는 결 정에 의해서 제1105조 1항의 위반이 있다고는 할 수 없다.

이 각서에 대하여 법적 의미와 옳고 그름이 논쟁이 되었지만,[15] 그 이후의 공정·형평대우 의무에 관한 중재판단은 각서가 제시한 방향으로 향하게 되었다.

---

13) 이 사건에서는 투자협정의 다른 조항위반이 공정·형평대우 의무위반을 구성하는 것으로 판단하였으나, 이 판정은 이후 다른 중재판정에서는 채용되지 않았다.

14) 〈http://www.dfait-maeci.gc.ca/tna-nac/NAFTA Interpr-en.asp〉. 오히려 이 견해에서는 제1105조와 함께 '문서에의 접근'에 대한 견해도 나타났다.

15) Ian A. Laird, "Betrayal, Shock and Outrage-Recent Developments in NAFTA Article 1105", in Todd Weiler ed., *NAFTA: Investment law and Arbitration* (2003), pp.49-51 참조.

(5) *Loewen* 사건16)

Loewen 사건은 캐나다계 기업 Loewen사가 미국의 주재판소에서 부당한 취급을 받아 문제가 되었다. 이 사건에서는 미국의 NAFTA 제1105조에 대해서 직접적으로 앞의 각서가 중재판정부를 구속한다고 하였다(para.126). 게다가 이 전제에 기초해서 국제관습법상의 기준을 살펴본 후, 국내법의 차별적 침해(discriminatory violation)가 국제법상 불공정한 것이 분명하다고 하였고, 재판소의 조치가 '국제법에 근거하여 불공정(para.135)'하다고 판단하였다(다만, 최고재판소의 절차가 남은 것을 근거로 해서 미국의 NAFTA위반을 부정하였다).

(6) *Waste Management* 사건17)

Waste Management 사건은 멕시코 아카풀코시와 15년간 쓰레기 수집처리 서비스 독점계약을 맺은 미국계 기업 Waste Management사가 조업개시 직후부터 주민의 비협조로 인하여 파산하여 중재에 부탁되었다.

중재판정은 종래 제1105조에 관한 중재판단을 모아 정리하고, '공정하고 형평한 대우의 최저 기준을 침해하는 것은 국가에 의한 행위가 자의적이고, 상당히 불공정하고, 부정의(不正義) 또는 특이한 것으로, 차별적이면서 사업 분야에 기인한 편견 혹은 인종적인 편견을 접하게 하고, 또한 사법의 적정성 침해를 초래하는 적법절차의 결여가 있는 경우로 신청인에 해가되는 것'이라며, '그 기준은 개별 사례의 상황에 따라 어느 정도 유연하게 적용할 수 있는 것이다(para.98)'

---

16) ICSID Case No. ARB (AF)/98/3 (NAFTA), Award on Merits, 26 June 2003.
17) ICSID Case No. ARB (AF)/00/3 (NAFTA), Final Award, 30 April 2004.

라는 일반기준을 제시했다. 게다가 아카풀코시에 대하여 계약위반 문제와 수용 문제가 제기될 수 있지만 바로 제1105조 위반은 되지 않아 '공공연한 부정의에 의한 의무불이행이 아니다'라고 판단하여 제1105조 위반은 부정되었다.

이 사건에서는 '국가의 행위가 자의적이고, 상당히 불공정하고, 부정의 또는 특이하고, 차별적이면서 사업 분야에 기인한 편견 혹은 인종적인 편견을 접하게 하고, 또는 사법의 적정성 침해를 초래하는 적법 절차의 결여가 있는 경우'에 공정·형평대우 의무위반이 발생 한다고 하는 구체적인 기준을 제시하여, 이후 중요한 선례가 되었다.

(7) *Methanex* 사건[18]

Methanex 사건은 미국이 대기오염개선을 위해 에탄올 함유 가솔린 첨가제의 판매는 규제하지 않고 메탄올 함유 가솔린 첨가제의 판매 를 금지시켰기 때문에, 메탄올을 생산하고 있던 Methanex사가 미국 을 상대로 중재를 부탁한 것이다.

중재판정부는 미국의 조치가 외국투자자와 투자재산을 고의적으 로 차별한 것이므로 제1105조에 반한다는 주장을 배척하였지만, 그 가운데에서도 NAFTA 자유무역위원회 각서의 효력이 문제가 되었 다. 자유무역위원회 각서가 NAFTA의 해석인지 혹은 개정인지에 관 한 내용과 그 효력이 다투어졌다. 그러나 중재판정부는 조약개정이 사후 합의에 의해서 가능하며 또한 조약 해석에 당사국 간의 사후 합 의를 고려해야 할 것을 지적하면서(Part VI, Chapter C, (1) para.21),

---

18) UNCITRAL (NAFTA), Final Award 3 August 2005. 이 사건 이후 NAFTA에서 공정·형평대우 의무가 명시적으로 논의된 것으로는 *United Parcel Service v. Canada, Award on the Merits*, 24 May 2007, *Glamis Gold, Ltd. v. USA*, Award, 8 June 2009가 있다.

NAFTA 자유무역위원회의 결정이 '개정' 또는 '해석' 어느 쪽에 해당되는지를 분명히 하지 않은 채, NAFTA 자유무역위원회의 결정을 존중하여야 한다는 판단을 내렸다.

(8) NAFTA 사례에서의 공정·형평대우

당초 공정·형평대우가 국제관습법상의 최저기준 이상의 것이라고 한 바가 있었지만, 자유무역위원회 각서 작성 이후에는 그러한 해석이 부정되는 것과 함께 공정·형평대우 의무의 구체적인 내용이 점차 명백해졌다. 앞의 여러 사례들을 종합하면, '국가에 의한 행위가 자의적이고, 상당히 불공정하고, 부정의 또는 특이한 것으로, 또 차별적이면서 사업 분야에 기인한 편견 혹은 인종적인 편견을 접하게 하고, 또는 사법의 적정성 침해를 초래하는 적법절차의 결여가 있는 경우'에서는 공정·형평대우를 부여하였다고 할 수 없고, 공정·형평대우 의무를 위반하였다고 할 수 있다.

2. NAFTA 외의 중재 사안

당연히 공정·형평대우 의무는 NAFTA 이외의 IIA에서도 여러 차례 문제시 되었다. 그중 몇 가지 중요한 사건을 검토해 보도록 한다.

(1) *TECMED* 사건[19]

스페인계 기업 TECMED사는 멕시코에서 폐기물처리사업을 운영하고 있었는데, 멕시코 정부가 TECMED사의 조업허가 갱신을 거부

---

19) ICSID Casse No. ARB (AF)/00/2 (Spain/M Mexico BIT), Award, 29 May 2003.

함에 따라, 스페인-멕시코 투자협정에 근거하여 멕시코 정부를 상대로 중재를 부탁하였다. 스페인-멕시코 투자협정은 공정·형평대우 의무에 대해서 다음과 같이 규정한다.

> Each Contracting Party shall guarantee fair and equitable treatment in its territory pursuant to international law for investments made by investors from another Contracting Party [⋯].

중재판정부는 스페인-멕시코 투자협정상의 공정·형평대우는 국제법에 의해서 인정되는 신의성실원칙의 일부를 구성하고, '외국투자자가 투자를 할 때 고려할 수 있는 기본적인 기대에 영향을 주지 않을 대우를 투자자에게 해줄 것을 체약국에게 요구하는 것이다'라고 서술하였다. 또한 '외국투자자는 투자사업을 기획하고 투자유치국의 규제를 준수하기 위하여, 관련 정책 및 행정관행의 목적은 물론 모든 규칙과 규제를 사전에 알 수 있도록 투자유치국에 대하여 일관적인 태도로, 애매모호하지 않게, 완전히 투명하게 행동할 것을 기대한다.' '여기에서 "일관적이다"는 것은 투자자가 상업상·비즈니스상 행동을 계획 및 실행하고, 동시에 계약을 할 때에 투자자가 신뢰하는 투자유치국의 이전의 결정 또는 허가를 자의적으로 철회하지 않는 것과 같은 것이다'(para.154)라고 하였다. 이처럼 중재판정부는 투자협정에 의해 성립한 투자자의 기대를 보장하는 것이 공정·형평대우 의무의 목적이라 생각하는 것으로 보고 있다. 게다가 허가 갱신을 거부한 멕시코 정부의 행동은 예상할 수 없는 것이고, 앞의 기준에 비추어보면 멕시코 정부가 '공정하고 형평한' 대우를 제공하였다고 할 수 없으므로 스페인-멕시코 투자협정 제4조에 반한다고 판단하였다.

이 중재판단에 대해서는 1.에서 검토한 NAFTA 중재와 마찬가지로 공정·형평대우 의무가 투자유치국이 '일관성' 및 '투명성' 있는 태도로 행동하는 것이라고 하였고, 이는 투자자의 기대를 보호하기 위하여 필요하다고 평가하였다.

(2) CME 사건[20]

체코에서는 혁명 이후, 방송면허소지자와 방송운영자를 분리하여 방송사업을 하기 위해서는 정부의 허가서가 필요하였다. 네덜란드기업 CME사의 자회사인 CNTS사도 그 형태를 전제로 하여 체코의 방송면허소지자인 CET21사와 방송서비스 제공계약을 체결하여 사업을 운영하였다. 그러나 1996년에 체코 정부와 미디어위원회가 정책을 전환하여 앞의 분리시스템이 체코의 매스미디어법에 반한다는 견해를 보였기 때문에, CNTS사는 갑자기 사업의 법적 보장을 상실하였다. 그 후에 체코 정부는 CNTS사와 CET21사의 공동사업을 중지하도록 압력을 가하여 1999년에 CET21사는 사소한 사유로 CNTS사의 방송서비스 계약을 종료하게 되었다. 그 결과 5억 달러에 상당한 CNTS의 투자가 무용지물이 되었기 때문에, CME가 체코를 중재에 부탁하였다. 네덜란드-체코 투자협정은 공정·형평대우 의무를 다음과 같이 규정하고 있다(제3조 1항).

"Each Contracting Party shall ensure fair and equitable treatment to the investments of investors of the other Contracting Party and shall not impair, by unreasonable or discriminatory measures, the operation, management, maintenance use, enjoyment or disposal thereof by those investors."

---

20) UNCITRAL (The Netherlands/Czech Republic, BIT), Partial Award, 13 September 2001.

중재판정부는 '공정하고 형평하다고 평가하는 기준은 자국민을 위하여 사용되고 있는 기준에 의해 투자유치국이 행동하였는지에 따라 결정되는 것은 아니다. [⋯] 외국투자자의 투자시 신뢰한 합의를 제거함으로써 공정하고 형평한 대우의 의무를 침해한다 (para.611)'고 해석하고, 체코 미디어위원회의 행위가 공정·형평대우를 규정하는 네덜란드-체코 투자협정 제3조 1항을 위반하였다고 판단하였다.

이 중재판정은 공정·형평대우 의무가 자국민과 동일한 대우를 부여한다고 하여 그것이 해결되는 것은 아니고, 자국민보다 유리한 대우를 부여하였더라도 그것이 훼손되는 경우 공정·형평대우 의무 위반이 될 수 있다는 것을 인정한 점에서 주목된다. 공정·형평대우 의무가 내외 역차별적으로 움직이는 경우가 있다는 것이 명시적으로 드러났다.

(3) *Genin* 사건[21]

1994년 미국계 은행 EIB가 에스토니아은행(중앙은행)으로부터 에스토니아 사회은행의 한 지점을 매수하였다. 그 후 여러 경위를 거쳐, 1997년 에스토니아은행은 EIB 은행면허를 박탈한다는 결정을 내렸다. 바로 그 즈음에 EIB의 소수주주가 제소하여 에스토니아 국내재판소는 EIB의 파산 결정을 내렸고, 1999년 10월 앞의 두 결정은 확정되었다. 해당 결정 이후에, EIB 미국인 주주가 미국-에스토니아 투자협정에 의하여 에스토니아를 중재에 부탁하였다. 중재에서 문제가 된 여러 논점들 중 하나는 에스토니아은행 은행면허 박탈과

---

21) ICSID Case No. ARB/99/2 (United States/Estonia BIT).

투자협정상의 공정·형평대우 의무(제2조 1항)와의 관계였다. 미국-에스토니아 투자협정상의 공정·형평대우 의무는 첫머리에서 소개한 것처럼 매우 단순한 규정이었다.

중재판정부는 투자협정이 규정하는 국제관습법상의 공정·형평대우 의무위반의 한 가지 요소로서 '자의적인' 대우의 유무를 들면서도, 에스토니아의 은행면허 박탈 결정이 그것에 해당되지 않는다고 인정하였다. '에스토니아에서 정치적·경제적으로 전환되고 있던 환경이 은행업계의 법률 강화를 정당화한 것이다. 당시 국가의 규제는 명확히 정당한 공익을 반영한 것이다(para.370)'라고 설명하였다. 이 사건에서 공정·형평대우를 국가 조치의 정당성을 배려하여 판단하였다는 점이 중요하다.

(4) OEPC 사건[22]

에콰도르는 미국계 기업 OEPC사가 출자한 석유개발기업에 종래 소비세를 환급하고 있었지만 당해 환급이 정지된 것으로 인하여 분쟁이 초래되었고, OEPC사가 에콰도르에 대하여 중재를 부탁하였다.

이 사건에서는 미국-에콰도르 투자협정의 제Ⅱ조 (3)항 (a)의 공정·형평대우 의무가 문제가 되었다. 이 규정은 다음과 같이 규정한다.

> "Investment shall at all times be accorded fair and equitable treatment, shall enjoy full protection and security and shall in no case be accorded treatment less favorable than that required by international law."

중재판정부는 전문(前文)에서 공정·형평대우는 '투자를 위한 안

---

22) LCIA Case No. UN 3467 (US/Ecuador BIT), Final Award, 1 July 2004.

정적인 체계 및 경제적 자원의 최대한 효율적인 이용을 유지하기 위해서 바람직한'이라고 하는 양 당사국의 합의가 기록되어 있는 이상, '법률상 및 비즈니스상 체계의 안정성이 공정·형평대우의 본질적인 요소이다(para.183)'라고 하였다. 게다가 중재판정부는 '투자를 수행하고 실시되는 체계가 SRI(세무 당국-필자)가 채용한 행동에 따라 중요한 범위에서 변경되었다'고 하였지만, OEPC사에 충분한 설명이 이루어지지 않았다. 중재판정부는 *Metalclad* 사건 및 *Tecmed* 사건의 공정·형평대우에 관한 판시를 예로 들어, '안정성(stability)'의 필요성을 강조하고 있으며(para.185), 에콰도르의 행위가 공정·형평대우 의무에 반한다고 결론 내렸다.

(5) *CMS* 사건[23]

TGN사는 1992년에 35년을 기간으로 정한 조업면허를 받고 가스 전송사업을 시작하였다. 1995년에는 미국계 기업 CMS사가 TGN사에 약 30%를 출자했다. 그런데 경제위기로 아르헨티나 정부는 전송료 인하를 요구함과 동시에 전송료 지급도 정지하였다. 그리하여 CMS사가 아르헨티나를 중재에 부탁하였다. 미국-아르헨티나 투자협정 제2조 2항 (a)는 다음과 같이 규정한다.

> "Investment shall at all times be accorded fair and equitable treatment, shall enjoy full protection and security and shall in no case be accorded treatment less than that required by international law."

중재판정부는 아르헨티나 정부가 약속을 깨뜨린 것이 공정·형평

---

23) ICSID Case No. ARB/01/8 (US/Argentina BIT), Award, 12 May 2005.

대우 의무에 위반했는지 여부에 대해 판단하였다. 협정전문(前文)으로부터 공정·형평대우는 '투자를 위한 안정적인 체계 및 경제적 자원의 최대한의 효율적 이용을 유지하기 위해 바람직하다'고 하는 것이 보호의 중요한 목적이라고 한 뒤, '안정적인 법률상 및 비스니스상의 체계가 공정하고 형평한 대우의 본질적인 요소'이며, 또한 많은 조약과 중재판단이 '공정하고 형평한 대우가 안전성, 예측 가능성과 밀접하고 불가분하다는 것을 나타낸다'(para.276)라고 판시하였고, 아르헨티나의 공정·형평대우 의무위반을 인정했다.

(6) *Saluka* 사건[24]

Saluka 사건에서는 체코에서 일본계 기업이 투자한 은행이 공적관리에 포함된 것이 문제가 되었다. 해당 은행의 모회사(명목회사, paper company)가 네덜란드에 있었기 때문에, 중재는 네덜란드-체코 투자협정에 근거하여 부탁되었다.

중재판정부는 일반론으로서 국제관습법상의 최저기준이 투자유치국의 정책이 어떠한지에 관계없이 적용된 것에 대해, 투자협정이 투자촉진을 위해서 체결된 이상 공정·형평대우 의무(조문은 (2) 참조)의 수준은 인센티브를 제공하는 정도의 수준이 된다고 하였다. 그리고 투자협정 제3조가 NAFTA처럼 국제관습법을 언급하고 있지 않은 점에 착안하여 그 반대해석으로 당해 의무의 수준이 독립적인 기준이라고 결론지었다.

중재판정부는 투자협정의 전문(前文)을 참조해서 투자협정이 투자촉진과 체약국 간의 경제관계의 강화라는 두 가지 목적을 기대하

---

24) UNCITRAL Case (Dutch/Czech BIT), Partial Award, 17 March 2006.

는 것에 유의하여 해당 의무를 해석하여도, 투자보호를 지나치게 강조하는 것으로써 투자유치국이 투자를 유치하는 데 소극적이게 되며, 나아가서는 체약국 간의 경제관계 강화라는 목적이 손상되지 않게 하여야 한다고 하였다. 그러므로 '적어도' 이 대우는 투자저해요인이 되지 않는 대우라고 이해된다고 하였다. 게다가 중재판정부는 이 의무가 투자자의 합법적이고 합리적인 기대를 훼손하지 않게 하는 것을 의미하고, 투자자는 국가가 명백히 모순적이고 불투명하며 비합리적인 또한 차별적인 행태로 행동하지 않을 것을 기대할 권리가 있다고 서술하였다. 이상의 해석에 중재판정부는 체코의 공정·형평대우 의무위반으로 결론내렸다.

이 사건에서는 공정·형평대우 의무가 투자자 기대의 보호로 뒷받침될 수 있다는 것이 명확해졌다는 점에서 주의할 필요가 있다.

(7) 여러 사례의 평가

앞의 사례들에서는[25] NAFTA와는 달리 국제법에 근거할 것이 명시되지 않은 공정·형평대우 의무가 문제가 되었다. 예를 들어, *Saluka* 사건에서는 공정·형평대우 의무가 국제관습법상의 최저기준보다도 높은 수준의 보호를 요구한다고 명확히 판시하였고, *CME* 사건에서는 투자자의 기대를 근거로 해서 공정·형평대우 의무가 국민의 보호기준에 따라 좌우되는 것이 아니라고 확실히 밝혔다. 이러한 해석의 근거가 투자협정에 의해 투자자가 가지는 기대의 보호였었다는 것을 주의할 필요가 있을 것이다.

---

25) 그 외에, NAFTA 이외의 BIT에서 공정·형평대우가 문제가 된 사건은 *MTD Equity Sdn. Bhd. & MTD Chile S.A. v. Chile*, ICSID Case No. ARB/01/7(Malaysia/Chile BIT), Final Award, 25 May 2004; *Sempra Energy International v. The Argentine Republic*, ICSID Case No. ARB/02/16 (US/Argentina BIT), Award, 28 September 2007 등이 있다.

한편, 구체적인 의무의 내용에 대해서는 '국가가 분명히 모순적이고, 불투명하고 비합리적인 또한 차별적인 태양으로 행동하지 않을' 의무처럼(*Saluka* 사건), NAFTA에 근거한 중재와 공통된 기준이 나타나고 있다.

II. 공정·형평대우의 의의

중재판정을 통해 공정·형평대우 의무의 구체적인 내용과 성질이 점차 분명해졌다.

1. 의무의 기본적 성질

공정·형평대우 의무에 대해서 국제관습법상의 '최저기준'인지, 그렇지 않으면 그것을 뛰어넘는 조약상의 기준인지가 쟁점이 되었지만, 앞의 중재판정을 종합해 보아도 일반적인 결론을 얻을 수 없음을 알 수 있다. '공정·형평대우 의무'도 일반적인 형태로서 논의되고는 있지만, 원래 공정·형평대우 의무는 IIA상의 규정이고 조약마다 내용의 차이가 있다. 첫 부분에서 언급했던 일본-멕시코 EPA의 경우에서는 국제법상의 최저기준을 가리킨다고 해석될 것이다(이는 분명히 당시 NAFTA 중재의 영향을 받은 것으로 보인다). 또한 유럽 국가들의 투자협정처럼 단순히 '각 당사국이 다른 당사국 투자자의 투자재산에 대해서 공정하고 형평한 대우를 보장한다'라고만 규정되어 있는 경우에서는 공정·형평대우가 국제법상의 최저기준 이상의 것을 가리킨다고 해석할 수 있다. NAFTA에 관한 중재는 국제관습법상의 '최저기준'을 가리킨다고 여겨져, 다른 투자협정에 근거로 한 판단과 차이가 있는 해석이 나타나더라도 별다른 문제가 없다.

공정·형평대우 의무의 내용을 결정하는 것은 규정의 문언만이 아니다. 국제관습법상의 기준으로 하는 경우에는 별개이지만, 그렇지 않다면 공정·형평대우의 내용을 결정할 때에는 조약의 목적이 중요하다. *Saluka* 사건에서는 조약의 목적이 투자재산의 보호인지 투자촉진인지에 따라서 이론적으로는 보호의 수준이 달라졌다. 조약상의 의무인 이상, 그것이 조약의 목적에 의해서 좌우되는 것은 당연하다.

2. 구체적 내용

(1) 내용의 공통성

중재판정의 결과, 다음과 같은 조치가 공정·형평대우 의무위반으로 인정되었다.

(i) '경영계획 및 투자에 대해 투명하고 예측 가능한 체계를 보장하지 않은점 (*Metalclad* 사건).'

(ii) '국가에 의한 행위가 자의적이고, 상당히 불공정하고, 부정의 혹은 특이한 것으로, 차별적이면서 사업 분야에 기인한 편견 또는 인종적인 편견을 접하게 하고, 또한 사법의 적정성 침해를 초래하는 적법절차의 결여가 있는 경우, 그러한 행위가 신청인에게 해가 되는 것 (*Waste Management* 사건).'

(iii) '외국투자자라는 관계에서 일관된 태도로, 애매모호하지 않고, 완전히 투명하게 행동할 것'이라는 기대를 위반한 행위 (*TECMED* 사건).

(iv) '외국투자자의 투자시 신뢰한 계약의 침해 (*CME* 사건).'

(v) '안정적인 법률상 및 비즈니스상 체계'의 파괴 (*CMS* 사건).

(vi) '국가가 명백하게 모순적이고, 불투명하며 비합리적인 또는 차별

적으로 행동'하는 것 (*Saluka* 사건).

앞에서 언급된 요소에서 공통성이 있다는 것을 알 수 있다.

공정·형평대우 의무는 국제관습법상의 것과 그렇지 않은 것이 있는 등 추상적인 수준에서는 차이가 있다고 말할 수 있지만, 보장되는 대우의 구체적인 기준은 매우 비슷하다. 구체적으로는 '부당성', '차별성', '자의성' 등이다. 이러한 기준은 여전히 추상적이고, 그 구체적인 내용은 조약의 목적이 무엇인지, 투자유치국이 어떠한 상황에 있는지, 그래서 그것들을 판단의 근거로 삼아 투자자가 어떠한 보호를 기대할 수 있을지에 의해서 결정된다.

(2) 투자자의 기대

공정·형평대우의 기준을 근거짓는 것은 투자협정에서 유래하는 투자자의 기대의 보호이다. 공정·형평대우가 투자재산에 대해서 투자유치국이 부여해야 하는 의무를 특정하지 않고 규정되어 있는 이상, 그 근거인 '투자자의 기대'는 대단히 큰 의미를 갖는다.[26] 투자자의 기대는 특정 IIA를 체결한 투자유치국에 의해 생기는 투자자의 부수적인 기대를 말한다.

보호되는 구체적인 기대 수준은 예컨대 '국경을 넘는 투자기회의 촉진 및 증가, 그리고 투자계획의 성공확보(*NAFTA-Metalclad* 사건)', '투자를 위한 안정적인 체계 및 경제적 자원의 최대한의 효율적 이용'의 유지(미국-에콰도르 투자협정-*OEPC* 사건) 등에서 나타난다. IIA를 체결함에 따라 투자자가 일정 수준의 보호를 기대하는 것은

---

26) 이 점을 명확하게 보여주는 것은 *EDF(SERVICE) LIMITED* 사건 (ICSID Case No. ARB/05/13, Award, October 8, 2009).

보장된다. 반면, 이것은 투자유치국 상황(*Genin* 사건)에 따라 조약상의 투자자가 기대해도 좋을 보호의 수준이 바뀌게 됨을 의미한다. 즉, 공정·형평대우 의무에 의해서 투자유치국이 외국투자재산에 대해 부여해야 하는 보호의 기준이 절대적이라고 하더라도, 국가의 정책과 시대에 관계없이 일정기준의 보호의 부여를 요구하는 것은 아니다.

(3) 다른 대우와의 관계

공정·형평대우에서는 동일한 사항에 대하여 수용해당성과 공정·형평대우 의무위반이 동시에 주장된다. 따라서 수용해당성이 부정되어도 공정·형평대우 의무위반이 긍정되는 사건이 많다. 이 때문에 양자가 '서로 인접한' 관계에 있는, 즉 각각에 대해 위반이 되는 사유가 재산의 훼손의 정도에 따라 차이를 보이게 된다.

그러나 이러한 차이를 보이는 것은 수용이 '간접수용'에서 문제되어, 즉 정부 조치에 따라 투자재산이 훼손되는 경우가 문제가 되기 때문이다.[27] 사업이 계속 중인 투자유치국을 상대로 중재를 부탁하는 것은 사실상 어렵고, 실제로 그와 같은 상황에서는 중재가 부탁된 예도 적다. 투자협정중재가 중요한 의미를 내포하는 것은 투자처가 개발도상국인 경우가 많아서, 투자유치국을 중재에 부탁한다면 투자유치국 정부로부터의 어떠한 불이익이 예상되기 때문이다. 그 결과 신청인은 사업이 불가능하게 되어 이를 계속 진행하는 것을 단념한 후에나 투자협정중재를 부탁할 수 있는 상황이 초래되고, 그 때문에 공정·형평대우 의무위반도 불가능해진 사업에 대하여 주장

---

27) 본서 제7장 참조.

되는 것이다. 물론 중재부탁이 동일한 사정에 있는 이상, 다른 의무 위반의 주장도 사업파탄 후에 주장되는 것에는 변함이 없다.[28] 그러나 공정・형평대우 의무처럼 모든 상황에서 위반을 주장할 수 있는 것이 아니기 때문에 공정・형평대우 의무만이 수용해당성과 '서로 인접한' 관계에 선 것처럼 보이는 것에 지나지 않는다.

이처럼 공정・형평대우 의무의 범위는 매우 넓으므로 당연히 종래의 중재판정에서 나타나는 내용으로 완전히 정할 수 있는 것은 아니다. *TECMED* 사건의 중재판정부가 서술한 것처럼, 공정・형평대우가 '신의성실(good faith)원칙'의 조약상의 표현이라고 한 것은 상당히 적절한 이해이다.

결 론

일본에서는 공정・형평대우 의무 규정과 같은 일반조항은 조약에서는 그다지 의미가 없다고 생각하는 경향도 있지만, 중재판정이라는 제3의 기관에 의해 개별 분쟁의 관계에서 해석적용되는 경우에는 완전히 사정이 바뀐다. 부탁된 분쟁을 타당하게 해결하는 것을 목표로 한다면, 각각 구체적인 내용을 가지는 의무규정에 의해서는 해결할 수 없다고 판단되는 경우에, 일반조항이 있으면 그것을 근거로 하여 분쟁을 판단하는 것이 가능하기 때문이다. 공정・형평대우 의무는, 말하자면 투자유치국이 투자재산에 대해서 부여해야 하는 대우의 전반을 가리킨다. 이를 살펴볼 때, 이 의무가 '비법률적인 의

---

28) 이 점은 투자협정중재가 어떠한 경우에 유용한지를 판단할 때 중요하다. Louis T. Wells and Rafiq Ahmed, *Making Foreign Investment Safe* (2007), pp.267-274 참조.

무'라는 관점이 있지만 이는 오해이다. '비법률적 의무'라는 것은 IIA를 시작으로 하는 국제법에 반하고, 상황이 요구하게 되면 의무를 부과한다는 의미이다. 그러나 공정·형평대우 의무는 그러한 의무가 아니고, IIA에 의해서 투자유치국이 투자재산에 대해 부과된 의무를 포괄하는 것이다. 바꿔 말해, IIA의 이념 및 목적에 따라 투자자를 구제하기 위한 법 규칙이고, 그로 인하여 IIA의 목적이 실현되는 것이다. 이런 의미에서 공정·형평대우 의무가 신의성실원칙의 구체적인 표현이라고도 말할 수 있다(*TECMED* 사건).

개발도상국에서 정부기관의 태도로 순조로운 사업활동을 하지 못하는 일본기업이 상당수 있다는 것을 감안하면 IIA에 공정·형평대우 의무규정을 두는 것은 필수불가결하다. 그것은 개개의 사례마다 다른 의미를 지닌다. 정부와 기업 모두 이러한 점을 충분히 이해하여 공정·형평대우 의무를 이끌어낼 수 있는 상황인지를 정확히 판단할 수 있는 능력을 길러 둘 필요가 있다.

제7장 수용 (收用)
- 규제와 간접수용

松本 加代 (마츠모토 카요)

서 론

해외투자를 할 때 현지법인이나 공장이 투자유치국의 정부에 의해 수용이 되는 일은 대단히 큰 위험이다. 그러나 일반국제법상 국가가 그 정책 목적을 위하여 국유화나 수용을 행하는 것은 주권의 범위 내라고 생각할 수 있고, 일정한 조건에 따르면 위법이라고는 할 수 없다. 투자협정도 그 사고방식을 답습하는 것과 같이 일반국제법상 논의가 있던 합법적인 수용을 위한 조건을 명확화한다.[1] 예를 들면 일본-태국 경제제휴협정(EPA) 제102조는 다음과 같이 규정하고 있다.

> '어느 체약국도 자국의 구역 내에 있는 타방 체약국 투자자의 투자재산의 수용 혹은 국유화 또는 이에 대한 수용 혹은 국유화와 동등한 조치(생략)를 실시해서는 안 된다. 다만 (a) 공공의 목적을 위한 것이며, (b) 차별적인 것이 아니고, (c) 정당한 법의 절차에 따라서 취해지며, (d) 신속, 적당하고 실효적인 보상의 지불을 수반하는 것인 경우를 제외한다.'

---

1) 일반국제법상에는 특히 보상의 수준에 대한 논의가 있다. 香西茂, 「外人財産の收用と国際法」, 『法学論叢』 第61巻 3号(1995年); 田畑茂二郎, 『国有化をめぐる国際法上の問題點", 田岡良一・田畑茂二郎, "外人財産国有化と国際法」 (日本国際問題研究所, 1964年); Andreas F. Lowenfeld, *International Economic Law*, Oxford University Press (2002), pp.414-415 참조.

최근 수용에 관한 투자협정 중재에서 주로 논쟁이 되는 것은 국가의 어떤 행위가 처음부터 '수용' 또는 '수용과 동등한 조치'에 해당하는지 여부의 문제이다. 예를 들면 국가가 특정산업(석유 등)의 국유화 선언을 하고, 이에 기초하여 공장 등의 소유 및 지배를 투자자로부터 완전하게 빼앗는 경우라면, 수용의 해당 여부에 관해서 논의의 여지는 없다. 이를 '직접수용'이라 하고, 1960~70년대와 비교하여 적어졌지만 최근의 베네수엘라의 석유국유화의 예가 보여주듯이 현재에도 드물지 않다. 문제가 되는 것은 간접수용이라고 불리는 유형이다. 이것은 투자자의 소유권에 영향을 미치지 않도록 하는 침해적 행위 중 하나이며 국가가 어떠한 정책 목적을 위하여 행하는 규제 등도 포함될 수 있다. 한편 투자재산에 손해를 미치는 모든 규제가 간접수용이 되는 것은 아니다.

　문제가 되는 것은 양자의 구별방법, 즉 정부의 행위(주로 규제) 가운데, '보상이 필요한 수용(간접수용)'과 '보상이 필요 없는 규제'를 어떻게 구별하는지에 대한 문제이다. 폭넓게 간접수용을 인정하는 것은 폭넓은 정부의 행위에 관하여 보상 지불이 행해지는 것이며, 투자보호에 도움이 된다. 그러나 '보상이 필요 없는 규제'의 범위가 어느 정도 존재하지 않으면, 원활하게 규제를 할 수 없다. 투자협정중재 판정부가 간접수용을 어떻게 인정하는지는 이와 같은 2개의 요청이 어떻게 균형을 이루고 있는가라는 문제를 내포하고 있다. 이러한 문제의식을 바탕으로 하여 이 장에서는 투자협정중재 판정부가 간접수용에 대한 판단에서 어떠한 접근법을 취하고 있는지, 그것이 규제와 간접수용의 문제에 어떠한 시사점을 갖고 있는지 검토한다.

I. 수용개념의 확대와 제약

투자협정에서 수용에 대한 문언(文言)은 일반국제법상의 수용의 개념을 포함하도록 만들어졌다고 해석된다.[2] 따라서 우선 일반국제법상의 수용개념의 확대를 수용의 대상이 되는 재산 및 침해행위의 유형과 형태의 관점으로부터 설명하도록 한다. 재산에 관해서는 유형재산뿐만 아니라 계약상의 권리 등 무형재산도 대상이 된다.[3]

침해행위의 유형과 형태에 관해서는 우선 정부가 '수용한다'는 의도를 가지지 않는 경우라도 침해적 행위에 해당하면 수용은 성립한다. 다음으로 재산의 소유권이 정부 또는 제3자에게 이전하지 않더라도 재산의 사용, 향유, 처분 또는 지배와 관리를 박탈하는 효과를 가지는 조치도 수용이 될 것이다.[4] 게다가 개별의 행위자체가 수용으로 보이지 않더라도 일련의 행위 전체로서의 효과에 주목하여 수용(소위 '점진적 수용'이라고 한다)이 인정되는 것이 있다.[5] 한편, 다음과 같은 제약도 있다. 첫째, 간접적인 재산침해의 경우는 일정 정도 이상의 침해가 없으면 수용이 아니라고 하는 견해가 있다.[6] 여러 규제가 어떠한 형태로든 투자재산에 영향을 미치는 것을 고려하면 수용을 인정할 때 높은 수준의 침해를 요건으로 하는 것은 수용이 되는 규제의 범위를 좁히게 된다. 둘째, 국가의 행위가 투자재산

---

2) Lowenfeld, *supra* note 1, p.476.

3) John H. Herz, "Expropriation of Foreign Property", 35 *AJIL* (1941) 243, pp.244-245; 橫川 新, 『国際投資法 序説』(川倉書房, 1972年), 39-54면.

4) Burns H. Weston, "'Constructive Talkings' under International Law: Amodern Foray into the Problem of 'Creeping Expropriation'", 16 *Va. J. Int'l L*(1975/1976) p.103; 山本草二, 『国際法 (新版)』, (有斐閣, 1997年) 524면.

5) W. Michael Reisman & Robert D. Sloane, "Indirect Expropriation and its Valuation in the BIT Generation", 74 *BYIL* (2004) 105, pp.122-128.

6) Herz, *supra* note 3, p.251.

에 심각한 침해를 끼치는 경우라도 정당하게 비차별적으로 행하여지는 한 일정한 행위에 관해서는 보상의 필요가 없다고 생각되어 왔다. 예를 들어, 정당한 형사처벌이나 과세 등이 있지만 구체적인 요건 및 범위는 명확하지 않다.[7]

투자협정중재에서도 침해의 정도가 중요한 판단요소인 것에는 공통의 이해(理解)가 있다.[8] 그러나 그 이상의 명확하고 간결한 규범(rule)은 존재하지 않고, 개별의 사실관계에 크게 의존한다. 수용법리에 관해서 주로 참고되는 견해에는 (ⅰ) 투자재산에 영향을 미치는 침해만을 유일한 판단기준으로 하는 것과 (ⅱ) 투자재산에 미치는 효과의 중요성은 인식하면서도 정부행위의 성질이나 목적도 고려해야 한다는 것이 있다.[9]

(ⅰ)은 투자보호를 중시하는 견해이며, 수용개념을 제약하는 것은 어느 정도의 침해를 요구하는지에 달려 있다. 중재에서는 주로 신청인에 의해 주장된다. (ⅱ)는 투자재산보호와 정부의 규제 목적과의 균형성(ballancing)에 의해서도 수용개념은 제약을 받는다는 견해이며 피신청인인 국가가 주장하는 경우가 많다. 이런 대립구조를 염두에 두고 다음에서는 간접수용을 인정한 판정과 인정하지 않은 판정을 나누어서 검토하도록 한다.

---

7) B.A. Wortley, *Expropriation in Public International Law*, Cambridge University Press (1959), pp.38-50.

8) August Reinisch, "Expropriation" in Peter Muchlinski, Federico Ortino and Christoph Schreuer, *The Oxford Handbook of International Investment Law*, Oxford University Press (2008), pp.438-439.

9) Rudolf Dolzer and Christoph Schreuer, *Principles of International Investment Law*, Oxford University Press (2008), pp.101-104.

Ⅱ. 간접수용을 인정한 판정의 착안점

간접수용이 문제되는 사안을 검토할 때 중재판정부는 여러 가지 용어를 사용하여 수용의 정의나 판단기준을 서술한다. 그중에는 침해에 주목하여 수용을 정의하고 있기 때문에 침해의 정도가 유일한 판단기준이라고 해석할 수도 있다. 그러나 이하에서 나타나듯이 중재판정부는 필요에 따라서 정부규제의 타당성이나 정통성의 유무에 대해 언급하고 있기 때문에 수용을 인정할 때 이러한 점을 고려하지 않는다고 인정하기 어렵다.

1. *Metalclad* 사건 판단[10]

신청인은 산업폐기물 처리시설의 건설·운영허가를 가지고 있는 멕시코 기업에 출자하여 시설의 건설에 착수하였다. 그러나 건설지에 반대운동이 일어나자 시정부는 원래 건설허가에 관련된 권한을 가지지 않음에도 불구하고 시의 허가를 받지 않은 것을 이유로 건설 중지명령을 내렸다. 신청인은 연방정부에 의한 건설허가를 포함해 필요한 허가는 모두 가지고 있다는 연방정부 직원에게 보증받은 다음 공사를 재개해 시설을 완공하였다. 완공 후, 시는 신청인에 의한 허가신청을 인정하지 않았고, 시설 건설지를 포함한 지역을 희소 선인장의 보호지역으로 지정하였다. 이로 인하여 신청인은 사업을 하는 것이 완전히 불가능하게 되었다. 중재판정부는 수용에 대해 다음과 같은 정의를 내렸다.

---

10) *Metalclad Corporation v. The Mexican States*, ICSID Case No. ARB(AF)/97/1, Award, Aug. 30, 2000.

"NAFTA에 근거한 수용은 공연히 의도적이며 또한 승인된 재산의 수용일 뿐만 아니라 상당한 부분이며, 아무리 명백하게 투자유치국의 이익이 되는 것이 아니라고 하여도 합리적으로 기대되는 재산에 대한 경제적 이익의 사용을 빼앗는 효과를 갖는 비밀 또는 부수적인 재산의 사용에 대한 간섭을 포함한다."[11]

그 후에 시정부가 국내법상 실질적인 근거 없이 불허가 처분을 한 것과 신청인이 적절하게 연방정부의 설명을 신뢰한 것 등을 지적하고 멕시코의 조치가 '간접수용에 상당한다'고 판단하였다.[12]

이 판단은 다양한 침해의 유형과 형태를 염두에 두고 투자재산의 경제적 이익에 주목하는 등 침해를 폭넓게 인식하고 있어 수용에 대해서 상당히 폭넓은 정의를 내린 것으로 이해되고 있다.[13] 동시에 중재판정부는 (i) 허가는 연방정부의 권한이며 시정부의 권한이 아니라고 하는 연방정부 직원의 설명을 동 회사가 신뢰하고 투자를 했음에도 불구하고, (ii) 그에 반하여, (iii) 국내법상의 근거 없이 시정부가 허가를 취소한다고 하는 점에 주목한 것으로서 반드시 침해만을 고려하였다고 하기 어렵다.

2. *Tecmed* 사건 판단[14]

신청인 자회사 C는 멕시코에서 사업허가를 받아 산업폐기물 처리 사업을 개시하였다. 사업개시 후 주민 반대운동이 일어났는데 이는

---

11) *Ibid.*, para.103.

12) *Ibid.*, paras.104-107.

13) 小寺彰, 『投資協定仲裁の新たな展開とその意義—投資協定"法律度化"のインパクト』, RETIDiscussion Paper Series 05-J-021 (2005), pp.8-20.

14) *Técnicas Medioambientales Tecmed, S.A. v. The United Mexican States*, ICSID Case No. ARB(AF)/00/2, May 29, 2003.

C사의 시설운영의 유형과 형태 때문이 아니라 동회사와 인접한 주로부터 토사를 수송하고 있는 것이 원인이었다. C사는 시정부의 요청에 의하여 대체지에서 사업을 계속할 것을 조건으로 시설 이전에 합의하였다. 그 후 C사가 면허갱신을 신청한 시점에서 대체지를 찾지 못하자 허가의 갱신이 거부되었고 나중에 매입지는 폐쇄되었다.

중재판정부는 수용에 관하여 우선 '투자재산의 경제적 사용과 향유를 근본적으로 빼앗는 것인지, 예를 들어, 매립지나 그 이용에 관계된 수입이나 이익이라는 권리가 존재하지 않는 상태가 된 것인지'[15]를 판단한다고 서술하였다. 허가갱신의 거부가 재산을 빼앗긴 것에 해당하는지, 수용인지에 대해서는 정부의 조치가 '그 목적, 경제적 권리의 박탈 및 이와 같은 박탈된 자의 정당한 기대에 비추어 합리적인지', '조치에 의해 보호되는 공공의 이익과 투자재산의 법적인 보호가 균형이 맞는지'를 검토한다고 서술하였다.[16] 균형성에 대해서는 멕시코가 정당한 이유로서 제시한 (ⅰ) 법령위반 및 (ⅱ) 주민 반대운동의 존재에 대하여 다음과 같이 지적하면서 부정하였다. (ⅰ)에 대해서는 거부에 이를 정도로 중요한 것은 아니라는 점 (ⅱ)에 대해서는 C사가 이전 및 비용부담에 동의하였다는 점, 시설의 운영에 잠재적인 환경 또는 공중위생상의 위험을 수반하는 것이 증명되지 않았다는 점이다.

이 판단은 재산을 빼앗기는 것만으로는 수용으로 인정하지 않았다. 또한 합리성과 균형성의 요건을 충족하면 보상의 필요가 없는 규제로서 수용이 부정될 수 있다는 것을 시사하였다.

---

15) *Ibid.*, para.115.
16) *Ibid.*, para.122.

3. *Siemens* 사건 판단[17]

신청인 자회사 S는 아르헨티나에서 신분증명서 등의 종합프로젝트 계약을 낙찰받았다. 계약에 근거하여 S사는 신분증명서를 작성 및 배포하여야 했지만, 프로젝트가 연기되어 정권교체 후 발족한 신정권은 S사의 신분증명서의 가격 등에 대하여 재교섭을 요구하였다. 그 후 아르헨티나는 경제위기를 겪었고 정부는 비상시법을 제정하여 대통령에 대하여 공공부문의 계약 재교섭을 할 권한을 부여하였다. 동 계약도 그 대상이 되어 정부는 동법에 기초한 시행령(Decree) 669/01를 발효하여 계약을 종료시켰다.

중재판정부는 정부에 의한 계약해제에 대하여 단순한 계약의 상대방으로서가 아니라 국가권력의 행사로서 행한 것이라고 판단하였다. 또한 근거가 되는 투자협정의 조문이 수용과 동등한 '효과(effect)'를 갖는 조치라는 점과 선례에서 언급된 '의도'는 수용의 판단과는 관계가 없다고 판단하였다. 시행령에 관해서는 '계약을 종료시키는 효력을 갖는' 것으로 보고 수용을 인정하였다.[18] 또한 비상시법의 공공목적은 분명하다고 하면서도 S사에 적용된 시행령은 그때까지 진행되어 있던 조치를 계속시키기 위한 편리한 수단이 되었다고 하여 동법과 같이 공공 목적이 있는지는 의심스럽다고 서술하였다.[19]

중재판정부은 시행령이 계약에 부여한 효과에 주목하여 수용을 인정하고 있고, 침해만을 고려하였다고 해석을 하기에 쉬운 논리 구성을 하고 있다. 그러나 본건에 대해서도 시행령에 대해서는 정부의 정

---

17) *Siemens A.G. v. The Argentine Republic*, ICSID Case No. ARB/02/8, Feb. 6, 2007.

18) *Ibid.*, para.271.

19) *Ibid.*, para.273.

당한 규제라고는 인식되어 있지 않은 점에 주의가 필요하다.

4. *Vivendi* 사건 판단[20]

신청인인 자회사 C는 아르헨티나의 주와 상하수도 양허계약
(concession)을 체결하였다. 이 계약에는 요금 인상률과 C사에 의한
설비 투자의무 등이 규정되어 있었다. 그 후 아르헨티나에서는 정권
이 교체되어 신정부는 수돗물이 탁한것을 지적하고 건강상의 염려
를 표명함과 동시에 계약상 이미 정해진 요금을 인상한 것에 대하여
강하게 비판하였다. 실제로는 건강상의 문제점은 없었고, 감독당국
스스로도 이를 인정하고 있었다. 게다가 감독당국도 이미 인정하고
있던 C사의 과금에 문제가 있다고 하여 벌금 등을 부과하였고, 나아
가 요금의 징수를 저지하였다. 주지사는 요금 인하를 위하여 계약의
재교섭을 개시하였다. 교섭에서 양자는 합의에 이르지 못하였고 정
부는 C사의 계약위반을 이유로 계약을 해제하였다.

중재판정부는 침해에 대하여 '부분적인 가치의 박탈(수용은 아니
다)과 완전 또는 거의 완전한 가치의 박탈(수용)'을 구별하였다.[21]
의도에 대해서는 해당조치를 수용으로 볼 수 있다는 점을 보강하더
라도 수용의 요건은 아니라고 하여, 공공목적이 있는 수용은 부정되
지 않는다고 하였다. 결론적으로 주정부의 행위는 정당한 규제행위
가 아니라 계약의 종료 또는 재교섭을 강제하기 위한 위법한 국가권
력행위라고 서술하였다. 게다가 정부의 일련의 행위가 사업의 자금
적 존속성에 심각한 영향을 미쳤고 '투자재산의 경제적 사용과 향유

---

20) *Compañiá de Aguas del Aconquija S.A. and Vivendi Universal S.A. v. Argentine Republic*,
   ICSID Case No. ARB/97/3, Aug. 20, 2007.

21) *Ibid.*, para.7.5.11.

를 근본적으로 빼앗는'[22) 것이라고 하여 수용을 인정하였다.

이 판정은 정부에 의한 계약의 해제라고 하는 행위뿐만 아니라 C 사에 대해서 한 일련의 조치가 사업에 대하여 어떠한 영향을 미치는가를 종합적으로 검토한 후 수용을 인정하였다. 그런 다음 규제의 공적목적의 논의(수용의 합법성 요건)와 규제의 정당성 논의를 구별하였고, 후자를 명확히 부정하고 있다.

III. 간접수용을 인정하지 않은 중재판정의 착안점

다음으로 중재판정부가 간접수용을 인정하지 않은 사례를 검토하도록 한다. 중재판정부가 수용을 부정하는 근거는 일정한 유형으로 나눌 수 있다. 수용을 부정할 때에는 중재판정부는 복수의 근거를 드는 경우가 많은데 이하에서는 그 근거를 모두 언급하지는 않는다.[23)

1. 손해의 정도

수용을 부정하는 이유로서 주로 투자재산에 가해진 손해의 정도가 수용의 수준에 이르지 않았다는 점을 든다. 이는 수용을 인정할 때에

---

22) *Ibid.*, para.7.3.34.

23) 이 장의 논의와 직접적인 관련이 없어 다루고 있지는 않지만, 여러 중재판정부가 계약의 수용을 부정할 때 근거하는 것으로서, 계약위반이 국가의 행위인 것인지, 통상의 계약의 상대방으로서의 행위인 것인지를 검토하여 후자에 해당하는 경우에는 수용을 부정한 경우가 있다. *Siemens* 사건은 수용을 인정할 때 이 점에 대해 언급하고 있고, *Waste Management* 사건에 대해 본문에 서술하였던 기업의 수용에 대한 논의도 계약의 수용을 논하고 있어, 계약의 수용에 관하여 그런 점에 근거하여 수용을 부정하였다. 또한 *Parkerings-Compagniet AS v. Republic of Lithuania*, ICSID Case No. ARB/05/8, Award, Sep. 11, 2007도 같은 점을 근거로 하여 수용을 부정하였다.

침해의 정도가 중시되는 것과는 상반된다고도 할 수 있다. 많은 사례가 있지만, '상당한 박탈'에 이르고 있는지에 대한 여부를 기준으로 제시하였고, NAFTA 및 기타 투자협정에 기초한 중재에 있어 빈번히 참조되는 *Pope and Talbot* 사건[24] 판정만을 예로 들기로 한다.

이 사건에서는 캐나다-미국 간 제휴협정에 기초하여 캐나다 정부가 실시한 수출관리조치가 수용에 해당하는지가 문제되었다. 미국 기업인 신청인은 캐나다의 브리티시컬럼비아 주에 자회사를 설립하여 연재(軟材, softwood)업을 운영하였고, 그 판매량의 9할은 미국으로 수출하였다. 중재판정부는 수출로 미국시장에 접근하는 것은 NAFTA에 의해 보호되는 재산상의 이익이라고 인정하였다.[25] 수용인지에 대한 판단에 있어서는 우선 신청인이 투자재산(동사의 자회사)의 지배를 계속하고 있고, 캐나다는 신청인으로부터 투자재산의 완전한 소유와 지배를 빼앗는 어떠한 행위도 하지 않았다는 점, 투자재산에 의한 이익은 감소하지 않고 상당량의 연재를 미국으로 수출하여 이익을 올리고 있다는 점을 지적하였다. 다음으로 사업활동에 대하여 침해가 수용에 해당하는지에 대한 판단은 '빼앗겼다'라는 판단을 할 수 있을 정도로 충분히 제한적이어야 하고, 국제법상의 수용은 '상당한 박탈(substantial deprivation)'을 필요로 한다는 견해를 보였다.[26] 이에 기초하여 중재판정부는 캐나다의 조치는 수용의 수준에 이르지 않았다고 판단하였다.

이 사건 이후에 계속되는 다수의 중재판정에서도 투자재산으로서의 기업(자회사)에 대한 지배나 관리 이용이 어떠한 영향을 받았는

---

24) *Pope and Talbot v. The Government of Canada*, UNCITRAL, Interim Award, June 26, 2000.

25) *Ibid.*, para.96.

26) *Ibid.*, para.102.

지에 대해 검토하고 있다.[27] 이때 현지 기업이 영업을 할 수 없는 상황이 되었다고 해도 투자자가 소유 및 지배를 계속하고 있는 경우에는 사업을 계속할 수 없는 상태가 되더라도 수용이 인정되지 않는 경우가 많다.[28]

2. 인과관계

투자자가 투자유치국에서 직면하는 위험이 정부에 국한된 것만은 아니다. 계약상대(사기업)의 계약위반이나 원재료비의 상승 등 순수한 사업상 위험(business risk)에 속하는 것도 많다. 이 때문에 투자유치국에서 사업이 채산성(採算性)이 악화되는 원인 중 하나가 정부의 작위 또는 부작위에 있다고 해도 다른 원인이 있는 경우는 드물지 않다. 특히 장기간에 걸친 정부의 행위가 전체적으로 수용을 구성한다고 주장하는 경우 인과관계는 보다 복잡해지기도 한다. 후술하는 바와 같이 개별적인 투자가 지니고 있던 사업상 위험에 착안하여 정부의 행위와의 인과관계를 부정하는 경우가 있다.

Waste Management 사건[29]에서는 신청인 자회사 A가 멕시코의 시 정부와 체결한 쓰레기처리서비스 양허계약 등의 위반이 문제되었다.

---

27) 그 외의 '상당한 정도의 박탈'에 이르지 않았다고 하여 수용을 부정한 판단은 *S.D. Myers v. Government of Canada*, UNCITRAL Case, Partial Award, Nov. 13, 2000; *GAMI Investments, Inc. v. The Government of the United of Mexican States of America*, UNCITRAL Case, Final Award, Nov. 15, 2004; *Glamis Gold, Ltd. v. United States of America*, UNCITRAL Case, Award, June 8, 2009 등 NAFTA에 근거하는 중재판정이 있다. 또한 1999년경의 아르헨티나 금융 위기 시에 동 정부가 취했던 조치가 수용에 해당하는 것으로서 에너지 관련 기업이 미국-아르헨티나 BIT에 근거한 중재를 부탁한 *CMS Gas Transmission Company v. The Argentine Republic*, ICSID Case No. ARB/01/8, Award, May 12, 2005 등이 있다.

28) 예를 들면 후술할 *Waste Management* 사건, *Feldman* 사건 및 *CMS 사건*(전게주 27) 등 아르헨티나를 피신청국으로 한 일련의 중재판단이 있다.

29) *Waste Management Inc. v. United Mexican States*, Award, April 30, 2004.

A사는 해당 시에서 처음으로 유료로 쓰레기 처리사업을 행하는 것이었기 때문에 당해 계약에는 시가 A사의 권리와 배치되는 권리를 다른 회사에는 부여하지 않는다는 취지 및 시에 의한 지불의무 등이 규정되어 있었다. 또한 A사 이외의 자가 쓰레기처리사업을 하는 것을 위법으로 하는 법령을 시행할 것이 사업개시의 전제조건이었다. 그러나 시에 의한 법령 시행 후에도 위법 사업자는 사업을 계속하였다. 중재판정부는 시의 미지불이 계약위반이라고 인정했지만, 수용을 구성하지는 않는다고 하였다. 그 이유의 하나로서 계약위반의 배경에 (쓰레기처리서비스를 유료화하는 것에 의한 어려움에도 불구하고) 시와 신청인의 사업 예상이 너무 낙관적이었다는 점을 지적하였다.[30]

3. 정당한 규제

정부규제의 정당성과 타당성에 대하여 명확히 논의하고 이를 이유로 수용을 부정하는 판단도 있다.[31]

Saluka 사건[32]에서는 민영화 과정에서 신청인이 투자했던 체코의 대형은행(IPB)에 대한 체코 정부의 공적관리 등의 행위가 수용에 해당하는지가 문제되었다. 체코의 은행업계는 IPB를 포함하여 심각한 불량채권문제를 가지고 있었고, 금융규제가 엄격해져 은행의 경영은

---

30) *Ibid.*, para.160. 이와 같이 투자 그 자체의 리스크가 매우 높고, 정부의 행위가 없어도 투자가치는 멸실하고 있었다고 하여 수용의 성립을 부정한 예는 *Fireman's Fund Insurance Company v. The United Mexican States*, ICSID Case No. ARB(AF)/01/1, Award, July, 2006이 있다.

31) 본문에서 서술하는 *Saluka* 사건에 더하여, *Alex Genin, Eastern Credit Limited, Inc. and A.S. Baltoil, v. The Republic of Estonia*, Case No. ARB/99/2, Award, June 25, 2001 및 *Methanex* 사건 판단, *EDF(Services) Limited v. Romania*, ICSID Case No. ARB/05/13, Award, Oct. 8, 2009도 그 유형에 해당한다.

32) *Saluka Investments BV v. The Czech Republic*, UNCITRAL, March 17, 2006. 또한 小寺彰・松本加代, '投資協定の新局面と日本 第2回サルカ事件', 『國際商事法務』, 第34卷 9号 (2006年), 1141-1148면 참조.

상당히 어려운 상황에 처하였다. 체코 정부는 IPB 이외의 세 개의 대형은행에 대하여 공적자금을 투입하는 등 재정지원을 하였다. IPB 경영은 더욱 악화되어 신청인은 정부의 재정지원을 모색하였다. 체코 정부는 신청인과 의견 조율의 기회를 가지지 못하는 한편 다른 은행(CSOB)에 의한 IPB의 매수교섭에는 응하고 있었다. 정부는 IPB 의 경영 상황이 더욱 악화되었다는 것을 인정하고 IPB의 지불능력이 위기적인 상황에 있다고 하여 CSOB의 영업 양도를 목적으로 하는 공적자금을 개시하였고, IPB의 거래 금지가 공시되었다. IPB는 CSOB에 양도된 후 정부는 IPB에 재정지원을 하였다.

중재판정부는 근거가 되는 투자협정의 조문에 주목하여 공적 질서를 유지하기 위한 규제라면 정당화된다는 국제관습법상의 개념이 도입되어 있다고 이해하였다. 나아가 일정한 규제는 보상의 필요가 없다고 하는 *Methanex* 사건 판단[33]을 참조하였다. 중재판정부는 체코의 행위(중앙은행에 의한 공적관리)가 정당화되는지를 판단하기 위하여 중앙은행이 공적관리를 할 때 내놓은 관리의 이유와 법률상의 근거를 명확히 밝힌 문서에 주목하였다. 결론적으로 중재판정부는 체코의 주장을 받아들여, 중앙은행은 적절한 사실을 고려하여 합법적으로 법을 적용하였고, 공적관리는 정당한 동기가 있는 것으로써 국가의 용인되는 규제적 조치이며 수용에는 해당하지 않는다고 판단하였다.

이 사건에서는 신청인이 공적관리 등의 조치에 의해 회사의 지배권을 잃고 재산가치가 강제적으로 0(zero)이 된 점에 주목하면 '상당

---

33) *Menthanex Corporation v. The United States of America*, UNCITRAL Case, Final Award, Aug. 3, 2005. 이 사건에서는 공공목적, 비차별, 적법절차(due process)를 고려하였다. 그 자체는 수용의 합법성의 요건으로 통상의 규제와 간접수용을 구별하기 위한 적합한 개념인지에 대하여 의문의 여지가 있다.

한 박탈'이 있었다고 볼 수도 있다. 따라서 공적관리를 어떻게 평가할 것인지가 수용인지 아니면 보상이 필요하지 않는 규제인지를 결정짓는 것이 되었다. 중재판정부는 판단기준으로 조치의 동기, 이유 및 법률상의 근거를 고려하였다.

4. 수용의 대상이 되는 투자재산

다수의 투자협정은 보호의 대상이 되는 투자재산에 대하여 유체재산, 회사, 계약상의 권리나 지적재산 등 사업상의 권리들을 폭넓게 포함하도록 규정한다. 중재판정부는 구체적인 사실관계에 응하여 수용된 것으로 보이는 재산을 특정한 후 검토하는 경우가 많다. 그런 다음 투자자가 침해받았다고 주장하는 권리가 투자재산의 가치를 구성한다고는 인정하지 않는 경우가 있다.

Feldman 사건[34]에서는 신청인의 자회사인 멕시코 법인 C가 소매업자로부터 매수한 담배를 수출할 때 소비세(85%)를 환급받고 있었는데, 법 개정 후에 환급이 거부된 것이 수용에 해당한다고 주장하였다. C사는 사업개시 전부터 존재한 법률에 의하여 요구된 서류를 제출하지 못했음[35]에도 불구하고, 수년간 환급을 받아왔다. 중재판정부는 이 사실에 주목하여 C사는 당초부터 환급을 받을 권리가 없었다고 서술하고, 그 밖의 점에도 언급하여 수용을 부정하였다. 이 사건은 신청인의 투자재산의 재산적 가치에 '환급을 받을 권리'가 포함되었다는 것을 부정한 것이라고 할 수 있다.[36]

---

34) *Marvin Feldman v. Mexico*, ICSID Case No. ARB(AF)/99/1, Award, Dec 16, 2002.

35) 해당 서류는 제조업자로부터 직접 담배를 구입한 사람밖에 입수할 수 없는 것으로 중재판정부는 이러한 의무를 부여한 것은 조세당국이 용이하게 환부금액이 정확하다는 것을 확인하기 위한 것이며 합리적이라고 서술하였다.

MTB 사건[37)]에서는 신청인이 칠레에 자회사를 설립하여 지역개발을 목적으로 투자위원회의 허가를 받아 투자를 하고 있었는데, 동지역개발에 필요한 용도지정의 변경이 이루어지지 않았기 때문에 개발에 필요한 허가를 얻지 못하고 계획을 수행할 수 없었다는 것이 수용에 해당하는지가 문제되었다. 주택도시개발부는 용도지역의 변경이 토지개발정책에 적합하지 않다는 것을 이유로 거부하였다. 중재판정부는 신청인이 주장하는 '법률 및 규칙에 따라 필요한 허가를 부여하는' 의무에 대하여는 기존의 법률에 기초하여 행하여지는 것을 의미하고 투자자에게 법률을 바꾸는 권리까지 부여된 것은 아니라고 하였다. 그런 다음 신청인이 투자 후에 직면한 것은 허가의 문제가 아니라 규제의 변경이 거부된 것이라고 하면서, 이 사건은 '수용의 문제가 아니라 국가의 정책에 적합하지 않은 투자를 허가한 경우의 불공정한 대우'라고 서술하였다.[38)] 즉, 중재판정부는 신청인이 전제한 '지역개발을 할 권리'는 존재하지 않는다고 하여 신청인이 투자재산에 당해 권리가 포함된다고는 인정하지 않았다고 할 수 있다.

이와 관련하여 *Bayindir* 사건[39)]에서는 고속도로 건설에 관련된 계약을 파키스탄이 해제한 것이 수용에 해당하는지가 문제되었다. 중재판정부는 계약의 수용을 인정하기 위해서는 신청인이 계약상의 권리가 상대방(이 사건에서는 국도공단)의 계약상의 권리에 의해 제한되지 않았다는 것을 우선 나타내야 한다는 인식을 보였다.[40)] 국도

---

36) 또한 이 사건에서는 내국민대우 위반이 인정되고 있다.

37) *MTD Equity Sdn. Bhd. And MTD Chile S.A. v. Republic of Chile*, ICSID Case No. ARB/01/7, Award, May 25, 2004.

38) 또한 이 사건에서는 공정대우의무 위반이 인정되고 있다.

39) *Batindir Unsaat Turizm Ticaret Ve Sanayi A.S. v. Islamic Republic of Pakistan*, ICSID Case No. ARB/03/29, award, Aug. 27, 2009.

40) *Ibid*, para.460.

공단은 프로젝트의 지연 등을 이유로 계약을 해제하였으므로 이는 계약상 권리 범위에 속한다는 것을 지적하면서 수용을 부정하였다. 신청인의 계약상의 권리는 당연히 상대방의 계약상의 권리에 의해 제한되고 계약상 합법적인 권리의 제약이라면 수용이 될 수 없기 때문이다.

Ⅳ. 규제와 간접수용에 관한 중재법리

지금까지의 관련 판정들을 분석해본 결과 간접수용의 법리에 대하여 다음과 같이 말할 수 있다. 첫째, 중재판정부는 수용을 인정할 때 침해의 정도를 상세히 검토한다. 이때 규제의 타당성이나 정당성은 일정하게 고려되고 있다. 즉, '상당한 박탈'이라고 할 정도의 침해가 아니라면 수용으로는 인정되지 않고, 규제의 공공목적 그 자체가 수용을 부정하는 것은 아니지만 규제의 타당성이나 정당성의 판단에 따라서는 수용이 부정되는 경우가 있다. 이에 관하여 현재까지 2가지 접근방식을 보이고 있다. 하나는 *Tecmed* 사건 판단처럼 규제가 목적과의 관계에서 균형성을 갖는 것인지 여부에 대한 접근방식[41]과 다른 하나는 *Saluka* 사건 판정 및 *Vivendi* 사건 판정의 방론에 나타난 것처럼, 특별히 균형성에 대해서는 언급하지 않고 정부의 행위가 정당한 규제라고 할 수 있는지에 대한 접근방식이다. 후자에서는 규제를 실시할 때 법적 근거나 절차(process), 규제의 목적 등이

---

41) 또한 *EDF(Services) Limited v. Romania*, ICSID Case No. ARB/05/13/Oct. 8, 2009는 공정대우의무를 판단할 때, 공무원의 부정부패(汚職) 단속을 강화한다고 하는 정부의 목적과 그 때문에 취해진 조치(공항에서 면세품 판매금지) 간에 균형성을 검토한 후, 그 균형성을 긍정하였다. 그것이 당해 중재판단이 수용을 부정할 때도 근거의 하나로 되어 있다. 동 판정의 para.293 및 para.308 참조.

고려요소가 되는데, 이것이 전부라고는 할 수 없다. 나아가 투자재산의 내용을 검토할 때 문제되는 정부 규제의 전제가 되는 현지의 법적 체계가 검토되고 있는 것도 간접적으로 규제의 타당성이나 정당성이 고려되고 있다는 것을 나타낸다.

둘째, 간접수용에 관한 대다수의 주장이 '상당한 박탈'의 수준에 이르지 못하는 것을 이유로 부정되고 있다는 것을 감안하면, 침해의 정도를 어떻게 판단할 것인지도 수용의 성립 범위에 큰 영향을 미친다고 할 수 있다. 그 판단요소로서 (i) 침해된 투자재산을 어떻게 획정하고, (ii) 침해된 권리·이익을 어느 정도 중요한 것으로 평가할 것인지를 들 수 있다. 투자재산의 획정에 대하여 중재판정부는 투자재산을 세분화하지 않고, 일정하게 통합하고 있는데, 이는 수용의 성립 범위를 정할 때 제동장치가 되고 있다. 예를 들어, 계약이 독립적으로 수용의 대상이 되는 것은 반복하여 확인되고 있는 한편, 어떤 기업이 보유하는 사업상의 기대이익이나 권리만을 들어 수용을 인정하는 경우는 없다. *Pope and Talbot* 사건 판정에서 미국시장으로의 접근(access)은 NAFTA에서 보호될 이익이 있다고 인정하여 그 권리만을 '수용의 대상이 되는' 투자재산이라고는 인정하지 않았고 그 권리를 보유하는 기업 전체를 투자재산으로 파악하였다.

침해된 권리의 평가에 대해서는 다음과 같이 말할 수 있다. *Metalclad* 사건이나 *Tecmed* 사건 판정은 기업에 대한 지배 및 관리를 계속하고 있지만 사업 계속에 매우 중요한 권리(면허가 없으면 할 수 없는 사업에 있어 면허 등)를 빼앗긴 것을 들어 수용을 인정하고 있는 것에 대하여, '상당한 정도의 박탈'에 이르지 않는다는 것을 이유로 수용을 부정하는 판단에는 그러한 사정은 없고, 수용을 부정하는 근거의 하나로서 투자자가 현지 기업(자회사)에 대한 지배 및 관리를 계속하고 있는 것을 든다. 이는 침해된 권리의 가치 차이를 반영한 것이다.

마지막으로, '합리적인 기대(legitimate expectations)'에 대해서 부언한다. '합리적인 기대'는 공정대우의무의 구체적 내용을 확정할 때에 사용되는 개념이지만,[42] 수용 판단에 있어서도 중요한 판단의 기준이 된다. 투자재산의 책정에 있어 중재판정부는 *Metalclad* 사건이나 *Tecmed* 사건의 수용의 정의나 판단 기준에서 볼 수 있는 것처럼, 투자자의 합리적인 기대를 포함하는 투자재산이나 재산상의 이익을 들고 있다. 또한 합리적인 기대가 침해되었다고 인정하는 것은 침해의 중대성에 대한 판단에 영향을 미친다. 반면 *Feldman* 사건은 투자 전부터 존재한 국내법에 기초하지 않는 사실상의 조치(환급)가 합리적인 기대를 구성한다고는 이해하지 않았다. 이는 '합리적인' 기대가 문자 그대로 평가를 수반하는 개념이기 때문이다.

결 론

이 장의 검토를 중재법리와 국가의 규제권한의 관계라고 하는 문제의식으로부터 보면 다음과 같이 말할 수 있다. 수용에 관한 중재판단의 집적은 침해된 권리의 구체적 내용이나 그 권리의 중대성, 정부의 행위의 성질 등 여러 가지 착안점이나 판단 방법을 분명히 하고 있고, 지속적으로 중재판정부에서 채택되어 엄밀한 판단을 가능하게 하는 요인이 되고 있다. 이는 국가의 규제를 대상으로 한 심사의 방법으로서 바람직한 방향이라 할 수 있다.

또한 이 장에서는 근거가 되는 투자협정의 수용규정의 문언의 차

---

42) 본서 제6장 참조.

이는 언급하지 않았다. 이는 투자협정중재에 관한 다른 논점과는 달리[43] 수용에 대해서 현재까지 협정상의 문언의 차이가 해석의 차이로 이어지는 예가 거의 없기 때문이다. 그러나 미국이나 캐나다가 최근 체결한 투자협정에는 공중위생이나 안전, 환경 등의 합리적인 목적을 위하여 비차별적으로 적용되는 규제에 대해서는 예외적인 경우를 제외하고 간접수용으로 하지 않는다는 취지의 주석을 달고 있다.[44] 이 자체는 지금까지의 중재판정과 비교적 부합하며 이후 이와 같은 주석이 있는 협정을 기초로 하는 수용판단이 지금까지와 크게 다르다고는 생각하지 않는다. 일본의 투자협정 및 경제제휴협정의 수용 조문에는 앞에서와 같은 주석은 없고 협정마다 큰 차이도 없다. 다만 일본이 최초로 체결한 투자협정인 일본-이집트 투자협정 제5조는 '수용, 국유화 혹은 제한 또는 이들과 동등한 효과를 갖는 기타 조치'가 규율의 대상이 되어 있지만,[45] 이 제한은 '수용'보다도 침해의 정도가 낮은 조치도 포함한다고 해석될 가능성이 있으므로 유의할 필요가 있다.

---

43) 투자협정 문서의 차이가 크고 영향을 주는 예도 있다. 최혜국대우(본서 제4장), 시적관할(본서 제12장) 참조.

44) 예를 들면 미국-우루과이 투자협정 Annex B 및 캐나다-페루 투자협정 Annex B, 13(1). 또한 양국의 모델투자협정 (2004년)에도 같은 주석이 있다.

45) 이 협정에서 수용에 관한 규정은 일본 통상항해조약의 흐름을 따르는 것으로 보인다. 예를 들어, 일본과 영국간에 체결된 통상, 거주 및 항해조약 제14조는 '일방 체약국의 국민 및 회사는 타방 체약국의 영토 내에서 자기의 재산, 권리 및 이익에 영향을 미치거나 자기가 이익을 가지는 타방 체약국의 회사의 재산, 권리 및 이익에 영향을 미치는 도발(생략), 처분, 제한 또는 수용의 조치에 관하여 형평한 대우를 받고 이러한 조치에 대해 신속, 적당하고 효과적인 보상을 받는 것으로 한다.'고 규정하여 수용보다도 넓은 행위를 대상으로 하고 있다.

제8장 의무준수조항(Umbrella clause)

濱本正太郎 (하마모토 쇼타로)

서 론

투자협정중재도 다른 중재와 마찬가지로 분쟁 당사자 간의 합의에 의해 성립한다. 이 장에서 대상으로 하고 있는 것은 투자유치국과 외국투자자 사이에서 발생하는 분쟁이며, 따라서 이 경우의 중재합의는 국가와 투자자 사이에서 성립하는 것이다. 종래에 국가와 투자자 간의 중재합의는 투자자가 투자유치국과 체결하는 계약에 중재조항을 두는 것에 의해 성립하는 것이 일반적이었다.

그러나 투자자에게 있어 투자유치국과의 계약에 의한 중재라고 하는 구조가 반드시 편리한 것은 아니다. 처음부터 투자자가 국가와 계약을 체결하는 경우 중재조항을 포함시키는 것을 국가로 하여금 받아들이게 하는 것이 가능하다고는 할 수 없다. 중재조항을 두는 것에 성공하는 경우에도 중재판정부가 '계약의 국제법' 이론을 채택하지 않는 한,[1] 당해 중재는 국내법상의 중재가 된다. 투자유치국에

---

[1] 투자계약은 국제법상의 계약이라고 하는 '계약의 국제법' 이론을 인정하였던 투자분쟁중재의 예는 2건밖에 없다. *Texaco Calasiatic c. Libye*, sentence, 19 janvier 1977, *Journal du droit international*, 1977, p.350, p.357, par.35; *Channel Tunnel Group Ltd. & France-Manche S.A. c. UK & France*, sentence partielle, le 30 janvier 2007, par. 92. 더구나 후자의 유로터널 중재는 투자유치국(영국-프랑스)이 당해 투자계약을 국제법상의 계약이라고 인정하고 있었던 사례이다.

의한 법적 개입을 피하려면, 중재지를 제3국에 둘 필요가 있고 이를 받아들이게 하기 위하여 더욱더 교섭이 필요하게 된다. 만약 제3국을 중재지로 하는 중재에서 투자자가 승소했다고 해도 중재판단의 승인집행에는 국내재판소의 관여가 필요하게 된다. 그럼에도 불구하고 투자유치국이 재산을 많이 보유하는 것은 자국 내(內)이며, 중재판단의 승인집행을 투자유치국의 국내재판소에 요구해야 할 가능성이 높다.

그와 같은 상황을 개선하고, 투자유치국과 투자자가 보다 대등한 입장에서 중재절차를 수행할 수 있도록 하기 위해 1965년에 투자분쟁해결협약(ICSID 협약)이 세계은행의 주도로 작성되었고, 그 발효에 의해 국제투자분쟁해결센터(ICSID)가 설립되었다. ICSID 중재에서는 투자유치국의 국내법 외에 국제법도 적용하는 것이 가능하고 (제42조), 무엇보다 중재판정의 집행은 조약상 의무(제53조, 제54조)이기 때문에 ICSID 중재는 투자유치국의 국내법 변경에 의하여 영향을 받지 않으므로 투자자에게 있어서는 매우 바람직한 제도이다. 다만 ICSID 중재를 이용하기 위해서는 투자자의 국적국과 투자유치국이 ICSID 협약의 당사국인 것에 더하여 투자자와 투자유치국 간에 투자분쟁을 ICSID 중재에서 해결한다는 취지의 합의가 존재하여야 한다(제25조 1항). 투자자가 투자유치국과 체결하는 계약 중에 ICSID에서의 중재를 정하는 중재조항을 두는 것이 쉽지 않은 것은 계약 내의 중재조항에 의해 ICSID에 중재가 신청되었던 예가 드물었던[2] 것에서도 추측할 수 있다.

이와 같은 상황에서 혁명적이라고도 할 수 있는 변화를 초래했던 것은 *AAPL v. Sri Lanka* 사건이었다. 이 사건에서 투자자(홍콩 기업)

---

2) Emmanuel Gaillard, *La jurisprudence du CIRDI*, Paris, Pedone, 2004, p.3의 그래프 참조.

는 스리랑카와의 계약이 아니라, 스리랑카가 영국과 체결하고 있었 던 양자간 투자조약(Bilateral Investment Treaty: BIT)을 근거로 중재 판정부의 관할권을 주장하였고, 중재판정부는 그 주장을 인정하였 다.[3] 즉 BIT에 당사국 일방과 (상대방 당사국 국적을 가진) 투자자 사이에 발생하는 투자분쟁은 ICSID 등의 중재에 의해 해결한다는 규정이 있는 경우, BIT 당사국은 당사국인 것에 의해 사전에 중재판 정부의 관할권에 동의하고 있다고 간주된다. 또한 (상대방 당사국 국적을 가진) 투자자는 중재신청이라고 하는 행위에 의해 중재판정 부의 관할권에 동의했다고 간주되어, 시간 차이가 있는 이 두 개의 동의에 의해 중재합의가 성립한다고 판단하였다고도 생각된다. 이 판단은 학설의 주목을 받아[4] *AMT v. Zaire* 사건에서 이 형태의 중 재합의의 성립이 명시적으로 인정되기에 이르러[5](*AAPL* 사건에서는 스리랑카가 중재판정부의 관할권을 다투지 않아 관할권의 근거에 관한 상세한 논의는 이루어지지 않았다), 1990년대 후반부터의 투자 분쟁 중재의 폭발적 증가로 이어졌다.

이와 같은 형태에서 중재판정부의 관할권이 인정되는 것은 투자 자에게 있어 매우 유리하게 작용한다. 투자유치국과 계약을 체결할 때에 중재조항을 두는 것 자체가 용이하지 않고, 더구나 ICSID 중재 조항을 두는 것은 상당히 교섭력 있는 투자자가 아니면 곤란하다. 그러나 투자자와 투자유치국과의 분쟁은 중재에서 해결하기로 지정

---

3) *AAPL v. Sri Lanka*, ICSID Case No. ARB/87/3, Final Award, 27 June 1990, *ICSID Rev. FILJ*, vol. 6, 1991, p.526, pp.527–528, paras.1–5.

4) Geneviève Burdeau, "Nouvelle perspectives pour l'arbitrage dans le contentieux économique intéressant les Etats", *Revue de l'arbitrage*, 1995, p.3, pp.13–14; Jan Paulsson, "Arbitration without Privity", *ICSID Rev.–FILJ*, vol. 10, 1995, p.232, pp.236–241.

5) *American Manufacturing & Trading v. Zaire*, ICSID Case No. ARB/93/1, Award, 21 February 1997, *I.L.M.*, vol. 36, 1997, p.1,534, pp.1,544–1,546, paras.5,17–5,23.

하는 조약(다자간 조약도 포함, International Investment Agreement: IIA라고 한다)을 투자자 국적국이 투자유치국과 체결하고 있다면, 투자자는 스스로가 투자유치국과 체결했던 계약 중에 중재조항이 없어도 (혹은 원래 계약을 이용하지 않는 투자에 관해서도) 조약, 즉 국제법에 근거를 둔 중재를 이용하는 것이 가능하다. 투자자 국적국 이 그와 같은 IIA의 당사국이 아니면, 투자유치국과 그와 같은 IIA 를 체결하고 있는 국가에 자회사를 두고 그 회사를 통해 투자를 하면 된다.[6]

다만 당해 IIA의 중재조항이 '이 협정에 의해 부여된 권리가 침해되었다는 것을 이유로 하는' 투자자와 투자유치국 간에 발생하는 분쟁을 ICSID 등의 중재에서 해결한다고 규정하고 있는 경우(예를 들면 한일투자보호협정 제15조 1항), 투자자와 투자유치국 간의 계약에 관한 분쟁 그 자체로는 IIA가 규정한 분쟁해결절차의 대상이 되지 않는다. 물론, 계약위반을 구성하는 (혹은 계약위반에 해당하는) 투자유치국의 행위가 동시에 IIA의 어떤 조항의 위반까지도 구성하는 경우에는 투자자는 당해 IIA의 분쟁해결절차를 이용하는 것이 가능하지만, 계약위반이 그대로 IIA 위반이 된다는 것이 당연하다고 말할 수는 없다.[7]

그러면 계약위반에 대해 항상 IIA가 정한 중재절차를 이용할 수 있도록 하는 방법은 고려할 수 없는가? 그 가능성의 첫 번째는 의무준수조항이며, 두 번째가 일반적인 분쟁해결조항이다. 이 장에서는 그 첫 번째를 검토한다.[8]

---

6) 본서 제2장.

7) 계약위반과 조약위반의 차이를 명쾌하게 지적하고, 그 후의 중재판정례의 흐름을 결정지은 ICSID 특별 위원회의 결정으로 *CAA & Vivendi v. Argentina*, ICSID Case No. ARB/97/3, Decision on Annulment, 3 July 2002, *ICSID Rev. FILJ*, vol. 19, 2004, p.89.

IIA에 '일방 체약국은 타방 체약국 투자자의 투자재산에 대한 의무를 부담하게 된 경우에는 당해 의무를 준수한다'라는 조항이 있다 (예를 들면 일본-우즈베키스탄 BIT 제16조) 이런 종류의 조항을 의무준수조항 내지 약속준수조항[9]이라고 한다. 이 조항에 관해서는 중재 선례의 집적과 함께 다양한 문제가 제기되고 있다. 이 장에서는 그중 의무준수조항의 적용대상(Ⅰ)과 효과(Ⅱ)에 대해 논의한다.[10]

Ⅰ. 대상 – 준수가 요구되는 의무

A. 형태

1. 계약

(a) 긍정례

투자유치국이 투자자와 체결하는 계약에 의해 부담하는 의무가 의무준수조항의 대상이 되는 것은 다수의 중재판단에서 인정되고 있다. 긍정례의 대표는 *SGS v. Philippines* 사건이다. 필리핀은 스위스회

---

8) 일반적 분쟁해결조항에 대해 濱本正太郎, 『投資保護条約に基づく仲裁手続における投資契約違反の扱い』, RIETI Discussion Paper Series 08-J-014 (2008), 28–37면 참조.

9) 영어로 umbrella clause라고 불리고, 그것을 직역하여 '傘條項(우산조항)'이라고 부르기도 하지만, 전문가 사이에서만 쓰이는 업계 용어는 가급적 피해야 한다.

10) 이 장에서는 필자의 다른 논문(각주 8)에서 논하였던 문제는 기본적으로 다루지 않는다. 의무준수조항에 관한 중요한 논점인 본 조항의 적용에 '주관적 행위'와 '상업적 행위'의 구별은 의미를 갖는지 여부의 문제 및 계약에 있어 배타적 법정 선택의 의의에 대해서는 濱本, "전게논문" (각주 8) 12–24, 37–43면 참조. 의무준수조항을 다룬 일본 문헌으로 坂田雅夫 『投資保護條約の 傘條項が対象とする國家契約の違反行爲」, 『同志社法學』 第58卷 2号 (2006年), 931면; 森下哲朗, 「國際投資仲裁の論点と課題」, 『日本國際經濟法學會年報』 第17号 (2008年), 153면.

사 Société générale de surveillance(SGS)와 수입품 검사업무 위탁계약을 체결했다. 당해 계약에 근거한 업무에 대한 지불을 둘러싸고 분쟁이 발생하자, SGS사는 필리핀에 의한 미지불이 스위스-필리핀 BIT 제10조 2항이

"Each Contracting Party shall observe any obligation it has assumed with regard to specific investments in its territory by investors of the other Contracting Party."

라고 규정하고 있는 점을 들어 조약위반이라고 주장하였다.[11] 중재판정부는 "any obligation"은 국내법상의 의무까지도 포함한다고 하고, 거기에는 계약에서 발생하는 의무도 포함된다고 판단하였다. 무엇보다 우선 "any obligation"이라는 문언이 그 근거이고, 아울러 국내법상의 의무도 포함한다고 해석하지 않으면 이 조항은 의미가 없게 된다는 점(유용성 원리[12]) 및 본 BIT의 취지와 목적은 투자에 유리한 조건을 창출하고 유지하는 것(BIT 전문)이기 때문에 BIT는 투자보호에 유리하게 해석해야 한다는 점도 들고 있다.[13]

Eureko v. Poland 사건(네덜란드 기업 Eureko는 폴란드 국영보험회사 PZU의 주식 20%(4억 6천 유로)를 구입하고, 나아가 주식 과반수를 취득하는 것에 대해 폴란드 정부와 합의하였지만, 폴란드 정부가

---

11) *SGS v. Philippines*, ICSID Case No. ARB/02/6, Decision on the Objections to Jurisdiction, 29 January 2004, paras.12-16, at 〈http://icsid.worldbank.org〉 (as of October 31, 2009).

12) 조약규정은 실제로 효과를 발생하도록 해석해야 한다는 원리이다. 조약법에 관한 비엔나협약 제31조에는 명시적으로는 정해져 있지 않다. 그러나 이는 동조 제1항의 '성실히(in good faith)'에 포함되기 때문에 별도로 정할 필요는 없다고 생각되기 때문이고, 유용성 원리는 '국제판례에서 항상 인정되어 오고 있는 조약해석의 기본원리의 하나(Case concerning the Territorial Dispute (*Libyan Arab Jamahiriya/chad*), Judgment of 3 February 1994, *I.C.J. Reports 1994*, p.6, para.51)'로 되고 있다.

13) *SGS v. Philippines*, *supra* note 11, paras.115-116.

이를 준수하지 않아 분쟁이 된 사건)에서는 네덜란드-폴란드 BIT 제3조 5항이 문제가 되었다.

"Each Contracting Party shall observe any obligations it may have entered into with regard to investments of investors of the other Contracting Party."

중재판정부는 문언 "shall observe", "any obligations"의 통상의 의미를 기초로 하고, 나아가 투자촉진 및 보호라고 하는 조약의 목적이나 유용성 원리를 고려한 후, 계약위반은 제3조 5항의 위반도 구성한다는 판단을 내리고, 실제로 본건에서 폴란드가 계약위반을 한 것에 대하여 BIT 제3조 5항에 위반하였다고 인정하였다.[14]

Noble Ventures v. Romania 사건(루마니아 국영철강회사 CSR의 민영화에 관해 미국 기업과 루마니아 기관 사이에서 체결된 계약의 준수를 둘러싼 분쟁)에서는 미국-루마니아 BIT 제2조 2항 (c)가 문제되었다.

"Each Party shall observe any obligation it may have entered into with regard to investments."

중재판정부는 관건이 되는 것은 문제의 조항이 규정한 형태라고 하고, 문언 중시의 자세를 명확히 내세워 문언의 명확성, 나아가 유용성의 원리 및 조약의 목적으로부터 계약위반은 제2조 2항 (c)의 위반을 발생시킨다고 판단하였다.[15] 다만 이 사건에서는 계약위반이

---

14) Eureko v. Poland, Ad Hoc Arbitration, Partial Award, 19 August 2005, paras.246-249, 258, 260, at ⟨http://ita.law.uvic.ca/⟩ (as of October 31, 2009). 또한 이 판단은 국영기업 민영화에의 외국자본 참가에 오히려 유해하고, 국내기업에 비해 외국기업을 우대하는 것으로 차별적이라고 비판하는 Rajski 중재인의 반대의견이 있다(Dissenting Opinion, para.11).

15) Noble Ventures v. Romania, ICSID Case No. ARB/01/11, Award of 12 October 2005,

증명되지 않았기 때문에 BIT 제2조 2항 (c)의 위반은 인정되지 않았다.[16)

그 외에 *Siemens v. Argentina* 사건[17)](독일기업 Siemens사의 자회사인 SITS사(아르헨티나 법인)가 이민 · 주민ID · 선거관리시스템 작성 등을 위한 ID카드 작성에 관하여 1998년에 아르헨티나 정부와 계약을 체결하였는데, 그 계약이 2000년의 아르헨티나 긴급사태법에 의해 2001년에 종료된 사안)에서는 독일-아르헨티나 BIT 제7조 2항[18)](에 대하여, *AMTO v. Ukraine* 사건[19)](우크라이나 전기공사회사 EYUM-10의 주식을 취득했던 라트비아 기업 AMTO가 EYUM-10이 우크라이나 국영회사 Energoatom에 대하여 갖는 계약채권의 집행이 우크라이나 정부에 의해 방해받았다고 주장)에서는 에너지헌장조약 제10조 1항 후문[20)](에 대하여, 각각 계약위반이 의무준수조항 위반이 될 수 있다는 것을 인정하고 있다.

(b) 부정례

Salini v. Jordan 사건(이탈리아 기업과 요르단 정부와의 계약에 근

---

paras.51-56, 60, at 〈http://ita.law.uvic.ca/〉 (as of October 31, 2009).

16) *Ibid.*, paras.61, 155, 158.

17) *Siemens v. Argentina*, ICSID Case No. ARB/02/8, Award, 6 February 2007, at 〈http://ita.law.uvic.ca/〉 (as of October 31, 2009). 다만, 후게주 39) 및 대응하는 본문 참조.

18) "Jede Vertragspartei wird jede andre Verpflichtung einhalten, die sie in Bezug auf Kapitalanlagen von Staatsangehörigen order Gesellschaften der anderen Vertragspartei in ihrem Hoheitsgebiet übernommen hat." "Cada Parte Contractante cumplirá cualquier otro compromiso que haya contraido con relación a las inversiones de nacionales o sociedades de la otra Parte Contratante en su territorio." 본 건 중재판단에 인용되고 있는 (*Ibid*, para.196) 영문 번역은 아래와 같다. "Each Contracting Party shall observe any other obligation it has assumed with regard to investments by nationals or companies of the other Contracting Party in its territory."

19) *AMTO v. Ukraine*, SCC Arbitration No 080/2005, Final Award, 26 March 2008, para.110, at 〈http://ita.law.uvic.ca/〉 (as of October 31, 2009). 다만 후게주 49) 및 대응하는 본문 참조.

20) "Each Contracting Party shall observe any obligations it has entered into with an Investor or an Investment of an Investor of any other Contracting Party."

거하여 요르단에서의 댐 건설 후 지불액을 둘러싼 대립이 발생했던 사건)에서는 신청 기업이 이탈리아-요르단 BIT 제2조 4항에 의한 계약상의 의무는 국제법상의 의무가 된다고 주장하고, BIT중재의 관할권의 근거로 삼으려고 하였다. 제2조 4항의 문언은 다음과 같다.

"Each Contracting Party shall create and maintain in its territory a legal framework apt to guarantee the investors the continuity of legal treatment, including the compliance, in good faith, of all undertakings assumed with regard to each specific investor."

중재판정부는 "create and maintain [⋯] a regal framework"라고 하는 문언에 주목하여, 계약위반이 있었다고 해도 BIT위반은 발생하지 않고, 계약위반으로서 당해 계약에 정해진 분쟁해결절차에 의해 해결되어야 한다고 판단하였다.[21] 문언으로 보면 당연한 판단이라고 할 수 있다.

문제는 의무준수조항은 계약위반을 대상으로 하지 않는 것이 통상이라고 하는 전제에서 출발한 *SGS v. Pakistan* 사건(전술한 *SGS v. Philippines* 사건의 신청인이 거의 동일한 내용의 계약에 관해 거의 동일한 형태의 사실관계하에서 파키스탄을 상대로 신청했던 사안)이다. 이 사건에서 문제가 되었던 것은 스위스-파키스탄 BIT 제11조이다.

"Either Contracting Party shall constantly guarantee the observance of the commitments it has entered into with respect to the investments of the investors of the other Contracting Party."

중재판정부는 일반론으로서 국가계약 위반이 국제법 위반은 아닌

---

21) *Salini v. Jordan*, ICSID Case No. ARB/02/13, Decision on Jurisdiction, 29 November 2004, *ICSID Rev.-FILJ*, vol. 20, 2005, p.148, pp.187-188, paras.126-127.

점 및 이러한 종류의 조항이 있는 경우에 계약위반이 곧 BIT 위반이라고 한다면 투자유치국에 매우 큰 부담이 되는 점을 고려하면, 계약위반이 곧 BIT 위반이라고 하는 것이 당사국의 공통적인 의도인 점을 보여주는 명확하고 설득력 있는 증거가 필요하다고 기술한다. 나아가 계약위반이 곧 BIT 위반이라고 한다면, 계약에 중재조항이 있는 경우, 투자자는 계약에 의한 중재와 BIT에 의한 중재를 선택하는 것이 가능한 것에 비해, 투자유치국은 계약에 의한 중재밖에 이용할 수 없게 된다. 따라서 제11조는 이익의 상호성과 균형을 촉진하도록 해석되어야 하기 때문에 계약위반이 곧 BIT 위반이라고 해석하는 것은 적절하지 않다고도 한다. 그 결과, 계약위반이 곧 BIT 위반이라고 하는 것이 BIT 당사국의 공통적인 의도인 것을 나타내는 명확하고 설득력 있는 증거가 있다면 몰라도, 스위스-파키스탄 BIT 제11조와 같이 "shall constantly guarantee the observance of the commitments"라고 정하는 정도에서는 명확하고 설득력 있는 증거라고는 말할 수 없다고 결론내린다.[22]

이 판단은 의무준수조항이 있는 경우에도 계약위반이 IIA 위반이 되지 않는 것이 일반적이라는 전제에서 출발하고 있다. 이 전제의 근거가 없는 점은 뒤에 이어진 *SGS v. Philippines* 사건 판단에 의해 강하게 비판되었다.[23]

---

22) *Société générale de surveillance v. Pakistan*, ICSID Case No. ARB/01/13, Decision on Jurisdiction, 6 August 2003, *ICSID Rev.–FILJ*, vol. 18, 2003, p.307, pp.363–364, paras. 167–168.

23) *SGS v. Philippines, supra* note 11, paras.119–126.

2. 투자유치국 국내입법 등

(a) 긍정례

국내입법·시행령 등에 의한 의무가 의무준수조항의 대상이 되는 지 여부는 특히 아르헨티나에서의 가스산업 민영화와의 관계에서 지금까지 문제가 되고 있다.[24] 지금까지 본안판단이 내려진 것은 4 개의 사건으로 *CMS v. Argentina* 사건,[25] *LG & E v. Argentina* 사건,[26] *Enron v. Argentina* 사건,[27] *Sempra v. Argentina* 사건[28]이다. 아르헨티나는 1990년대의 가스유통업 민영화의 과정에서 외자의 도입을 도모하기 위해 참여 기업의 이익창출이 가능한 수준에서 가스 가격을 결정하는 것 및 유통비용은 페소가 아니라 미국 달러로 계산하고, 아르헨티나 정부는 그 비용을 일방적으로 변경할 수 없는 것 등을 법률 또는 시행령으로 정하였다.[29] 2000년 이후의 경제위기시 이들 법률·시행령을 번복한 것에 대하여, 아르헨티나 기업인 가스유통 업자의 주식을 보유하고 있었던 다수의 미국기업이 중재를 신청하였다. 상기 4건의 신청인은 모두 이와 같은 미국 기업이고, 미국-아르헨티나 BIT 제2조 2항 (c)(상기 미국-루마니아 BIT 제2조 2항 (c) 와 동일)의 적용이 문제가 되었다.[30]

---

24) 추상적으로는 *SGS v. Pakistan* 판정이 이미 긍정적인 회답을 나타내고 있다. SGS v. Pakistan, *supra* note 22, p.363, para.166.

25) *CMS v. Argentina*, ICSID Case No. ARB/01/8, Award of 12 May 2005, at 〈http://icsid.worldbank.org〉 (as of October 31, 2009).

26) LG & E v. Argentina, ICSID Case No. ARB/02/1, Decision on Liability, 3 October 2006, at 〈http://icsid.worldbank.org〉 (as of October 31, 2009).

27) *Enron v. Argentina*, ICSID Case No. ARB/01/3, Award, 22 May 2007. 〈http://ita.law.uvic.ca/〉.

28) *Sempra v. Argentina*, ICSID Case No. ARB/02/16, Award, 28 September 2007, at 〈http://icsid.worldbank.org〉 (as of October 31, 2009).

29) 투자법의 관점에서 본 아르헨티나 경제 위기에 대해 본서 제9장 참조.

30) 또한 아르헨티나 경제위기에서 비롯한 일련의 사건 중 하나인 BG v. Argentina, UNICITRAL, Final

이 가운데 *Enron* 중재판정부는 "any obligation [⋯] with regard to investments"라고 하는 문언의 통상의 의미에서 계약상의 의무도, 국내입법·시행령상의 의무도 투자에 관한 것이라면 여기에 포함된다고 판단했다.[31] 그리고 *CMS* 중재판정부와 *Sempra* 중재판정부에 의하면 입법이나 시행령뿐만 아니라 국가가 부여한 면허에 있어 이루어진 일방적 약속도 국내법상의 의무로서 대상이 된다.[32]

(b) 제한적으로 파악한 예

국내입법 등도 의무준수조항의 대상이 된다고 인정하면서 일정한 제약을 부과한 예도 보인다.

SGS v. Philippines 사건 중재판정부는 스위스-파키스탄 BIT 제10조 2항의 "obligations [⋯] assumed with regard to *specific* investments" (필자 강조)라고 하는 문언에 주목하여 일반적 성격을 갖는 법률상의 의무는 대상이 되지 않는다고 판단하였다(다만, 방론으로).

LG & E 중재판정부는 미국-아르헨티나 BIT 제2조 2항 (c)의 "any obligations [each party] may have entered into *with regard to* investment" (필자 강조)라는 부분에 주목하여 아르헨티나의 가스법 및 관련 규칙이 '일반적 성격을 갖는' 법률상 의무는 아니고, LG & E가 아르헨티나에서 실행한 투자와의 관계에서 지극히 특정적인 의무라고 기

Award, 24 December 2007, at ⟨http://ita.law.uvic.ca/⟩ (as of October 31, 2009)에서도 신청기업은 아르헨티나에 의한 국내법위반이 영국-아르헨티나 BIT 제2조 2항의 의무준수조항 위반을 구성한다고 주장하였다. 그러나 중재판정부는 당해 국내법위반이 동 BIT의 공정·형평대우 의무에 위반하는 것을 이미 판시하고 있다고만 기술하고, 의무준수조항에 관한 주장에 대해서는 판단하지 않았다(paras.365-366).

31) *Enron v. Argentina*, supra note 27, paras.273-274.

32) *CMS v. Argentina*, supra note 25, para.302; *Sempra v. Argentina*, supra note 28, paras. 309, 312. Enron 중재판정부는 면허 그 자체가 아니라, 면허가 시행령에 의해 승인되었다는 것을 근거로 의무준수조항을 적용하고 있다. *Enron v. Argentina*, supra note 27, para.276.

술하고, 동법과 관련 규칙이 의무준수조항의 대상이 된다고 판단하였
다.[33] *Continental Casualty v. Argentina* 사건(아르헨티나 보험회사 CNA
ART 주식의 거의 100%를 보유하고 있던 미국 기업이 경제위기시
아르헨티나가 집행한 조치에 의해 손해를 입었다고 주장한 사안)에
서 중재판정부는 *LG & E* 판정에 근거하면서 아르헨티나의 통화교
환이나 은행제도에 관한 법률은 아르헨티나 일반 시민 또는 은행 예
금자 일반을 대상으로 하는 것이기 때문에 의무준수조항의 대상이
되지 않는다고 판단하였다(다만, 방론으로).[34]

　　CMS 사건 취소 결정[35]에서 ICSID 특별위원회는 역시 미국-아르
헨티나 BIT 제2조 2항 (c)에 대해 "any obligations [each party] may
have *entered into* with regard to investment"(필자 강조)라는 부분에 주
목하여 이 조항이 대상으로 하는 것은 합의에 의한 의무(consensual
obligations), 즉 대세적으로 드러나지 않고, 특정 주체와의 관계에서
성립하는 의무이며, 그것은 부수적인 의무이거나 혹은 투자자가 부
담하는 의무와 본질적으로 관련된(intrinsically linked) 경우만이라고
판단하고 있다.[36]

---

33) *LG & E v. Argentina*, *supra* note 26, paras.173-174.

34) *Continental Casualty v. Argentina*, ICSID Case No. ARB/03/9, Award, 5 September 2008,
para.302. 중재판정부는 우선 미국-아르헨티나 BIT 제11조의 안전보장예외에 의해 BIT 규정들로부
터의 면탈을 인정하고 있어(*Ibid*, para.233), 의무준수조항에 관한 본문 중의 기술은 결론에 영향을
주지 않는다. 또한 중재판정부는 정부채 등에 관한 의무에 대해서는 제11조의 안전보장 예외의 적용
대상이 아니고(*Ibid*, paras.220-222), 한편 특정의 의무이기 때문에 의무준수조항의 적용이 있다고
기술하면서 정부채 등에 대해서는 공정·형평대우 의무위반이 별도로 인정되기 때문에 의무준수조항
의 위반을 논할 필요는 없다고 하고 있다(*Ibid*, para.302).

35) ICSID 중재판단의 취소에 대해서는 ICSID 협약 제52조 참조.

36) *CMS v. Argentina*, ICSID Case No. ARB/01/8, Decision on the *Ad hoc* Committee on the
Application for Annulment of the Argentine Republic, 25 september 2007, para.95, at
〈http://icsid.worldbank.org〉 (as of October 31, 2009).
따라서 아르헨티나로부터 가스운송의 면허를 취득하고 있었던 TGN사에 대해 아르헨티나가 의무위반
을 하고 있었다고 해도 그 의무위반을 TGN사의 소수주인 CMS사가 주장할 수 있는지 여부는 다
른 문제이고, 그 문제에 대해 원(原) 중재판정은 이유를 표시하지 않았다고 해서 특별위원회는 이 부
분의 중재판단을 취소하였다. *Ibid*, paras.96-97.

B. 주체

1. 투자자 측의 문제 - 투자유치국 현지 회사가 갖는 권리 (이에 대응하는 투자유치국의 의무)

CMS 중재판정부 및 *Sempra* 중재판정부는 CMS사와 Sempra사 각각이 주식을 보유하는 아르헨티나회사(CMS사와 Sempra사 모두 소수주주)에 대해 아르헨티나가 부담하는 의무에 관해 미국-아르헨티나 BIT의 의무준수조항의 채택을 인정하였다. 그 이유는 명시적으로 나타나지 않았지만 "any obligation [⋯] with regard to *investments*"(필자 강조)에 근거를 두고 있는 것으로 생각된다.[37)

AMTO 중재판정부는 에너지헌장조약 제10조 1항 후문의 "with [⋯] an Investment *of an Investor*"(필자 강조)의 부분에 주목하여 에너지헌장조약하에서는 자회사가 체결했던 계약도 본 의무준수조항의 대상이 된다고 판단했다.[38)

이에 대해 *Siemens* 중재판정부는 동 사건에서 문제가 되는 계약의 당사자는 Siemens사의 현지 자회사 SITS사와 아르헨티나이고, 신청인 Siemens사는 계약 당사자가 아님을 지적하여 독일-아르헨티나 BIT의 의무준수조항의 위반은 인정하지 않았다.[39) 또 *Azurix v. Argentina* 사건(아르헨티나의 부에노스아이레스주에서 수도사업이 민영화되어 미국기업 Azurix사의 현지 자회사 ABA사와 부에노스아이레스 주 사이에 사업계약이 체결되었던바, 그 계약위반 등이 문제가 되었던 사

---

37) *CMS* Annulment, *supra* note 36, para.92. 방론이지만, *Continental Casualty* 중재판정부도 이 입장을 취한다. *Continental Casualty, supra* note 34, para.297.

38) *AMTO v. Ukraine, supra* note 19, para. 110.

39) *Siemens v. Argentina, supra* note 17, paras. 204.

건)에서 중재판정부는 만약 아르헨티나가 부에노스아이레스 주가 체결했던 계약에 대해 책임을 부담한다고 해도 Azurix사는 계약 당사자가 아니기 때문에 미국-아르헨티나 BIT의 의무준수조항의 적용은 아니라고 판단하였다.[40] 다만, *Siemens* 중재판정부와 *Azurix* 중재판정부 모두 판단의 근거는 제시하지 않았다.

다소 특수한 예는 *Duke Energy & Electroquil v. Ecuador* 사건(신청인은 에콰도르가 Electroquil사와 체결했던 전력구입계약의 불이행과 에콰도르에 의한 공정·형평대우조항 위반 등을 주장)이다. 이 사건에서는 분쟁 당사자 간의 합의에 의해 미국 기업 Duke Energy사의 현지 자회사 Electroquil사도 미국 국적을 갖는 것으로 취급하여 동 회사도 신청인이 되었다.[41] 중재판정부는 에콰도르가 Electroquil과 체결했던 계약 및 관련 국내법의 불이행이 미국-에콰도르 BIT 제2조 3항 (c)(상기 미국-루마니아 BIT 제2조 2항 (c)와 동일)의 위반에 해당한다고 인정했지만, 에콰도르는 계약상도 국내법상도 Duke Energy사에 대해서는 어떠한 의무를 부담하지 않는 것을 이유로 Duke Energy사와의 관계에서는 동 BIT의 의무준수조항의 위반을 인정하지 않았다.[42]

---

40) *Azurix v. Argentina*, ICSID Case No. ARB/01/12, Decision on Jurisdiction, 8 December 2003, para.384, *see also* paras.41, 52, at 〈http://icsid.worldbank.org〉 (as of October 31, 2009).

41) *Duke Energy & Electroquil v. Ecuador*, ICSID Case No. ARB/04/19, Award, 18 August 2008, para.147, *see also* para.5, at 〈http://icsid.worldbank.org〉 (as of October 31, 2009).

42) *Ibid.*, paras.321-325.

2. 투자유치국 측의 문제 – 국내법상 별도 법인인 국가기관이 부담하는 의무

"Either Contracting Party shall constantly guarantee the observance of the commitments *it* has entered into [⋯](스위스-파키스탄 BIT 제11조)"나 "each Contracting Party shall observe any obligation *it* may have entered into [⋯](네덜란드-폴란드 BIT 제3조 5항)"(모두 필자 강조)라고 하는 문언에서 명백하게 나타나듯이 의무준수조항에 의해 투자유치국이 이행을 요구당하는 것은 투자유치국 자신이 부담하는 의무이다. 문제는 '국가'의 외연(범위)을 결정하는 것이다.

SGS v. Pakistan 사건 중재판정부는 방론으로, 국가책임법상 그 행위가 국가에 귀속하는 기관이 체결했던 계약이라면 스위스-파키스탄 BIT의 의무준수조항의 대상이 된다고 기술했다.[43] 이 판단은 *El Paso v. Argentina* 사건 및 *Pan Am v. Argentina* 사건에 그대로 인용되고 있다.[44] 그러나 국가책임법상 당해 기관의 행위가 투자유치국에 귀속하는 경우에도 투자자와 당해 기관이 체결했던 계약이 당연히 투자자와 당해 투자유치국과의 계약이 되는 이유가 아닌 것은 *EDF v. Romania* 사건[45] 판단에서 기술한 대로다.[46] 실제 *EDF v. Romania*

---

43) *SGS v. Pakistan*, *supra* note 22, p.363, para.166.

44) *El Paso Energy v. Argentina*, ICSID Case No. ARB/03/15, Decision on Jurisdiction, 27 April 2006, para. 72, at ⟨http://icsid.worldbank.org⟩ (as of October 31, 2009); *Pan American Energy v. Argentina*, ICSID Case No. ARB/03/13; *BP America Production v. Argentina*, ICSID Case No. ARB/04/8, Decision on Preliminary Objections, 27 July 2006, para.101, at ⟨http://icsid.worldbank.org⟩ (as of October 31, 2009).

45) *EDF v. Romania*, ICSID Case No. ARB/05/13, Award, 8 October 2009, para.318, at ⟨http://icsid.worldbank.org⟩ (as of October 31, 2009).

46) 본서 제10장 참조. 주의를 요하는 것은 Eureko v. Poland 사건과 Noble Ventures v. Romania 사건이다. 전자에서는 국내법상 독립된 법인격을 가진 State Treasury사가 투자자와 체결했던 계약이 문제가 되었다. 다만, State Treasury사가 독립된 법인격을 가진 것은 폴란드 민사법상 '폴란드국'이라는 명칭을 가진 법 주체가 존재하지 않았기 때문이고, State Treasury는 곧, 국가라고 국내

사건 외에 *Impregilo v. Pakistan* 사건,[47] *Azurix v. Argentina* 사건,[48] *AMTO v. Ukraine* 사건[49]에서는 투자유치국과는 별도의 법인격을 가진 기관·기업이 문제의 계약의 일방 당사자인 것을 이유로 각각의 BIT의 의무준수조항의 대상이 되지 않는다고 판단하고 있다.

주체에 관한 이 두 개의 문제에 대해 일정 근거를 표시하여 어느쪽에도 부정적으로 회답했던 것은 *CMS v. Argentina* 사건 취소 절차에 대한 ICSID 특별위원회 결정이다. 동 위원회에 의하면 의무준수조항은 대상이 되는 의무의 성질이나 적용법을 바꾸는 것은 아니고, 따라서 의무의 당사자도 변경되지 않는다.[50] 그렇다면 의무가 투자유치국과 현지 자회사 사이에서 성립하고 있는 경우 제3자인 모회사(이 사건에서는 CMS)가 당해 의무의 위반을 주장할 수는 없다. 또한 투자유치국과는 별개의 법인격을 가진 기관이 투자자와 계약을 체결하고 있는 경우에도 IIA의 의무준수조항은 채용할 수 없는 것이 된다. 따라서 의무준수조항의 효과에 대해 검토하기로 한다.

법상으로도 생각되고 있다는 특수사정이 있었다. *Eureko v. Poland, supra* note 14, paras.119, 133, 157, 245. *Noble Ventures* 중재판정부는 독립된 법인격을 가진 루마니아 기관이 루마니아를 대표해서 계약을 체결하고 있었던 것을 근거로 문제의 계약은 루마니아와 투자자 사이에서 체결되었던 것이라고 판단하였다. *Noble Ventures v. Romania, supra* note 15, paras.80, 84-86. See Jean-Christophe Honlet & Guillaume Borg, "The Decision of the ICSID Ad Hoc Committee in *CMS v. Argentina* Regarding the Conditions of Application of an Umbrella Clause", Law and Practice of International Courts and Tribunals, vol.7, 2008, p.1, pp.24-27.

47) *Impregilo v. Pakistan,* ICSID Case No. ARB/03/3, Decision on Jurisdiction, 22 April 2005, para.260, at 〈http://icsid.worldbank.org〉 (as of October 31, 2009). 이 사건에서 적용되었던 이탈리아-파키스탄 BIT에는 의무준수조항이 포함되어 있지 않았지만, 최혜국대우조항에 의해 스위스-파키스탄 BIT에 포함된 의무준수조항(*SGS v. Pakistan, supra* note 22 참조)이 원용되었다.

48) *Azurix v. Argentina, supra* note 40, para.384, *see also* paras.41, 52.

49) *AMTO v. Ukraine, supra* note 19, para.110.

50) *CMS* Annulment, *supra* note 36, para.95(c).

II. 효과

A. 절차상의 효과

의무준수조항의 존재 이유는 계약상 혹은 국내법상의 의무위반을 IIA상의 의무위반이라고 하는 것에 의해 IIA의 분쟁해결절차(예를 들면 ICSID에서의 중재)의 이용을 가능하게 하는 것에 있다. 계약상·국내법상의 의무위반이 수용이나 공정·형평대우 의무위반을 구성하는 경우라면 수용이나 공정·형평대우 의무에 관한 IIA의 조항에 의해 IIA 분쟁해결절차의 이용이 가능하다. 그러나 계약상·국내법상의 의무위반이 항상 수용이나 공정·형평대우 의무위반을 구성하는 이유는 아니고,[51] IIA 위반이 주장되지 않는 경우에 IIA 분쟁해결절차를 이용할 수는 없다.[52] 따라서 IIA에 의무준수조항을 두어 계약상·국내법상의 의무위반을 의무준수조항위반(즉, IIA상의 의무위반)으로서 IIA의 분쟁해결절차를 이용할 수 있도록 하는 의의가 있는 것이다.

B. 실체상의 효과

그와 같은 절차상의 효과와 함께 실체적인 면에서도 어떠한 효과가 있는 것인가? 즉, IIA에 의무준수조항을 둠으로써 투자유치국은 실체적인 면에서 어떠한 추가적인 의무를 부담하는 것인가? 이 물음

---

51) Rudolf Dolzer & Christoph Schreuer, *Principles of International Investment Law*, Oxford, Oxford Univ. Pr., 2008, pp.115-118, 140-142.

52) 다만, '일반적 분쟁해결조항'이 IIA에 있는 경우 IIA 분쟁해결절차의 이용 가능성이 있다. (전게주 8).

에 관해서는 투자유치국은 절차상의 의무를 받아들이는 것일 뿐, 실체적 의무에는 일체 변화가 없다고 하는 입장과 실체 면에서도 추가적인 의무가 발생한다는 견해가 있다.

후자의 입장을 명시하였던 선례는 존재하지 않는 것 같다. 그러나 아르헨티나의 가스민영화에 관하여 전술한 4개의 중재판단(CMS 사건, *LG & E* 사건, *Enron* 사건, *Sempra* 사건)은 아르헨티나가 집행한 조치가 아르헨티나법상 위법행위를 구성하는지 여부를 논하지 않은 채 의무준수조항 위반을 인정하고 있다.[53] 즉, 투자유치국이 투자자에 대해 계약상·국내법상 의무를 일단 부담한다면 그 의무는 즉시 국제법(IIA)상의 의무가 되고, 따라서 국내법에 의해 당해 의무를 변경할 수는 없다는 견해인 것으로 생각된다.

이에 대한 전자의 입장을 명확히 밝혔던 것은 *SGS v. Philippines* 사건이다.[54] 동 중재판정부에 의하면 의무준수조항은 계약의 문제를 국제법의 문제로 하지 않으며, 계약에 적용되는 법을 국내법에서 국제법으로 바꾸지도 않는다.[55] 이미 기술하였듯이 CMS 특별위원회도 같은 판단을 하고 있다.[56]

SGS v. Philippines 사건 중재판정부 및 CMS 특별위원회의 입장은 의무준수조항의 문언에서 설명된다. 지금까지 살펴본 것처럼 의무준수조항은 "obligations"이나 "commitments"가 존재하는 경우에 그 준수를 IIA상의 의무라고 한다. 그러나 "obligations"이나 "commitments"

---

53) *CMS v. Argentina, supra* note 25, paras.302–303; LG & E, *supra* note 26, para.175; *Enron, supra* note 27, paras.275–277; *Sempra, supra* note 28, paras.312–314.

54) Pierre Mayer는 이 입장을 이전부터 명확히 하고 있었다. Pierre Mayer, "La neutralisation du pouvoir normatif de l'Etat en matière de contrat d'Etat", *Journal du droit international,* t. 113, 1986, p.5, p.37.

55) *SGS v. Philippines, supra* note 11, paras.126, 128.

56) *CMS* Annulment, *supra* note 50.

의 존재 자체는 IIA에 있어서는 주어지는 것이고, 의무준수조항이 만들어내는 것은 아니다. *Noble Ventures* 중재판정부가 기술하듯이 의무준수조항에 의해 '국제화(internationalize)'되는 것은 계약위반이고,[57] 계약 그 자체는 아니다. 따라서 *Continental Casualty* 중재판정부가 기술하듯이 의무준수조항이 적용되기 위해서는 그 전제로서 적용되는 법에 의해 의무내용이 결정될 필요가 있다.[58] 바꾸어 말하면 의무준수조항은 안정화조항이 아니다.[59]

　의무준수조항에 의해 투자유치국이 추가적인 의무를 부담하지 않는 것은 배상액 산정에도 반영된다. *Duke Energy & Electroquil v. Ecoador* 사건은 투자계약과 IIA 모두에 근거하여 중재신청이 이루어진 사례인데 투자계약 및 에콰도르 국내법 위반이 인정되고(투자계약을 근거로 하는 관할권에 의해 판단), 아울러 IIA(미국-에콰도르 BIT)의 의무준수조항 위반도 인정되었다(IIA를 근거로 하는 관할권에 의해 판단).[60] 그러나 중재판정부는 투자계약 및 국내법 위반에 의해 발생한 금전적 손해와 IIA 의무준수조항 위반에 의해 발생한 금전적 손해는 동일하고, IIA 의무준수조항 위반에 대한 배상은 투자계약 및 국내법 위반에 대한 배상에 '포함된다(subsumed)'고 해서 IIA 의무준수조항 위반에 대해서 추가적 배상을 부여하지는 않는다고 판단하였다.[61]

　의무준수조항이 실체적인 면에서 추가적 의무를 발생시키지 않는다

---

57) *Noble Ventures v. Romania, supra* note 15, para.54.

58) *Continental Casualty, supra* note 34, para.298. 동 중재판정부는 적용되는 '국내법'에 의해 의무내용이 결정된다고 기술한다. 통상은 국내법일 것이지만, 국내법에 한정하지 않으면 안 될 이유는 없다.

59) Walid Ben Hamida, "La clause relative au respect des engagements dans les traités d'investissements", *in* Charles Leben, sous la direction de, *Le contentieux Arbitral transnational relatif à l'investissements,* Paris, LGDJ, 2006, p.53, p.81; *voir aussi* Sébastian Manciaux, *Investissements étrangers et Arbitrage entre Etats et ressortissants d'autres États,* Paris, Litec, 2004, p.593.

60) *Duke Energy & Electroquil v. Ecuador, supra* note 41, paras.243, 292, 325.

61) Ibid., para.472.

고 하는 견해에서 IIA가 아닌 당해 "obligations"이나 "commitments"에 적용되는 법(대부분의 경우는 투자유치국 국내법)이 그 내용을 결정하는 것이라면, 의무준수조항의 적용 범위가 대단히 협소해진다는 비판이 있다.[62] 이는 투자자 보호를 위한 정책론이라면 몰라도 의무준수조항의 해석론으로는 성립하지 않는 논의이다.[63]

이상에서 의무준수조항은 추가적인 실체의무를 부과하지 않는 것이 명백하다. 아르헨티나의 가스민영화에 관한 4개의 중재판단은 이 점에 있어 큰 문제를 안고 있어 *LG & E* 판정, *Enron* 판정, *Sempra* 판정의 취소 절차(계속 중)에서 특별위원회의 판단이 주목된다.[*]

결 론

계약과 조약의 복잡한 관계에서 유래하는 문제는 이전에 주류였던 국가계약(또는 concession계약)에 의한 투자분쟁 중재와 현재 압도적 다수를 점하는 조약에 의한 중재(이른바 "arbitration without privity/arbitrage unilatéral")와의 복잡한 관계에서도 이론적으로 대단히 흥미로운 문제를 제시해준다.

실제로는 IIA 투자분쟁 중재라고 하는 분쟁해결수단의 결정적 중

---

62) Oscar Garibaldi, comment *in* "Where's My Umbrella? A Look Inside the Umbrella Clause: Panel Discussion", *in* T. J. Grierson Weiler ed., *Investment Treaty Arbitration and International Law*, vol. I, Juris Net, Huntington, 2008, p.39, pp.52–53.

63) 다수의 학설도 *SGS v. Philippines* 중재판정부나 *CMS* 특별위원회와 동일한 입장이다. 전게주 54)·59)에 인용했던 것 외에 최근의 연구로서 Stephen W. Schill, "Enabling Private Ordering: Function, Scope and Effect of Umbrella Clauses in International Investment Treaties", *Institute for International Law and Justice Working Paper* 2008/9, p.47.

* 2011년 11월 30일 기준으로 앞의 3개의 사건 중 *Enron* 사건과 *Sempra* 사건에 대한 취소결정이 내려졌으며, ⟨http://icsid.worldbank.org⟩에 방문하면 결정문을 볼 수 있다.

요성을 상징적으로 나타내는 문제이기도 하다. 'Ⅱ. 효과'에서 살펴 본 것처럼 의무준수조항은 투자자에게 추가적인 실체적 권리를 부 여하는 것도, 투자유치국에 추가적인 실체적 의무를 부과하는 것도 아니다. 그럼에도 불구하고 지금까지 격렬한 논쟁과 중재판단의 대 립 등을 초래하는 것은 이 조항의 해석 여하에 따라 조약에 의한 중 재가 가능한지 여부가 결정되기 때문이며, 그 이상도 이하도 아니다. 투자자로서는 실체적 권리의 내용도 그렇지만, 그것을 투자유치국 국내재판소(또는 계약에 의한 국내법상의 중재)가 아닌, 조약에 의한 중재에서 주장할 수 있다는 것이 중요하다.

의무준수조항의 해결을 둘러싼 대립을 해결하는 단서는 물론 구 체적인 사안에서 관련된 조약 및 계약의 관련 조항의 규정에 있다. 분쟁해결에 있어서는 이들 조약·계약의 문언이 어떻게 되어 있는 가를 정밀하게 검토할 필요가 있고,[64] 조약 교섭에 있어서는 장래 발생하게 될 분쟁의 구체적인 모습을 염두에 두고, 신중하게 문언을 선택하는 것이 필요하다.

LG & E	취소절차 진행 중
Enron	중재판단(2007.5.22.)에 대한 아르헨티나의 취소신청을 인용하여 해당 중재판단을 취소결정(2010.7.30.)
Sempra	중재판단(2007.9.28.)에 대한 아르헨티나의 취소신청을 인용하여 해당 중재판단을 취소결정(2010.6.29.)

64) 의무준수조항의 다양한 예에 대해서는 濱本, "전게논문"(주 8) 24-28면.

제9장 예외규정 (例外規定)
- 유형과 해석의 다양성

川瀨 剛志 (카와세 츠요시)

서 론

국제투자법의 법제도화(legalization)를 실정 국제경제법 연구에 종사하고 있는 입장에서 보면 그 상황은 아직 혼돈에 있는 것처럼 보인다. 그 이유는 투자법의 법제도화가 극히 분권적이고 다원적인데 반해, 같은 국제경제법에 속하는 통상법이 GATT/WTO를 중심으로 일원적, 통일적으로 법제도화되어 온 것과는 크게 다르다. 이하에서는 국제투자법의 생성·발전의 동태를 여러 가지 측면에서 살펴보고, 현 시점에서의 국제투자법의 현주소를 독자에게 제시하고자 한다. 본서에서 살펴본 바와 같이 국제투자법이 제도화되는 과정에 있다는 점은 의심할 여지가 없지만, 공정·형평대우 원칙과 수용을 규제하는 일반원칙에 대해서는 2,800개가 넘는 양자 간 투자협정(BIT) 및 그와 관련한 중재판정들이 집적되어 일종의 관습법(common law)을 형성하고 있다.

그러나 예외규정에 대해서는 이러한 법의 실행, 관습법의 집적 그리고 성문규범으로의 결정화는 현저하게 늦어지고 있다. 이러한 상황에 대하여 국제투자법의 권위자인 M. Sornarajah는 예외에 관한 투자법의 관습법화는 각 조약 규율의 다양성 때문에 성립할 수 없다고 평가하고 있다.[1] 이와 같이 예외규범이 발달하지 못함으로써 국제투자법 발전에 있어 어떠한 혼란을 초래한 것은 2001년의 아르헨티나 경제위기를 둘러싼 일련의 중재판정에 분명하게 나타났다.

이 장에서는 이들을 주제로 하여 투자협정에서 '실정법 차원에서 예외규정의 미비', '해석의 다양성', 나아가 '법제도화의 필요성'과 '현행 국제투자법에 있어서의 지향점'에 대하여 그 대강을 살펴보고자 한다.

I. 아르헨티나 경제위기에 관한 중재판정

1. 아르헨티나 경제위기와 외국투자

1980년대의 초인플레이션과 거액의 대외채무로 인한 경제의 혼란에서 탈피하기 위해 아르헨티나의 Menem 정부는 1990년대 초반부터 이른바 워싱턴 컨센서스*에 따른 신자유주의적인 경제정책을 실시하고 민영화, 무역자유화, 외자유치 등의 경제규제 완화를 실시하였다. 특히 외자유치의 환경을 정비하기 위하여 이 시기에 많은 투자협정이 체결되었고 해외투자자에게 민영화산업에 대한 투자를 적극적으로 촉구하였다. 그 일환으로서 아르헨티나는 태환법에 의해 변칙적인 고정환율제도(Currency Board 제도)를 도입하고 1달러=1페소의 달러 페그를 실시하였다.[2] 이에 따라 아르헨티나와 같이 거

---

* Washington Consensus: 미국식 시장경제체제의 대외확산전략.

1) Sornarajah, M., *The International Law on Foreign Investment* (2nd ed.), Cambridge University Press, 2004, p.257.

시경제 기반이 취약한 국가라고 하더라도 외국투자자에게는 외환리스크를 회피하여 투자할 수 있는 제도가 잘 마련되어 있는 것처럼 보였다.

이 새로운 개방적이고 자유주의적인 경제정책은 90년대 중반까지 아르헨티나에 눈부신 경제발전을 가져다 주었지만 내정 불안과 러시아 통화위기에서 시작된 아르헨티나의 리스크 프리미엄 상승, 누적 재정적자, 노동시장·사회보장 등에 관한 구조개혁 실패, 상대적 페소 가치의 상승에 의한 수출 경쟁력의 저하, 소비자 심리의 위축에 따른 디플레이션 등, 아르헨티나 경제는 90년대 말까지 심각한 취약성을 나타냈다. 이 때문에 실제로 통용되는 페소의 환율과 달러 페그에 의한 고정 환율에 심각한 금리차(spread)가 발생하였고, 태환제의 유지가 위태로워지기 시작하였다.

아르헨티나는 2000년 이후 앞에서 언급한 문제점들의 해소를 목표로 IMF로부터 대기성 차관을 받았고, IMF가 부과한 융자조건(conditionality, 긴축프로그램)을 이행하기 위해 노력하였지만, 결국 2001년 12월에 디폴트(default, 채무불이행 상태)를 선언하였다. 2002년에는 긴급법에 따라 태환제가 폐지되었고, 또 달러화 표시채무, 예금과 저금이 페소화되었다. 변동 시세제로의 이행에 따라 페소 대비 달러의 가치는 최대 4분의 1까지 떨어졌지만, 이는 페소로 표시된 투자재산의 가치하락과 투자기업의 달러 표시 해외채무의 실질적인 증가를 초래하여, 외국으로부터 아르헨티나에 들어온 투자재산을 현저하게 소멸시키는 결과를 낳았다.

---

2) 아르헨티나의 경제정책 및 경제위기의 전개에 대해서는 Daseking, Christina, et al., *Lessons from the Crisis in Argentina*, IMF, 2004. 태환계획에 대해서는 西島章次, 「アルゼンチンのカレンシー・ボード制と通貨危機」三尾寿幸編 『金融政策レジームと通貨危機－開発途上国の経験と課題－』 (日本貿易振興会, 2003年) 177면 이하 참조.

이 때문에 많은 투자자들은 아르헨티나와 투자자 국적국과의 투자협정에 근거하여 배상청구를 투자자 대 국가 간 중재에 부탁하였다. 이러한 사안은 ICSID에 부탁된 것만 해도 40건을 넘는다.[3] 그 외에도 이 같은 청구가 UNCITRAL 중재규칙에 근거한 중재 재판에도 부탁되었고, 또 국가채무의 지불불능에 관한 배상청구와 관련된 분쟁이 미국과 독일의 국내재판소에서 계속되고 있다.[4]

2. 적용 가능한 예외 또는 의무면제

이에 대해서 아르헨티나는 2001년 위기가 세계 대공황으로도 불릴 만큼의 공전의 사태였음을 깨닫고, 이를 수습하기 위한 조치를 투자협정의 의무에 대한 예외로서 규정하여야 한다고 주장하였다. 이 주장의 법적 근거의 하나는 일반국제법상의 긴급피난(state of necessity)이었다. 1997년 국제사법재판소(ICJ)의 *Gabcikovo Nagymaros* 계획사건 판결[5]에 따르면 국제관습법으로서 지위를 인정받은 긴급피난은 판례법의 발전 및 국제법위원회(ILC)에 의한 법전화를 거쳐 현재는 2001년 ILC 국가책임초안의 제2차 초안 제25조에 구체화되어 있다.[6] 초안에 따르면 긴급피난의 법리는 '국가의 필수적인 이익

---

3) 2009년 말까지 ICSID의 분쟁에 대하여 이하의 데이터베이스를 참조 〈http://icsid.worldbank.org/ICSID/FrontServlet? requestType=CasesRH&actionVal=ShowHome&pageName=Cases_Home〉.

4) 이 사건들에 대해서는, Lowenfeld, Andreas F., *International Economic Law* (2nd ed.), Oxford University Press, 2008, pp.740-48, Schill, Stephan W., "German Constitutional Court Rules on Necessity in Argentine Bondholder Case", *ASIL Insights*, Vol. 11, issue 20 (2007), at 〈http://www.asil.org/search.cfm?displayPage=373〉을 참조.

5) *Gabcikovo-Nagymaros Project* (Hung. v. Slovk.), Sept. 25, 1997, 1997 *I.C.J.* 4.

6) State Responsibility: Titles and Texts of "the Draft Articles on Responsibility of States for Internationally Wrongful Acts" Adopted by the Drafting Committee on Second Reading, July 26, 2001, U. N. Doc. A/CN. 4/L. 602/Rev. 1. 긴급피난법리의 발전에 대해서는, 山田卓平, 「国際法における緊急状態理論の歴史的展開」, 『神戸学院法学』 第35巻 4号 (2006年), 1면 이하, Boed, Roman, "State of Necessity as a Justification for Internationally Wrongful Conduct",

(essential interest)'[7])이 '중대하고 급박한 위험(a grave and imminent peril)'에 직면해 있을 때, 그 행위가 국가의 필수적 이익의 보호를 위해 유일한 방법일 경우에는 그 위법성을 조각한다는 것이다. 다만 그 위법행위는 의무이행의 상대국 또는 국제공동체 전체의 필수적인 이익을 심각하게 훼손하여서는 안 된다. 또 위기적 사태에 원용국 자신이 기여해서는 아니 된다. 더 나아가 문제된 국제의무가 긴급피난의 적용을 배제하고 있지 않아야 한다는 점도 조건으로 되어 있다.

아르헨티나는 또 다른 근거로 조약상의 안전보장조항을 채용하고 있다. 미국-아르헨티나 투자협정 제11조에 따르면, 공공질서의 유지(maintenance of public order)에 필요한 필수적인 안전보장상의 이익의 보호에 필요한 조치를 취할 것을 당해 조약은 저해해서는 안 된다(shall not preclude [⋯]).

3. 투자보호를 중시한 엄격한 예외의 적용 - *CMS* 판정, *BG* 판정 외

2005년 *CMS* 판정은 예외적용에 관한 최초의 판정이다.[8] *CMS* 판정과 같은 태도를 취하는 판정들은 ICJ의 *Nagymaros* 판결에 나와 있는 긴급피난 법리의 예외적 성질을 강조하고 또한 이를 엄격하게 해

Yale Human Rights & Development Law Journal, vol. 3 (2000), pp.1ff. 참조.

7) 본 장의 국가책임조문 제2차 초안의 번역은 広部和也・杉原高嶺 (編集代表), 『解說条約集 (2009年版)』 (三省堂, 2009), 122면을 따랐다.

8) 위에서 검토한 일련의 중재판정에 대해서는 川瀨剛志, 「投資協定における経済的セーフガードとしての緊急避難-アルゼンチン経済危機にみる限界とその示唆」, RIETI Discussion Paper Series 09-J-003 ([独]経済産業研究所, 2009年) 〈http://www.reiti.go.jp/jp/publications/dp/09j003.pdf〉. Alvarez, Jose E. and Khamsi, Kathryn, "The Argentina Crisis and Foreign Investors: A Glimpse into the Heart of the Investment Regime", *Yearbook of International Investment Law & Policy*, vol. 2008-2009 (2009), pp.379ff; Bjorklund, Andrea K., "Emergency Exceptions: State of Necessity and Force Majeure", in Muchlinski, Peter, *et al.* eds., Oxford *Handbook of International Investment Law*, Oxford University Press, 2008, pp.459ff. 참조.

석하는 2001년 ILC 국가책임초안의 주석에 충실하게 당해 법리를 적용하였다. 이 판정들은 하나같이 투자보호를 투자협정의 목적으로 해석하고 투자자의 이익을 중요시하고 있다.

CMS 판정은 아르헨티나의 일련의 조치가 공정·형평대우 원칙 등의 투자조약상의 의무에 위반한다고 인정한 후에 긴급피난 및 미국-아르헨티나 협정 제11조 예외의 적용가능성을 검토하였다. 중재판정부는 '필수적 이익'을 경제적 위기를 포함한 넓은 개념이라고 해석하였지만 본 건에서의 위기의 정도가 '상대적'이었다는 이유로 필수적 이익의 침해를 인정하지 않았다. 그리고 수단의 유일성 요건에 대해서도 아르헨티나에는 이외의 몇 가지 정책적 대응을 선택할 수 있었다는 점을 들어 이 요건을 충족하지 않는다고 인정하였다. 더욱이 아르헨티나의 경제정책상의 실정(失政)이 2001년 위기를 초래한 것을 두고 국가 스스로가 위기에 기여하였다는 점을 지적하였다. 이상의 이유로 중재판정부는 긴급피난의 항변을 기각한다는 결론을 내렸다.

또한 협정상의 예외는 일반국제법상 긴급피난과 불가분의 관계에 있어야 하기 때문에 아르헨티나의 조치가 일반국제법상 긴급피난의 요건을 충족하고 있지 않는 이상, 조약의 예외에도 적합하지 않다는 점을 시사하였다. 아르헨티나는 안전보장조항이 '자기판단적(self-judging)'이며, 아르헨티나의 조치가 동 조항에 적합한지 아닌지 여부에 대하여 '신의성실성 심사(good faith review)', 즉 예외 남용의 유무를 판단함에 있어서는 중재판정부의 사후적 심사만이 가능하다고 주장하였지만 두 가지 모두 거부되었다. 게다가 아르헨티나가 예외를 원용하는 것이 미국-아르헨티나 협정에 적합한가에 대하여 중재판정부는 투자유치국의 정책 결정에 대해 '실질적 심사(substantive review)'를 실시하기로 하였다.[9]

후에 계속된 *Enron* 판정(2007). *Sempra* 판정(2007)도 CMS 판정과 거의 같은 취지의 설명을 하고 있고, 특히 투자협정의 보편적 명제(general proposition)는 투자자 보호에 중점을 두고 있다고 명시적으로 나타내고 있다.[10] 이와 같이 투자자 보호를 강조하는 해석의 계보는 BG 판정(2007)에서 한층 더 명확해진다. 이 사건은 영국-아르헨티나 투자협정에 관한 사건으로 UNCITRAL에 중재를 부탁하였다. 영국-아르헨티나 협정에는 미국-아르헨티나 협정 제11조에 상당하는 규정이 없기 때문에 이 사건에서는 일반국제법상의 예외 인정이 문제되었다. 이 판정에서는 투자협정의 체결이 명시적 혹은 묵시적으로 긴급피난 원용의 포기에 해당하거나 또는 조약에 의한 투자자의 권리보호는 위기상황에서만 기능하게 된다고 설명하고 긴급피난의 원용 자체를 인정하지 않았다.[11]

후에 UNCITRAL 중재인 *National Grid* 판정(2008)에서는 BG 판정과 같이 영국-아르헨티나 협정에 근거하고 있으나, 역으로 영국-아르헨티나 협정의 체결은 긴급피난의 적용을 배제하지 않는다고 판시하였다. 그러나 동 판정도 긴급피난의 항변의 성립을 극히 예외적인 상황에만 한정하였고, 아르헨티나의 실정(失政)이 위기에 기여한 점을 이유로 긴급피난의 성립을 인정하지 않았다.[12]

---

9) *CMS Gas Transmission Co. v. Argentina*, ICSID Case No. ARB/01/8, Award of May 12, 2005, pp.315-382. 본 장에서 다룬 모든 중재판정은 Victoria University 법대가 운영하는 국제투자법에 관한 종합정보 사이트 International Treaty Arbitration (ita) ⟨http://ita.law.uvic.ca/index.htm⟩ 에서 이용 가능하다.

10) *Sempra Energy Int'l v. Argentina*, ICSID Case No. ARB/02/16, Award of Sept. 28, 2007, p.373; *Enron Co., Ponderosa Assets, L.P. v. Argentina*, ICSID Case No. ARB/01/3, Award of May 22, 2007, p.331.

11) *BG Group Plc. v. Argentina*, Arb. pursuant to UNCITRAL, Final Award of Dec. 24, 2007, pp.407-412.

12) *National Grid P.L.C v. Argentina*, Arb. pursuant to UNCITRAL, Final Award of Nov. 3, 2008, pp.250-262.

4. 투자보호와 규제주권의 균등을 중시한 유연한 의무면제
   -*CMS* 취소판정, *Continental* 판정 외

3.에서 소개한 여러 판정과 같은 시기에 동일 사실에 대하여 전혀 다른 계보의 판정이 내려졌다. *CMS* 판정에 이은 *LG & E* 판정(2006)은 미국-아르헨티나 협정 제11조에 근거하여 아르헨티나 경제위기에 대해 공공질서의 붕괴 및 필수적 이익의 위기를 인정하였다. 또한 복수의 대응책이 이용 가능하다는 점, 아르헨티나가 취한 방책은 정당하다는 점을 인정하였다.[13]

CMS 사건에 대한 ICSID 특별위원회의 취소결정(2007)은 ICSID 협약 제52조에 근거한 중재판정의 취소를 인정하지 않았지만, *CMS* 판정의 법적 오류를 엄격하게 지탄하였다. 특히 특별위원회는 긴급피난이 국제위법행위를 전제로 하여 항변으로서 기능하는 이차 규칙으로서 조약위반을 인정하고 나서 사후적으로 특별한 이유에 의해 당해 위법행위를 정당화 내지는 면책할 수 있는 것이라고 하였다. 그럼에도 불구하고 미국-아르헨티나 협정 제11조 예외는 일정한 상황에서 조약의무의 부적용을 규정하는 일차 규칙이라고 하여, 원래 당해 행위는 조약의무의 규범 내에 없기 때문에 조약위반을 구성하지 않는다고 설명하였다. 이에 근거하여 *CMS* 판정이 양자를 동일시하고, 긴급피난을 일차 규칙인 미국-아르헨티나 조약 제11조에 먼저 적용하였던 점을 비판하였다.[14]

또한 *Continental* 판정(2008)은 *LG & E* 판정과 *CMS* 판정을 계승하

---

13) *LG & E Energe Co. et al. v. Argentina*, ICSID Case No. ARB/02/1, Award of Oct. 3. 2006, pp.239-242.

14) *CMS Gas Transmission Co. v. Argentina*, ICSID Case No. ARB/01/8, Decision for Annulment of Sept. 25. 2007. pp.122-127.

였고, 일반국제법상의 긴급피난과 미국-아르헨티나 협정 제11조를 각각 전혀 별개의 예외로 규정하였다. *LG & E* 판정이 예외적 상황을 엄격하게 적용한 것에 반하여, *CMS* 판정은 관련 규정의 문언 및 투자협정의 취지와 목적 등에 비추어 보았을 때 *LG & E* 판정과 같이 해석하여서는 안 된다고 명시하였다. 이 전제를 바탕으로 중재판정부는 미국-아르헨티나 협정 제11조는 '안전한 붕괴'와 '파괴적 상황'을 요구하고 있지 않고, 아르헨티나의 사태는 동조가 커버하는 위기적 상황의 범위 내에 있다고 인정하였다.

또 필요성 요건에 대해서도 긴급피난의 유일성 요건과 동일시하는 점을 명확하게 부정하고 WTO에서의 GATT 제20조 (b)항의 해석에 따라서 최소저해성 테스트를 도입하였다. 그 결과, 아르헨티나의 위기대응조치의 대부분에 대해서 투자자의 권리침해 정도가 보다 적은 협정합치적인 범위 내에 대체수단이 존재하지 않았고, 또 일찍이 태환계획을 포기하고 정책을 전환한 것도 현실적이지 않았다고 인정하였다. 중재판정부는 미국-아르헨티나 협정 제11조 예외의 자기판단적 성질을 부정하였지만, 이러한 예외조항의 해석에 있어서는 이를 원용하는 유치국 측에게 '평가의 여지(margin of appreciation)'를 부여해야 한다는 점을 시사하고 있다.[15]

---

15) *Continental Casualty Company v. Argentina*, ICSID Case No. ARB/03/9, Award of Sept. 5, 2008, pp.162-236.

Ⅱ. 아르헨티나 사건의 교훈
-경제적 보호수단(세이프가드)의 필요성

이상의 중재판정을 살펴보면, 동일 사태와 동일 법규에 관한 심리임에도 불구하고 중재판정부의 판정은 전혀 반대의 결론을 내리고 있고, 그 전제가 되는 법해석도 현저하게 다르다. 상기의 Ⅰ. 3.의 중재는 *BG* 사건과 *National Grid* 사건을 제외하고 나머지는 모두 동일한 중재인에 의해 구성된 중재판정부의 판단이며, 특히 중재판정부의 장은 3건 모두 Chile 대학 Vicuña 교수이기 때문에 판단의 경향에서 속인적인 요소도 지적할 수 있다.[16] *CMS* 취소결정 이후 판정은 Ⅰ. 4.에 나타난 계보에 수렴하고 있는 것처럼 보였지만, *National Grid* 판정은 다시 *CMS* 판정과 같은 양상으로 긴급피난의 한정적인 해석을 보여주었다. 아직 판정들의 수가 적고 또 수십 건의 아르헨티나 관련 사건이 후에도 계속 이어지고 있는 것에 비추어 볼 때, 현시점에서 일반적인 경향을 판단하는 것은 시기상조이다.

이 사건들에서는 결국 미국-아르헨티나 협정과 영국-아르헨티나 협정이 경제적 곤란에 대응할 수 있는 예외조항을 갖추고 있지 않았기 때문에, 극히 예외적인 위기상황에 대응하기 위한 일반국제법상의 긴급피난과 본래는 정치적·군사적 분쟁에 적용되도록 상정되어 있는 안전보장조항을 부득이하게 적용할 수밖에 없었다. 본래 이 두 예외는 단순한 경제적 위기와 어려움보다 더 중대한 사태로의 대응을 예정한 것이고, 이 사건들에서는 그 요건을 충족시키지 못하였다

---

16) Burke-White, William W., "The Argentina Financial Crisis: State Liability under BITs and the Legitimacy of the ICSID System", *Asian Journal of WTO & International Health Law & Policy*, vol. 3 (2008), p.222.

고 할 수 있다.

그러나 이것이 아르헨티나의 위기사태에 대해서 구제가 불필요했다는 것을 의미하지는 않는다. 실제로 아르헨티나의 주장과 청구를 거부한 중재판정도 똑같이 그 사태의 심각성을 인정하고 있다.[17] 그럼에도 불구하고 투자유치국이 현행 투자협정의 다수와 일반국제법을 전제로 하는 한, 그 국가의 존망이 걸린 사태가 되지 않으면 투자협정상의 의무에서 벗어나 경제위기에 대응한 점이 인정되지 않는다. 이번 아르헨티나와 같은 사태가 일어날 수 있다는 점이 명백해진 이상, 이후 유치국의 입장에서 본다면 현재의 상황을 전제로 하는 한, 투자협정에서 약속(commit)을 하는 것에 대하여 신중해질 수밖에 없다. 그 결과, 장기적인 국제투자법의 발전이 저해될 우려가 있다.

또한 아르헨티나의 경우처럼, 중재판정부가 요건이 불명확하고 명백히 부적당한 예외규정의 해석과 적용을 강요받고 나아가 곤란한 정책판단을 내리도록 압박을 받는다면 투자중재제도의 의의와 정당성이 현저하게 훼손될 우려가 있다. 예를 들면 상기의 각 판정에서 아르헨티나 경제위기에 대한 평가도 객관적인 데이터에 기초하여 충분한 토론에 근거하였다고는 하기 어렵고, 극히 주관적으로 평가되었다는 느낌을 부정할 수 없다. 이처럼 판단과 평가가 흐트러진 원인은 검토해야 할 경제지표와 심사방법에 대한 적절한 지침이 적용법규에 명시되어 있지 않기 때문이다. 이렇게 중재판정부의 주관적 판단에 의해 거액의 투자재산의 운명이 결정된다면, 투자협정은 적극적인 투자를 하기에 충분히 안정적이고 예견가능성이 높은 환경을 투자자에게 제공할 수 없게 된다.

이러한 요소가 투자촉진을 방해하게 된다면 투자유치국의 입장에

---

17) *Sempra, supra* note 10, p.348; *Enron, supra* note 10, p.306; *CMS, supra* note 9, p.320.

서 투자협정을 체결하는 목적을 달성할 수 없게 된다. 투자유치국이 개발도상국 또는 신흥경제국인 경우를 상기한다면 이러한 우려가 더욱 현실적일 것이다. 경제적 기반이 취약한 나라에 있어서 거시경제의 전반적인 악화는 특별한 사태라고는 말할 수 없다. 아르헨티나의 위기도 아시아, 러시아, 브라질 등 90년대의 일련의 통화위기와 연결되어 발생하였다. 또 2008년 가을부터 미국의 서브프라임 사태를 초래한 세계 동시다발적인 금융위기를 그 예로 생각하면 더욱 실감할 수 있다. 특히 금융센터로서 해외투자를 불러 모았고, 2004년에는 유럽 최빈국에서 1인당 GDP가 세계 6위까지 뛰어오른 아이슬란드는 서브프라임 사태로 주요 은행의 국유화, 해외자산의 도피, 통화인 크로네(krone)의 급락 등을 경험하였고 결국에는 공업 국가로서는 처음으로 지금까지 IMF의 지원을 10억 달러 가까이 받고 있다(2009년 10월 말). 이 과정에서는 예금과 국채 등 다액의 해외투자재산이 멸실하였다. 또한 이와 같은 디폴트 위기는 경제개방으로 많은 해외투자를 불러 모았던 우크라이나와 파키스탄 등에도 발생하였다.[18]

결국 이러한 우려를 불식시키기 위해서는 투자협정에 예외규정을 투입하고 투자자유화와 경합하는 투자유치국의 정책목표 달성을 적절한 조건하에서 어느 정도 존중하는 것은 불가피하다. 통상법에서는 공공선택론적 시점에서부터 세이프가드제도가 존재하므로 장래의 상황변화에 대한 우려를 불식시키고 무역자유화의 약속(commitment)이 가능하다고 한다.[19] 이는 투자법에 대해서도 기본적으로 같다고 생

---

18) 「(特集)〉金融崩壊 第2波」, 『エコノミスト』, 2008年 12月 9日 号 18면 이하; "アイスランドに150億円を融資、IMFが金融支援", 日本経済新聞 2009年 10月 29日 夕刊 2면; "アイスランド―"金融立国"夢破れる(グローバル金融危機―苦悩の新興・中小国", 日本経済新聞 2008年 10月 23日 朝刊 9면; "欧州・アジアの新興・中小国―止まらぬ資金流出", 日本経済新聞 2008年 10月 19日 朝刊 4면.

19) Sykes, Alan, O., "Protectionism as a Safeguard: A Positive Analysis of the GATT Escape Clause with Normative Speculation", *University of Shicago Law Review*, vol. 58 (1991),

각한다. 투자협정상의 예외는 국제법의 일반적 수준을 넘어서는 보다 높은 수준의 투자보호 및 권리창설적인 투자자유화를 보장하고, 또 한편으로는 일반국제법에 의존하는 것보다 용이하고 유동적인 위기적 사태에 대응할 권리 사이에서 조약 당사국이 설정하는 거래의 균형을 나타내는 척도가 된다고 할 수 있다.

이 균형을 분명하게 나타내기 위해서는 가능한 한 당사국 간에서 명확한 합의를 형성하고 이를 조약의 문언으로 정확하게 반영하는 것이 필요하다.

Ⅲ. 투자협정에서의 예외규정의 현황

1. 안전보장조항

이와 같이 투자협정의 예외에서 특히 중요한 것은 앞에서 언급한 미국-아르헨티나 협정 제11조와 같은 종류에 속하는 안전보장조항이 그 대표적인 예이다. 이는 '필수적인 (안전보장상의) 이익(essential (security) interest)'을 보호하기 위해 필요한 조치가 협정상의 의무에 의해 저해될 수 없다는 취지를 인정하고 있다. 이러한 안전보장 조건은 역사적으로 미국의 우호통상항해조약(FCN)에 기원을 두고 있고, BIT에는 1959년의 독일-파키스탄 협정에 처음으로 도입된 것으로 보인다. 미국과 독일 외에도 같은 조항은 인도, 멕시코, 벨기에-룩셈부르크 경제연합이 협정 당사국인 BIT에 많이 사용되고 있다. 금세기에 기초된 최신 모델 BIT에서는 미국, 캐나다, 독일, 인도가

pp.278-89.

안전보장조항을 규정하고 있다.[20] 그 예로서 미국 2004년 모델 BIT 제18조는 다음과 같이 규정하고 있다.

본 조약의 어떠한 규정도 다음과 같이 해석되어서는 안 된다.
1. 자국의 필수적인 안전보장상의 이익에 반한다고 당사국이 판단할 어떠한 정보를 제공 혹은 이용 가능하게 하기 위해서 당해 당사국에 요구하는 것 또는,
2. 당사국이 국제평화, 안전보장의 유지, 혹은 회복에 관한 의무를 준수, 또는 자국의 필수적 안전보장상의 이익 보호를 위해 필요하다고 스스로가 판단하는 조치의 적용을 저해하는 것[21]

한편, 다자간 조약에서는 1961년의 OECD 자본이동자유화규약 제3조 및 동 경상무역외거래자유화규약 제3조와 유사한 안전보장조항이 삽입되었고, 후에 OECD 다자간투자협정(MAI) 초안[22] 제Ⅵ장 '일반적 예외' 제2문에도 계승되었다. 또한 1994년의 에너지헌장조약 제24조 3항도 같은 규정이다.

이들 조약에는 미국 2004년 모델 BIT와 같이 필수적 이익에 대한 우려를 특별히 정의하고 있지 않은 것도 많고, 협의로 군사적·정치적 안전보장을 의미하는 것에는 분쟁이 없다고 하더라도 그 외연에

---

20) 안전보장조항의 역사·분류에 대해서는 OECD, *International Investment Perspectives: Freedom of Investment in a Changing World* (2007 ed.), OECD, 2007, pp.94-134; UNCITRAL, *Bilateral Investment Treaties 1995-2006: Trends in Investment Rulemaking*, UNCITRAL, 2007, pp.83-87; Burke-White, William W. and von Staden, Andreas, "Investment Protection in Extraordinary Times: The Interpretation and Application of Non-Precluded Measures Provisions in Bilateral Investment Treaties", *Virginia Journal of International Law*, vol. 48 (2008), pp.324-326 참조.

21) 원문은 다음과 같다.
Nothing in this Treaty shall be construed:
1. to require a Party to furnish or allow access to any information the disclosure of which it determines to be contrary to its essential security interests; or
2. to preclude a Party from applying measures that it considers necessary for the fulfillment of itsobligations with respect to the maintenance or restoration of international peace or security, or the protection of its own essential security interests.

22) 이 장에서 MAI에 관한 기술은 공표된 마지막 초안(1998년 4월 24일자)에 기초하고 있다.

대해서는 각 조약에 따라 차이가 있다. 다만 일반국제법상 긴급피난에서의 필수적 이익의 개념이 협의의 안전보장상의 이익에서 다른 이익도 포함하는 것으로 확대되어 간 역사적 추이와 더불어[23] 그 범위는 공공질서, 공중도덕, 공중위생, 경제 등 비정치적 영역에도 확대된다고 해석되는 경우도 적지 않다. 미국 2004년 모델 BIT의 안전보장조항은 비교적 간결하며, 이 장에서 다룬 아르헨티나 관련 중재판정처럼 필수적 이익의 해석에 의하여 경제적 위기에도 적용되고 있다. 한편 일본의 최근 BIT, 예를 들어, 일본-페루 협정 제19조 등은 '일반적 예외 및 안전보장을 위한 예외'라는 표제를 내걸고, 그 내용과 문언은 GATT 제20조 및 제21조에 가깝게 되어 있다. 그 적용범위는 협의의 안전보장 외에 공공질서, 공중위생, 인간과 동식물의 생명, 건강보호, 국내법령 존중 등에도 미치고 있다.

또 그 법적 지위에 대해서 이를 예외로 볼 것인지, 일차 규칙으로서 투자보호·자유화의무에 미치는 범위를 제한하고 있다고 볼 것인지에 대해서는 이 장의 Ⅰ.에서 서술한 바와 같은 분쟁이 있다. Ⅰ. 3.의 각 판정은 기본적으로 미국-아르헨티나 협정 제11조를 예외인 적극적 항변(affirmative defense)으로서 다루고 있어, 본래는 수용규칙과 공정·형평대우 원칙 등에 반하는 투자재산의 침해가 필수적인 안전보장상의 이익보장 등을 인정하는 예외조항에 근거하여 허용된다는 입장을 취하고 있다. 이에 반하여 Ⅰ. 4.에 정리한 판정 가운데, *CMS* 취소결정과 *Continental* 판정은 명확하게 이것을 일차 규칙으로서 다루고 있다.[24] 즉, *CMS* 취소결정과 *Continental* 판정에서 안전보장상의 필수적 이익에 필요한 조치에는 애초부터 투자협

---

23) 山田, "前揭論文" (注 6), 25-26면; Boed, *supra* note 6, pp.10-12.

24) *Continental, supra* note 15, pp.163-164; *CMS (Annulment), supra* note 14, pp.129-132.

정상의 실체적 의무가 미치지 않는다고 해석된다.

이러한 차이는 중재재판에서의 입증책임에 중대한 차이를 발생시킨다. 즉, 안전보장조항을 적극적 항변으로 해석하는 경우에는 먼저 신청인인 투자자가 투자유치국 조치의 조약위반을 입증하고, 투자유치국은 이에 대하여 당해 조치의 안전보장조항 적합성의 입증을 요구하여야 한다. 따라서 이것을 투자협정상 의무의 적용범위를 명확히 구분하는 일차 규칙으로서 해석한다면, 우선 신청인인 투자자는 문제의 조치에 안전보장조항이 적용되지 않고 투자협정상 의무 적용범위에 포함되지 않는다는 점을 입증하여야 한다.

그러나 이러한 안전보장조항의 법적인 지위에 관한 명확한 근거를 요구하는 것은 곤란하다. 안전보장조항은 미국 2004년 모델 BIT 외에도 예를 들면 '본 협정은 [⋯]을 저해하는 것이 아니다(this Treaty shall not preclude [⋯])'(미국-아르헨티나 협정 제16조) 또는 '이 협정 [⋯] 다른 어떠한 규정에도 불구하고 [⋯](Notwithstanding any other provision in this Agreement [⋯])'(한일투자협정 제16조)라는 비교적 정형적인 문구를 포함하는 조문이 많다. 이러한 일반적인 문언은 적극적 항변으로서도 또 조약의무의 범위를 획정하는 일차 규칙으로서도 해석될 수 있다는 것이 *Oil Platforms* 사건에 대한 ICJ의 관할권 판결(1996)과 인도, 추가세사건에 대한 WTO 패널보고서(2008)에 나타나 있다.25) 실제로 이 장에서 검토한 아르헨티나 관련 중재판정도 미국-아르헨티나 협정 제11조가 어떠한 이유로 예외 혹은 이차 규칙으로서 해석되느냐에 대한 충분한 이유를 설명하고 있지 않다.

---

25) WTO Panel Report, *India-Certain Taxes and Other Measures on Imported Wines and Spirits*, June
    9, 2008, WT/DS380/R, p.7. 148; *Oil Platforms* (Iran v. U.S.), Preliminary Objection, Dec.
    12, 1996, 1996 I.C.J. 803, p.811.

또 다른 어려운 해석 문제는 안전보장조항의 자기판단적(self-judging) 성질의 유무이다. 미국 2004년 모델 BIT 제18조를 보면 당사국은 필수적 이익 보호에 '필요하다고 스스로가 판단하는 조치(measures that it considers necessary)'(필자 강조)를 취하는 것이 허용되고 있다. 즉, 어떤 조치가 안전보장 목적으로 필요한가의 여부는 조치를 취하는 당사국 자신이 주체적으로 판단하는 것으로 상황종료 후에 (second-guessing) 제3자의 개입을 배제 또는 한정하는 것으로 해석할 수 있다. 그 배경에는 특히 협의의 안전보장의 확보에 관한 정책 대응은 고도로 주관적인 판단이기 때문에, 국제사법기관에 의한 사후적인 실체심사에는 적합하지 않다는 이른바 '정치문제의 법리'와 같은 견해에 있다고 할 수 있다.

앞서 살펴본 일련의 중재판정에서 아르헨티나는 동일한 자기판단적인 문언이 미국-아르헨티나 협정 제11조에 나타나지는 않지만,[26] 조약체결 후에 이를 자기판단적으로 해석하여야 한다는 점이 당사국 간에 합의되었다고 주장하였다. 그러나 각 중재판정부 모두, 특히 문언에서 자기판단성을 찾을 수 없는 점과 아르헨티나가 주장한 것과 같은 미국-아르헨티나 간의 합의의 존재가 명백하지 않다는 점을 이유로 기각하였다.[27]

그러나 안전보장조항의 자기판단성은 문언상 명기되어 있을 때 즉시 인정받을 수 있는지, 아닌지에 대해서 다시 분쟁의 여지가 남는다. 예를 들어, *Oil Platforms* 사건의 ICJ 본안판결(2003)에서는 안

---

26) 미국-아르헨티나 조약은 미국이 90년대 중반부터 투자협정 중의 안전보장조항에 자기 판단적인 문언을 투입하기 이전에 체결되었고, 동 제11조는 아래와 같이 그러한 문언이 나타나 있지 않다(밑줄은 필자). "This Treaty shall not preclude the application by either Party of measures necessary for … the protection of its own essential security interests."

27) *Continental, supra* note 15, p.187; *Sempra, supra* note 10, pp.379, 386-387; *Enron, supra* note 10, p.335-338; *LG & E, supra* note 13, p.213; *CMS, supra* note 9, pp.366-372.

전보장조항에서의 자기판단적인 문구의 유무와 상관없이 관련된 다른 국제법(이 사건의 경우는 자위권행사에 관한 일반국제법)에 근거하여 안전보장상의 조치일지라도 사후적인 사법적 심사에 따른다고 판단하고 있다.[28]

이처럼 안전보장조항은 넓게 BIT에서 채택된 예외(혹은 적용 제외)의 유형이긴 하지만 보호법익이 반드시 명확하지는 않고 또 난해한 해석의 문제를 남기고 있다. 또 예외적 사태로서, 협의의 안전보장보다 오히려 경제적 곤란, 더 나아가서 환경, 공중위생 등의 비경제적 정책목표와 경합과의 조정이 일상적으로는 중요한 결과가 될 것이다. 지금까지 검토한 내용에서, 안전보장조항으로 이런 다양한 사태에 대응하기 위한 원용의 요건도 너무 일반적으로 규정되어 있고, 투자자유화·보호의 권리의무와 투자유치국 규제주권의 균형을 명확히 하는 데 있어서 충분히 기능하지 않는다는 점이 명백히 드러났다.

2. 그 밖의 예외규정

투자규율이 규제주권의 실질적인 제약으로 귀결하는 것은 점차 의식되어 왔고, 특히 금세기에 들어서 체결된 투자자유화를 포함한 신세대 투자협정에서는 다양한 예외가 정비되고 있다. 이 예외들은 투자자유화·보호와 경합하는 정책목적을 위해 취해진 조치를 투자협정상의 의무로부터 포괄적 예외를 인정하는 것과 당해 조치와 관계있는 일부 의무로부터 예외를 인정하는 것으로 나누어진다. 예를 들면 1.의 안전보장의 예외 가운데 특히 미국과 인도의 것은 뜻밖의 사태에 있어서 발생하는 모든 의무위반을 포괄적으로 투자협정의

---

28) *Oil Platforms* (Iran v. U.S.), Merit, Nov. 6, 2003, 2003 I.C.J 161, pp.179-83.

예외 또는 적용대상의 예외로 한다고 규정하고 있어 전자에 속한다. 한편 다음에 설명할 경제적·사회적 예외는 관련된 특정 의무에 대해서만 개별적으로 예외를 인정하는 것이 대부분이다.

예외를 유형별로 살펴보면, 먼저 아르헨티나 관련 사건에서 문제가 되었던 경제적 측면에 대해서 이미 60년대에는 OECD 자본이동자유화규약 제7조, 경상무역외거래자유화규약 제7조가 안전보장 예외에서 별도로 '경제 및 재정금융상'의 상황과 '자국의 종합국제수지'를 이유로 한 자본자유화 의무의 불이행 및 자유화 철회 등을 규정하고 있다. 이 세이프가드제도는 MAI초안에도 계승되어 제Ⅵ장 '일시적 긴급조치'에서 국제수지상 대외금융상의 곤란, 거시경제적인 관리, 특히 통화·환율 정책상의 어려움을 이유로 자금이전 및 국경을 초월한 자금거래에 관하여 내국민대우의 예외를 인정한다. 또한 MAI초안은 제Ⅷ장에서도 금융부문에서의 신용질서유지조치를 협정의무 전체의 예외로 규정하고 있다. 또한 에너지헌장조약 제9조 4항은 자본시장 이용기회의 내국민대우에 대해서 신용질서유지의 예외를 인정하고 있다.

이와 같은 경제적 예외는 최근의 BIT에서도 볼 수 있다. 미국의 2004년 모델 BIT 제20조에서는 신용질서유지조치에 대하여, 캐나다의 2004년 모델 BIT 제10조에서는 보다 포괄적인 외환·통화·신용에 관한 당사국의 정책조치에 대하여 각각 협정에서 포괄적 예외로 하고 있다. 이러한 국제수지·외환보유고 및 신용질서유지에 관한 예외는 이 장에서 논한 아르헨티나의 위기와 최근의 미국 서브프라임 문제와 관련한 일련의 금융시장 통화정책의 혼란 그리고 일본의 버블경제 붕괴 후의 불량채권 문제 등을 상기한다면 경험적 측면에서 그 중요성은 앞으로도 커질 것이다. 특히 UNCTAD의 조사

(survey)에 따르면, 신용질서유지 예외에 관하여 많은 BIT에서 일정한 패턴으로 모아지고 있다는 점을 지적하고 있어[29] 규율이 표준화되고 있다는 점을 짐작할 수 있다.

그 밖에 경제적 측면에 관한 예외로서, 먼저 다자간 협정인 MAI 초안 제Ⅷ장에서는 세제조치를 수용과 투명성 요건 등 일부 의무를 제외하고 포괄적으로 협정의 예외로 규정하고 있다. 에너지헌장조약 제21조에는 이와 같은 세제조치의 예외가 규정되었고, 제10조 10항에는 지적재산권 보호의 비차별대우에 관한 예외가 포함되어 있다. 또 BIT에서 규정하는 지적재산권 보호 예외로 미국 2004년 모델 BIT 제6조 5항, 제8조 3항과 캐나다 2004년 모델 BIT 제9조, 제13조 등에서 TRIPS 협정합치적인 조치가 예외로 규정되어 있다. 또 과세에 대해서도 여러 예외가 다양하게 규정되고 있다는 점이 지적되고 있다.[30]

한편, 비경제적 예외의 대표적인 예로는 환경보호 및 노동기준 준수를 들 수 있다. 다국적기업들이 생산비용 절감을 위하여 생산거점을 이전하게 되었고 따라서 생산거점 유치를 목적으로 한 환경·노동기준의 완화를 의미하는 '바닥 경쟁(race to the bottom)'의 문제가 염려되었다. 이 점이 NAFTA 교섭과정에서 환경·노동 의정서에 반영되었다는 사실은 잘 알려져 있다. 때문에 미국과 유럽의 BIT를 중심으로, 협정이 환경규제의 원용과 실시를 방해하지 않는다는 점을 분명하게 밝혔고, 투자유치를 위해 환경기준 완화를 부적절한 것으로 간주하는 규정이 도입되었다. 환경보호 예외는 다른 BIT에도 확대되는 모습을 보이고 있지만 구체적인 법적 의무와 예외를 창설한

---

29) UNCTAD, *supra* note 20, pp.90-92.
30) *Ibid.*, pp.81-83.

것은 많지 않다.[31] 노동기준에 대해서도 환경과 마찬가지로 투자유 치를 위해 노동기준을 완화하는 것은 부적절한 것으로 인식하여 ILO가 인정하는 규율을 준수하여야 한다는 취지를 규정하는 것이 일반적이다.[32]

투자유치국의 문화보호에 관해서는 MAI 교섭과정에서 이를 이유 로 프랑스가 교섭에서 탈퇴하는 등 매우 큰 관심을 불러일으켰다. 2005년에는 유네스코 문화다양성협약이 체결되어 앞으로는 동 협약 에 근거한 문화보호·진흥과 투자협정의 충돌이 표면화될 가능성도 있다. 자국 문화에 대한 경제 글로벌화의 영향에 대해서 가장 강한 우려를 표시한 캐나다는 BIT에서 폭넓은 문화보호를 위해 투자규제 를 허용하는 조항을 포함하고 있다.[33] 예상대로 캐나다의 2004년 모 델 BIT 제10조 6항은 포괄적으로 문화산업을 투자협정의 적용대상 에서 제외하고 있다.

이처럼 다양한 비경제적 예외는 다자간 협정에도 많이 포함되어 있다. MAI초안을 보면 투자자 및 투자재산의 대우를 규정한 제III장 에는 안전·위생·노동·환경에 관한 기준완화의 회피, 나아가 보 다 포괄적인 환경·노동에 대한 예외규정의 작성을 시험한 흔적을 엿볼 수 있다. 또한 MAI초안 부속서에는 각 교섭참가국의 제안 수 준이기는 하지만 문화산업에 대한 예외도 포함되어 있다. OECD 다 국적기업행동방침(2000년 개정)에서도 다국적기업은 그 국적국뿐 아니라 투자유치국에서의 환경보호, 노동기준, 뇌물제공, 소비자보 호 등에 대하여 선량한 기업시민으로서 준수해야 할 행동규범을 정 하고 있다. 이를 준수하는 것은 임의적이고 법적 형식으로는 어디까

---

31) *Ibid.*, pp.94-96.
32) *Ibid.*, pp.96-99.
33) *Ibid.*, pp.89-90.

지나 OECD 회원국 정부에 의한 권고에 지나지 않는다. 그러나 OECD가 촉진하는 투자자유화·보호의 목적으로 보장되는 기업활동의 자유를 다양한 비경제적·사회적 고려요인에 비추어 제약하는 내용을 포함하고 있다. 또 에너지헌장조약 제24조 2항 (b)에는 인간과 동식물의 생명과 건강보호를 위한 조치, 불가항력에 의한 에너지 원료·생산품공급 부족 시의 대응, 그리고 원주민 및 사회적·경제적 약자를 대상으로 한 이익 공여에 관한 예외가 규정되어 있다.

마지막으로 일본의 신세대 BIT를 살펴보면, 투자자유화를 규정한 투자협정상의 의무가 투자유치국의 규제주권을 한층 더 제약한다는 점에 비추어볼 때 경제·비경제를 불문하고 여러 가지 예외가 포함되어 있음을 알 수 있다. 예를 들어, 한국, 베트남 그리고 최근의 페루, 라오스, 우즈베키스탄과의 협정을 각각 살펴보면, 규율 내용에 약간의 차이는 있지만 공통적으로 특정분야, 지적재산권, 국제수지, 자금이전, 신용질서유지 및 조세에 관한 예외를 규정한 있다. 이것을 구세대 BIT에 속하는 러일 투자협정에서의 예외가 투자이전의 자유에 관한 외환제한, 내국민대우(안전보장관계), 조세에 관한 것에 한정되어 있던 것과 비교하면 예외조항이 한층 다양화되어 있다는 점을 알 수 있다.

환경과 노동에 대하여는, 예를 들면 일본-페루 협정 제26조와 같이 일반적인 환경기준과 노동기준의 준수를 강조하여 말하고 있는 것일 뿐, 구체적인 의무와 예외의 창설까지 규정하고 있지는 않다. 또 어느 BIT에도 문화산업에 대한 예외는 포함되어 있지 않다.

결 론

아르헨티나의 경험은 개발도상국·신흥경제국에 있어서 투자협정이 도를 넘은 규제주권의 제약이 되고, 경제적 곤란에 직면하여 스스로의 손과 발을 묶어버린다는 우려를 실제로 증명한 사건이었다. 이 국가들은 2008년 가을부터 이전에 경험하지 못했던 세계금융위기의 영향을 체험하고, 경제 글로벌화 영향의 자율적 제어를 제한하는 것에 앞으로 더욱 신중해질 가능성이 있다. 특히 신세대 BIT는 투자자유화를 촉진하고, 경제 글로벌화의 진행을 더욱 가속화시키는 도구가 된다. 1998년에 MAI가 좌절한 이유 중 하나가 외국자본 유입에 의한 자국문화 침식에 대한 우려(특히 프랑스)에 있었던 것처럼, 환경, 노동, 인권, 개발, 안전보장 등의 경제적·사회적인 정책목표에 관한 투자유치국의 규제주권 및 시민사회의 관심과 투자보호·자유화의 적절한 균형유지가 앞으로의 투자협정체결의 성패를 좌우하게 될 것이다.[34]

물론 예외의 법제도화는 곧 명시적으로 투자보호·자유화에 대한 예외의 구실을 만드는 것에 지나지 않을 수 있다. 이러한 점에서 항상 남용의 위험이 있다는 점을 부인할 수 없고, 투자자 보호의 관점에서 보았을 때, 이 장에서 예외규정의 정비를 긍정적으로 파악하는 문제의식에 대하여 의문을 갖는 이도 있을 것이다. 그러나 이상에서 검토한 바와 같이 국제투자법 및 투자중재제도의 장기적이고 지속가능한 발전은 경제 글로벌화와 예외의 타당한 균형에 의존한다. 그

---

34) Caliskan, Yusuf, *The Development of International Investment Law: Lessons from The OECD MAI Negotiations and Their Application to a Possible Multilateral Agreement on Investment,* Dissertation. Com, 2002, pp.178–184; Kobrin, Stephen J., "The MAI and the Clash of Globalizations", *Foreign Policy,* issue Fall 1988 (1998), p.97.

러므로 이 점에 대한 충분한 고려 없이는 앞으로의 투자협정의 교섭 또는 체결이 이루어질 수 없을 것이다.

제10장 투자분쟁에서 행위의 국가귀속 문제

西村 弓 (니시무라 유미)

서 론

투자분쟁에서 외국투자자를 침해한다고 주장되는 행위가 투자유
치국 내에서 행해진 경우, 이것이 투자유치국의 행위라고 평가될 수
있는지가 하나의 쟁점이 된다. 투자협정을 위반하면, 그 위반행위에
대한 국제법상 책임을 지는 것은 협정 당사자인 체약국이지만, 국가
는 추상적 존재이며, 위반이라고 주장되는 구체적인 행위를 하는 것
은 종종 기관이나 단체 또는 개인이기 때문에, 그 일련의 행위를 국
가의 행위라고 단정하기 어렵다. 예컨대 지방정부나 국영기업, 공사,
또는 국가가 업무위탁을 맡긴 민간단체 등에 의한 작위·부작위가
투자자를 침해하는 경우, 이러한 침해행위가 국가에 의한 투자협정
위반으로 평가될 수 있는지가 문제이다. 일본의 경우, 지방정부 및
일부사무조합 등의 지자체나 독립행정법인, 공단, 또는 PFI(Private
Finance Initiative)사업을 하는 운영사업자가 외국투자자에 대해 침해
행위를 저지른 경우, 투자보호조약을 통해 일본이 그 책임을 져야
하는지에 대한 문제이다. 반대로 우리 기업이 투자한 국가의 일부
부처 또는 지방정부 등으로부터 받은 침해에 대하여 현지국가에 배

상을 청구할 수 있는지의 문제이다.

어떤 기관이나 단체·개인의 행위가 국가의 행위라고 인정되는지의 여부는 행위의 국가로의 귀속(attribution)에 관한 규칙에 의해 결정된다. 귀속의 유무를 판단함에 있어서, 중재판정부는 UN국제법위원회(International Law Commission, 이하 '국제법위원회')가 2001년에 채택한 '국제위법행위에 대한 국가책임에 관한 초안(Draft Articles on Responsibility of States for Internationally Wrongful Acts, 이하 '국가책임초안')'[1]에 근거하여 결론을 도출하고 있다. 국가책임초안은 조약으로서 체결된 것이 아니고, 총회결의에 부속문서로 채택된 것일 뿐 그 자체로 법적 구속력을 갖지는 않는다. 그러나 귀속규칙은 국제관습법으로 간주되기 때문에 이에 근거한 것이다. 또한 투자유치국과 투자자 사이에 발생하는 투자분쟁에서, 국가 간의 책임추궁을 고려하여 작성된 국가책임초안을 무조건 적용한다는 것은 일반적으로 문제가 될 수 있다. 그러나 귀속규칙은 위법행위를 한 위반국을 구별하기 위한 기준이기 때문에, 투자분쟁에서 피해주체를 어떠한 식으로 이해하는가 하는 문제와 관계없이 원용된다는 특징을 갖는다.[2]

---

1) A/RES/56/83. 조문과 Commentary는 J. Crawford, *The International Law Commission's Articles on State Responsibility: Introduction, Text and Commentaries*, 2002에 정리되어 있다. 또한 2000년 이전의 중재에서는 1996년에 채택된 제1잠정초안(이하 '제1초안')(A/CN.4/L.528/Add.2)이 참조되는 경우도 있으나, 이 장에서 검토대상으로 하는 귀속규칙에서는 양자의 내용은 차이가 없다.

2) 귀속규칙을 포함한 초안 제1부는 피해자가 국가 이외 누구더라도, 국제위법행위를 행한 것이 국가라면 모든 경우에 적용하는 것에 대해 Commentary to Article 28, *supra* n.1, para.3. 국제법위원회의 국가책임론은 실체규칙으로는 위법행위 확정의 조건과 책임을 지는 위반국에 과해지는 의무를 중심으로 구성되어 있고, 피해국 측의 문제는 책임추궁의 절차적 권리로 볼 수 있다. 이러한 구성을 취하는 것에 의해서 권리침해를 받은 자가 누구든 모든 국제의무위반에 있어서 국가책임이 발생한다고 이해되어, 예를 들면 인권침해 등에 대한 책임법 적용의 시비에 있어서는 책임추궁을 할 수 있는 국가의 범위 문제로 논의가 이루어지게 된다. 사인을 일방 당사자로 하는 투자분쟁에 대해서도 책임법이 당연히 적용되는 것은 이러한 국가책임초안의 구성을 한 원인으로 한다. 실제로 유럽인권재판소나 자유권규약 인권위원회는 인권침해의 유무를 인정함에 있어서 국가책임법상의 귀속규칙을 적용하고 있다. 이 점에 대해서는 H. Dipla, *La responsabilité de l'Etat pour violation des droits de l'homme: Problémes d'imputation*, 1994.

국가책임초안에 따르면 첫째, 어떤 국가의 조직상 국가기관 그 자체라고 볼 수 있는 사람·단체가 행하는 일련의 행위는 당해 국가에 귀속한다(제4조). 둘째, 국가 조직상 국가기관으로 볼 수는 없으나, 당해 국가의 법령상 통치권능의 일부를 행사하는 권한을 부여받은 자의 행위는 그 자격으로 행동하고 있었던 경우에 한해 국가에 귀속한다(제5조). 셋째, 사인의 행위는 원칙적으로 국가에 귀속하지 않으나, 국가의 지시에 기초하여 또는 국가에 의한 지휘·명령을 기초로 실시한 행위에 대해서는 예외적으로 국가에 귀속한다(제8조).

투자분쟁에서 귀속규칙의 각각의 유형에 대한 적용실태는 어떠한가? 이에 대해 정리하는 것이 이 장의 첫 번째 과제이다(Ⅰ). 또한 관련된 중재판정을 개관하면, '귀속'이라는 표현을 사용하면서, 엄밀한 의미에서의 귀속판단과는 다른 문제가 발생하는 사례가 있는 것이 화두가 되고 있어, Ⅱ에서 투자분쟁중재에 관한 귀속기준의 지위에 대해 검토한다. 본론에서 살펴보는 바와 같이, 중재판단에 있어서는 '귀속'규칙이라고 칭하는 기준이 각각 다른 문맥에서 원용되는 경우가 있어서 혼란스럽다. 이상의 내용을 종합하면, 비국가주체의 행위가 어떠한 조건으로 국가에 귀속되어, 투자협정위반에 귀결되는가를 분석하는 것은 투자분쟁해결에 있어 매우 중요하다고 생각한다.

Ⅰ. 행위의 국가귀속 기준

1. 국가기관의 행위

국가책임초안 제4조는 국가기관 행위의 국가로의 귀속에 대해 다음과 같이 규정한다.

> Article 4 Conduct of organs of a State
> 1. The conduct of any State organ shall be considered an act of that State under international law, whether the organ exercises legislative, executive, judicial or any other functions, whatever position it holds in the organization of the State, and whatever its character as an organ of the central government or of a territorial unit of the State.
> 2. An organ includes any person or entity which has that status in accordance with the internal law of the State.

동조는 국가의 조직서열 안에서 어떠한 지위를 차지하고 있는지, 중앙기관인지 지방기관인지를 불문하고, 국가기관의 행위는 국가의 행위라고 평가하는 것을 규정하고 있다. 국가단일성의 원칙(principle of the unity of the State)에 기초하여, 중앙이든 지방이든, 심지어 행정, 사법, 입법 등의 기능을 담당하든, 국제법상 국가기관은 국가 그 자체와 동일시되기 때문이다. 독립된 개별의 법인격을 지닌 주체의 행위가 국가와의 사이에 어떠한 관련성을 지니고 있는가에 따라 당해 국가에의 귀속 여부를 판단하는 후술하는 문제와는 다르게, 국가기관의 행위는 그 기관이 국가 그 자체라고 인정될 때부터 국가의 행위로 평가된다.[3] 국제사법재판소(ICJ)에 따르면, 국가책임초안 제4

---

3) 국가책임초안 제4조는 기본적으로 당해 국가의 국내법제상, 국가기관으로 볼 수 있는 기관의 행위가 국가책임을 발생시킨다고 규정하고 있다(*de jure* 국가기관). 단, 동조 제2항은 기관이란 당해 국의 국

조도 국제관습법규칙을 보여주고 있다.[4]

투자분쟁과 관련해서는 외국투자를 유치한 지방정부의 유치 후 행위가 투자자의 권리·이익을 침해하는 경우, 이러한 침해행위가 국가에 의한 투자협정위반이라고 평가된다는 관점에서부터 문제되는 경우가 많으나, 지방정부의 행위에 대해서 국가가 국제적으로 책임을 지는 것은 예전부터 확립된 관습법상의 규칙이다. 투자분쟁중재에 있어서도 주(州)[5]나 시(市)[6] 등 지방정부의 행위가 국가에 귀속되는 것은 빈번히 확인되고 있다. 또한 입법·사법·행정기관의 구별과 상관없이 국가기관의 행위는 국가책임을 발생시키는 것으로,[7] 예를 들면 장관, 내각 등의 행정기관[8]이나 사법부[9]의 행위가 국가에 귀속되는 것을 확인하고 있다.

내법에 의거하여 기관으로 정의되는 것을 '포함'한다고 하여, 관련국의 법령상 국가기관으로 볼 수 없는 개개 법인격의 사람·단체라고 해도 제4조의 대상으로 되는 경우가 있다는 것을 나타내고 있다. 아무리 정규 국가기관이 아니라고 해도, 어떤 사람이나 단체가 국가에 대해 '완전한 의존 상태 (complete dependence)'에 있어, 국가의 '단순한 도구'나 '대리'에 지나지 않는 경우에는 이를 국가 그 자체와 동일화시킨 '*de facto* 국가기관'으로 평가하여 귀속을 긍정하는 것이다. *Case concerning the Application of the Convention on the Prevention and Punishment of the Crime of Genocide* (Bosnia and Herzegovina v. Serbia and Montenegro), paras. 390-395.

4) *Ibid.*, para.385.

5) Tucuman주의 행위가 아르헨티나에 귀속되는 것을 인정한 *Compañiá de Aguas del Aconquija, S.A. and Compagnie Générale des Eaux v. Argentine Republic*, ICSID Case No. ARB/97 /3 (21 November 2000), para.49; Buenos Aires주의 행위가 아르헨티나에 귀속하는 것을 인정하였다. *Azurix v. Argentine Republic*, ICSID Case No. ARB/01/12 (14 July 2006), para.50 등.

6) Vilnius시의 행위가 리투아니아에 귀속되는 것을 인정하였다. *Parkerings-Compagniet AS v. Lithuania*, ICSID Case No. ARB/05/8 (11 September 2007), para.258; Kiev시 직원의 행위가 우크라이나에 귀속한다고 한 *Generation Ukraine, Inc. v. Ukraine*, ICSID Case No. ARB/ 00/9 (16 September 2003), paras.10.1-10.7 등.

7) *CMS Gas Transmission Company v. Argentina*, ICSID Case No. ARB/01/8, (Decision on Jurisdiction, 17 July 2003), para.108.

8) 석유장관의 행위가 국가에 귀속한다고 한 *Texaco Overseas Petroleum Co. v. Libyan Arab Republic* (Preliminary Award of 27 December 1975), *International Law Reports*, vol. 53, 1977, para.23; 재무장관의 행위가 국가에 귀속한다고 한 *Eureko B.V. v. Republic of Poland* (19 August 2005), para.129 등.

9) *Azinian v. Mexico*, ICSID Case No. ARB (AF)/97/2 (1 November 1999), paras.97-103. 주재판소의 행위가 문제된 *Loewen* 사건에 있어서 미국은 귀속에 관해 다투고 있지 않다. *Loewen v. U.S.*, ICSID Case No. ARB (AF)/98/3 (26 June 2003).

이와 같이, 제4조가 구현하는 관습규칙은 투자분쟁에서 문제없이 적용되고 있다. 다만, 제4조는 당사국이 합의하는 특별규칙에 의해 별도의 귀속규칙을 규정하는 것까지 금지하는 것은 아니다. 예를 들면 조약 중에는 연방조항에 의해 연방정부의 책임이 한정될 가능성이 있다.[10] 이는 투자보호협정 내에서 '중앙정부는 지방정부가 협정상의 의무를 준수하는 것을 확보하기 위해 실행 가능한 합리적 조치를 취하여야 한다'는 취지로, 이른바 '이행확보의무규정'을 마련한 것도 있다.[11] 중앙정부가 지방정부의 이행을 확보하기 위해 충분히 노력하고 있으면, 지방정부가 조약상의 의무를 이행하지 않을 시에도 국가에 협정상의 의무위반을 물을 수 없다는 특별규칙을 정했는지 여부는 당해 개개 규정의 해석 문제이다.

2. 법령에 기초하여 특정 분야에 관한 통치권능을 행사하는 자의 행위

국가기관으로서의 지위를 갖지 않더라도, 관련국의 국내 법령에 의해 특정 문제에서 정부권한의 행사를 위임받은 자의 행위귀속에 대하여, 국가책임초안 제5조는 다음과 같이 규정한다.

Article 5 Conduct of persons or entities exercising elements of governmental authority

---

10) Commentary to Article 4, *supra* n.1, para.10. 역으로 일반 귀속규칙에 근거하면 국가의 행위라고 말할 수 없는 행위에 관해 국가가 보상책임을 지는 것을 조약에 의해 특별히 정하는 것 역시 가능하다. 투자보호에 관한 개개의 조약 규정의 작성·해석의 중요성을 설명하는 것으로, B. Legum, "Are States Liable for the Conduct of Their Instrumentalities? Case Law of Tribunals Other Than ICC and ICSID", E. Gaillard and J. Younan eds., *State Entities in International Arbitration*, 2008, pp.66-68.

11) 일본-캄보디아 투자협정 제25조; 일본-베트남 투자협정 제22조 1항; 한일투자협정 제22조 1항 등.

The conduct of a person or entity which is not an organ of the State under article 4 but which is empowered by the law of that State to exercise elements of the governmental authority shall be considered an act of the State under international law, provided the person or entity is acting in that capacity in the particular instance.

구사회주의국가나 개발도상국에서는 에너지산업 부문을 조직상으로는 민영화를 하였으나, 국가가 계속 소유·지배하고 있는 사례가 많아 투자협정중재에서 이러한 유형의 귀속이 쟁점이 되기도 한다. 준국가주체(instrumentality; émanation)의 행위 귀속의 문제이다. 이러한 사건에서 중재판정부는 귀속규칙을 일반국제법상의 규범이라고 하여 그 내용을 확정할 때 앞의 제5조를 참고하여 판단하고 있다.

(1) 구조·기능기준

Maffezini 사건에서 스페인의 Galicia 자치주의 산업진흥을 임무로 산업부령에 의해 설립된 기업체 Sociedad para el Desarrollo Industrial de Galicia Sociedad Anónima(이하 'SODIGA사')의 행위가 스페인에 귀속되는지가 하나의 쟁점이 되었다. 중재판정부는 국가책임 제1초안 제7조 2항(현 초안 제5조)을 참고하여, 국가에 의한 당해 기업의 소유·지배의 유무, 당해 기업의 설립목적에 공공서비스적 성격의 구조기준(structural test), 또는 실제 당해 기업이 정부권한의 일부를 담당하고 행동하고 있는가라는 기능기준(functional test)에 비추어 SODIGA사는 스페인을 대위하여 행동하는 기업체라는 것을 인정하고 있었다.[12] 구체적으로는 SODIGA사가 산업부령에 의해 창설된

---

12) *Emilio Agustin Maffezini v. The Kingdom of Spain*, ICSID Case No. ARB/97/7 (Award on Jurisdiction, 25 January 2000), paras.76-86.

점, 51%를 넘는(이 사건에 있어서 구체적으로는 88% 이상) SODIGA 주식이 국가기관에 의해 보유되고 있는 점, SODIGA 창설 시의 경위부터 자치주의 산업진흥이라는 통치기능을 수행하는 조직을 창설하려는 의도가 있었다는 명백한 점, 신규산업의 육성이나 보조금의 배분 등은 전형적으로 국가가 하는 사업이라는 점이 판단요소가 되었다.[13] 국가책임초안 제5조에서는 '정부권한(the governmental authority)'의 행사는 귀속여부 판단의 핵심요소가 되지만, 이를 판단하는 세부적인 내용에 대해서는 규정하지 않고 있다. 중재판정부가 제시한 구조 및 기능기준은 정부권한의 유무를 판단하기 위한 구조로서 기능한다고 말할 수 있다.[14]

국영기업의 민영화를 임무로 하는 루마니아 법인 State Ownership Fund(이하 'SOF사')의 행위가 루마니아에 귀속되는지가 논의가 되었던 *Noble Ventures* 사건에서도 중재판정부는 국가책임초안 제5조가 국제관습법을 나타낸 것으로 인용하여,[15] SOF사가 동조의 예에 해당하는지를 검토하고 있다. 중재판정부는 루마니아의 민영화법이 SOF사를 국영기업의 민영화에 관한 '권한 있는 공적기관(empowered public institution)'으로 정의하여, 주식의 관리 및 판매, 투자자와의 계약체결을 포함하여 민영화 프로세스에 있어서 광범위한 권한을 부여하고 있는 점, SOF사의 경영진은 수상에 의해 임명되며 내부규칙은 정부의 결의에 의해 승인되어야 함을 규정하고 있는 것으로부

---

13) *Ibid.*, paras.83-86. 이 판단은 본안 단계에 있어서도 재확인되고 있다. *Emilio Agustin Maffezini v. The Kingdom of Spain*, ICSID Case No. ARB/97/7 (13 November 2000), paras.46-50.

14) 지금까지 구조·기능 기준이 원용된 여러 사례는 관계국의 법령에 의해 권한 행사가 수권되어 있었기 때문에 국가책임초안 제5조가 상정하는 유형에 합치되어 있었다. 그러나 구조기준과 기능기준의 관계가 명확화되어 있지 않고, 그 지위에 따라서 이후 책임초안이 상정하는 유형과는 다른 귀속기준이 투자분야에 있어서 생성될 가능성이 있어 주목된다.

15) *Noble Ventures, Inc. v. Romania*, ICSID Case No. ARB/01/11 (12 October 2005), para.70.

터, SOF사는 루마니아법에 기초하여 정부권한을 행사하는 조직으로서 위치하고 있다고 하였다.[16] 더욱이 이 사건에서 문제되고 있는 행위는 SOF에 부여된 권한(mandate)의 범위 내에서 행해진 것으로, 따라서 SOF의 행위는 루마니아에 귀속되는 것을 인정하고 있다.[17] 구조·기능기준이라는 용어는 사용하고 있지 않지만, 그 판단내용은 그 두 기준에 따르고 있음을 알 수 있다.

에콰도르의 전력공공사업체인 Instituto Ecuatoriano de Electrificación(이하 'INECEL사')의 행위가 에콰도르에 귀속되는가가 쟁점이 되었던 *MCI* 사건에서 에콰도르는 자국의 국내법상 국가로부터 독립한 법인격을 지닌 INECEL사의 행위를 둘러싼 문제에서는 투자보호협정은 적용되지 않는다고 주장하였었지만, 중재판정부는 국가책임초안 제5조에 의거하여 INECEL사가 구조·기능 기준 모두에서 에콰도르의 정부권한을 행사한다는 사실을 확인하여 귀속을 긍정하였다.[18]

국가책임초안 제4조에 의해 국가기관에 해당하는 행위는 일체 국가의 행위로 인정되나, 제5조가 규정하는 어떠한 분야에 있어서 정부권한을 부여받은 사실에 의해 국가기관처럼 평가되는 자의 행위는 법령상의 근거에 기초하여 그 자격으로 행해진 행위에 한해 국가의 행위로 평가된다는 차이가 있다. 비국가주체의 행위귀속 문제를 모두 후술하는 제8조에 수렴시키는 것은 행위에 대하여 국가에 의한 실제적인 통제를 요구하는 것이 되어, 국가의 책임을 물을 수 없

---

16) *Ibid.*, paras.71-80.

17) *Ibid.*, para.80.

18) *M.C.I. Power Group L.C. and New Turbine, Inc. v. Ecuador*, ICSID Case No. ARB/03/6 (31 July 2007), paras.222-225. 동일한 내용의 기준에 의거하여 귀속의 판단을 한 것으로서, 석유기업 QGPC의 행위가 카타르에 귀속된다고 한 *Wintershall A.G. et. als. v. The Government of Qatar* (Partial Award on Liability, 29 January 1988), *International Legal Materials*, vol. 28, 1989, pp.811-812나, 전력관련기업 Latvenergo의 행위가 라트비아에 귀속된다고 한 *Nykomb Synergetics Technology Holding AB v. Latvia* (16 December 2003), para.42를 들 수 있다.

는 경우를 확대시킬 가능성이 크다. 예를 들면 철도 내에서 경찰과 같은 권한 행사를 인정하고 있는 철도회사의 직원이 외국인을 부당하게 구속하는 경우 당해 직원의 행위에 대해 국가의 실제적인 통제가 미치지 않고 있다고 하더라도, 경찰권한을 부여한 것에 의해 당해 권한의 범위 내에 행해진 행위에 대해서는 국가에 책임을 묻는 것이 합리적이다. 한편, 경찰권한과 관계없는 발권이나 운행 등의 업무는 민간기업으로서 행하고 있어, 이것들이 부수적으로 외국인에게 손실을 주었다고 해도 국가가 책임을 지게 되지는 않는다. 이러한 행위의 주체는 국가기관은 아니지만, 권한행사를 인정하고 있는 분야에 한하여, 흡사 국가기관으로서 행위하는 것처럼 평가되는 것이다. 상기의 *MCI* 사건 중재판정이 제5조에 의거하여 문제가 되고 있는 행위수행에서는 INECEL사를 에콰도르의 '국가기관으로서 인정한다'는 결론을 이끌어 귀속을 긍정하는 것으로부터도, 본조에 기초하여 인정하는 특징을 보인다.[19]

(2) 귀속기준과 공권력성

앞에서 살펴본 바와 같이, 구조·기능기준에 기초하여 국가의 정부권한을 행사하고 있다고 평가되는 자의 행위는 국가에 귀속된다는 것이 그동안 집적된 중재판정으로부터 살펴볼 수 있으나, 국가 간의 책임분쟁에 있어 귀속을 판단할 때에는 행위의 성질-공권력의

---

19) 또한 실제 그것이 쟁점이 된 사안은 필자가 보기에는 눈에 띄지 않지만, 권한부여가 계약에 의한 경우 귀속이 어떻게 해석되는지는 문제가 된다. 제5조는 관련국가의 '국내법령에 의해' 특정의 문제에 있어서 통치권능의 행사를 위임받은 자의 행위가 국가에 귀속되는 취지를 정하고 있다. 상당부서에 대해 업무위탁을 위해 계약체결권한을 부여하는 법령은 통상 존재하나, 실질적으로 계약에 의해 권한 행사의 내용이 정해져 있는 경우. 당해 근거법령의 존재에 의해 제5조의 요건이 만족되는지가 문제가 된다. 이를 일반적으로 부정하는 것은 계약에 의해 권한을 부여하면 국가는 책임을 추궁받지 않은 채 실질적으로 위법행위를 하는 것을 인정하는 결과가 도출되기 때문에 국가가 사인에 대해 통치권한을 부여하는 등의 형식에 구애받을 필요는 없다고 생각한다.

행사(*acta jure imperil*)인지, 상업적 행위(*acta jure gestionis*)인지-을 투자 분쟁에 있어서 논쟁할 수 있는 것이 어떤 면에서는 주의가 필요하다. *Maffezini* 사건에서 중재판정부는 위와 같이 구조·기능기준을 참고하여 SODIGA사가 일반적으로는 스페인을 대위하여 행위하는 단체인 것을 인정하였다. 그러나 SODIGA사의 행위가 공권적인 행위라면 국가에 귀속하지만, 상업적 행위는 국가에 귀속되지 않으므로 문제가 되고 있는 SODIGA사의 개개의 구체적인 행위에 있어서 그 공권력성의 유무를 검토하여 귀속 여부를 최종적으로 판단하고 있다.[20] 구체적으로는 SODIGA사가 제공한 잘못된 정보에 의해 행동한 결과, 원고가 피해를 받았다고 주장하는 손실에 대한 배상청구에서, 중재판정부는 정보제공은 통상의 기업이 고객을 대할 때 이루어지는 행위이기에 정보제공에 있어서 SODIGA사가 공적 기능을 다하고 있다고는 평가할 수 없다고 하면서 귀속을 부정하였다.[21] 한편, SODIGA사에 의한 부정송금과 관련한 배상청구에 있어서는, 산업진흥기능을 지닌 SODIGA사가 투자의 증액을 목적으로 실시한 송금은 공적인 행위로 스페인에 귀속된다고 하였다.[22]

이에 반해, *Noble Ventures* 사건에서 루마니아는 SOF사의 행위가 상업적 행위이기 때문에 국가에는 귀속되지 않는다고 주장하고 있었으나, 중재판정부는 문제가 되고 있는 SOF사의 개개 행위가 공권력의 행사인지, 또는 상업적 행위에 지나지 않는지에 있어서는 귀속의 여부를 좌우하지 않기 때문에 판단할 필요가 없다고 하였다.[23]

제5조가 상정하는 유형에 관해 개별행위별로 공권력성의 유무를

---

20) *Maffezini (Merits), supra* n.13, para.52.

21) *Ibid.,* paras.58-64.

22) *Ibid.,* paras.72-83.

23) *Noble Ventures, supra* n.15, para.82.

검토해야 하는지에 대해 일견 판단이 나누어져 있으나, 이에 대하여 어떻게 이해하는 것이 좋은가? 문제되고 있는 행위가 공권적 행위인지 상업적 행위인지는 귀속판단에 내재하는 것인가?

법령에 의해 통치기능의 일부를 부여받은 기관의 행위는, 당해 통치권능을 행사하고 있었던 경우에 한해 국가에 귀속한다. *Maffezini* 사건에서 중재판정부는 SODIGA사가 국가로부터 지역산업촉진을 위해 정책입안・실시라는 통치권능의 행사를 위임받은 기관으로서 설립되었다는 것을 인정하였으나, 한편 80년대 후반 이후 SODIGA사의 경영방침이 채산성 중심으로 변화한 것을 지적하고 있다.[24] 이 때문에 이 사건의 분쟁이 발생한 90년대 전반에 있어서 문제가 되고 있는 개개의 구체적 행위에 입각해서 SODIGA사가 설립될 당초에 할당된 공공의 목적을 실시하는 기관으로서 기능하고 있었는지를 확인할 필요성이 있다. 따라서 문제되고 있는 SODIGA사의 개개의 행위 각각에 대해 중재판정부가 그 성질을 확인하고 있는 것은 당해 행위가 통치기능의 행사에 해당하는지 여부를 판단하는 일환으로서의 검토라 평가된다. 중재판정부는 SODIGA사의 행위에 있어서 '공권적' 또는 '상업적'이라는 표현을 사용하고 있으나, 더 정확히는 국가에 의해 부여된 통치권능의 범위 내에서 행해진 행위인지 여부를 검토하고 있다고 생각한다.[25]

한편, *Noble Ventures* 사건에서 중재판정부가 명시적으로 부정하는 '공권적 행위'인가 '상업적 행위'인가의 구별은 부여된 권한의 범위 내의 행해진 행위마다 그 성질에 따라 귀속 여부를 좌우하는 맥락에

---

24) *Maffezini(Merits), supra* n.13, paras.53–57.

25) '주권자로서의 자격(a sovereign capacity)'으로 행위하고 있었는지에 대한 여부를 용어법을 사용하여 똑같이 제5조에 근거한 귀속의 판단을 한 사례로서, *Bayindir Insaat Turizm Ticaret Ve Sanayi A.S. v. Islamic Republic Pakistan*, ICSID Case No. ARB/03/29 (27 August 2009) paras. 121–123.

서 논의되고 있다. 중재판정부는 SOF사가 행하였다고 주장되고 있는 위법행위 모두에 대하여 해당기관의 권한 범위 내에 있다고 확인하고 있다.[26] 나아가 이 행위가 공권적인가 상업적인가는 귀속에 영향을 미치지 않는다고 부언하고 있다.[27] 문제가 되는 개개의 행위가 민영화라는 기능(mandate) 안에서 행해졌다는 것이 확인되고 있고, 이 점에는 *Maffezini* 사건에서의 판단과 마찬가지로 문제의 기관이 개별행위를 할때 국가의 정부권한을 행사하는 기관으로서 행동하고 있었는지는 귀속판단의 전제로 되어 있다는 것을 알 수 있다.

따라서 문제가 되고 있는 개개의 행위에 있어서 구조·기능기준을 충족하고 있는가라는 관점에서부터 공공서비스적 기능(mandate) 안에서 실시된 행위인지의 여부는 확인되고 있으나, 이 판단과는 분리된 형태로 '공권적 행위'인지 '상업적 행위'인지의 구별은 귀속의 귀추에 영향을 미치지 않는다. 국제법위원회는 국가책임초안의 법안 기초 작업 중에 업무관리적 행위가 공권적 행위인지와 상관없이 국가기관의 모든 행위가 국가에 귀속되는가라는 질문을 각국에 보냈다. 이 질문에 대해 모든 국가로부터 긍정적 회답이 돌아온 사실로부터 이는 인정되고 있다.[28] 나아가 *Maffezini* 사건에서 살펴볼 수 있듯이 구체적 행위가 국가책임초안 제5조의 '정부권한'의 행사에 해당하여 귀속하는가와 그것이 공권적 행사라고 말할 수 있는지는 실

26) *Noble Ventures, supra* n.15, para.80.

27) *Ibid.,* para.82.

28) *Report of the ILC 1998* (A/53/10), para.35. 귀속판단에 있어서 공권력성의 유무는 관계하지 않는 것을 지적한 학설로는 L. Condorelli, "L'imputation à l'Etat d'un fait internaionalement illicite: solutions classiques et nouvelles tendances", *Recueil des cours de l'Académie de droit international*, t.189, 1984-Ⅵ, pp.73-74; K. Hobér, "State Responsibility and Attribution", P. Muchlinski, F. Ortino and C. Schreurer ed., *The Oxford Handbook of International Investment Law*, 2008, pp.554-555; P-M. Dupuy, "Are States Liable for the Conduct of Their Instrumentalities? Concluding Remarks", *State Entities in International Arbitration, supra* n.10, pp.90-91.

제적으로 중첩되는 경우가 많다고 할 수 있다.

한편, 행위의 성질은 귀속의 문제와는 별개로 국제법상의 의무위반이 존재하는지 여부의 맥락에서는 문제가 된다. 귀속규칙은 행위의 국가로의 귀속에 관한 기준에 지나지 않고, 귀속이 긍정되고 있다고 해서 바로 책임이 확정되는 것도 아니다. 국가에 귀속된 행위가 국제의무에 위반하는지가 문제되고, 위반이 있은 후에 비로소 책임이 발생하는 것이다. 따라서 위반이 문제가 되는 국제의무의 내용에 따라 귀속한 행위가 상업적 행위라면 국제의무위반을 발생시키지 않을 가능성이 있다.

예를 들면 Tucuman주의 행위가 아르헨티나의 국가책임을 발생시키는지가 문제되었던 *Vivendi* 사건에서 주의 어떠한 행위가 주권적 권능의 행사로서 행해졌는지가 검토되고 있는 것으로부터 살펴볼 수 있다. 원고인 프랑스 기업은 현지법인을 통해 Tucuman주와 상하수도 운영에 관한 양허계약을 체결하였지만, 운영에 대해 주로부터 종종 방해를 받아 이것이 프랑스-아르헨티나 투자보호협정 위반에 해당한다고 주장하며 ICSID에 분쟁을 부탁하였다. 중재판정부는 연방제 국가에 있어서 연방구성부분이 되는 지방정부의 행위가 국가에 귀속되는 것은 국제법상 확립되어 있다고 지적하고,[29] 주의 어떠한 행위가 주권적 권능의 행사로서 행하여졌는지 또는 양허계약의 당사자에 의한 권리행사로 행해졌는지를 판단할 필요가 있다고 하였다.[30] 제5조의 사례와는 달리, 제4조에 근거하여 국가기관의 행위는 모두 국가에 귀속되나, 귀속된 행위가 국제의무위반을 구성하는지 여부는 별도의 검토를 필요로 한다는 문제이다. *Vivendi* 사건에서

---

29) *Compañiá de Aguas del Aconquija, S.A. supra* n.5, para.49.
30) *Ibid.,* para.79.

주의 행위가 아르헨티나에 귀속하는 것을 인정한 후에 중재판정부가 그들의 행위가 공권적 성질을 지니는지 여부를 검토하고 있는 것은 당해 사건에 있어서는 공권적 행위가 아니라면 국가의 의무위반을 구성하지 않는다고 판단하였기 때문이다. 즉, 공권력성의 유무는 귀속의 기준으로서가 아니라, 귀속된 행위의 국제의무와의 정합성 여하의 판단기준으로 사용되고 있다.

3. 국가에 의한 지시 · 지휘 · 명령

국가책임초안 제8조는 국가에 의한 지시 또는 국가의 지휘 · 명령에 따라, 국가기관이 아닌 자에 의하여 행하여진 행위로 인한 해당 국가로의 귀속에 대해 아래와 같이 규정한다.

> Article 8 Conduct directed or controlled by a State
> The conduct of a person or group of persons shall be considered an act of a State under international law if the person or group of persons is in fact acting on the instructions of, or under the direction or control of, that State in carrying out the conduct.

앞서 살펴본 제5조가 당해 국가의 국내법령에 의해 국가기관 이외의 단체에 일정한 권한의 행사가 인정되는 경우에 대응하고자 하는 것에 반해, 제8조가 상정하는 것은 특정 권한 행사가 법적으로는 인정되지 않는 단체 · 개인에 대해 국가가 지시한 명령을 통해 실제적인 통제를 하려는 경우이다. 제5조가 상정하는 경우, 부여받은 권한의 범위 내에서 행해진 행위라면, 당해 행위에 대한 국가에 의한 구체적 통제는 귀속의 인정 시점에는 필요하지 않다. 주정부와 같은 제4조가 상정하는 국가기관에 대하여 연방정부가 통제권을 가지지 않는다 해도 주정부의 행위는 국가의 행위로 인정된다. 이에 반해, 제8조의 경우에는 행위 주체 개개의 구체적 행위에 대해 국가가 지시·지휘·명령 등을 통해 현실적 통제를 하는 것이 요구된다.[31] 즉, 제4조 또는 제5조는 국제위법행위 등의 관계에서 어떤 주체가 전체로서 또는 특정권한과 관련해서 국가로서 행위하고 있다고 인정되는지에 관한 기준인 반면에, 제8조는 국가로 평가되지 않는 사적 주체가 행하는 행위가 어떤 경우에 국가로 귀속되는지에 관한 기준이다.[32]

제8조는 관습법규칙을 법전화한 규정이라고 평가되고 있다.[33] 나아가 동조에서 말하는 국가의 '사실상 지시에 근거한(in fact acting on the instructions)' 또는 국가의 '지휘 또는 명령에 근거한(under the direction or control)' 사인의 행위가 국가에 귀속되기 위해 어느 정도의 지시나 지휘·명령이 요구되는지에 있어서 규정은 명확하지 않고,[34] 또한 투

---

31) 따라서, 제4조 또는 제5조가 상정하는 유형의 귀속기준에 있어서는 아무리 문제가 되는 구체적인 행위가 권한을 넘어서는(ultra vires) 경우라고 하더라도 행위자가 '그 자격으로' 행동하고 있다고 한다면 국가가 책임을 지는 것은 부정되지 않는다. 반면에, 제8조는 구체적인 행위에 있어서 지시를 근거로 하는 귀속기준으로, 권한을 넘어서는 것은 전혀 문제가 되지 않는다.

32) 다만, 사인의 행위에 관련된 국가 자체의 의무위반이 발생하는 경우는 있다. 예를 들면 *Wena Hotel* 사건에서 중재판정부는 이집트 호텔회사가 행한 원고 소유 호텔의 점거를 사전에 방지하는 것, 또는 사후적 원상회복조치나 관계자를 처벌하는 것을 게을리하였던 것으로부터, 이집트 정부가 두 나라 사이의 투자계약을 정하는 공정·형평대우 의무 등을 위반한 것을 인정하여 배상을 명하고 있다. *Wena Hotels Ltd. v. Arab Republic of Egypt*, ICSID Case No. ARB/98/4 (8 December 2000), paras.84-95.

33) *Case concerning the Application of the Convention on Genocide, supra* n.3, para.398.

34) 지시의 정도와는 별도로, 제8조의 귀속기준과 관련하여 조직에 대한 일반적인 통제관계로서의 '전반적 컨트롤(overall control)'로 충분한지(*Prosecutor v. Duško Tadić*, Judgment of 15 July 1999, *International Legal Materials*, vol. 38, 1999, pp.1,544-1,545, para.136), 아니면 개개의 구체적인 행위에 대해 국가에 의한 지시나 명령으로서의 '실효적 통제(effective control)'를 요구하는지(*Military and Paramilitary Activities in and against Nicaragua* (Nicaragua v. United States of America), *I.C.J. Reports 1986*, pp.64-65, para.115; *Case concerning the Application of the Convention on Genocide, supra* n.3, paras.397-407)가 다투어지고 있다. 사인의 행위는 국가책임을 발생시키지 않는다는 것이 원칙이고 예외적으로 특정한 행위에 관해 존재하는 양자의 관계성으로부터 당해 행위가 국가에 귀속한다고 평가되는 것을 비추어보면, 후자의 입장이 타당하다고 생각된다. 투자분쟁에 있어서도 개별행위에 대한 지시의 정도가 문제되고 있다.

자협정중재판단에 있어서도 구체적인 내용은 불명확하다.[35]

Ⅱ. 귀속기준의 범위

이상과 같이, 투자협정중재는 국가책임초안에 나타나는 일반국제
법상의 귀속규칙에 의거하여 판단하고 있다. 반면에 투자협정중재에
있어서는 '귀속'기준에 관한 언급이 본래 행위의 국가로의 귀속판단
과는 다른 맥락에서도 행해지는 경우가 있다. 이하에서는 그 근거들
이 무엇을 의미하는지에 대해 검토한다.

1. 관할권 판단과 비국가주체의 법적지위 설정

첫째, 투자분쟁에 있어서 중재관할권과의 관계에 비국가주체의
법적 지위가 문제가 될 경우, 중재판정부가 귀속규칙을 참조하여 관
할권 판단을 내리는 사례가 있다.

ICSID 협약이나 많은 투자보호협정은 '체약국과 다른 체약국 국민
간의 분쟁'에 대한 중재절차를 정하고 있다. 공사나 기타 비국가주체
로부터 침해행위를 받았다고 주장하는 투자자가 투자분쟁절차에 부
탁한 경우, 피제소국은 그들 비국가주체는 국가와는 독립된 별개의

---

35) *Tradex* 사건에서는 촌민이 정부에 의해 선동(encourage)되어 원고의 토지 불법점거에 관하여,
Amco Asia 사건에서는 군·경찰의 원조 아래 현지 사기업에 의한 원고소유 호텔의 불법점거에 관
하여 각각 귀속이 부정되었다. 반면에 *Bayandir* 사건에서는 대통령에 의한 승인에 근거하여 도로공
사가 행한 행위에 대해 귀속이 인정되었다. 더욱이 요청되는 지시·감사의 정도에 있어서 상세한 논
의는 전개되어 있지 않다. *Tradex Hellas S.A. v. Republic of Albania*, ICSID Case No.
ARB/94/2 (29 April 1999), paras.147, 165 and 169; *Amco Asia Corporation and Others
v. The Republic of Indonesia*, ICSID Case No. ARB/81/1 (20 November 1984), paras.
160-162; Bayandir, *supra* n.25, paras.124-128.

법인격이므로, 당해 분쟁은 '체약국'을 상대로 한 분쟁이 아니기 때문에 중재판정부는 관할권이 없다는 항변을 자주한다. 청구가 우선 '체약국'을 상대로 하여 투자보호협정의 위반 등을 근거로 하고 있다면, 중재판정부가 관할권을 가지는가의 여부를 결정하기 위해, 문제가 되고 있는 행위 주체가 '체약국'이라고 할 수 있는가를 확정하는 것은 불필요하다고 생각할 수도 있다.[36] 그러나 중재판정부는 관할권 판단시 이 점에 대하여 추가적인 검토를 하는 경우가 있다. 투자자와 사적단체 간의 분쟁이라면 국내재판소의 관할대상이 되는 것에 반해, 투자자와 투자유치국 간의 분쟁을 관할대상으로 하는 투자협정 중재에서 고유의 관할 유무를 확인할 필요가 있기 때문이다.[37]

예를 들면 앞서 서술한 *Maffezini* 사건의 관할권 판단에서 피고 스페인은 이 사건이 원고 아르헨티나인 투자자 Maffezini와 스페인의 사기업 SODIGA사 간에 발생한 순수 사인 간의 분쟁이라고 하여 ICSID 중재의 관할권을 다투었다.[38] 중재의 관할을 규정하는 ICSID 협약 제25조도 아르헨티나-스페인 간에 체결되어 있는 투자보호협정도, '체약국'에 대해서는 정의하고 있지 않다. 중재판정부는 원고와 SODIGA사 간의 분쟁을 원고와 스페인 간의 분쟁으로 보는지에

---

36) *Salini Costruttori S.p.A. and Italstrade S.p.A. v. Kingdom of Morocco*, ICSID Case No. ARB/00/4 (Jurisdiction, 23 July 2001), para.30. 이 사건의 중재판정부는 위와 같이 언급하면서도 양 당사자가 이 점에 대해 논의하고 있는 것, 본안에 영향을 미치는 일로부터 양 당사자의 기대를 충족하기 위한 것을 이유로 하여 판단하고 있다. 비슷하게, 청구가 국가에 대한 것이라면 관할권 충족에는 충분하며, 실제 국가에 책임을 물을 수 있는가의 판단이 이 사건에 포함되어야 한다는 지적은 *Consortium Groupement L.E.S.I.-DIPENTA v. People's Democratic Republic Algeria*, ICSID Case No. ARB/03/08 (Jurisdiction, 10 January 2005), para.19. 단, 계약위반을 근거한 분쟁에서 당해 계약에 국가가 전혀 관계하고 있지 않고, 청구가 부당하게 국가를 상대로 하고 있다는 것이 명백한 경우에는 예외적으로 관할권 단계에서 그 취지를 판단하여야 한다고 한다. Ibid.

37) P-M. Dupuy, "L'Etat et ses émanations dans le contentieux du droit international des investissements", P-M. Dupuy et als. eds, *Völkerrecht als Wertordnung: Festschrift für Christian Tomuschat*, 2006, p.313. 실제로 체약국에 의한 위반이 행해졌는가의 여부는 본안의 판단 사항이 된다.

38) *Maffezini (Jurisdiction), supra* n.12, para.73.

대하여 일반국제법을 참조하여 판단하였고 당해 문제에 있어서 기준을 귀속규칙에서 구하고 있다.[39] 구체적으로는 구조 또는 기능기준에 비추어 SODIGA사는 스페인을 대위하여 행위하는 기관임을 인정하였고 따라서 원고와 SODIGA사 간의 분쟁은 원고와 스페인 간의 분쟁이라고 판단할 수 있다고 하는 것이다.[40]

중재판정부의 관할권 유무를 판단하는 기준으로 분쟁 당사자인 '체약국'을 어떤 식으로 분류하는가의 문제와, 위법성이 주장되고 있는 행위가 국가에 귀속되느냐에 대한 판단은 본래 반드시 동일해야 하는 것은 아니다. 귀속판단은 일정 사실에 대해 일정 법분야(국가책임성)에서의 법적 평가에 기초하는 것이기 때문에, 반드시 다른 법분야에서도 동일한 기준에 의해 '국가'가 정의된다고는 할 수 없다. 중재관할설정의 대상이 되는 '체약국'은 중재절차를 정하는 여러 가지 조약에 의해 정의되어지는 것이다. *Maffezini* 판정이 서술하는 것처럼 이 사건에 있어서는 관련한 개개의 조약에 의해 '체약국'의 정의가 준비되어 있지 않았다는 사실로부터 중재판정부는 귀속규칙을 편의적으로 참고하여 '체약국'에 해당하는지 여부를 판단하고 있음에 지나지 않는다는 점을 주의할 필요가 있다.[41]

2. 행위의 귀속과 의무인수 의사

투자분쟁에서 행위의 귀속 이외의 맥락에서 '귀속'규칙이 참조되

---

39) *Ibid.*, para.76.

40) *Ibid.*, paras.77-86. 유사한 판단은, *Salini v. Morocco (Jurisdiction), supra* n.36, para.31 등에도 있다.

41) 다만, 많은 투자계약이 '체약국'의 정의를 준비하고 있지 않기 때문에 이 점에 대해서 귀속기준을 참조한 판단은 실제 널리 행해지고 있다. 구체적으로는 I. Fadlallah, "Are States Liable for the Conduct of Their Instrumentalities? ICSID Case Law", *State Entities in International Arbitration, supra* n.10, pp.21-26을 참조.

는 두 번째 사례는 이른바 '의무준수조항(umbrella clause)'을 포함시킴으로써 계약상 의무의 위반에 대하여 국가가 국제법상의 책임을 지는가 하는 쟁점에서 나타난다.[42] 국가책임법에서는 행위가 국가에 귀속하는 것을 확인한 상태에서 당해 행위가 '국제법상의' 의무에 반하는지가 문제가 된다. 그러나 투자분쟁에 있어서는 주 등이 외국 투자자와 체결한 계약의 위반이 문제가 되는 경우도 적지 않다. 이와 같은 경우에 국가는 어떠한 근거로 책임을 지는 것일까?

Noble Ventures 사건에 있어서 문제가 된 SOF사의 행위는 계약위반이었다. 국가로서 루마니아는 투자보호협정상의 의무를 지고 있지만, 만일 계약상의 의무를 지고 있지 않다고 한다면 계약위반이라고 할 수는 없다. 투자보호협정상의 'shall ensure the observance' 등 의무준수조항의 규정 그 자체에서 또는 국내 환경을 정비하는 의무 등의 협정상 의무가 존재하는 경우에서 그 위반이 문제가 될 수 있지만, 이는 SOF사의 행위가 국가에 귀속되기 때문이 아니라 국가 그 자체에 의한 협정위반이 존재하기 때문인 것이다. 이에 대해 이 사건은 '각 체약국은 투자에 관련하여 부담하는 의무를 준수한다(Each party shall observe any obligation it may have entered into with regard to investments)'는 취지의 의무준수조항 위반이 쟁점이 되고 있기 때문에, 루마니아가 의무를 위반하였다고 하기 위해서는 SOF사와 원고기업 간에 체결된 계약이 루마니아와 원고기업 간의 체결로 간주하는 것, 즉 루마니아가 계약상 의무를 지고 있다는 것이 전제가 된다.

이에 대하여 중재판정부는 원고와 SOF사 간의 계약을 원고와 루마니아 간의 계약으로 보고, 투자보호협정상 의무준수조항을 통해

---

42) 의무준수조항에 대한 상세한 내용은 본서의 濱本正太郎의 논문 또는 "投資保護條約に基づく仲裁手続における投資契約違反の扱い", RIETI Discussion Paper Series 08-J-014을 참조.

계약위반이 투자보호협정위반이 된다는 구성을 취하고 있다. 중재판정부는 '귀속이 관계하는 제2의 측면'으로 루마니아는 SOF사가 체결한 본 문건 계약의 당사자라고 할 수 있는지를 묻는다. SOF사는 루마니아법상 민영화의 임무를 지고 당해 분야에 있어서 루마니아 국가를 대표하기 때문에, 계약은 루마니아를 대표하여 체결한 것이 확인되어 계약위반은 의무준수조항을 통해 투자보호협정의 위반이 된다고 판단하고 있는 것이다.[43]

이와 같이, *Noble Ventures* 사건에서는 귀속기준이 국가를 SOF사가 체결한 계약의 당사자로 간주할 수 있는가를 판단하는 기준으로도 적용되고 있다. 그러나 계약관계의 당사자 여부는 국가책임법의 귀속규칙을 기준으로 판단하는 것은 아니다. *Generation Ukraine* 사건에서 중재판정부는 국가책임의 귀속상으로는 Kiev시의 행위가 우크라이나에 귀속된다고 해도, 원고와 Kiev시가 체결한 계약은 원고와 우크라이나 간의 계약으로 간주되지 않는다고 하였다. 책임 인정에 있어서 행위의 국가에의 귀속은 국가책임법상의 규칙이 적용되나, 이 규칙이 계약관계의 존재 여부 판단에 그대로 적용되지는 않기 때문이다.[44] *Impregilo* 사건에서도 위와 같은 판단을 하고 있다.[45] 귀속은 문제가 되는 행위가 국가에 의해 부여된 정부권한을 행사하는 자격에 의해 행해졌는지, 때로는 해당행위가 국가에 의한 지시·지휘·명령에 근거하여 행해졌는지의 사실관계에 관한 국제법상의 규범적 판단이지만, 계약관계의 유무 판단에 있어서는 국가를 대표하여 계

---

43) *Noble Ventures, supra* n.15, paras.84-85. 다만, 아무리 국가가 계약당사자이더라도, 의무준수조항에 의한 모든 계약위반이 그대로 국제의무위반이 되는가에 관해서는, 각 개별 조항에 어떻게 규정되어 있는가에 대하여 별도의 논의가 있다. 이 점에 대해서는, 濱本, 전게논문 (각주 42) 참조.

44) *Generation Ukraine, supra* n.6, para.8.12.

45) *Impregilo SpA. v. Islamic Republic of Pakistan*, ICSID Case No. ARB/03/3 (22 April 2005), paras.209-210.

약을 체결하여 권리의무관계를 창설하는 권한이 당해 계약의 근거 법상 행위자에게 부여되고 있는지가 문제되기 때문이다.[46]

많은 중재판단은 당해 국가의 국내법상 대상단체가 국가와는 독립한 법인격을 지니는 경우, 당해 단체가 당사자인 계약은 통상 제3자인 국가를 위한 것이 아닌 단체 자체를 위해 체결되어 있기 때문에, 국가가 계약에 구속되는 것을 부정한다.[47] 국가가 계약에 구속되는 것을 주장하는 투자자 측은 관련 국가기관에 의해 명시된 수권에 근거한 계약이 체결되어 있다거나,[48] 일체성을 지니는 일련의 프로젝트 진행 안에서 일부 계약은 국가와, 다른 계약은 지방정부나 민간단체와 체결되어 있다고 하는 사정을 제시하며,[49] 국가 이외의 단체가 체결한 계약에 있어서도 국가가 의무를 부담할 것을 논하고 있다. 이 판단은 국가책임법상 문제가 되는 행위의 국가귀속규칙을 기준으로 행해지는 것이 아닌, 계약에 의해 구속되는 국가의 의사를 어떠한 식으로 이해하는가에 관한 문제이다.[50]

---

46) Y. Nouvel, "Les entités paraétatiques dans la jurisprudence du CIRDI", Ch. Leben ed., *Le contentieux arbitral transnational relatice á l'investissement*, 2006, pp.42–51.

47) *Salini v. Morocco (Jurisdiction)*, supra n.36, paras.60–62; *Compania de Aguas del Aconauija, S.A. and Vivendi Universal v. Argentine Republic*, ICSID Case No. ARB/97/3 (Decision on Annulment, 3 July 2002), para.96.

48) *Consortium R.F.C.C. v. Royaume du Maroc*, CIRDI Aff. N. ARB/00/6 (Décision sur la compétence, le 16 juillet 2001), paras.30–34. 단, 계약체결 후의 승인은 이에 해당되지 않는다 하여 부정되었다.

49) *Benvenuti & Bonfant v. People's Republic of the Congo*, ICSID Case No. ARB/77/2 (8 August 1980), para.4.40.

50) G. Rosenberg, "State as Party to Arbitration", *Arbitration International*, vol. 20, 2004, pp.387–409.

결 론

외국투자와 관련하여, 지방정부와 투자자 간의 분쟁이나, 국내법
상 국가와 독립된 법인격인 기업체 등과 투자자 간의 분쟁이 발생하
는 경우도 많다. 그와 같은 분쟁에 직면한 경우, 중재판정부는 일반
국제법상의 국가책임규칙을 참조하여 판단을 내리려 하지만, 그중에
서도 후자에 해당하는 귀속기준은 종래에 그다지 상세화되지 않았
다. 이러한 점에서 투자협정중재를 통한 판정들은 귀속기준을 더욱
세련되게 하는 역할을 할 가능성을 갖고 있다. 특히 구조 또는 기능
기준에 비추어 귀속의 판단이 앞으로 어떠한 식으로 운용되어 갈지
주목하여야 한다. 또한 실체법 분야의 특성에 의해 귀속의 구체적
판단기준이 다르게 되는지에 대해서도 이후 검토해 나아갈 필요가
있다.[51]

귀속기준은 원래 이론적으로 이끌어내야 하는 성질의 것이 아니
라, 국가가 어떠한 권한을 부여하고 있으면, 또는 어떤 범위까지 국
가가 실질적으로 관여하고 있으면 국가기관 이외의 사람·단체가
행하는 행위에 대해서도 당해 국가에 책임을 물어야 하는가는 실행
의 집적을 통해 서서히 기준이 상세화되어 왔다고 볼 수 있다.[52] 이
와 같은 귀속기준의 성질에 비추어 보면, 중재판정의 집적은 매우
중요한 의미를 지닌다.

---

51) *Bayindir* 사건의 중재판정부는 국가책임초안 제8조를 기초로 요구되어 있는 지휘의 정도는 무력간섭
   이나 국제형사책임에 관한 사안의 경우와 투자분쟁의 경우와는 다르다고 서술한다. *Bayindir, supra,*
   n.25, para.130. 다만, 이 사건에 있어서는 대통령을 포함하는 정부관료가 도로공사를 통해 구체적
   행위를 승인하고 있어, 통상의 기준에 비추어서도 귀속은 인정된다고 생각되기 때문에 투자분쟁에 있
   어서의 귀속인정이 다른 분야의 사안과 어떻게 다를 수 있는지는 확실하지 않다.

52) R. Ago, "Third Report on State Responsibility", *Yearbook of the International Law Commission,*
   1971, vol. II, Part I, p.233.

제11장 보상과 배상

玉田 大 (타마다 다이)

서 론

투자협정중재제도의 구조에서 보상 및 배상의 판단은 대단히 중요한 위치를 차지한다. 중재판단의 결론부분(주문)은 보상액 또는 배상액을 제시하는 것이고, 이는 투자재산보호라는 투자협정중재제도의 핵심내용을 이루기 때문이다. 보상 및 배상판단은 국제투자법의 체계적 균형을 조정하는 기능을 완수한다. 수용인정이나 FET 의무 위반 인정 등 실체법 판단의 경우에는 보상 및 배상 판단과정에 있어 엄격성이나 불균형을 재조정하기 때문이다.[1] 특히 최근에 보상 및 배상 판단이 주목을 받는 이유는 다음과 같은 점에 있다. 첫째, 논의의 대상은 전통적인 보상기준(standard of compensation)에서부터 산정방법(valuation method)으로 심화되었다. 특히 회계학이나 기업평가방법의 발전에 따라 보상 및 배상 산정이론에도 큰 변혁이 있음을 볼 수 있다. 둘째, 그동안 금전산정 과정은 사안의 개별 사정에 크게 좌우된다고 생각되어 왔으나, 최근 급증하는 중재판정의 집적

---

[1] Ioana Tudor, "Balancing the Breach of the FET Standard", *Transnational Dispute Management*, vol. 4 (2007).

으로부터 일정한 판단경향이 나타나게 되었다.

한편, 보상·배상이론이 복잡하게 된 가장 큰 이유는 용어가 통일되지 않고 혼동되어 사용되는 점에 있다. 즉, 실무계와 학계 모두 reparation, compensation, damages, indemnification을 상호 호환적으로 사용하고 있고,[2] 실제로 compensation과 damages가 혼동되고 있다는 점을 지적하는 중재사례도 있다.[3]

따라서 이 장에서는 '보상'과 '배상'의 구별에 주의하여, 보상·배상론의 구조와 구체적인 판단내용에 대해 검토해본다. 종래의 (ⅰ) 수용 사례의 '배상'액은 '보상'액보다 고액이고, (ⅱ) '수용' 사례의 배상액은 '비수용' 사례의 배상액보다 고액이 된다고 생각되어 왔다.[4] 이에 대하여 현재 (ⅰ) 보상개념과 배상개념의 구별의 타당성에 의문이 제기되고 있으며, (ⅱ) 중재 사례에서는 수용 사례와 수용 이외의 사례의 단순한 이분론도 타당하지 않다. (ⅱ)에 대하여 수용 이외의 사례에 투자재산의 '전체적 손실'이 있는 경우에는 수용보상 기준(FMV/DCF)이 이용되고, 투자재산의 '부분적 손실'밖에 없는 경우에는 인과관계 접근법을 이용한다.[5]

이와 같이 투자협정중재에 있어서의 '보상'과 '배상'은 밀접하게 관련이 있으므로, 논의의 대상도 수용 사례의 배상요건 및 산정방법에서부터 비수용조치의 배상기준 및 산정방법까지 광범위하다. 따라서 이하에서는 수용 사례(Ⅰ)와 수용 이외의 사례(Ⅱ)를 나누어 각각

---

2) Irmgard Marboe, "Compensation and Damages in International Law - the Limits of 'Fair Market Value'", *Journal of World Investment and Trade*, vol. 7 (2007), p.723.

3) *LG & E Energy Corp., LG & E Capital Corp., LG & E International Inc. v. Argentine Republic*, ICSID Case No. ARB/02/1, Award (25 July 2007), p.9.

4) Borzu Sabahi, "Recent Developments in Awarding Damages in Investor—State Arbitrations", *Transnational Dispute Management*, vol. 4 (2007), pp.10—11.

5) 玉田大, "投資協定仲裁における補償賠償判断の類形 —収用事例と非収用事例の再類型化の試み—", RIETI Discussion Paper Series 08-J-013 참조.

의 보상 및 배상기준과 산정방법에 대해서 검토해본다.

Ⅰ. 수용 사례

투자유치국에 의한 수용이 문제되는 사례에서는 수용조치의 합법요건인 보상(compensation)과 위법한 수용조치에 기인한 손해배상(damages)이라고 하는 두 개의 구조가 존재한다.

1. 배상요건과 보상기준

(1) 국유화 사례

국제관습법상 합법한 수용의 요건으로 공공목적성, 비차별성, 적정 절차의 준수, 보상지급의 4가지를 들 수 있다. 이러한 4가지 요건 중에 논쟁이 가장 격렬했던 것은 배상지급요건인데, 국유화의 경우에 배상기준을 둘러싸고 견해가 대립하였다. 선진국(투자자의 국적국)은 '충분하고 효과적이고 신속한 보상(adequate, effective and prompt compensation)' 기준(Hull Formula)을 주장하였고, 개발도상국(투자유치국)은 '적절한 보상(appropriate compensation)' 기준을 내세우며 보상액의 저액화를 주장하였다. 후자는 자결권 및 신국제경제질서(NIEO)에 바탕을 둔 UN결의가 반영된 것이다(1973년 총회결의 3171 '천연자원에 대한 영구적 주권 결의', 1974년 총회결의 3281 '국가의 경제적 권리 의무헌장').

(2) IIA

상기의 NIEO의 움직임과는 반대로 최근의 IIA에서는 Hull Formula, 즉 투자자와 투자자의 국적국에 유리한 보상기준이 널리 이용되고 있다.[6] 이러한 구체적인 내용에 관하여 세계은행 투자가이드라인[7]은 'Hull Formula+FMV' 방식을 채택하고 있다. 첫째, 수용배상요건=적절한 보상=Hull Formula로 공식화한 다음, Hull Formula에 포함되는 '충분한(adequate)' 보상을 FMV(Fair Market Value, 공정시장가격)라고 규정한다. 이와 같이 가이드라인은 'Hull Formula+FMV'라고 하는 공식을 이용하고 있지만, 그 공식은 에너지 헌장조약 제13조 1항(d), NAFTA 제1110조, 미국 모델 BIT 제6조 2항 (b)와 3항, 캐나다 모델 BIT 제13조 2항, 독일 모델 BIT 제4조, 이 밖에도 많은 BIT에서 실제로 이용되고 있다.[8]

IIA들 중에는 엄밀하게 Hull Formula와 다른 표현을 사용하는 것도 있다. 예컨대 공정한(fair) 보상, 적정한(just) 보상, 완전한(full) 보상, 합리적인(reasonable) 보상이라는 용어가 사용되고 있다. 또한 Fair Market Value가 아니고 genuine value, full and genuine value, real value, market value라는 용어가 사용된다. 그러나 실제의 중재 사례에서는 대다수의 IIA에서 Hull Formula+FMV가 이용되고 있는 것을 이유로 사소한 문언 간의 차이는 무시하고 있다.[9]

---

6) Campbell McLachlan, Laurence Shore and Matthew Weiniger, *International Investment Arbitration: Substantive Principles*, 2007, p.317.

7) World Bank, "Report to the Development Committee and Guidelines on Treatment of Foreign Direct Investment", *International Legal Materials*, vol.31 (1992), p.1366.

8) Giorgio Sacerdoti, "Bilateral Treaties and Multilateral Instruments on Investment Protection", *R.C.A.D.I.*, tome 269 (1997), p.395.

9) *CME Czech Republic B.V. v. Czech Republic* (UNCITRAL), Final Award (14 March 2003), para.497.

이상과 같이 'Hull Formula+FMV'라는 수용보상기준(=선진국 기준 및 투자자 국적국 기준)이 일반화된 이유는 다음과 같은 점에 있다. 첫째, 개발도상국들(투자유치국)은 원칙론으로서 국내표준주의를 주장하지만 IIA(특히 BIT) 체결에 대한 개별 대응에서는 국제표준주의를 채용하였기 때문이다.[10] 둘째, IIA가 투자의 보호나 촉진을 목표로 한 이상, 높은 보호기준(국제표준주의)을 채택하고 투자자의 투자인센티브를 높일 필요가 있기 때문이다.[11]

(3) 산정방법

실제의 투자협정중재에서 구체적인 수용보상금액을 산출하기 위해서는, 수용보상기준(Hull Formula+FMV)의 내용을 이해한 후 추가산정방법(valuation method)을 이용할 필요가 있을 것이다.

① FMV

먼저 FMV를 이해할 필요가 있다. 세계은행 투자가이드라인 제5항에 의하면 FMV는 투자기업과 투자유치국 간에 합의된 방법에 기초하여 산정한다. 그 밖의 경우에는 투자재산의 시장가격에 관한 합리적인 기준에 따라 결정한다. 즉, '구입 의사가 있는 구매자가 이하의 점을 고려한 다음 매각 의사가 있는 판매자에게 통상 지불하는 금액'에 대하여 고려되는 것은 투자재산의 성질, 투자재산이 장래 가동하는 상황과 그 특수한 성질, 투자재산 전체에서 유형자산이 차지하는 비율, 그리고 각 사안의 특수한 상황에 부수하는 특수한 요

---

10) 位田隆一,「開發途上國における國有化紛爭の実效的解決」, 杉原高嶺編『紛爭解決の國際法』(三省堂, 1997年) 372면.

11) Sacerdoti, *supra* note 8, p.394.

소들이다.

다음으로 FMV의 금전가액을 산출하는 방법이 문제가 되는데, 이 문제는 모든 경우에 적용할 때 얻는 유일하게 올바른 산출방법인 것은 아니며, 투자재산의 형태나 성질에 따라 산정방법은 달라진다. 세계은행 가이드라인도 배타적으로 유효한 '유일의 기준'이 있다고 규정하지는 않고(제16항), 다음 방법이 '합리적이다'라고 하는 데 그친다. 첫째, 기업이 계속기업(going concern)이고, 수익성을 가지는 경우에는 DCF(Discounted Cash Flow, 할인현금흐름법) 현금유동상태에 기초하여 산정한다. 둘째, 기업에 계속가치가 없고 수익성이 없는 상황에는 청산가격(liquidation value)에 기초하여 산정한다. 셋째, 다른 자산의 경우에는 대체가격(replacement value) 또는 장부가격(book value, BV)에 기초하여 산정한다.

② DCF

최근의 투자협정중재 사례에서는 수익산출자산(income-producing asset)의 적절한 평가방법은 DCF에 있다고 생각되고 있으며,[12] 산정방식으로 BV를 사용하는 것은 제한되어 있다(특히 재산의 현재가치를 산정하는 경우, BV는 관련성이 없다).[13] DCF란, 자산이 장래에 산출될 것으로 예상하는 잉여현금흐름(free cash flow)을 적절한 할인비율로 할인하는 것이며, 당해 자산의 현재가치를 산정하는 방법이다. 세계은행 가이드라인은 DCF를 다음과 같이 설명하고 있다. 즉, '통화의 시간적 가치가 예상되는 인플레이션 및 현실적인 상황에서 현

---

12) McLachlan, *supra* note 6, p.316.

13) Markham Ball, "Asessing Damages in Claims by Investors Against States", *ICSID Review: Foreign Investment Law Journal*, vol. 16 (2001), p.421.

금흐름이 결합한 리스크를 반영하는 요인에 의해서 매년 현금흐름의 순수한 가격을 할인한 후에, 합리적으로 예측된 장래의 경제적 내용연수(耐用年數)에 현실적으로 기대되는 기업의 현금수취분에서 해당연도의 기대되는 현금지출을 감한 현금액'이다.

DCF에는 다음과 같은 이점이 있다. 첫째, 산정대상으로 기업전체, 사업부, 투자프로젝트, 주식, 채권, 부동산 등을 넓은 대상으로 하는 것이 가능하고 범용성이 높다.[14] 둘째, DCF는 장래이익을 현재가격에 환산하여 산정하는 방법이기 때문에 종래의 일실이익(*lucrum cessans*) 개념을 유연하게 취합할 수 있다.[15] 한편 DCF는 장래이익을 대상으로 하기 때문에 본질적으로 추산(speculative)을 기반으로 한다.[16] 실제 중재사례에서도 DCF 이용에 주의를 요하는 예를 볼 수 있다.[17]

2. 배상기준

앞에서 살펴본 보상요건은 합법수용으로서의 요건과는 다르게, 위법수용의 경우 통상의 국제위법행위와 마찬가지로 국제관습법상의 '배상'의무가 생긴다. 따라서 이론상 보상(compensation)과 배상(damages)은 수용에 관한 일차의무와 이차의무에 대응된다.[18] 국제관습법상 배상의 내용은 '완전한 배상'으로 이러한 기준은 *Chorzów Factory* 사건판결(1928년, PCIJ)에서 제시되었고, 2001년 ILC 국가책

---

14) 伊藤邦雄篇, 『キャッシュフロー会計と企業評価』(中央經濟史, 第2版, 2006年), 162–163면.

15) Sacerdoti, *supra* note 8, p.398.

16) James Crawford, *The International Law Commission's Aricles on State Responsibility*, 2002, p.227. 구체적으로 할인율(discount rates)이나 화폐 변동, 인플레이션율과 같은 요소가 불확정성의 요인으로 지적되고 있다.

17) *ADC Affiliate Limited and ADC & ADMC Management Limited v. Republic of Hungary*, ICSID Case No. ARB/03/16, Award (2 October 2006), para.502.

18) McLachlan, *supra* note 6, p.316.

임초안 제31조에도 규정하고 있다.[19] *Chorzōw Factory* 사건 판결에 의하면, 배상이란 '위법행위의 전체적인 귀결을 할 수 있는 한계를 일소시켜버리고(wipe out), 만약 위법행위를 하지 않았으면 존재하고 있었을 상태를 회복하는 것이다.'[20] 따라서 '완전한 배상'에는 위법행위가 없으면 판단시점에 존재하고 있었을 것이라고 상정되는 재산가치의 증대분, 즉 일실이익이 포함된다. 또한 *Chorzōw Factory* 사건에 있어서 PCIJ는 일실이익의 가산을 명시하지는 않았지만, 산정전문가에게 의뢰한 것으로 보아 이와 같은 점을 시사하는 것으로 보인다.

(1) 보상과 배상의 구별

전통적으로 합법수용요건인 '보상'과 위법수용의 귀결(위법행위책임)인 '배상'은 구별되어 왔다(구별설).[21] 구체적으로 보상이 적극적 손해(*Dammum emergens*)를 손해내용으로 하는 데 반하여, 배상대상은 여기에 소극적 손해(*lucrum cessans*, 일실이익)를 더하기 때문에[22] 후자가 고액이 된다고 생각되어 왔다.[23] 실제로 *S.D. Myers* 사건 중재판정은 '합법행위의 보상과 위법행위 배상의 차이'에 대해 언급하고 있어[24] 그 외의 많은 중재판정에서도 구별설이 지지를 받고 있다.

---

19) 국가책임초안 제31조: "책임이 있는 국가는 국제위법행위에 의해 생겨난 피해에 대한 완전한 배상할 의무를 진다(The responsible State is under an obligation to make full reparation for the injury caused by the internationally wrongful act.)."

20) *Case concerning the Factory at Chorzōw* (Claim for Indemnity, Merits), 1928, *P.C.I.J. Series A*, no. 17, p.47.

21) Irmgard Marboe, *supra* note 2, p.726; Charles N. Brower and Michael Ottolenghi, "Damages in Investor-Sate Arbitration", *T.D.M.*, vol. 4 (2007), p.4.

22) C.F. Amerasinghe, "Issues of Compensation of Compensation for the Taking of Alien Property in the Light of Recent Cases and Practice", *I.C.L.Q.*, vol. 41 (1992), p.37. 香西茂, 「スエズ國有化の法的問題」, 田岡良一・田畑茂二郎監修 『外國資産國有化と國際法』(日本國際問題研究所, 1964年), 87면. 田畑茂二郎, "國有化をめぐる國際法上の問題點", 21면. 安藤仁介, "インドネシアによるオランダ系企業の國有化について", 125-126면.

23) 河野真理子, 「國有化と收用における補償原則の現代的展開」, Jurist 1079号(1995年) 129면.

(2) 보상과 배상의 일치?

한편, 보상과 배상의 구별을 의문시하는 설도 강력하며(동일설)[25] 실제로 동일하게 판단한 중재사례도 있다. 예컨대 *Siemens* 사건 중재판정부는 compensation을 수반하지 않은 수용조치를 위법이라고 판단한 다음, 위법행위책임인 compensation을 명하였다.[26] *Vivendi* 사건 중재판정부도 BIT 의무위반을 인정한 다음 '적절한 보상(appropriate compensation)'을 요구하였다.[27] 여기에서 위법행위책임인 손해배상(damages)과 compensation이 혼동되고 있지만 이러한 배경에는 다음과 같은 점을 지적할 수 있다.

첫째, ILC 국가책임초안에는 금전배상(compensation, 제36조)이 배상(reparation, 제34조)의 하나의 형태로 간주되고, damages를 대신해 compensation을 사용할 여지가 인정된다(이런 경우에 compensation은 '금전지불'의 의미가 된다). 중재에서 투자유치국에 부정적 이미지가 따라다닌다(=위법행위에 직결하는)는 damages를 대신해, 부드러운 이미지를 주는 compensation이 사용되는 경향이 있다고 지적된다.

둘째, 실체적인 요인은 위법 수용의 경우 '배상' 산정시 보상의 산정방식이 이용된다는 것이다. 상기와 같이 보상산정방법으로 일반화된 DCF는 자산이나 기업의 수익성에 주안을 두고 장래이익을 전망

---

24) *S.D. Myers, Inc. v. Canada* (NAFTA Arbitration under the UNCITRAL Arbitration Rules), Partial Award (13 November 2000), para.308.

25) 보상과 배상의 구별에 있어 생겨난 불합리성이 지적되고 있다. 예컨대 수용(국유화)이 보상요건을 만족하지 않는 것을 이유로 위법수용으로 인정되는 경우 손해내용이 동일한 것임에도 불구하고, (위법으로 인정하는 순간에) 배상액이 보상액보다 커지는 '불합리한 결과가 생긴다.' (香西茂·전게주 22) 87면.

26) *Siemens A.G. v. Argentine Republic*, ICSID Case No. ARB/02/8, Award (6 February 2007), para.348.

27) *Compañiá de Aguas del Aconguija S.A. nad Vivendi Universal S.A. v. Argentine Republic*, ICSID Case No. ARB/97/3, Award (20 August 2007), para.8.2.1.

한 다음 현재이익을 산출하는 방법이다. 이를테면 배상산정에서 감안되어야 하는 일실이익을 산정내용에 넣는 것이 가능하다. 특히 DCF는 장래 일실이익 (future lost profits)의 산출에 적합한 방법이다. 이와 같이 보상산정방법이 배상산정에 있어 전용되며, 산정방법이 다르다는 것을 발견할 수 없기 때문에 보상과 배상을 구별하는 실제적인 의의는 상실되었다고 할 수 있다.

II. 수용 이외의 사례

최근 FET 의무위반 등, 수용 이외의 위법행위 유형이 주장되어 실제로 위반 인정과 배상산정이 이루어진 중재판정 사례가 증가하는 추세에 있다.[28] 이와 같은 수용 이외의 사례인 배상기준에 대하여 IIA상 명문규정이 없고 중재판정도 성숙하지 않았지만,[29] 다음 4가지 전제적 판단에 관해서는 일정한 판단경향이 나타나고 있다.

1. 전제판단

(1) 포괄판단

수용의 위법성과 수용 이외의 조치의 위법성이 동시에 인정되는 경우, 개개의 청구원인(cause of action)에 관계없이 전체에 수용보상기준이 적용된다.[30] 예를 들면 *Wena* 사건 중재판정부는 위법수용과

---

28) 坂田雅夫, 「北美自由貿易協定(NAFTA)1105條の '公正にして衡平な待遇' 規定をめぐる論争」, 『同志社法學』, 第55卷 6号 (2004年) 129-182면.

29) McLachlan, *supra* note 6, p.334.

FET 의무위반 등을 인정한 다음 배상판단에서는 개별의 위법행위를 구별하지 않고 수용보상기준(Hull Formula+FMV)을 포괄적으로 적용하였다.[31] *Tecmed* 사건 중재판정에서도 위법수용과 FET 의무위반을 인정한 뒤에, 손해배상은 투자협정의 모든 위반에 대한 '총체적인 금전지불(total compensation)'이라고 판단하고 있다.[32] 이와 같은 포괄판단이 행해지는 것은 수용 이외의 조치에 기인한 투자재산의 '부분적' 손실이 위법수용에 기인한 투자재산의 '전체적' 손실에 포함되기 때문이다. 전체적 손실과 부분적 손실의 구분에 대해서는 후술한다.

(2) 재량판단

앞에서 살펴본 혼합적 사안과는 달리 수용 이외의 조치의 위법성이 단독으로 인정되는 경우 문제가 된다. 다만 일반적으로 IIA는 비수용 사례에서 배상기준을 정하지 않기 때문에[33] 중재판정부가 이러한 기준을 결정하는 재량이 있다.[34] 예를 들어, *S.D. Myers* 사건 중재판정부는 FET 의무위반을 인정한 후 손해배상방법의 결정을 NAFTA상 중재판정부에 맡길 수 있다고 판단하였다.[35] 또한 *Feldman*

---

30) Ball, *supra* note 13, p.409; Thomas W. Wälde and Borzu Sabahi, "Compensaion, Damages and Baluation in International Investment Law", *ILA Report: ILA Committee on International Law of Foreign Investment* (2006), p.28; Sabahi, *supra* note 4, p.9; Sabahi, "The Calculation of Damages in International Investment Law", in *Les aspects nouveaux du droit des investissements internationaux* (sous la direction de Philippe Kahn et Thomas W. Wälde, Nijhoff, 2007), p.585.

31) *Wena Hotel Limited v. Arab Republic of Egypt*, ICSID Case No. ARB/98/4, Award (8 December 2000), paras.95, 101, 118.

32) *Técnicas Medioambientales Tecmed, S.A. v. United Mexican States*, ICSID Case No. ARB(AF)/00/2, Award (29 May 2003), para.188.

33) Sabahi, *supra* note 30, p.585; Kaj Hobér, "Fair and Equitable Treatment—Determinig Compensation", *T. D. M.*, vol. 4, issue 6 (2007), p.4.

34) McLachlan, *supra* note 6, p.334 (para.9.79).

사건 중재판정부는 합리적인 손해배상 접근법을 형성하는 때에 중재판정부가 대폭적으로 재량을 갖는 것을 인정하고 있다.[36] CMS 사건 중재판정부도 중재판정부가 배상기준을 특정하는 재량권을 행사해야 함을 명시하였다.[37] 마찬가지로 배상기준의 결정을 중재판정부의 재량판단에 맡길 수 있기 때문에 사안마다 개별적으로 유연한 판단이 가능하지만, 다른 한편으로는 판단의 일관성을 훼손할 위험성을 부정할 수 없다.[38]

(3) 배상기준

위와 같이 배상기준의 결정은 원칙적으로 중재판정부의 판단에 맡겨질 수 있다고 해도 비수용의 각종 의무위반은 통상의 국제위법행위책임을 발생시키기 위하여 완전배상기준(Chorzów Formula)의 적용이 가정된다.[39] 실제로 Enron 사건 중재판정부는 FET 의무위반과 의무준수조항(umbrella clause)을 인정한 뒤 배상산정기준으로 Chorzów formula를 적용하고 있다.[40] 또한 MTD 사건 중재판정에 있어서도 Chorzów Formula가 적용되었지만 엄밀히는 당사자 간의 합의에 기초한 것이었다.

---

35) *S.D. Myers* (2000) para.309; *S.D. Myers* (2002), para.94.

36) *Marvin Roy Feldman Karpa v. The United Mexican States*, ICSID Case No. ARB(AF)/99/1, Award (16 December 2002), para.197.

37) *CMS Gas Transmission Company v. Argentina*, ICSID Case No. ARB/01/08, Award (12 May 2005), para.409, *see also, Azurix Corp. v. The Argentine Republic*, ICSID Case No. ARB/01/12, Award (14 July 2006), para.421.

38) Sabahi, *supra* note 30, p.588.

39) Hobér, *supra* note 33, pp.4-5.

40) *Enron Corporation, Ponderosa Assets, L. P vs. Argentine Republic*, ICSID Case No. ARB/01/3, Award (22 May 2007), para.360.

(4) 인과관계

완전배상기준을 적용하는 배상액을 산출할 때에 이용하는 것이 인과관계(causal link) 개념이다.[41] 2001년 ILC 국가책임초안에서는 국가위법행위로 인해 초래된 피해에 대하여 '완전한 배상' 의무를 부과하고 있고(제31조, 제34조), 인과관계론이 이용되고 있다. 예컨 대 *MTD* 사건 중재판정은 FET 의무위반에 의해 손해배상산정에 대한 인과관계론을 이용하고 있다. 구체적으로는 원고기업의 투자지출 액(2,100만 달러)으로부터 '잔존하는 투자가치 및 비즈니스 리스크에 기인한 손해를 감액할 필요가 있다'고 하며,[42] 잔존투자가치를 공제한 금액을 추가로 반액으로 하여 배상금액(580만 달러)을 산출하고 있다. 여기에서는 위법행위와 인과관계가 없는 손해부분을 산정액에서 제외하고 있다.[43]

2. 산정방법

이상을 전제로 수용 이외의 사례에서 배상액 산정의 구체적 방법은 (1) 수용보상기준을 유추 적용하는 경우, (2) 인과관계 접근법을 이용하는 경우로 나누어볼 수 있다.

(1) 수용유추

수용 이외의 조치의 위법성이 인정되는 사안임에도 불구하고 배

---

41) Hobér, *supra* note 33, p.5.

42) *MTD Equity Sdn. Bhd. and MTD Chile S.A. v. Republic of Chile*, ICSID Case No. ARB/01/7, Award (25 May 2004), paras.241-243.

43) Hobér, *supra* note 33, p.9.

상액 산정에 있어서 수용보상기준(FMV/DCF)을 이용하는 경우가 있다. 이것은 수용 이외의 조치에 기인한 투자손해가 수용의 손해와 유사하다고 보기 때문이다.

(a) *CMS* 사건

이 사건의 중재판정은 FET 의무위반을 인정한 다음 배상판단에 있어서 다음과 같이 서술하고 있다. 이 사건의 '위반의 누적적 성질(cumulative nature)은 FMV 기준을 이용함으로써 가장 적절하게 처리될 수 있다고 생각된다. 위 기준은 주로 수용을 상정하는 것인데 수용과는 다른 위반이라고 하더라도 그 효과가 충분히 장기적으로 미치는 손해(important long-term losses)의 경우에는 동 기준이 적절한 것임을 배제할 수 없다.'[44] 이와 같이 수용 이외의 조치에 의한 손실이 수용과 비슷한 경우에는 수용보상기준(FMV)이 이용될 수 있다.

(b) *Azurix* 사건

이 사건의 중재판정부는 FET 의무위반을 인정한 다음 '보상' 판단시 FMV 접근법을 채용하였다. 중재판정부는 상기의 *CMS* 사건 중재판정을 확인한 다음 양허가 박탈된 것을 이유로 하여 FMV에 의한 보상이 적절하다고 판단하였다.[45]

(c) *Enron* 사건

이 사건의 중재판정부는 FET 의무와 의무준수조항의 위반을 인정한 다음 상세한 배상판단을 하였다. 첫째, 중재판정부는 FET 의무위

---

44) *CMS* (2005), para.410.
45) *Azurix* (2006), para.424.

반의 손해의 결정 시에 Chorzōw Formula의 적용을 인정하고 있다.[46) 둘째, '간접수용과 FET 의무위반의 경계선은 좁다'고 하면서 이 사건의 금전배상(compensation) 결정에 대해 FMV를 적용하였다.[47) 셋째, FMV를 산정함에 있어서 투자기업이 계속기업(going concern)인 것을 이유로 DCF를 이용하였다.[48)

상기의 중재 사례에서는 모두 수용 이외의 사례임에도 불구하고 산정방법으로 FMV/DCF가 채택되고 있고 수용 사례인 산정방법 간에 구별이 없다. 특히 *Enron* 사건 중재판정은 '간접수용과 FET 위반의 경계선이 좁은' 것을 명시적으로 인정하고 아울러 국제법위반에 기인한 금전배상(compensation)의 사정시에 FMV/DCF가 일반적으로 이용하여 온 것을 인정하였다. 이와 같이 수용 이외의 사례라도 투자재산의 '전체적 손실'이나 '박탈'이 일어난 경우에는 수용에 유사한 손해가 발생하였다고 해석되기 때문에 수용보상기준 또는 산정방법(FMV/DCF)이 이용된다.[49)

(2) 인과관계

수용 이외의 사례에 있어서 투자재산의 전체적 손실(=박탈)이 일어나지 않는 경우, 즉 수용 손해와의 유사성이 없는 경우, 배상산정에는 원칙적으로 인과관계 접근법이 이용된다.

---

46) *Enron* (2007), para.360.
47) *Enron* (2007), para.363.
48) *Enron* (2007), paras.379-385.
49) McLachlan, *supra* note 6, p.340.

(a) *S.D. Myers* 사건

기술된 바와 같이 이 사건 중재판정은 FET 의무 등의 위반을 인정한 다음 인과관계 접근법을 채용하였다. 중재판정부는 FMV를 규정한 NAFTA 제1110조(수용·보상규정)는 수용 이외의 조치에 직접적으로 적용되지 않으나, 동 조에 수용조치의 '합법'요건이며 '위법'행위의 배상기준과는 다르다[50]고 하여 FMV의 적용을 받아들이지 않았다. 한편 이것을 대신하는 배상기준으로, 국제법상의 일반원칙(*Chorzów Factory* 사건판결과 ILC 국가책임초안)에 근거하면서 위법행위와 경제적 손실 간에 '충분한 인과관계(sufficient causal link)' 개념을 제시하였다.[51] 나아가 이 사건의 중간판단[52]에 의하면 '충분한 인과관계'와 '손해가 멀지 않고 NAFTA 규정의 위반이 손해의 가까운 원인(proximate cause)에 의한 것이어야 한다'고 하였다.[53] 또한 계약법상의 예견가능성(foreseeability)과 다르게 인과관계는 불법행위 손해의 확인과 유사하다고 하였다.[54] 마지막으로 기회상실(loss of opportunity)에 관한 일실이익 청구에 대해서는 '추산적이고 먼 원인이 지나지 않는(speculative and too remote)' 것으로 배상액에서 제외하고 있다.[55]

---

50) *S.D. Myers* (2000), para.309.

51) *S.D. Myers* (2000), paras.306–308, 316, 325.

52) *S.D. Myers, Inc.("SDMI") v. Government of Canada*(NAFTA Arbitration under the UNCITRAL Arbitration Rules), Second Partral Award (21 October 2002), paras.140–160.

53) *S.D. Myers* (2002), para.140. 인과관계론을 전개하는 데 있어 중재판정부는 Whiteman의 학설(Marjorie M. Whiteman, *Damages in International Law*, vol. 3 (1943), p.1830)과 *Shufeldt* 사건 판결에 근거하였다.

54) *S.D. Myers* (2002), para.159.

55) *S.D. Myers* (2002), para.161.

(b) *Feldman* 사건

이 사건 중재판정부는 위법수용을 인정하지 않고 내국민대우 의무 위반을 인정한 후에 배상판단을 내리고 있다. 중재판정부는 우선 NAFTA 제1110조의 FMV 기준은 수용조치에 적용되는 것이지만, 이 사건에 서는 수용에 상당하는 차별대우가 존재하지 않기 때문에 FMV의 적용 이 인정되지 않는다고 한다. 또한 중재판정부는 '위반행위에 적절하 게 연결시킬 수 있는 손실 또는 손해의 액수'를 평가한다고 하며 그 대상을 '현실적으로 입은 손실과 손해액(the amount of the loss or damage actually incurred)'의 보상이라고 하였다.[56]

(c) *LG & E* 사건

이 사건 중재판정은 FET 의무위반 등을 인정한 다음 손해배상판 단에 있어서 FMV의 적용을 회피하였다. 첫째, 중재판정부는 손해배 상기준에 대하여 '완전한 배상' 기준을 확인하며 '원고기업이 투자 재산의 소유권을 상실하는 수용의 경우' 또는 '재산권 침해가 투자 재산의 전체적 손실(total loss)에 필적하는 경우'는 FMV가 적절하지 만, 이 사건의 경우에는 해당하지 않는다고 한다.[57] 또한 FMV는 합 법수용행위의 경우의 보상기준이며 위법행위의 손해배상 기준과는 다르다고 한다. 게다가 FMV가 적용되는 '수용과의 유사성'이 있는 경우에 있어 이 사건에는 '충분히 장기간에 걸친 손실'이라는 점이 명확하지 않고 증명되지 않았다고 한다.[58] 이와 같이 중재판정부는 손해의 수용유사성이 증명되지 않았다는 것을 이유로 FMV의 적용

---

56) *Feldman* (2002), para.194.

57) *LG & E Energy Corp., LG & E Capital Corp., LG & E International Inc. v. Argentine Republic*, ICSID Case No. ARB/02/1, Decision on Liability (3 October 2006), paras.198-200.

58) *LG & E* (2007), paras.21-40.

을 회피하고 있다. 둘째, 중재판정부는 ILC 국가책임초안 제36조와 *Feldman* 사건 중재판정을 근거로 FMV를 대신하여 인과관계 접근법을 채택하고 위법행위의 '귀결로' 투자자가 입은 '실제손실(actual loss)'을 특정하였다.[59] 다만 일실이익(loss of profits)의 청구에 대해서는 실제로 발생한 손실(accrued losses)과 장래의 일실이익(lost future profits)을 구별한 다음, 후자의 입증 필요성과 확실성을 요구하며 당해 청구를 기각하였다.[60]

3. 평가

살펴본 바와 같이, 수용 이외의 사례의 배상판단에 관하여는 다음과 같은 점을 지적할 수 있다. 첫째, 배상산정방법에 관하여 수용에 상당하는 손해가 발생한 경우, 즉 투자재산의 '전체적 손실', '박탈', '충분히 장기간에 걸친 손실'이 있는 경우에는 수용보상기준(FMV/DCF)이 유추적용된다.[61] 한편 수용 유사성이 없고 투자재산의 부분적 손실밖에 생기지 않은 경우에는 인과관계에 기초를 두는 배상산정이 행해진다.[62] 둘째, 후자의 인과관계 접근법의 경우는 사안의 특수성을 반영하는 개별판단이 되지만 그 최대의 효과는 위법행위와 손해 사이의 인과관계의 증명책임을 신청인(투자자)에게 부과하는 것으로,[63] 장래의 일실이익의 배상청구를 각하한다는 점이다.[64]

---

59) *LG & E* (2007), para.45.

60) *LG & E* (2007), para.51.

61) McLachlan, *supra* note 6, p.349.

62) *PSEG Global Inc. and Konya Ilain Elektrik Uretim ve Ticaret Limited Sirketi and Republic Turkey*, ICSID Case No. ARB/02/5, Award (19 January 2007), paras.307-308.

63) 원고 측에 입증책임이 있다는 점에 관해서는 *Pope and Talbot* 사건 중재판정을 참고. *Pope & Talbot Inc. v. Government of Canada*, Award in respect of Damages (31 May 2002), para.80.

그 결과 인과관계 접근법에 기초를 둔 배상산정이 이루어지는 경우
에는 산정액이 축소되는 경향을 보인다.

결 론

마지막으로 투자협정중재에서 보상 및 배상 판단에 관하여 다음
과 같은 점을 지적하고자 한다.

① 보상과 배상의 관계

최근 몇 년의 투자협정중재 사례에서는 전통적인 구별설(보상액＜배
상액)이 아니라 오히려 동일설에 부합하는 판단경향을 볼 수 있다. 첫
째, 합법수용요건인 보상에 관한 산정방법(FMV/DCF)은 위법수용의 배
상산정에도 적용되고 있어, 이러한 점을 미루어 보아 보상 및 배상의
이분론은 유지되지 않고 있다. 둘째, 수용 이외의 사례(인과관계 접근
법의 경우)에서도 구별설이 타당하지 않은 경우가 발생하고 있다. 위법
행위책임이 따르는 배상산정의 경우에 일실이익이 부인되므로 결과적
으로 배상 대상이 적극적 손해(＝보상)에 한정되기 때문이다.

② 수용 사례와 수용 이외의 사례의 관계

최근의 투자중재 사례에서는 수용 사례와 수용 이외의 사례의 이
분론(수용 사례의 배상액＞비수용 사례의 배상액)도 유지되고 있지

---

64) '일실이익'이 '인과관계'와 직접적인 관련성을 가지고 있다는 점에 대해서, 중재판정에서 ILC 국가책
임초안 제36조 2항이 원용되었다. 본 조항에 의하면 '금전배상은 입증에 해당하는 일실이익을 포함
하는 금전적인 평가 가능한 손해를 대상으로 한다'는 규정이 있기 때문이다(필자 강조).

않다. 그러한 이유는 수용 이외의 사례에서의 배상판단이라도 투자재산의 '전체적 손실'이 있는 경우에는 수용보상의 산정방법(FMV/DCF)이 유추적용되기 때문이다. 따라서 배상액의 크고 작음을 결정짓는 경계선은 수용 및 수용 이외의 구별이 아니라 전체적 손실의 유무로 옮겨가고 있다.

이상과 같이 최근 몇 년간의 투자협정중재는 보상과 배상판단에 관하여 독자적인 기준과 산정방법을 구축하고 있다. 이후 전체적 손실과 인과관계의 판단기준과 같은 중재판단이 구체화 되어야 한다는 점은 향후 해결해야 할 과제인데, 실제의 산정결과는 일정한 경향을 보여주고 있다. 즉, 투자재산의 전체적 손실의 경우에는 수용보상기준의 적용에 의해 증가 경향을, 부분적 손실의 경우에는 인과관계 접근법의 적용으로 인해 축소 경향을 보이고 있다. 따라서 종합적으로 보면 극히 자연스러운 판단경향을 보인다고 말할 수 있다.

향후에는 보상과 배상에 관한 중재판단이 축적됨에 따라 산정 결과의 예측 가능성이 한층 더 향상되고, 이에 따라 투자협정중재제도의 유용성도 높아질 것으로 예상된다.

중재절차

제12장 관할권과 수리가능성

岩月 直樹 (이와츠키 나오키)

서 론

국제투자중재는 외국투자자(자연인 및 법인)와 투자유치국의 합의를 기초로 하여, 제3자의 판단에 따르는 방법으로 분쟁의 해결을 도모하는 절차이다. 따라서 실제로 투자분쟁을 중재에 부탁하여 절차를 진행시키기 위하여서는 분쟁 당사자의 합의가 유효하게 존재하는 한편, 해당 합의에 의하여 인정되는 범위 내에서 중재판정부는 인적·물적·시적 관할권을 갖게 된다. 많은 중재판정 사례에서 보면, 투자유치국이 부탁된 분쟁에 대한 관할권의 존재를 부정하기 때문에 중재판정부는 부탁된 사안에 대하여 자신이 유효한 관할권을 가지는지에 대하여 우선적으로 결정하여야 한다(관할권의 존재 및 범위의 문제).

한편, 중재판정부가 부탁된 분쟁에 대하여 관할권을 가진다 하더라도, 이러한 관할권을 실제로 행사하는 것이 방해되기도 한다. 예를 들면 투자유치국에 의하여 사업상 계약이 부당하게 파기되었다고 하는 사안에서 당초의 계약 당사자인 회사가 해당 계약에 근거하는 채권을 다른 회사에 양도하는 것과 같은 경우, 중재판정부는 투자유치국으로부터 당초의 계약 당사자는 이미 해당 침해에 관하여 자기 자신의 청구를 소로써 제기할 법적 이익(원고적격)을 당해 채권의 양도에 의하여 잃었기 때문에 해당 소에 대하여 그 관할권을 행사할 수 없다는 주장을 받아들인 일이 있다.[1] 이러한 경우, 중재판정부는 개개의 사안의 구체적인 사정에 비추어 중재판정부에 주어진 관할권을 행사하는 것이 적법한가에 관하여 자신이 확인할 필요성이 있게 된다(관할권행사의 적법성＝수리가능성의 문제).

이 장에서는 이들 여러 항변을 편의상 관할권의 존부에 관한 항변, 관할권의 범위에 관한 항변, 관할권의 행사에 관한 항변으로 구분하여 최근의 중재판정 사례에서 이들을 어떻게 취급하고 있는지 검토하고자 한다.[2]

또한 중재판정부는 관할권 및 수리가능성에 관하여 판단함에 있어 국제투자중재를 예정하는 투자계약이나 양자 간 투자협정(BIT) 등의 국제투자협정(IIA)의 관련조항뿐만 아니라, 지정된 중재 절차규칙(ICSID 협약 및 ICSID 중재규칙, ICSID Additional Facility 중재규칙, UNCITRAL 중재규칙, 런던국제 중재규칙, 스톡홀름 상공회의소

---

1) e.g. African Hoding Company of Amerca, Inc. et Sociéte Africaine de Construction au Congo S.A.R.L.C. La Républic democratique du Congo, ICSID Case No. ARB/05/02, Sentence sur les déclinatories de compétence et la recevabilité, 29 July 2008, para.57.

2) 이러한 항변 중 앞의 두 가지(관할권에 대한 항변)가 인정되는 경우에는 중재재판부가 단정적으로 중재를 각하하여야 하지만, 나머지 한 가지(수리가능성에 대한 항변)가 인정되는 경우에는 중재재판부는 관할권이 인정되는 한도 내에서 소를 유지시키면서 수리가능성에 관한 하자가 치유될 때까지 심리를 정지할 수도 있다. e.g. SGS Société Générale de Surveillance S.A. v. Republic of the Philippines, ICSID Case No. ARB/02/6, Decision on Objections to Jurisdiction, 29 January 2004, paras.154, 171, 176. 그리고 학설상 수리가능성에 관한 판단에 관해서는 ICSID 협약에 근거하는 취소청구절차에 의한 심사의 대상이 되지 않는다고 보는 견해도 있다. e.g. SGS Société Générale de Surveillance S.A. v. Republic of the Philippines, ICSID Case No. ARB/02/6, Decision on Objections to Jurisdiction, 29 January 2004, paras.154, 171, 176. 또한 학설상, 수리가능성에 관한 판단과 관련해서는 ICSID 협약을 토대로 한 취소청구절차에 의한 심사의 대상이 될 수 없다는 견해도 눈에 띈다. See Z. Douglas, The International Law of Investment Claims, 2009, pp.141-150; J. Paulsson, "Jurisdiction and Admissibility", in G. Aksen et als eds., Global Reflections on International Law, Commerce and Dispute Resolution, 2005, pp.601, 608.

중재규칙 등)³⁾과 같은 적용법규의 차이로 인하여 동일한 사안이 다르게 취급되는 경우가 있다. 특히 투자협정에 의하여 국제투자중재가 예정되어 있는 경우라 하더라도, 중재판정부에 투자자가 부탁할 수 있는 청구원인이나 그것을 위한 조건은 각 협정에 따라 다양하게 나타나므로 주의할 필요가 있다.⁴⁾

I. 관할권의 존부에 관한 항변

1. 중재합의의 부존재

서론에서 언급한 바와 같이, 국제투자중재는 당사자의 합의를 근거로 이루어지는 절차이며, 원래 중재합의가 존재하지 않으면 절차를 진행시킬 수 없다. 투자계약 중의 중재조항이 중재 관할권의 근거를 마련하는 당사자의 합의의 전형적인 방식이다.

그러나 관할권의 근거를 이루는 중재합의는 이러한 특정 당사자가 중재의 대상을 합의하는 형식에 한정되지 않는다. 오늘날 실제 사안에서 넓게 이용되고 있는 것은 투자유치국이 국제투자중재에 분쟁을 부탁한다는 동의를 사전에 일반적인 형태로 나타내 보이는 방식이다. 예를 들면 한국-일본 BIT 제15조 3항에서 투자자는 구속력 있는 중재에 의한 분쟁해결을 위하여 ICSID 중재, UNCITRAL

---

3) See Simpson Thacher & Bartlett LLP ed., *Comparison of International Arbitration Rules*, 3rd ed., 2008.

4) BIT의 중재부탁조항의 유형에 대해서는 다음을 참조. 岩月直樹, 『国際投資仲裁における管轄権に対する抗弁とその処理』, (RIETI Discussion Paper Series 08-J-012) 37~47면 [보론: 投資保護条約における条約仲裁條項の類型]. Available at ⟨http://www.rieti.go.jp/jp/publications/dp/08j012.pdf⟩.

중재 및 그 밖의 양 당사자가 합의하는 중재절차 중의 어느 하나에 당해 투자분쟁을 부탁하고 구속력 있는 중재에 의한 해결을 제기할 수 있다고 규정하고 있다. 이와 같은 규정은 투자유치국으로부터 투자자를 상대로 한 중재부탁에 관한 신청(offer)이며, 투자자는 언제라도 수락(acceptance)한다는 중재합의를 완성시킬 수 있다고 여겨진다.[5] 투자유치국에 의한 '신청'에 특별히 조건이 부가되어 있지 않는 한 그에 대한 투자자에 의한 '수락'은 투자분쟁이 생기기 전뿐 아니라, 구체적인 분쟁이 생긴 후에도 있을 수 있기 때문에, 중재판정부에 중재부탁을 하는 것 자체가 투자자의 동의를 표명한 것으로 여겨져 중재합의의 성립이 인정된다.[6]

무엇보다도 투자유치국에 의한 일반적 형태로서의 '동의'는 어디까지나 '신청'에 그치는 것이며, 그것만으로 당연하게 중재관할의 근거가 마련되는 것은 아니다. ICSID 협약 제25조 1항으로 확인할 수 있듯이, 어디까지나 중재관할은 "분쟁 당사자가 […] 동의한" 것에 의하여 성립하는 것이지, 일방 당사자의 동의만으로는 불충분하다. 그 때문에, 투자자에 의한 동의가 이미 표출되어 있지 아니하는 한, 투자유치국은 적법하게 BIT를 종료하는 등으로 스스로의 동의를 철회할 수 있다. ICSID 협약 제25조 1항은 제2문에서 "당사자가 그러한 동의를 한 경우에는 어떠한 당사자도 그 동의를 일방적으로 철회할 수 없다"라는 것을 확인하고 있지만, 이것은 적법한 철회까지 방해하는 것은 아니다. 한편 BIT의 개정 혹은 종료에 의하여 투자유치국의 동의가 수정 또는 철회되어도 그 이전에 투자자의 동의

5) Ch. Schereur, "Consent to Arbitration", in P. Muchlinski, F. Ortino and Ch. Schreuer eds., *The Oxford Handbook of International Investment Law*, 2008, pp.835-837.

6) *Generation Ukraine, INC. v. Ukraine*, ICSID Case No. ARB/00/9, Award, 16 September 2003, paras.12.2-12.3

가 표명되어 있으면 그 시점에서 중재합의가 성립하여, 해당 합의는 BIT의 개정 및 종료에 의한 영향을 받지 않는다.[7)]

이러한 투자유치국에 의한 일반적인 형태로서의 국제투자협정중재에의 분쟁 부탁의 동의는 BIT나 IIA 등과 같은 국제협정에서뿐만 아니라, 해당 투자유치국의 국내법에서도 나타나는 일이 있다. 예를 들어, *SPP v. Egypt* 사건에서 홍콩 법인인 SPP사는 이집트 국내법을 기초로 하여 ICSID 중재절차에 분쟁의 해결을 부탁하였는데, 관할권의 근거로서 원용된 관련규정은 다음과 같다.

> "이 법규정들의 이행에 관한 투자분쟁은 이집트가 1971년 법 제90호에 의하여 가입한 국가와 타방 국가 국민 간의 투자분쟁의 해결에 관한 협약이 적용되는 경우에는 그 범위 내에서 해결한다.
> 분쟁은 중재에 의하여 해결할 수 있다(Dispute may be settled through arbitration)[…]."

이집트는 이러한 중재부탁에 대하여 해당 국내법 규정은 분쟁의 해결을 도모하는 교섭과 관련하여 검토되어야 하는 하나의 절차로서 ICSID 중재가 있다는 것을 나타내고 있는 것에 불과하고, 실제로 분쟁을 중재에 부탁하기 위해서는 별도의 부탁 합의를 체결할 필요가 있다고 주장하였다. 그러나 중재판정부는 ICSID 중재의 부탁에 특별한 합의가 필요하게 되면 이 규정의 의미가 없어진다는 이유로 이집트의 주장을 배척하고, 해당 규정은 그 자체로서 ICSID 중재에 대한 동의를 나타낸 것이라고 인정하였다.[8)]

---

7) Schreuer, *supra* note 5, p.837.

8) *Southern Pacific Properties(Middle East) Limited v. Arab Republic of Egypt*, ICSID Case No. ARB/84/3, Decision on Jurisdiction, 14 April 1988, paras.89-101.

2. 중재합의의 무효가능성

어느 형식에 의한 것이든 중재합의가 존재한다 하더라도, 그것이 중재관할의 근거로서 인정되기 위해서는 해당 합의가 유효하게 성립되어야 한다. 예를 들면 *World Duty Free Co. Ltd. v. Kenya* 사건에서 케냐 정부는 중재부탁의 근거로 볼 수 있는 투자계약은 World Duty Free사가 뇌물을 제공하여 체결하였기 때문에 집행이 불가능하고(unenforceable), 따라서 이 사건 청구는 마땅히 각하되어야 한다고 주장하였다. 이 점에 대하여 World Duty Free사(제소인)는 계약시 대통령 개인에게 금전을 제공한 것은 확실하지만, 이것이 당시로서는 일종의 비즈니스 관행이었던 점, 위법한 뇌물이라고는 인식하지 않았던 점 등을 주장하였다.

그러나 중재판정부는 해당 금전수수가 뇌물에 해당하고, 협약 등을 통해서 뇌물증여의 형사처벌을 도모하는 국제적 경향 및 이와 유사한 사안의 상사중재의 판정을 근거로 하여, "뇌물은 […] 국제사회의 공공정책(transnational public policy)에 반하는 것이라고 확신한다. 그러므로 중재판정부는 매수행위에 의한 계약 혹은 공무원의 부정행위(汚職)에 의하여 형성한 계약에 근거하는 청구를 받아들일 수 없다"라고 하였다.[9] 또 케냐 정부는 그러한 뇌물의 존재를 이유로 이 사건 계약을 취소할 수 있던 것이므로, 케냐 정부가 실제 위 계약을 취소한 것으로 인정하여 이 사건 청구를 각하하였다.[10]

---

9) *World Duty Free Company Limited v. The Republic of Kenya*, ICSID Case No. ARB/00/7, Award, 4 October 2006, paras.108, 157.

10) *Ibid.*, paras.182–188.

3. ICSID 협약으로부터의 탈퇴

ICSID 중재에 대한 부탁이 인정되기 위해서는 그것을 위한 중재합의가 존재하여야 할 뿐만 아니라, 투자자의 본국과 투자유치국 쌍방이 ICSID 협약의 체약국이어야 한다(ICSID 협약 제1조 2항 및 제25조). 투자유치국이 ICSID 협약으로부터의 탈퇴를 표명한 경우에는 BIT의 ICSID 중재에 대한 동의만으로 관할권의 근거로 원용할 수 있을까? 이 문제는 볼리비아가 탈퇴 통고를 실행한 것을 계기로 큰 관심을 모으고 있어, 실제 중재사례에서 쟁점이 되고 있다.[11]

학설 중에는 투자유치국이 BIT 등에 의하여 동의를 표명하였을 경우, 해당 동의가 나타난 시점에서부터 ICSID 중재에 부탁할 투자자의 권리가 보장되는 것으로 보는 견해가 있다.[12] 그에 따르면, 투자유치국이 ICSID 협약으로부터 탈퇴하였다고 해도 그에 관계없이 BIT 등의 타방 당사국의 투자자가 ICSID 중재에 부탁하는 것은 항상 가능하다고 보게 된다.

그러나 이미 지적한 것과 같이, 다수의 학설 및 중재판정은 BIT 등을 통해서 나타나는 투자유치국의 동의는 어디까지나 '신청'에 그치고, 중재합의의 성립이 인정되기 위해서는 투자자가 스스로의 동의를 표명하여 '수락'해야 한다고 보고 있다.[13] 그리고 그러한 형태

---

11) E. T. I. Euro Telecom International v. Republic of Bolivia, ICSID Case No. ARB/07.28. 무엇보다도 볼리비아가 체결하는 BIT의 상당수는 이용 가능한 중재절차로서 UNCITRAL 중재 등 다른 중재절차규칙을 투자자가 선택할 수 있는 것으로 하고 있어, 중재부탁의 기회 자체는 ICSID 협약으로부터의 탈퇴에 관계없이 보장되고 있다. 다만 ICSID 중재의 경우에는 해석, 재심 혹은 취소 청구의 절차 이용이 가능하고, 또 중재판정의 집행이 협약상의 의무로서 투자유치국에 부과되게 된다(ICSID 협약 제50-55조).

12) C. Santilli, *Droit du contentieux international*, 2005, pp.115-117; E. Gaillard, "The Denunciation of the ICSID Convention", *Transnational Dispute Management*, vol. 4, Issue 5 (2007).

13) 이러한 관점으로부터 Santulli 등의 견해를 비판하는 것으로서 다음을 참조. J. Fouret, "Denunciation of the Washington Convention and Non-Contractual Investment Arbitration: 'Manufacturing

로 ICSID 중재에 대한 '양 당사자의 동의'가 있을 경우에만 어느 당사자도 일방적으로 그 동의를 철회할 수 없다고 하는 것이 ICSID 협약 제25조 1항 2문의 취지이다. 그 때문에 투자유치국이 ICSID 협약으로부터 탈퇴하기 전에 투자자가 일방적으로 혹은 중재부탁을 통해서 스스로의 동의를 표명하고 있지 않는 한, BIT나 국내법에 ICSID 중재부탁이 예정되어 있다 하더라도 투자유치국이 ICSID 협약으로부터 탈퇴한 후에는 그것들을 ICSID 중재의 관할권의 근거로 삼을 수 없다고 보는 것이 타당하다.

그런데 ICSID 협약으로부터의 탈퇴는 탈퇴 통고와 동시에 인정되는 것은 아니다. ICSID 협약 제71조는 탈퇴 통고를 동 협약의 기탁자(세계은행)가 수령한 후 6개월이 경과한 시점에서 정식 탈퇴가 인정된다고 하고 있다. 예를 들면 볼리비아가 2007년 5월 1일에 발신한 탈퇴 통고는 그 다음날에 수령되었기 때문에, 볼리비아는 같은 해 11월 3일에 정식으로 ICSID 협약 체약국으로서의 지위 및 그에 따른 권리 및 의무를 상실하였다. 이와 같이 탈퇴 통고일과 정식 탈퇴일이 어긋나 있는 것으로 인하여, 이 양 기일 사이에 투자자가 중재부탁을 하였을 경우의 처리가 문제된다. 이 점에 대하여 ICSID 협약은 제72조로 다음과 같은 규정을 마련하여 이에 대처하고 있다.

"제70조 또는 제71조에 의거한 체약국의 통고는 기탁기관이 이러한 통고를 받기 전에 본부의 관할권에 동의한 것으로부터 발생한 어느 체약국, 그의 하부조직이나 또는 기관 또는 이러한 국가의 국민이 지고 있는 본 협정상의 권리의무에 영향을 미치지 아니한다."

위 규정에 의하면, 탈퇴통고가 세계은행에 의하여 수령되기 전에

Consent' to ICSID Arbitration?", *Journal of International Arbitration*, vol. 25 (2008), pp.80-85.

ICSID 중재 관할권에 대한 동의가 이루어지면, 당해 동의로부터 생기는 권리 및 의무는 아무런 영향도 받지 않고 중재부탁도 가능하게 된다. 무엇보다도 이 조항이 언급하는 탈퇴 통고가 수령되기 전에 있은 '동의(consent)'의 의미를 어떻게 이해하는지에 따라, 위 규정에 의하여 보호받는 권리 및 의무의 범위에 대하여 서로 다른 견해가 성립할 수 있다.

하나는, 위 규정은 중재합의가 탈퇴 통고의 수령 전에 성립하고 있는 경우에 해당 합의에 근거하는 ICSID 중재관할에 관한 권리 및 의무를 보장하고자 하는 것으로 해석하는 입장이다.[14] 이 입장은 위 규정에서 말하는 '동의'를 제25조 1항과 동일하게 '양 당사자의 동의'로 이해하는 것이라고 말할 수 있다. 또 다른 입장은 탈퇴가 정식으로 인정되기까지 이루어진 투자자의 중재부탁은 위 규정에 근거하여 인정된다고 하는 입장이다. 위 규정이 '체약국, 그의 하부조직이나 또는 기관 또는 이러한 국가의 국민' 중 하나(one of them)가 행한 동의라고 규정하고 있는 것을 중시하여 정식으로 탈퇴가 인정될 때까지 ICSID에 중재부탁을 위한 '신청'의 법적 효과가 존속하는 것을 나타내는 데 위 규정의 의의를 인정하는 것이라고 할 수 있다.[15]

문언에 비추어 본다면 후자의 견해가 타당한 것이라고 생각되지만, 조약법의 기본원칙상 탈퇴는 본래 그것이 인정되기 이전에 협약의 이행에 의하여 생겼던 권리 및 의무 및 법적 상태에 영향을 미치지 않는다는 점에서 보면(조약법에 관한 비엔나 협약 제70조 1항), 앞의 규정은 그것과는 다른 고유한 의미를 가지는 것은 아니라고 볼 것이기 때문에, 그 점을 문제시하는 견해도 볼 수 있다.[16] 그러나

---

14) Ch. Schreuer, *The ICSID Convention: A Commentary*, 2001. p.1286.

15) S. Manciaux, "La Bolivie se retire du CIRDI", *Transnational Dispute Management*, vol. 4, Issue 5 (September 2007).

ICSID 협약의 목적이 투자자의 보호에 있는 점에 비추어 보면, 위 규정의 의의는 이러한 원칙적 규율을 특별히 확인하는 것에 있다고 해석하는 것이 자연스럽고, 오히려 앞 규정의 고유한 의미를 요구한 나머지 투자자의 보호에 제한적 해석을 이끌어내는 것은 불합리하고 타당한 것이라고 인정하기 어렵다.

II. 관할권의 범위에 관한 항변

계약의 중재조항에 근거하여 중재부탁을 할 경우, 해당 중재조항에 근거하여 당사자나 분쟁대상을 특정하는 합의가 이루어지고 있기 때문에, 관할권의 범위가 문제가 될 여지는 그리 크지 않다. 그러나 중재합의가 BIT나 국내법을 통하여 투자유치국이 중재를 '신청'하고 투자자가 그에 대해 '수락'하는 경우에는, 해당 합의에 근거하는 관할권의 범위는 BIT나 국내법 등 관련 규정의 해석·적용에 의하여 구분되기 때문에, 투자유치국으로부터 여러 항변이 제기되어 왔다.

1. 인적관할에 관한 항변

BIT는 국적에 상관없이 모든 투자자를 일반적으로 보호하는 것이 아니라, 어디까지나 체약국의 투자자를 보호하는 것을 상호 간에 약속하는 것이다. 그 때문에, BIT의 중재부탁조항에 근거하여 국제투자중재를 부탁하기 위하여서는, 다른 타방 체약국의 국적을 가지는

---

16) A. Escobar, "Bolivia Exposes 'Critical Date' Ambiguity", *Global Arbitration Review*, vol. 2, Issue 3 (2007).

투자자로 인정받아야 한다.[17] 투자자가 타방 체약국 이외의 나라와 투자체약국이 체결한 BIT를 원용하여도, 원래 해당 BIT에 근거하는 국제투자중재에서의 소송능력이 없기 때문에 인적관할이 인정되지 않는다.[18]

2. 물적관할에 관한 항변

(1) '투자로부터 직접 발생한 법적 분쟁'

ICSID 협약을 비롯한 투자보호에 관한 협정에서는 투자자에 의한 중재부탁의 대상을 "투자로부터 직접 발생한 법적 분쟁"이라고 하거나 "투자에 관한 법적 분쟁"으로 규정하고 있다. 이러한 규정을 근거로 하여 투자유치국은 부탁된 분쟁이 '투자와 직접적인 관련성이 있다'고 할 수 없거나 또는 '법적 분쟁'이라고 말할 수 없다고 하면서 물적관할에 대한 항변을 제기하는 일이 있다.

① '투자'와의 관련성

투자와의 관련성[19]이 문제되는 예로서 투자계약위반에 대한 구제를 요구하면서, 국내재판소에 소를 제기하였음에도 불구하고 정부의

---

17) 이 문제에 대한 상세한 점에 대하여서는 제2장(伊藤一賴, '投資仲裁の對象となる投資家/投資財産の範州') 및 다음의 자료를 참조. 伊藤一賴, 『投資仲裁の對象となる投資家/投資財産の範州とその決定要因』(RIETI Discussion Paper Series 08-J-011) 3~22면. Available at 〈http://www.rieti.go.jp/jp/publications/dp/08j011.pdf〉; D. A. Williams, "Jurisdiction and Admissibility", supra note 5, pp.883-906.

18) 최혜국대우조항을 개입시켜 제3국과 투자유치국이 체결한 BIT에 있어서의 중재부탁조항을 원용할 수 있는가 하는 문제는 별개의 문제이다. 이 점에 대해서는 제4장(西元宏治, "投資協定仲裁における最惠国待遇條項の解釋適用")을 참조.

19) See generally, Schreuer, supra note 14, pp.114-121; Douglas, supra note 2, pp.242-247.

부당한 개입 등에 의하여 적절한 사법적 구제를 받을 수 없었던 것
(재판거부)을 원인으로 하는 청구가 제기되는 경우를 들 수 있다. 재
판거부는 외국인에게 국제법상 필요한 사법상 보호가 부여되지 않
았던 것을 문제로 하는 것이기 때문에 투자의 보호 그 자체와는 다
른 파생적 청구라고 말할 수 있다.

이 점이 실제 문제된 사안으로서 *Chevron v. Ecuador* 사건이 있다.
이 사건은 석유개발에 관한 투자계약위반과 그에 대한 사법적 구제
의 현저한 지연을 이유로 국제관습법상의 재판거부에 관한 법리에
근거하는 청구가 제기된 사안이다. 중재판정부는 관할권의 근거로서
원용된 미국-에콰도르 BIT 제6조가 중재부탁의 대상이 될 수 있는
분쟁에 대하여 '투자계약으로부터 발생하거나 그와 관련된(arising
out of or relating to)' 분쟁이라고 정의하고 있는 점에 주목하여, 이
러한 규정은 투자계약을 둘러싼 사법구제에서 재판거부로 인하여
피해를 입었다는 청구를 포함할 정도로 넓은 관할권을 인정하는 것
이라고 하였다.[20] 그리고 이 사건에서는 투자에 관하여 제기된 소송
상 청구 그 자체도 BIT에 의하여 보호되어야 할 '투자'에 해당하는
것으로 여겨,[21] 그러한 소송에서 재판거부로 입은 피해는 당연히
'투자로부터 직접 발생하는 것'이라고 인정된다.

② '법적' 분쟁

법적 분쟁은 일반적으로 '법 혹은 사실적 문제에 대한 견해의 대
립이며, 단순한 이해대립에 머물지 않는 것'이다.[22] 이러한 정의에

---

20) *Chevron Corporation (U.S.A.) and Texaco Petroleum Corporation (U.S.A.) v. Republic of Ecuador*, UNCITRAL Arbiration, Interim Award, December 1, 2008. para.209.

21) *Ibid.*, paras. 183-184.

따르면, 투자자가 투자유치국에 대한 청구를 BIT나 투자계약상의 권리침해 및 의무위반 등에 기초하는 것이라 하고, 투자유치국이 해당 청구를 다투는 경우에는 법적 분쟁의 존재가 인정된다. 문제되는 것은 신청인이 주장하는 법적 분쟁이 사실적 기초를 얼마나 가지는지, 즉 법적 분쟁의 현실성이 있는지에 대한 여부이다. 이 점을 청구의 인용 여부에 관한 심리(본안 심리)와는 구별하면서 어떠한 형태로 판단하여야 할 것인가가 문제가 된다.

Savarese에 따르면, 이 점에 관한 종래의 투자중재의 판단은 세 가지 유형으로 구별된다.[23] 첫째, 관할권 단계에서도 제소인이 주장하는 사실이 원용하는 협약 규정의 위반을 구성하는지를 엄격하게 심사하는 것이다. 둘째, 사실관계에 관한 상세한 정보의 결여를 이유로 하여 관할권 판단을 본안 판단에 병합하는 것이다. 그리고 셋째, 신청인이 그럴듯한 방식으로(in a plausible manner) 청구의 근거를 BIT에 마련하고 있고, 청구인용에 관한 추상적 개연성을 나타내는 것으로 족하다는 것이다.

이들 세 가지 판단유형 가운데, 우선 관할권 판단을 본안에 병합하는 위 두 번째 판단유형은 여기서의 문제 자체를 회피하는 것이다. 첫 번째 판단유형과 세 번째 판단유형에 대해서는 실제의 적용 사례에서는 큰 차이가 없다. 첫 번째 판단유형에서 중재판정부는 확정적인 사실 인정 및 협약 규정의 해석적용을 실시하고 있는 것은 아니고, (그것들은 본안사항이다) 제소인이 제시하여 보이는 사실관

---

22) Report of the Executive Directors on the Convention on the Settlement of Investment Disputes Between States and Nationals of Other States, para.26. Available at 〈http://icsid.worldbank.org/ICSID/ICSID/DocumentsMain.jsp〉.

23) E. Savarese, "Investment Treaties and the Investor's Right to Arbitration between Broadening and Limiting ICSID Jurisdiction", Journal of World Investment & Trade, vol. 7 (2006), pp.413-415.

계의 존재 및 원용되는 BIT 등의 법적 기초와 해당 사실과의 관련
성을 인정할 수 있는지를 심사하는 것이어서 실질적으로는 세 번째
판단유형과 동일한 것이라고 생각해도 좋을 것이다. 어쨌든, 오늘날
많은 중재판정례는 양 분쟁 당사자가 제시한 증거 등에 근거를 두어
'일응(*prima facie*)' 청구의 기초가 되는 사실관계를 인정할 수 있는
것이면 관할권을 인정하는 것으로 하고 있다.[24]

(2) 중재부탁의 청구원인의 범위

중재판정부에 인정되는 물적관할의 범위는 같은 BIT 중의 중재부
탁조항에 근거하는 경우라 하더라도, BIT의 각 규정에 따라서 다르
다. 예를 들면 단지 '투자에 관한 법적 분쟁'을 중재에 부탁할 수 있
는 것으로서 물적관할을 넓게 인정하는 것이 있는가 하면, (포괄형
중재조항) 중재부탁이 가능한 분쟁의 주제를 BIT, 투자계약, 혹은
투자유치국 당국의 투자허가(authorization) 중 어느 것으로 한정하는
것도 있다(분쟁주제특정형 중재조항)[25]

① 계약위반을 원인으로 하는 청구

중재에 부탁할 수 있는 분쟁이 BIT에 근거하는 권리 및 의무를
포함하는 것에 한정되어 있는 경우, 의무준수조항(umbrella clause)이
존재하는 경우에 한해 투자계약을 둘러싼 분쟁을 중재에 부탁할 수
있다.[26]

---

24) *e.g. Ioan Micula, Viorel Micula, S.C. European Food S.A., S.C. Starmill S.r.l. and S.C. Multipack S.r.l. v. Romania*, ICSID Case No. SRB/05/20, Decision on Jurisdiction and Admissibility, 24 September 2008, paras.135–141.

25) 범月直樹, "전게논문", 전게주 4) 참조.

그에 대하여 포괄형 중재조항이 있는 BIT인 경우에는 특히 청구 원인에 관한 제약이 없는 이상, 오로지 계약불이행 등 투자계약을 둘러싼 분쟁이라 하더라도 그 부탁을 저지할 수 있는 이유는 없다. 다만 이러한 결론과는 달리, 포괄형 중재조항이더라도 그것이 BIT 에 의하여 설치된 절차인 이상, BIT 위반의 유무가 다투어질 수 있 기 때문에 순수한 계약상 청구에는 물적관할이 인정되지 않는 중재 판정도 볼 수 있다.[27] 원용되는 BIT가 특히 협정상의 권리보호를 목 적으로 국제투자중재의 이용 가능성을 인정하는 것에 그치는 체약 국 간의 양해 등이 존재하는 경우를 제외하고는 포괄형 중재조항은 그 문언을 있는 그대로 해석하여 관할권을 넓게 인정하는 것이 타당 할 것이다. 물적관할을 BIT 위반에 관한 분쟁으로만 한정하는 제한 적 해석이 타당한 것으로 인정되기 위해서는 이를 지지하는 적극적 인 근거가 제시되어야 할 필요가 있다.[28]

② 국제관습법을 원인으로 하는 청구

중재조항에서 청구원인이 특히 한정되지 않고 또 적용법규에서 국제관습법이 배제되어 있지 않은 경우에는, 투자자가 투자유치국의 국제관습법위반을 근거로 하는 청구를 저지할 수 없다.[29] 예를 들면 루마니아가 해외투자유치를 위하여 마련한 우대조치를 철회한 것이

---

26) 다만, 의무준수조항의 규정에 따라서는 투자계약이 해당 조항의 대상으로부터 제외되기도 한다. 이 점에 대해서는 본서 제8장(濱本正太郎, "義務遵守條項(アンブレラ條項)")을 참조.

27) e.g. Société générale de surveillaance v. Pakistan, ICSID Case No. ARB/01/13, Decision on Jurisdiction, 6 August 2003, para.161.

28) 濱本正太郎, 『投資保護條約にづける投資契約違反の扱い』(RIETI Discussion Paper Series 08-J-014) 28-35면. Available at 〈http://www.rieti.go.jp/jp/publications/dp/08j014.pdf〉. See Douglas, supra note 2, pp.236-240.

29) 적용법규의 문제에 대하여서는 中村達也, 『投資仲裁における実体規範の決定について(上,下)』 JCA Journal, 第620号(2009年) 18-25면, 동 저널 第621号(2009年), 17-25면 참조.

문제된 *Ioan Micula v. Romania* 사건에서, BIT가 발효하기 이전에 이루어진 부분은 국제관습법에 반한다고 하여 중재에 부탁되었다. 해당 청구에 대하여 중재판정부는 국제관습법에 근거하는 청구에 대한 수리가능성을 부정하는 루마니아의 항변을 배척하면서, 국제관습법이 필요하고 적용 가능한 것이라고 한다면 그 위반에 대해서도 판단할 수 있다고 보았다.[30) ICSID 협약 제42조 1항은 명시적으로, "재판소는 당사자가 합의하는 법률의 규칙에 따라 분쟁을 해결하여야 한다. 이러한 합의가 없는 때에는 분쟁 체약 당사국의 법률(법률의 충돌에 관한 동국의 규칙을 포함한다) 및 적용할 수 있는 국제법의 규칙을 그 분쟁에 적용하여야 한다"고 규정하고 있다. 이 조항에 따르면 특히 적용 가능한 규칙이 침묵하고 있거나 불분명하거나 혹은 시간적 사유에 의하여 적용되지 않는다고 결정되는 경우에, 국제관습법에 기초하여 청구의 인정여부를 판단하는 것이 제42조 2항에 근거하여 인정된다.

무엇보다도, 국제관습법위반을 근거로 하는 청구가 실제로 인정되기 위해서는 개인이 직접 원용할 수 있는 국제관습법의 존재가 청구원인의 전제가 된다.[31) 그래서 종래의 중재판정은 이 점을 방론으로 다루고 대체로 소극적인 견해를 나타내어 왔다.[32) 그러나 근래에 이르러 앞서 본 *Chevron v. Ecuador* 사건의 중재판정과 같이, 국제관습법상의 재판거부를 기초로 하는 청구에 관해서는 긍정적인 견해

---

30) *Ioan Micula v. Roumania, op. cit, supra* note 24, paras.150−157.

31) 본서 제3장 참조.

32) See *Generation Ukarine v. Ukarine, supra* note 6, para.11.3; *Jan de Nul N.V. and Dredging International N.V. v. Arab republic of Egypt*, ICSID Case No. ARB/04/13, Decision on Jurisdiction (16 June 2006), paras.114−116; *United Parcel Service of American Inc. v. Government of Canada*, Arbitration under NAFTA, Award on Jurisdiction, 22 November 2002, paras.71−99.

가 나타나고 있다.

3. 시적관할에 관한 항변

조약법에 관한 비엔나협약 제28조에 의하면, 시적관할이 어느 범위에 이르든지 간에 투자자의 청구가 BIT 위반을 기초로 하고 있는 이상, 투자유치국의 조약위반과 그 책임은 BIT의 발효 후의 행위에 한정된다. 체약국이 그 외의 의사를 가지지 않는 이상, BIT는 발효일 이후 생긴 사실에만 적용되고, 그 이전의 행위에 대하여 투자유치국은 BIT 위반에 근거한 책임 추궁을 당하지 않는다.

많은 중재판정이 지적하고 있는 것처럼 시적관할의 문제와 협약의 소급적용 문제는 별개이기 때문에, 투자유치국은 BIT 발효 이전의 사실관계에 대한 책임을 추궁당하는 것을 회피하기 위하여 시적관할을 다툴 것도 없이 단지 시제법의 원칙에 근거하여 협약의 소급적용을 부정하는 것만으로도 충분하다. 그럼에도 불구하고 투자유치국이 시적관할에 관한 항변을 제기하는 것은 어디까지나 BIT 발효 이전과 이후는 명확하게 구분되어야 하며, 관련된 사실관계가 모두 BIT 발효 후에 발생한 것에 한정하여 그 위반이나 책임이 추궁되어야 하기 때문이라고 생각한다. 이러한 항변의 타당성은 각 BIT상에 나타나 있는 중재부탁에 대한 투자유치국의 동의가 어떠한 용어를 사용하여 표현되고 있는지에 의한다.

BIT 중에는 시적관할에 관한 규정이 없는 것도 있지만, 다수의 경우 "BIT의 발효 이전에 생긴 분쟁(any dispute concerning an investment which arose before the entry into force of this Agreement)" 혹은 "BIT의 발효 이전의 사실로부터 생긴 분쟁(arising out of events which occurred prior to the entry into force of this Agreement)"에 대해서는 중재에 부탁할 수 없다고 규정하고 있다.

(1) BIT의 발효 이전에 발생한 분쟁 또는 발효 이전의 사실에 관한 분쟁

BIT의 중재조항이 앞서 살펴본 바와 같이 그 발효 이전에 생긴 분쟁에 대해서는 적용되지 않는다고 중재관할에서 제외하고 있는 경우에는, 어느 시점에서 분쟁이 발생하였는지가 문제된다. 우선 법적 분쟁에 대하여 지적한 것처럼, 분쟁이란 양 당사자의 견해의 대립을 의미하는 것이기 때문에, 그러한 대립이 인정되는 시점에서부터 분쟁이 발생한 것으로 여겨진다. 무엇보다도, 분쟁은 이해대립을 계기로 하는 당사자 사이의 일련의 커뮤니케이션(communication)에서 생기는 것이기 때문에, 단순한 견해의 차이를 가지고 분쟁이 발생하였다고 인정하는 것은 적당하지 않다.[33]

예를 들면 *Maffezini v. Spain* 사건에 대하여 살펴보면, 스페인 정부는 이 분쟁이 1989년부터 1991년까지 생긴 사실에 관한 것인데, 아르헨티나-스페인 사이에 BIT가 체결된 것은 1992년인 것을 지적하여 중재판정부는 이 사건과 관련하여 관할권을 갖지 않는다고 주장하였다. 이에 대하여 중재판정부는 분쟁에 이르게 된 경위(a natural sequence of events that leads to a dispute)와 분쟁 그 자체를 구별해야 하기 때문에, 그러한 일련의 경위 속에서 일어난 분쟁 당사자 사

---

33) *AES v. Argentine* 사건 중재판정에서는 중재에 맡길 수 있는 분쟁이 되기 위하여서는 우선 구체적인 상황에 관한 법적 문제가 제기되고 있을 것, 다음으로 판단이 실제적, 구체적인 결과를 가져올 수 있는 것임을 요구하여 추상적인 견해의 대립은 분쟁으로 인정하기에 부족하다는 입장이 명확하게 나타나고 있다. *AES Corporation v. Argentine Republic*, ICSID Case No. ARB/02/17, Decision on Jurisdiction, 26 April 2005, paras.43-47.

이의 청구와 그 대응을 고려해야 한다고 판단하였다. 그 다음, BIT가 대상으로 하는 분쟁이 어느 시점에서 발생하였는지를 결정하여야 한다고 하였다.[34] 중재판정부는 이러한 관점에서 법적 의미로서의 분쟁은 1994년에 발생하기 시작하였다고 하여 스페인의 항변을 배척하였다.

동일한 판단은 *Jan de Nul v. Egypt* 사건에서도 나타나고 있다. 이 사건에서 분쟁이 '결정화된(crystallised)' 시기를 기준으로 하여 분쟁이 발생한 것으로 인정된다고 판단하였다.[35] 이러한 판단례에 따르면, 비록 BIT 발효 전에 생긴 사실관계로부터 도출된 것이라 하더라도, 그것이 BIT의 발효 이후에 법적 분쟁으로서 표면화한 것이라면 관할권이 인정된다. 이러한 분쟁이 시적관할을 벗어나는 것으로 여겨지기 위해서는 BIT의 관련 규정 중에 'BIT의 발효 이전 사실로부터 생긴 분쟁'을 제한하는 취지가 나타나 있어야 한다.[36]

투자자에 의한 투자유치국에 대한 중재부탁이 BIT의 발효 다음에 이루어져서 분쟁 발생일에 관한 문제가 없는 경우라 하더라도, 해당 분쟁은 이미 BIT의 발효 이전에 생긴 분쟁이기 때문에 그 계속에 지나지 않아 관할권을 부정하여야 한다고 투자유치국이 주장하는 경우가 있다. 예를 들면 *Lucchetti v. Peru* 사건에서는 우선, BIT의 발효 이전에 리마(Lima)시가 환경보호를 이유로 Lucchetti사의 공장건설에 관한 허가를 취소하였기 때문에, 위 회사는 해당 취소결정의 무효 확인을 요구하며 페루의 국내재판소에 소를 제기하였다.

---

34) *Emilio Agustin Maffezini v. The Kingdom of Spain*, ICSID Case No. ARB/97/7, Decision of the Tribunal on Objections to Jurisdiction, 25 January 2000, paras.38-64, 96-98.

35) *Jan de Nul N.V. and Dredging International N.V. v. Arab Republic of Egypt*, ICSID Case No. ARB/04/13, Decision on Jurisdiction, 16 June 2006, para.116.

36) *e.g. Helnan International Hotel A/S v. The Arab Republic of Egypt*, ICSID Case No. ARB/05/19, Decision on the Tribunal on Objection to Jurisdiction, 17 October 2006, paras.52-56.

재판소에 의한 해당 청구의 인용을 받아 위 회사는 공장 조업을 개시하였지만, 그 후 리마시가 공장 소재 지역을 환경보호구역으로 지정하였기 때문에 결국 공장을 폐쇄하여야만 하였다. 그 때문에 위 회사는 이 공장 폐쇄에 이르게 한 침해조치를 청구원인으로 하여 페루 정부에 배상을 요구하였는데, 이미 발효하고 있던 BIT에 근거하여 이 사건 분쟁을 중재에 부탁하였다. 이에 대하여 페루 정부는 이 사건은 리마시에 의한 건설허가 취소결정을 계기로 시작된 분쟁이 계속되고 있는 것에 지나지 않는다고 하여 관할권은 부정하여야 한다고 주장하였다.

이 점에 대하여 중재판정부는 "분쟁의 대상 혹은 분쟁의 진정한 원인(real cause of the disputes)을 이루는 사실이 어느 정도 차이가 나는지, 아니면 동일한(identical) 것인지를 검토'하여야 하고, '이전의 분쟁을 일으키게 한 사실 혹은 사정이 새로운 분쟁에 있어서 핵심이 되어 계속되고 있는' 경우에는 동일한 분쟁으로 간주된다고 하여, 결론적으로 페루의 항변을 인정하였다.[37] 이러한 판단은 분쟁의 법적 구성이 아니라 그 실태(리마시에 의한 환경보호정책이 투자사업에 미친 영향)를 본 다음, 분쟁의 동일성과 그 발생일을 판단하여야 한다고 하는 입장을 나타낸 것이라고 말할 수 있다.

그러나 이러한 입장에 대해서 비판이 있으며,[38] 다른 중재판정들도 반드시 이에 따르는 것은 아니다.[39] *Lucchetti v. Peru* 사건의 중재

---

37) *Empresas Lucchetti, S.A. and Lucchetti Peru v. Republic of Peru*, Award, February 7, 2005, ICSID Case No. ARB/03/04, paras.50, 53.

38) S. Manciaux, "Existence d'un différend et compétence ratione temporis du CIRDI: réflexions à propos de quelques décisions récentes", *Revue de droit des affaires internationales*, 2006, n. 6, pp.798–801.

39) *Jan de Nul v. Egypt* 사건 중재판정은 *Lucchetti v. Peru* 사건 중재판정의 기준을 적용하면서도 그 판단의 내막은 완전히 다르다. *Jan de Nul v. Egypt, supra* note 34, paras.123–129.

판정에 대하여 취소청구가 있어서 ICSID 특별위원회도 결론적으로는 명백한 권한유월을 인정할 수 없다고 하여 취소를 인정하지 않았지만, 이 사건에서 새로운 분쟁이 생겼다고 주장하는 것이 충분히 가능하다고 지적하고 있다.[40]

(2) 계속적 위법행위, 복합적 위법행위에 관한 청구를 둘러싼 분쟁

이른바 계속적 위법행위란 '계속적인 성질을 가지는 행위에 기초한 의무위반이며, 해당 행위가 국제적 의무에 부합하지 않은 채로 남아 있는 전체 기간에 대하여 위법으로 여겨지는 것'을 말한다.[41] 그리고 복합적 위법행위란 '위법으로 여겨지는 최초의 작위 또는 부작위로부터 시작하여 반복되고 그리고 국제의무에 부합되지 않는 채로 남아 있는 동안 계속되며, 이와 결부하여 위법행위를 구성하기에 충분한 다른 작위 또는 부작위가 행해졌을 때에 의무위반이 발생하는' 것을 말한다.[42]

투자자는 자신의 청구가 이렇게 시간적으로 계속되는 원인행위에 근거하는 것인 경우, BIT의 발효 후에도 그 행위가 계속된다면 중재관할이 인정된다고 주장하는 것에 반하여, 투자유치국은 문제로 여겨지는 행위가 계속적 혹은 복합적 행위이기 때문에 그 전체에 대하여 위법성을 묻기 위하여서는 중재판정부가 BIT의 발효 이전의 시점의 행위에 대하여서도 관할을 갖는지를 판단할 수밖에 없기 때문에, 이러한 청구는 시적관할로부터 벗어난다고 주장한다.

---

40) *Industria Nacional de Alimentos, S.A. and Indalsa Perù v. The Republic of Peru*, Decision on Annulment, 5 September 2007, ICSID Case No. ARB/03/4, paras.97~116.

41) UN 국제법위원회 국가책임초안 제14조 2항. See J. Crawford, *The International Law Commission's Articles on State Responsibility*, 2002, pp.135~140.

42) UN 국제법위원회 국가책임초안 제15조. See Ibid., pp.141~144.

이러한 청구를 시적관할과의 관계에서 어떻게 처리하여야 할 것인가가 많은 사안에서 문제되고 있지만, 지금까지의 중재판정은 투자유치국의 주장을 단적으로 배척하거나 본안에 병합하는 형태로 처리하고 있다. 예를 들어, 의무준수조항(umbrella clause)을 기초로 계약상의 금전채무 불이행을 중재에 부탁한 *SGS v. Philippines* 사건에서는 중재판정부가 일반론으로서 "협정상 중재절차 규정은 협정 발효시점에서 계속되고 있는 위반행위에 대하여 적용되므로, 계약에 근거하는 금전 미지급이 계속적 위반의 예 중 하나인 것은 분명하다"고 하였다.[43] 문제로 여겨지는 위법행위가 비록 BIT의 발효 이전에 단서를 가지는 것이라 하더라도, BIT의 발효 시점에서의 사실관계에 근거하여 재차 위법행위의 발생을 문제삼을 수 있는 것이라면, 중재판정부는 BIT 발효일 이후의 행위에 대하여 관할을 갖게 되어 판단내릴 수 있다는 것이다. 또한 BIT 발효일 이전의 사실관계를 고려하지 않으면 BIT 발효일 이후의 위반행위를 적절하게 판단할 수 없는 경우도 있을 수 있지만, 종래의 중재판정에서는 BIT 발효 이전의 사실관계는 어디까지나 문맥 혹은 배경 사실로 고려되는 것이어서 그러한 경우에는 시적관할의 면에서 보더라도 문제없는 것으로 보고 있다.[44]

한편, 계쟁행위가 BIT 발효일의 전후에 걸쳐져 있어 복합적인 성질을 가지는 것이 쟁점으로 되는 경우, 문제로 여겨지는 '복합성'은 단지 행위 그 자체의 성질에 의해서만 확인되는 것이 아니고, 위반이 문제되는 의무의 내용과 밀접하게 관련될 것이 강조된다. 그렇다고 하

---

43) *SGS v. Philippines, supra* note 2, paras.165-168.

44) *Chevron v. Ecuador, supra* note 20, paras.283-284; *Duke Energy International Peru Investments No.1, Ltd. v. Republic of Peru*, ICSID Case No. ARB/03/28, 1 February 2006, para.150.

여도 투자유치국에 의한 여러 가지 저해행위가 축적된 것이 문제되는 복합행위에 대해서는 객관적으로 인정되어야 할 사실관계에 근거하여, BIT 규정에 따라 투자유치국이 어떠한 조치를 이행하는 것 (혹은 이행하지 않는 것)이 요구되고 있었는지, BIT 발효 후의 행위만에 의하여서도 충분히 위법성을 인정할 수 있는지를 충분하게 심리한 다음이 아니라면, 중재판정부가 투자자에 의한 청구에 대하여 관할권을 가지는지 여부에 대하여 적절하게 판단할 수 없기 때문이다.

이러한 사안에서는 BIT의 발효 후의 행위에 대하여 위반을 추궁할 수 있는지가 '일응' 판단될 수 있는 경우는 별론으로 하고, 관할권은 본안에 병합하여 심리하게 된다. 예를 들면 칠레에서 1970년대 군사 쿠데타 후에 칠레 정부가 행한 회사의 해산과 자산의 수용에 대하여 투자자가 1995년 이후 국내재판소에 의한 구제를 요구하였지만 차별적 취급에 의하여 구제가 거부되었던 것을 이유로 중재부탁이 된 *Victor Pey Cassado v. Chile* 사건에서는 관할권에 대한 항변을 본안에 병합한 다음, 결론적으로 1970년대에 이루어진 수용이 즉시적 행위이며 협정위반을 물을 수 없다고 결론을 내렸다.[45] 그러나 한편으로, 재산권의 회복과 배상을 요구한 국내재판의 사법적 구제의 부당한 취급에 대하여는 "공정·형평대우 의무에 반하는 복합적 위법행위 혹은 재판거부"를 구성할 수 있는 것으로 보아, 이들은 모두 협정 발효 후의 행위로 인정될 수 있다고 판단하였다.[46]

---

45) *Victor Pey Casado et Fondation ≪Presidente Allende≫ c. Republique du Chili*, sentence arbitrale, 8 May 2008, ICSID Case No. ARB/98/2, paras.600–612.

46) *Ibid.*, paras. 613–626.

Ⅲ. 관할권의 행사에 관한 항변

당사자의 합의(양 당사자의 동의)에 근거하여 중재판정부가 부탁받은 사안에 대하여 관할권을 가진다고 하더라도, 투자유치국이 해당 사안의 관할권 행사가 배척되어야 한다고 주장하는 일이 있다. 예를 들면 BIT에 따른 국제투자중재에 투자자가 분쟁을 부탁하는 경우의 조건으로 국내구제의 완료가 규정되어 있는 경우에는 투자유치국의 행정상 또는 사법상 구제수단을 거치지 않으면, 인적·물적·시적 관할권이 모두 인정되는 경우라 하더라도 중재판정부는 그 관할권을 행사할 수 없다.

오늘날은 국내구제절차완료 요건을 규정하는 BIT는 드물고, 국내재판 절차와의 관계에 관해서는 이른바 '선택조항(fork in the road clause)'을 설치하도록 하고 있다. 이 규정에 따르면, 동일한 청구 및 분쟁에 대하여는 투자자가 국내재판 절차와 국제투자중재의 어느 것이라도 해결방안으로 선택할 수 있다.[47] 이들 이외의 관할권의 행사에 관한 항변 사유로는 사전협의 기간의 미완료, 원고적격의 결여, '명백히 법적 타당성을 결한 청구' 등이 있다.

1. 사전협의 기간의 미완료

투자자와 투자유치국 사이에 투자분쟁이 생겼을 경우에는 양자의 우호적 협의를 통하여 해결하는 것으로 하여, 중재절차에 부탁하기 전에 그러한 사전협의를 일정기간 시도할 것을 여러 BIT에서 정하

---

47) 이 문제에 대해서는, 본서 제13장 및 中村達池, 『国際投資仲裁と並行的手続—国家法による規制, 調整を中心として—』 (RIETI Discussion Paper Series 08-J-025) 29-30면 (available at 〈http://www.rieti.go.jp/jp/publications/dp/08j025.pdf〉을 참조).

고 있다. 그러나 실제로는 이러한 사전협의 요건을 엄밀하게 따르지 않고 중재부탁이 된 예가 드물지 않다. 그 때문에 투자유치국으로부터 위 요건이 충족되지 않았다는 이유로 중재부탁 그 자체가 부적법하다고 하는 항변이 제기된다.

소정의 사전협의 기간의 경과를 기다리지 않고 이루어진 분쟁을 어떻게 취급할 것인지에 대하여 지금까지의 중재판정의 대응은 나뉘어 있다.[48] 예를 들면 *Enron Corporation v. Argentine* 사건 중재판정에서는 소정의 기간을 경과하지 않는 경우에는 관할권의 부존재를 선언해야 한다고 보았다.[49] (그런데 이 사건에서는 문제된 과세조치의 전부에 대하여 협의를 할 필요는 없다고 하여, 일부의 조치에 대하여는 소정의 협의기간이 충족되고 있다고 하여 중재판정부가 관할권을 긍정하였다) 이에 대하여 *Lauder v. Czech* 사건에서는 사전협의 요건의 목적은 중재절차를 개시하기 전에 당사자에게 성실한 교섭을 실시하게 하는 점에 있으므로, 이 사건과 같이 교섭을 요청하였다고 하여도 체코가 응하지 않을 것으로 보이는 경우까지 중재절차의 개시를 늦추는 것은 불필요하고 형식적인 것이라고 하였다.[50] 전자는 사전협의 요건을 관할권이 성립하기 위한 전제조건이라고 파악하고 있는 데 반하여, 후자는 관할권과는 다른 절차적 규칙[51] 혹은 수리가능성 요건[52]으로 파악하여 개별 사안의 사정에 따라 유

---

48) See M. Polasek, "The Consulation Period Requirement in Investment Treaties as A Matter of Jurisdiction, Admissibility or Procedure", *News from* ICSID, vol. 23, No. 1 (2006), pp.14–17.

49) *Enron Corporation and Ponderosa Assets, L.P. v. The Argentine Republic*, ICSID Case No. ARB/01/3, Decision on Jurisdiction, 14 January 2004, paras.87–88.

50) *Ronald S. Lauder v. The Czech Republic*, UNCITRAL Arbitration, Final Award, 3 September 2001, paras.187–190.

51) See *Ibid.*, para.187.

52) See *Antonio Goetz et consorts c. République du Brundi, Sentence*, 29 January 1999, ICSID Case No. ARB/95/3, paras.90–93.

연한 적용을 도모하려고 하는 것이라 볼 수 있다.

후자와 같은 입장에 대하여는 협정에 명시적으로 나타난 요건을 투자자가 회피할 수 있도록 인정하게 되어 요건으로서의 실질이 없어져 버린다는 비판도 있을 수 있다. 그러나 이 요건의 실질이 당사자에게 성실한 교섭을 우선적으로 요구하는 것에는 다툼이 없다는 점을 고려하면, 이 요건이 충족되지 않았다 하여 즉시 관할권을 부정하는 것은 적당하지 아니하고 수리가능성의 문제로서 요건이 충족될 때까지 심리를 정지하는 것으로 하여 대응할 수 있는 여지를 인정하는 것이 적당할 것이다. 실제, *WNISEF v. Ukraine* 사건 중재판정과 같이 그러한 결정을 한 예도 볼 수 있다.[53]

또한 사전협의에 있어서는 문제가 된 투자유치국의 행위를 대상으로 하여야 하고, 청구의 법적 근거나 이유는 반드시 중재부탁 시 요구되는 만큼 명확하고 상세하게 제시할 것을 요구하지는 않는다.[54] 또 ICSID 중재에 관한 한, 청구원인으로 된 사실의 발생시부터 중재부탁까지의 기간이 분명하게 BIT에서 요구되는 사전협의 기간을 충족시키지 못하였다고 ICSID 사무총장이 판단하였을 경우, 당사자에게 그 취지를 통고해야 하여, 신청인은 추후 재차 청구를 하게 된다.[55]

2. 원고적격의 흠결

원고적격이란 신청인이 정당한 당사자로서 소송절차를 계속하여

---

53) *Western NIS Enterprise Fund v. Ukraine*, Order, 16 March, 2006, ICSID Case No. ARB/04/2.

54) *Generation Ukraine v. Ukraine*, supra note 6, para.14.5.

55) *Tokios Tokeles v. Ukraine*, ICSID Case No. ARB/02/18, Decision on Jurisdiction, 29 April, 2004, para.7.

본안판단을 요구할 수 있는 자격을 의미한다. 중재부탁이 투자계약에 있어서의 중재조항에 근거하는 경우에는, 원고적격은 해당 계약의 당사자인 투자자에게만 인정되는 것이 분명하고 원고적격이 문제될 여지는 적다.[56] 그러나 투자유치국이 중재부탁에 대하여 일반적 동의를 하고 있는 경우에는 신청인이 BIT상의 중재절차를 이용할 자격을 가지는지, 또 그 자격이 어떠한 청구를 제기하는 것까지 보장하는 것인지 등이 반드시 명백하지 아니하며, 그렇기 때문에 투자유치국에 의하여 자주 다투어진다.

예를 들면 이탈리아 법인인 Impregilo사가 독일, 프랑스, 파키스탄의 기업과 함께 파키스탄에서 수력발전사업을 하기 위하여 스위스법에 근거하여 설립한 합병사업체(GBC)를 대표하여 중재부탁을 한 *Impregilo v. Pakistan* 사건에서는, 원래 Impregilo사가 GBC의 손실 전체에 관련된 청구를 제기하는 것을 인정할 수 있을 것인지가 문제되었다. 합병사업계약에 의하여 Impregilo사의 대표권이 인정되고 있었지만, 중재판정부는 그것이 어디까지나 GBC의 운영에 관련된 내부적 결정에 지나지 아니하고, 이것을 가지고 GBC를 Impregilo사로 동일시할 수 없다고 하여 이 사건에서는 위 회사가 협약위반에 의하여 입은 자신의 손실에 관련된 청구에 대하여서만 판단한다고 하였다.[57] GBC는 고유의 법인격이 결여된 단체로서 설립되어 있었으므로 원래 GBC의 고유한 청구는 문제가 되지 않고, 이 사건에 대하여 Impregilo사가 다른 참가 기업의 청구를 제기하고 있는 것으로 간주

---

56) 투자계약에 근거하는 경우라 하더라도 외국 투자자(기업)가 그 계약당사자로서의 지위를 양도하는 등의 경우에는 원고적격이 문제될 수 있다. *e.g. Consorzio Groupment L.E.S.I.-DIPENTA v. République algerienne démocratique et populaire, Sentence,* 10 janvier 2005, ICSID Case No. ARB/03/08, paras.34-41.

57) *Impregilo S.p.A. v. Islamic Republic of Pakistan Decision on Jurisdiction,* 22 April, 2005, ICSID Case No. ARB/03/3, paras.114-184.

되어 그러한 타사의 청구를 제기할 자격을 파키스탄이 합병사업 계약에 근거하여 대항할 수 없는 이상, 이 회사는 그러한 청구에 관한 한 원고적격이 결여된다는 취지이다.[58] 재판소는 이 점을 인적관할과 관련하여 판단하고 있지만, 그 내막은 원고적격에 관한 판단과 다름없다.

그런데 분쟁 부탁시에 원고적격이 있어도, 그 후 자회사를 제3자에 매각하거나 혹은 청구를 하던 기업이 합병되거나 혹은 주식이 매각되는 등의 사정이 생겼을 경우, 그 원고적격이 계속 인정되는지의 문제가 생길 수 있다. 관할권의 관점에서 보았을 때 그 존부는 일반적으로 중재부탁 시를 기준으로 결정되므로 그 후에 생긴 사실에 의하여 원고적격이 없어질 일은 없다. 그 때문에 BIT의 타방 체약국의 국민이라고 인정되는 외국기업이 중재부탁 후에 타국 기업에 의하여 매수되는 등의 경우라 하더라도, 그것은 관할권에는 영향을 주지 않는다.[59] 그러나 그러한 사정이 소의 이익이나 원고적격 등 수리가능성의 문제에 영향을 미치는 것일지 여부가 다투어지고 있다.

예를 들면 투자유치국의 현지기업에 대한 부가가치세의 환급거부에 대하여 BIT 위반에 근거하여 중재부탁이 된 *Encana v. Ecuador* 사건에서는 중재부탁 후에 Encana사가 해당 현지기업의 주식 외에 이 회사가 가지고 있던 에콰도르 소재 자산을 매각하여 이 사건 청구에 관한 배상을 얻을 경우에는 그 30%를 매각기업에 양도하는 계약을 소외 제3자 기업과 체결하였다. 이에 대하여 에콰도르는 해당 매각

---

58) *Ibid.*, paras.144-151.

59) Schreuer, *supra* note 14, pp.288-289. ICSID 협약 제25조 2항은 이 점을 명시하고 있는 것으로 여겨지지만, ICSID 중재에 한정하지 않고 국제재판일반에 대하여 타당한 원칙이라고 본 중재판정도 있다. *Compañiá de aguas del Aconquija S.A. and Vivendi unversal S.A. v. Argentine Republic*, Decision on Jurisdiction, 14 November, 2005, ICSID Case No. ARB/97/3, paras.60-63.

에 의하여 Encana사는 이미 이 사건 중재를 수행할 투자자로서의 자격을 잃었다고 주장하였다. 그러나 중재판정부는 어디까지나 Encana사가 이 사건에서 주식의 매각 시점까지 입은 자신의 손해에 대한 구제를 요구하고 있다고 하여, 해당 청구에 관한 한 주식의 매각이 이 회사의 원고적격에 영향을 미치는 것은 아니라고 하였다.[60]

한편, 재판거부를 이유로 캐나다 법인이 미국을 상대로 NAFTA 제11장에 근거하여 중재를 부탁한 *Loewen v. U.S.A.* 사건에서는 본안심리의 종료 후에 Loewen사가 사업 재편에 의하여 미국 법인이 되는 것과 동시에, 캐나다 법인의 자회사로서 새롭게 Nafcanco사를 설립하여 이 사건 청구를 해결하게 되었다. 이를 알아차린 미국 정부는 Loewen사의 해당 조직개편에 의하여 이 사건에서 그 실체가 미국 법인에 의한 미국에 대한 청구가 되었다고 하여, 이 사건 청구를 각하하도록 중재판정부에 요청하였다. 미국의 이러한 주장에 대하여, 중재판정부는 우선 "NAFTA의 목적은 정부기관의 악의적 행위에 대한 구제를 얻기 위한 정치적, 혹은 그 외의 해결방안이 없는 외부자(outsiders)를 보호하는 것이다"라고 하여, 이 사건과 같이 미국과의 관계에서 미국의 투자자를 위한 구제를 부여하는 것은 체약국이 의도하는 것이 아니라고 하였고, 이 사건에 대하여 이미 신청인에게는 NAFTA에 근거하는 청구를 할 수 있는 캐나다 법인이 남아 있다고 말할 수 없다고 하여, 이 사건 청구를 각하하였다.[61]

Encana 사건 중재판정이 언급한 바와 같이, 청구의 기초가 되는 투자를 양도 혹은 회수하였다고 하여도, 이미 발생하고 있는 투자에

---

60) *Encana v. Republic of Ecuador, Award,* 3 February 2006, London Court of International Arbitration, paras.123–132.

61) *Loewen Group, Inc and Raymond L. Loewen v. United State of America,* Decision on Objection to Competence and Jurisdiction, 5 January 2001, ICSID Case No. ARB(AF)/98/3, paras.220–224.

대한 손해가 없어지는 것은 아니기 때문에, 그러한 사실에 관계없이 해당 손해에 관한 청구를 하는 자격은 존속한다. 그러나 *Loewen* 사건과 같이, 신청인인 기업이 국적을 변경하였다고 하더라도, 변경 이전에 생긴 청구에 관한 원고적격은 계속 인정되어도 무방하다고 생각한다.

이 점은 투자협정중재에 대하여 신청기업에 국적의 계속성을 어떻게 요구하는가 하는 문제와도 관련된다. *Loewen* 사건 중재판정은 투자중재상의 청구에 대해서도 국적계속의 원칙이 적용되는 것으로 보아, 청구원인이 발생한 후 그 해결에 이르는 기간을 통하여 신청인은 동일한 국적을 유지하고 있어야 한다는 입장을 명시적으로 보여주고 있다.[62] 그러나 국적의 계속성이 요구되는 기간을 청구의 인용시점(분쟁해결 시)에까지 요구하는 것에 대하여는 비판이 있는바, 예를 들면 국제법위원회도 그 외교적보호초안에서, 청구를 정식으로 제기한 시점까지로 하고 있다(초안 제10조).[63] 또한 원래 국가 간 청구로서의 외교적 보호에 관한 요건인 국적계속의 원칙을 국제청구에 관한 권리와 자격을 투자자 자신에게 부여하는 투자협정중재에 그대로 적용하는 것에 대해서는 강한 반론도 제기되고 있다.[64]

3. 명백히 법적 타당성을 결한 청구

ICSID 중재규칙은 지금까지의 선결적 항변과 관련하여 관할권의 존부에 관한 것(제41조 1항)을 상정한 규정만을 가지고 있었지만,

---

62) *Ibid.*, paras.225-230.

63) *Report of the International Law Commission on the Work of its Fifty-Eighth Session, United Nations Official Records Supplement,* A/61/10(2006), p.19.

64) Douglas, *supra* note 2, pp.20-26, 323-327.

2006년의 개정에 의하여 '청구가 명백하게 법적 타당성을 결하였음'을 이유로 하는 항변(an objection that a claim is manifestly without legal merit)을 제기하는 것이 명시적으로 인정되었다(제41조 5항). 이와 같은 개정의 이유는 투자자에 의하여 제기되는 청구가 종종, 지나치게 '사소한(frivolous)' 법적근거에 기초하고 있는 것에 대하여 투자유치국 측의 불만이 제기된 것에 대응한 것으로, 그러한 청구를 조기에 각하할 수 있도록 하는 것에 있다고 여겨진다.[65] 관할권의 유무가 아니라 청구의 인용가능성의 명백한 결여를 이유로 하는 항변의 제기를 인정하는 것이기 때문에 수리가능성에 관한 판단권한을 ICSID 중재가 가지는 것으로 확인하고 있어 주목된다. 이와 같은 개정규칙이 적용된 사례로는 *Trans-Global Petroleum v. Jordan* 사건 중재판정과 *Brandes Investment Partners v. Venezuela* 사건 중재판정의 두 사건에 불과하다.

Trans-Global Petroleum v. Jordan 사건에서는 신청인이 그 청구의 일부로서 투자계약의 이행에 관한 협의가 거부된 것을 BIT 위반이라고 주장하고 있던 것에 대하여, 요르단 정부는 ICSID 중재규칙 제41조 5항을 원용하여 중재판정부에 각하할 것을 요청하였다. 중재판정부는 위 조항이 '법적' 타당성을 결한다고 규정하고 있는 점을 중시하여, 신청인이 원용하는 권리가 특별한 검토를 할 필요도 없이 원래 존재하지 않았다는 것으로 인정될 경우에는 '명백하게 법적 타당성을 결한' 청구로서 각하할 수 있다고 하였다. 그러한 판단을 기초로, 이 사건 BIT는 그 체결국인 미국과 요르단 사이의 협의를 정한 것에 지나지 않고, Trans-Global Petroleum사가 요르단 정부당국이

---

65) A.R. Parra, "The Development of the Regulations and Rules of the International Centre for Settlement of Investment Disputes", *International Lawyers*, vol. 41 (2007), p.56.

협의에 응하도록 요구할 권리를 가지지 않는 것은 명백하다고 하여 이 점에 관한 청구를 각하하였다.[66]

Brandes Investment Partners v. Venezuela 사건은 미국 기업인 Brandes Investment Partners사가 보유하고 있던 베네수엘라 국내 통신회사의 주식을 베네수엘라 정부에 부당하게 양도하도록 요구받은 것을 문제로 하여 중재에 부탁된 사안이다. 이 사건에 대하여 베네수엘라 정부는 신청인의 청구는 사실적 기초가 부족하기 때문에 '명백하게 법적 타당성이 부족한' 청구라 하여 그 각하를 요구하였다. 이 점에 대하여 중재판정부는 *Trans-Global Petroleum v. Jordan* 사건 중재판정과 동일하게 ICSID 중재규칙 제41조 5항은 순수하게 법적 기초의 명백한 결여를 문제로 하는 것이기 때문에 사실적 기초의 유무는 이 규정이 문제 삼는 것이 아니라고 하였다.[67]

결 론

BIT나 국내 투자보호법이 규정하는, 이른바 '일방적' 중재는 외국인 투자자의 투자재산의 실효적 보호를 도모하는 것과 동시에, 투자활동의 촉진을 도모하는 데 중요한 의의를 가진다. 그러나 이것도 어디까지나 중재절차인 이상, 투자유치국이 부여한 동의의 범위에 한하여 구할 수 있는 것이고, 또한 분쟁해결을 도모하기 위한 수단

---

66) *Trans-Global Petroleum, INC. v. The Hashemite Kingdom of Jordan,* Decision on the Respondent's Objection under Rule 41 (5) of the ICSID Arbitration Rules, ICSID Case No. ARB/07/25, paras.95, 105, 118-120.

67) *Brandes Investment Partners, LP v. Bolivarian Republic of Venezuela, Decision on the Respondent' s Objection under Rule 4(5) of the ICSID Arbitration Rules,* ICSID Case No. ARB/08/3, paras.56-73.

이라고 하는 본래적 성격에 충실하게 이용되어야 한다. 투자유치국으로부터 제기되는 선결적 항변은 불특정 다수의 투자자로부터 '일방적'으로 개시되는 국제투자중재가 가지는 중재절차의 본래적 성격을 확인하는 것으로서의 의미를 가진다.

물론 이러한 항변은 다른 중재절차에서도 동일하게 문제가 되지만, '일방적' 중재에서는 당사자 사이의 합의가 갖는 '의제적' 성격이 현저하기 때문에, 중재판정부는 스스로의 관할권의 유무와 그 행사가 적절한지에 대하여, 한층 더 신중한 판단을 하여야 한다고 말할 수 있다.

일반적으로 중재판정부는 스스로의 판단이 중재합의에 기초하도록 노력하고 있는데, 이는 중재라고 하는 분쟁해결절차에 요구되는 본래적 속성이다. 그러나 종래 중재판정례를 보면, 중재부탁에 관련되는 각종 문제를 모두 '합의'의 문제로 취급하고, 반대로 그러한 문제로서 취급할 수 없는 것에 대하여서는 중재판정부의 판단권이 미치지 않는다고 하는 경향을 보이고 있다.[68] 예를 들면 종래의 중재판정에서는 사전협의의 요건이나 원고적격의 문제에 대하여도 관할권의 범위라고 하는 관점으로부터 중재'합의'의 해석으로 환원하여 취급하는 경향이 보인다. 그러나 이 장에서 살펴본 것과 같이, 이러한 문제의 실제 모습은 분쟁의 부탁을 받은 중재판정부가 스스로의 관할권을 행사하는 것의 적법성에 있는 것이지, 반드시 중재 '합의'의 해석으로 환원할 수 있다는 것은 아니다.

그럼에도 불구하고, 이러한 문제를 합의의 문제로서 취급하는 것은 투자유치국이 동의하고 있지 않는 것까지 동의를 한 것으로 다루

---

68) See *Methanex v. United States of America*, UNCITRAL Arbitration, Preliminary Award on Jurisdiction and Admissibility, 7 August 2002, paras.96-126.

게 되어 불필요한 반발을 초래할 우려도 있다. 투자자 및 그의 투자에 있어서 국제투자중재가 이미 중요한 보호수단이 되고 있는 것을 고려하면, 지나치게 타당성을 결여한 것으로 투자유치국에 비추어지는 그와 같은 운용은 바람직한 것으로 볼 수 없다. 이러한 점에서 국제관계에서의 합의관할의 원칙은 단순한 당사자 사이의 평등함의 확보에 머무르지 않고, 국가통치에 대한 책임(국가주권의 현대적 의의)의 확보라고 하는 고유한 의미에 대한 배려가 있어야 마땅할 것이다.

이 장에서 BIT 관련 규정의 해석에 대하여 그 취지 목적이 투자의 보호와 촉진을 기초로 하여야 한다고 지적하였으나, 그것을 강조한 나머지 투자유치국의 국내통치에 대한 책임과 그것을 완수하기 위한 권한이 소홀하게 취급되어서는 안 된다.[69] 이러한 관점에서 결론으로서의 타당성만이 아닌, 그 판단이유에서의 타당성에도 충분한 주의가 기울여져야 할 것이다. 각종 항변사유를 관할권과 수리가능성으로 구별하여 적절한 해결을 도모하는 것은 그러한 배려의 한 가지 방법일 것이다.

---

69) G. Van Harten, *Investment Treaty Arbitration and Public Law*, 2006, pp.149-151.

제13장 병행절차의 규제와 조정

中村 達也 (나카무라 타츠야)

서 론

이 장에서는 투자중재로 인해 발생한 병행절차(parallel proceeding)에 대한 규제·조정문제에 관해 논한다. 예를 들면 투자유치국의 조치로 인해 발생한 손해배상을 구하기 위하여 투자자 측이 투자유치국에 대하여 복수의 중재를 신청하는 경우가 있다. 그와 같은 병행절차를 규제하고 조정하지 않을 경우 판단의 모순과 충돌이라는 문제와 투자유치국의 절차에 소요되는 시간, 비용, 노력의 중복부담, 중복심리의 비경제라는 문제가 발생한다. 이 문제는 최근 *Lauder* 사건 및 *CME* 사건[1]에서 병행절차가 규제·조정되지 않은 결과, 2개의 저촉되는 중재판정이 내려져 병행절차의 규제·조정이 가능한 경우에 관하여 큰 논의를 일으켰으나,[2] 이 장에서 살펴보는 바와 같이 절차 병

---

1) *Lauder v. Czech Republic*, Final Award of September 3, 2001 ; *CME Czech Republic B.V. v. Czech Republic*, Partial Award of September 13, 2001 and Final Award of March 14, 2003 ; Svea Court of Appeal, Judgment of May 15, 2003, ⟨http://www.ita.law.uvic.ca/⟩.

2) *See, e.g.*, Charles N. Brower and Jeremy K. Sharpe, "Multiple and Conflicting International Arbitral Awards", 4(2) *The Jounal of World Investment* (2003), p.211 ; Charles N. Brown, Charles Brown II and Jeremy K. Sharpe, "The Coming Crisis in the Global Adjudication System", 19(4) *Arbitration International* (2003), pp.415, 423 ; August Reinsch, "The Use and Limits of *Res Judicata* and *Lis Pendens* as Procedural Tools to Avoid Conflicting Dispute Settlement Outcomes", 3 *The Law and Practice of International Courts and*

행의 규제・조정을 위한 법이론이 확립되었다고 할 수는 없다.

한편 병행절차를 규제・조정하기 위한 장치로서 조약단계에서는 투자협정 중 선택조항(fork-in-the-road clause), 포기조항(waiver clause), 병합규정(consolidation provision)이 마련되고 있으나, 이러한 장치로 완전한 병행절차의 규제・조정은 불가능하다. 또한 병행절차를 규제・조정하는 것은 투자자 입장에서는 분쟁해결절차 선택의 폭을 좁히는 것이고, 국가의 정책적 판단에 의해, 이를 완전히 저지하는 장치를 투자협정에 포함할지에 대한 선택도 있을 것이다.

이 장에서는 병행절차를 규제・조정하는 법리적용에 관한 중재판정례의 입장을 개괄하고, 병행절차에 대한 규제・조정의 본질에 관하여 간략하게 검토한다. 먼저 투자분쟁에 있어 병행절차의 형태를 정리하고, 절차 병행의 규제・조정하기 위한 법리 적용에 관한 중재판정례의 입장을 개관한 다음, 이 문제에 관하여 간략히 살펴보기로 한다.[3]

Tribunals (2004), p.37; Wolfgang Künn, "How to Avoid Conflicting Awards *The Lauder and CME Cases*", 5(1) *The Journal of World Investment & Trade* (2004), p.7; Bohuslav Klein, "How to Avoid Conflicting Awards *The Lauder and CME Cases*", 5(1) *The Journal of World Investment & Trade* (2004), p.19; Jeremy Carver, "How to Avoid Conflicting Awards *The Lauder and CME Cases*", 5(1) *The Journal of World Investment & Trade* (2004), p.23; Hans Bagner, "How to Avoid Conflicting Awards *The Lauder and CME Cases*", 5(1) *The Journal of World Investment & Trade* (2004), p.31; Norah Gallagher, "Parallel Proceedings, *Res Judicata* and *Lis Pendens*: Problems and Possible Solutions" in *Pervasive Problems in International Arbitration* 329 (Mistelis and Lew ed., Kluwer International 2006). 또한 ICC에서도 이 주제와 관련하여 Bernardo M. Cremades Julian D. M. Lew ed., *Paralle State and Arbitral Procedures in International Arbitration* (ICC Publishing 2005)이 간행되고 있다.

3) 이러한 병행절차의 규제・조정이라는 문제에 관하여는 "国際投資仲裁と並行的手続―國家法による規制、調停お中心として―", RIETI Discussion Paper Series 08-J-025 (2008), 〈http://www.rieti.go.jp/jp/publications/summary/08060006.html)에서 취급하였다. 이 장에서는 이를 규제・조정하는 법리에 관하여 약간의 추가적 검토를 한다. 병행절차를 규제・조정하는 장치에 관해서는 위 中村達也, 27～34면을 참조.

Ⅰ. 병행절차의 형태

1. 1인 투자자와 투자유치국 간의 절차 – 객관적 병합형

투자중재에서 발생하는 병행절차에는 다양한 형태가 있으나, 신청인이 단수인 경우와 복수인 경우로 나누어 정리할 수 있다. 전자로는 당사자가 동일하고, 객관적 병합이 문제되는 병행절차가 있다(이하 '객관적 병합형').

예를 들어, 투자유치국의 조치에 대하여 손해배상을 구하는 투자자가 투자유치국을 피신청인으로 투자협정 중 중재조항에 기초한 중재(이하 '조약 중재')를 신청함과 동시에, 그 외의 중재 또는 소송을 제기하는 경우가 있다. 중재의 경우에는 통상 중재합의는 투자자와 투자유치국이 투자계약에 대하여 정하게 되는데, 투자자는 계약상 중재조항에 기초하여 중재(이하 '계약중재')를 신청하게 된다. 그 경우, 투자자인 신청인이 복수의 중재, 소송을 제기함으로써 병행절차가 형성된다.

이러한 객관적 병합형 절차의 병행에 있어서 당사자가 청구하는 근거가 되는 청구권은 투자협정위반과 투자계약위반으로 크게 구별된다.

양 절차에서 청구취지와 청구원인이 동일한 사건이 계속되는 경우에는 소송물은 동일하나, 청구취지와 청구원인이 다른 경우에는 소송물이 달라진다. 그러나 이러한 경우에서 투자유치국의 절차적 부담, 중복심리의 비경제, 판단의 모순·충돌이라는 문제가 발생할 가능성이 있으므로 이를 방지하려면 병행절차를 규제·조정할 필요가 있다.

또한 투자계약위반을 둘러싸고 투자유치국이 투자계약상 재판관할조항에 근거하여 투자자를 상대로 소송을 제기하는 방식으로 절차가 병행되는 경우도 있다. 이 경우 투자유치국의 절차적 부담이라는 문제는 발생하지 않으나, 중복심리의 비경제, 판단의 모순·충돌이라는 문제가 발생할 수 있다.

2. 복수의 투자자와 투자유치국과의 관계─주관적 병합형

주관적 병합형은 두 가지 형태로 나눌 수 있다. 하나는 투자자 및 투자자가 직·간접적으로 주식을 보유하는 회사가 복수의 신청인으로서, 투자유치국을 피신청인으로 하여 투자유치국의 조치로 인한 공동의 손해배상을 청구하는 중재 및 소송을 제기하는 것이다. 다른 하나는 주식보유관계가 없는 투자자가 투자유치국의 조치로 인한 별개의 손해배상을 구하는 중재 및 소송을 제기하는 것이다.

주관적 병합형에서 발생 가능한 병행절차의 예로는 첫째, 동일한 투자협정상 중재조항에 기초하여 제기된 서로 다른 두 가지의 조약중재, 둘째, 서로 다른 두 가지의 투자협정상 중재조항에 기초하여 제기된 두 가지의 조약중재, 셋째, 조약중재, 그 밖의 계약중재, 소송 등이 혼합된 형태 등을 생각할 수 있다. 그러나 어떠한 경우에도 투자유치국의 부담 및 중복심리의 불경제와 함께 판단이 모순되거나 저촉될 가능성이 있으므로, 이를 저지하기 위해서는 병행절차를 규제하고 조정할 필요가 있다. 또한 주관적 병합형의 각 절차에서 객관적 병합형의 병행절차가 이루어지기도 한다.

주관적 병합형의 병행절차가 되는 것은 신청인 상호 간에 청구중복이 인정되는 것과(이하 '청구중복형'), 그렇지 않은 것(이하 '청구독립형')의 두 가지로 구별된다. 전자인 청구중복형에서는 *Lauder* 사건 및 *CME* 사건에서 볼 수 있듯이, 투자자와 투자자가 간접적으로 주식을 보유하는 회사가 각각 별개로 투자유치국에 대하여 투자유 치국의 조치로 인한 손해배상을 구하는 것에 의한 병행절차가 이루 어진다. 이 경우 투자자가 보유하는 회사의 손해가 전보되는 것에 의하여 투자자가 보유하는 주식의 가치가 회복되며, 이에 의하여 투 자자의 손해도 전보된다.

역으로 투자자가 손해배상을 투자유치국으로부터 받는 경우, 그 것만으로는 투자자가 주식을 보유하는 회사의 손해가 보상되지 않 는다. 그러나 투자유치국이 해당 회사에 대하여 별개로 손해를 배상 하는 경우 손해액이 이중으로 지급되기 때문에, 투자유치국의 그러 한 지급을 면책해야 할 필요성이 생긴다. 이와 같이 청구중복형에서 는 양자의 청구가 중복되게 된다. 이러한 중복형의 병행절차와 관련 하여 투자유치국은 이중의 절차를 강요당한다는 절차적인 부담뿐만 아니라 모든 절차에서도 승소할 필요가 있는 것에 반해, 투자자 측 은 어떠한 절차에서 승소하든지 간에 손해를 회복할 수 있다. 따라 서 양자 간 절차적 공평성은 현저히 떨어진다.

이에 대하여 후자, 즉 제소인 상호 간에 청구중복이 없는 청구독립 형의 경우는 투자유치국의 동일한 조치로 인한 손해를 복수의 투자 자가 각각 독립적으로 투자유치국에 청구하는 병행절차가 이루어진 다. 예를 들어, *Corn Products International, Inc. v. United Mexican States* 사건[4]의 경우, 멕시코 소프트드링크에 대한 조세부과에 대하여 미국 기업 3개사가 각각 멕시코를 상대로 NAFTA 의무위반을 이유로 손 해배상을 청구하는 중재를 신청하였는데, NAFTA 제1126조에 기초

---

4) Consolidation Tribunal Award, Rejecting Consolidation, 20 May 2005,
⟨http://naftaclaims.com/ Disputes/Mexico/CPI/CPI-ADM-Consolidation_Tribunal_Award-20-05-05.pdf⟩.

한 병합의 가능성 여부가 문제되었다. 이러한 청구독립형 사건에서도 투자유치국의 절차적 부담, 중복심리의 비경제, 판단의 모순·충돌을 저지하기 위한 필요성이 발생할 가능성이 있다.

또한 이러한 형태 외에 *Azurix v. Argentina* 사건[5]에서처럼, 미국기업인 투자자가 투자유치국인 아르헨티나에 대하여 투자협정위반을 이유로 ICSID 협약에 기초하여 중재를 부탁하였다. 이와 함께 투자자가 주식을 간접적으로 보유하는 현지 회사가 투자계약을 체결한 아르헨티나 부에노스아이레스 주에 대하여 투자계약위반을 이유로 소송을 제기하여 제소인뿐만 아니라 피제소인에게도 복수의 병행절차가 발생하고 청구중복형의 병행절차와 마찬가지로 투자자 측의 청구에 중복관계가 발생하는 경우가 있다.

II. 병행절차의 규제·조정 법리의 적용에 관한 중재판정례

1. 중복절차의 법리(*lis penders or lis alibi penders*)

Launder 사건 및 *CMS* 사건에서는 체코공화국이 TV방송사업의 투자에 관하여 취한 조치에 대해 미국인 투자자가 체코공화국과 미국 간의 투자협정에 기초하여 동 협정위반을 이유로 체코공화국을 상대로 UNICITRAL 중재절차를 개시하였다. 그로부터 반년 후 이 투자자가 30%의 주식을 보유하고 있는 네덜란드법인의 100% 자회사인 체코법인이 네덜란드와 체코공화국 간의 투자협정에 기초하여

---

5) *Azurix Corp. v. Argentina Republic* (ICSID Case No. ARB/01/12), Decision on Jurisdiction of December 8, 2003, 〈http://ita.law.uvic.ca/〉.

동 협정위반을 이유로 체코공화국을 상대로 UNICITRAL 중재절차를 개시하였다.

전자의 중재판정부는 런던을 중재지로 결정한 것과는 달리, 후자의 중재판정부는 스톡홀름을 중재지로 결정하였다. 이러한 양 중재절차를 규제·조정하지 않은 결과, 2개의 중재판정이 내려졌지만, 양자가 모순·충돌되는 문제가 발생하였다.

또한 이 2개의 중재판정 외에도 체코공화국에 관련 소송과 중재가 제기되었다. 병행절차에 관하여 런던을 중재지로 한 중재판정부는 다음과 같이 판단하였다. 이 중재절차 이외의 다른 소송절차와 중재절차는 이 중재절차와 당사자와 청구원인(cause of action)이 다르기 때문에 중복절차에 해당하지 않는다. 또한 중재판정부가 피제소인이 조약을 위반하여 제소인이 손해배상을 받을 권리가 있다고 판단하였더라도 모순되지 않으며, 그 판단이 그 외의 재판소에서도 중재판정부의 판정과 모순되는 것은 없다. 이 경우 발생하는 유일한 위험은 복수의 재판소 또는 중재판정부가 동시에 손해배상을 인정하는 것이지만, 그 경우 이후에 판단하는 재판소 또는 중재판정부가 손해배상을 판단함에 있어 이러한 사실을 고려할 수 있다.[6] 또한 투자자가 지배하는 투자회사는 체코공화국에 대한 청구를 심리하는 중재판정부와 모순되는 판단을 할 가능성이 있다. 그러나 신청인이 동일하지 않은 것은 명백하고, 투자자에 의한 본 중재는 투자회사의 중재보다 먼저 개시되었으며, 특히 피제소인이 양 절차 병합에 동의

---

6) *Lauder v. Czech Republic*, Final Award of September 3, 2001, *supra* note 1, para.172. 이 경우, 확실히 투자유치국에 대하여 이중의 손해배상을 부담시켜서는 안 되지만, 기판력에 의하여 이것이 차단되는 것은 아니고, 현실에서는 배상액이 지급된 경우 그 지급액의 범위 내에서 손해배상청구권은 소멸되므로, 이를 투자유치국이 주장, 입증하는 방법으로 손해액을 감소시킬 수 있게 된다. 그렇지 않은 경우, 중재판정부는 이중의 손해배상액을 명하게 되어 투자유치국에 의한 이중지급은 집행절차에 의해, 예컨대 일본의 경우 청구이의의 소에 의하여 저지된다고 생각할 수 있다.

하지 않았다.[7)]

이와 같은 취지로 중재판정부는 중복절차의 법리적용을 긍정하면서도 본건에서는 중복절차의 성립요건인 당사자, 청구원인의 동일성을 구비하고 있지 않다고 하여, 병행절차에 대해 규제·조정하지 않았다. 또한 런던의 중재판정이 내려진 후에, 체코공화국은 스톡홀름 항소법원에 스톡홀름 중재판정부가 행한 책임론에 관한 중간적 중재판정의 무효선언 또는 취소를 제기하였다.

이에 대하여 재판소는 이러한 신청을 각하하면서 그 이유에서 중복절차 성립요건으로서 당사자의 동일성이 필수적인데, 본건에서는 투자자 및 투자자가 간접적으로 지배하는 회사 간의 당사자 동일성을 인정할 수 없다는 취지로 판단하였다.[8)]

또한 스위스 기업과 파키스탄의 투자분쟁인 *SGS v. Pakistan* 사건에서는 파키스탄이 개시한 *ad hoc* 중재와 스위스 기업이 투자협정에 기초하여 개시한 ICSID 중재와의 경합이 문제되었다. 중재판정부는 조약위반은 계약위반과 청구원인을 달리하므로, 중복절차의 법리가 적용되지 않는다고 판단하였다.[9)] 또한 먼저 개시한 *Azurix v. Argentina* 사건의 중재판정부도 소송물 동일성을 중복절차의 성립요건으로 한 *Benvenuti & Bonfant v. Congo* 사건[10)]에 근거하여 중복절차는 당사자·청구취지(object)·청구원인의 동일성을 필요로 한다는 취지의 판단을 내렸다.[11)]

이와 같이, 중재판정례는 중복절차의 법리를 적용하지만, 그 성립

---

7) *Ibid.,* para.173.

8) Svea Court of Appeal, Judgment of May 15, 2003, *supra* note 1, at 97~98.

9) *SGS Société Générale de Surveillance S.Q. v. Pakistan* (ICSID Case No. ARB/01/13), Decision on Objections to Jurisdiction of August 6, 2003, 〈http://ita.law.uvic.ca/〉, para.182.

10) *Benvenuti & Bonfant v. Congo,* Award of August 15, 1980, 21 I.L.M. 740, 744.

11) *Supra* note 5, para.88.

에는 당사자·청구원인의 동일성 및 이에 더하여 청구취지의 동일성도 요구하고 있다. 이에 대하여, *SPP v. Egypt* 사건에서는 중재판정부가 2개의 독립적인 중재판정부의 관할권이 동일한 분쟁에 미치더라도 중재판정부의 관할권 행사를 방해하는 국제법상 규범은 없다고 판단하여[12], 이러한 법리 자체의 적용을 부정하고 있다.

2. 기타 법리

중재판정례는 병행절차를 규제·조정하는 법리로서, 중복절차의 법리적용 외에도 절차남용(abuse of process) 법리의 적용 가부에 관해 판단한 것이 있다. 예를 들어, *Lauder* 사건 및 *CME* 사건에서 런던 중재판정부는 신청인 및 청구원인이 동일하지 않기 때문에 신청인의 본 중재절차 및 투자회사의 병행적 중재절차는 절차남용이 아니라고 하여, 체코공화국이 투자자에 대하여 미국 투자협정을 위반하였는지를 판단하였다. 한편 스톡홀름 중재판정부는 체코공화국이 네덜란드 투자협정을 위반하였는지를 판단하면서, 양자를 다른 청구로 보았다.[13]

또한 스톡홀름 중재에서 체코공화국은 중복절차의 법리, 기판력 충돌에 관한 이의권을 포기하였기 때문에 이를 대신하여 권리남용 법리를 주장하였으나, 중재판정부는 중간적 중재판정에서 체코공화국이 본 중재절차에 신청인이 요구한 조약 절차의 병합에 동의하지 않고, 그 결과 동일한 사안에 관하여 각각 일치하거나 또는 다른 2개의 중재판정이 이루어지게 된다고 하였다. 그러나 관할권이 각각

---

12) *SPP (ME) Ltd. and SPP Ltd. v Egypt* (ICSID Case No. ARB84/3), Decision on Jurisdiction of November 27, 1985, 3 ICSID Rep. 129, para.84.

13) *Lauder v. Czech Republic*, Final Award of September 3, 2001, *supra* note 1, para.177.

의 협정에 근거하여 인정하는 한, 신청인으로부터 관할권을 뺏는 것은 아니므로 투자자가 2개의 다른 조약에 근거하여 실질적으로 동일한 청구를 제기하는 것은 남용에 해당하지 않는다고 판단하였다.[14] 또한 *Azurix v.Argentina* 사건에서도 중재판정부는 절차남용의 법리는 조약에 의해 관할권이 인정되는 한 문제가 되지 않는다는 취지로 판단한 것으로 해석된다.[15]

또한 *SPP v. Egypt* 사건에서는 먼저 살펴본 바와 같이, 중재판정부는 중복절차의 법리적용을 부정한 것으로 해석된다. 그러나 동일한 분쟁의 관할권이 미치는 2개의 중재판정부는 국제사법질서유지를 위해 그 재량에 따른 예양(comity)의 문제로서, 다른 중재판정부가 판단할 때까지 관할권 행사를 중지하는 결정을 행하는 것이 가능하다고 판단하였다.[16] 또한 *Azurix v. Argentina* 사건에서는, 중재판정부가 권리남용과 같은 형태로, 불편의 법정(forum *non conveniens*)의 법리는 조약에 의해 관할권이 인정되지 아니하는 한 문제가 되지 않는다는 취지의 판단으로 해석된다.[17]

---

14) *CME Czech Republic B.V. v. Czech Republic*, Partial Award of September 13, 2001, *supra* note 1, para.412.

15) *Supra* note 5, para.96.

16) *Supra* note 12, para.84.

17) *Supra* note 5, para.94.

Ⅲ. 그 밖의 쟁점에 대한 검토

1. 국제법 중재 및 국내법 중재

조약중재와 계약중재 모두 ICSID 협약에 기초한 중재 외에 UNICITRAL 중재규칙에 기초한 중재가 있다. 전자의 ICSID 협약에 기초한 중재의 경우, 중재절차는 조약이라는 국가 간의 합의에 기초하여 행해지며, 중재판정의 집행절차까지 국내법의 적용을 받지 않는다.

이에 대해 UNICITRAL 중재규칙에 기초한 조약중재의 경우, 투자협정에 의하여 창설된 분쟁해결절차이지만 조약의 해석상으로 상기 중재판정례에서는 언급하지 않고 있으나, 중재절차는 국내법인 중재법의 적용을 받는 것으로 해석된다.[18] 따라서 절차 중복의 규제·조정이라는 문제는 국제법적 중재에 관해서는 국제법에 의해 규율되는 것에 비하여, 국내법적 중재에 관해서는 국내법에 의해 규율된다. 그러나 조약 중재의 경우에는 국제법에 의해서도 규율될 수 있을 것이라 생각된다.

2. 중복절차의 법리

중복절차의 법리는 당사자, 청구원인이 동일한 병행절차에서, 이중적인 응소를 하도록 하여 피고의 부담, 중복심리에 의한 소송의 비효율, 판단의 모순·충돌을 저지하기 위하여 선행되는 소송절차를 우

---

18) 「投資仲裁の基本的問題(上)-わか国の仲裁法とニューヨーク條約の適用について」, 『JCA ジャーナル』, 第55卷 9号 (2008年) 30-31면 참조. 이 장에서는 편의상 전자의 중재를 국제법 중재로 후자의 중재를 국내법 중재라 한다.

선적으로 고려하는 방법이다.[19] 상기 중재판정에 따르면, 국제법적 중재, 국내법적 중재의 경우 모두 이러한 중복절차의 법리를 적용하고, 그 성립요건에 관하여는 당사자, 청구원인의 동일성을 요구하고, 이에 더하여 청구취지의 동일성까지 요구하고 있다.

이 문제에 관하여 국제법상 중복절차의 법리를 부정한 사례도 있기는 하다. 비록 그 선례의 수는 적으나[20], 이 법리가 국제법상으로도 인정되고 있다는 점에 대해서는 큰 다툼이 없다고 한다.[21] 그러나 위 법리가 적용된다고 하더라도 위에서 언급한 중재판정에 따르면, 중복절차가 성립되기 위해서는 적어도 당사자와 청구원인의 동일성이 요구되므로, 이 법리에 의해 현실적으로 이루어지는 병행절차를 규제·조정하는 것은 불가능하다. 이에 대하여, 병행절차가 이루어지는 문제를 해결하기 위해서는 선례에 의거하면서 동일성의 요건을 완화해야 한다는 견해가 제시되고 있으나,[22] 국제법상 확립된 견해라고 하기는 어렵다. 따라서 중복절차의 법리에 의한 병행절차의 규제·조정을 도모하는 것은 불가능하다고 해석된다.

또한 이러한 병행절차는 국내법상 중재뿐 아니라 소송에서도 이루어지며, 중복절차의 법리는 국제소송 경합문제로 취급되고 있다. 동일사건에 관한 복수의 병존하는 분쟁해결절차에 관하여, 피고의 응소부담, 소송경제, 판단의 모순·충돌 문제를 해결할 필요성이 있

---

19) *See* Reinisch, *supra* note 2, at 43–44; Campbell McLachlan, Laurence Shore and Matthew Weiniger, International Investment Arbitration 82 (Oxford 2007); International Law Association, Final Report of *Lis Pendens* and Arbitration(hereinafter called "*ILA Report*"), 〈http://www.ila-hq.org/en/committees/index.cfm/cid/19〉, at 2.

20) *See* Yuval Shany, *Regulating Jurisdictional Relations between National and International Courts* (Oxford University Press 2007) p.159; *ILA Report*, at 14.

21) Reinisch, *supra* note 2, at 48. But *see*, *ILA Report*, at 12.

22) Reinisch, *supra* note 2, at 55–72. *See* McLachlan, Shore and Weiniger, *supra* note 19, at 122–125.

다는 점에서 양자는 공통적이며, 국내소송이 외국소송과 경합하는 국제소송 경합의 규제·조정을 고려하는 방식이 중재의 경우에도 기본적으로 적용되는 것으로 생각할 수 있다. 그렇지만 국제소송 경합과는 달리, 통상적으로 중재합의는 다른 분쟁해결절차를 배제하는 배타적인 분쟁해결수단의 합의이므로, 이 경우에 중재합의를 대상으로 하는 분쟁이 중복하여 다른 분쟁해결절차의 대상이 되는 것은 있을 수 없다. 또한 동일한 분쟁에 대하여 일방의 관할권이 긍정되는 경우에는 다른 관할권은 부정된다는 관계에 있기 때문에, 관할권의 충돌이라는 문제는 발생하지 않는다.23) 이러한 경우, 중재합의의 성립과 효력이 다투어지는 때에는 양자의 절차에서 이러한 점에 관하여 판단의 모순·충돌이 일어날 가능성이 있으나, 이러한 문제는 이장이 대상으로 하는 병행절차의 규제·조정문제와는 본질적으로 다르다. 따라서 통상적으로, 병행하는 절차 상호 간의 분쟁의 대상은 중복되지 않지만, 그 경우에도 상호 관련하는 절차의 병행 규제·조정이 문제된다.

병행절차에 관한 판례로는 국제소송 경합이 적용되는 중복절차의 법리를 중재 및 소송의 경합에서 적용한 스위스 연방최고재판소 판례가 있다.24) 이 판례는 그 후 입법에 의해 변경되어 스위스 연방국

---

23) 다만 *SGS Société Générale de Surveillance S.A. v. Republic of the Philippines* (ICSID Case No. ARB/02/6), Decision on the Tribunal of Objections to Jurisdiction, 29 January 2004, 〈http://icsid.worldbank.org/〉, paras.131, 141은 투자계약상의 관할합의조항과 투자협정상의 중재조항이 계약상 분쟁에 관하여 경합하므로 양자에게 관할권 저촉이 인정되는 경우가 있다고 하였다. 그러나 투자계약상 관할합의와 투자협정상 중재합의의 관할권 우열관계는 관련된 합의를 한 당사자의 의사해석문제로 풀이되며, 통상 당사자가 관할권을 저촉하는 합의를 하는 것은 생각할 수 없다. 이 문제에 관하여는 渡本正太郞, "投資保護条約に基づく仲裁手続における投資契約違反の扱い", RIETI Discussion Paper Series 08-J-014 (2008) (http://www.rieti.go.jp/jp/publications/dp/08j014.pdf) 37-43면 참조.

24) *Fomento de Construcciones y Contratas S.A. v. Colon Container Terminal S.A.*, ASA Bulletin (2001), at 555. 이 사건에서는 파나마의 재판소와 스위스의 중재판정부에서의 병행절차가 문제되었지만, 중재합의의 존부에 의해 관할권의 문제는 해결되므로, 양 당사자의 절차가 관할권을 가지는 병행절차의 규제·조정에 관한 문제는 아니다. 이 판례에 대해서는 「國際仲裁における手続

제사법 제186조 1항의 2에서 "중재판정부는 동일한 당사자 간에 동일한 분쟁이 국내재판소 또는 다른 중재판정부에 계속 중임에도 불구하고, 절차를 중지할 정당한 이유가 없는 한, 자신의 관할권을 판단하여야 한다"고 규정하고 있다. 그러나 이 규정에 따르면, 당사자와 분쟁이 동일하지 않은 상호 관련하는 병행절차에 대한 규제·조정을 도모할 수 없다. 또한 그 밖의 병행절차를 규제·조정하는 것에 관한 명문의 규정을 정한 중재법은 찾아볼 수 없다.

따라서 국제소송 경합의 경우도 동일한 모습의 중복절차 법리가 중재에 적용되는 것으로 해석되더라도, 중복절차의 성립요건으로서 당사자와 청구원인의 동일성을 요구하는 한, 국내법에 의하더라도 중복절차의 법리와 같이 병행절차를 규제·조정하는 것은 가능하지 않다.[25] 그러나 실제사건에 있어서는 *Lauder* 사건 및 *CME* 사건에서 볼 수 있듯이, 당사자가 동일하지 않거나 혹은 동일하더라도 청구원인이 달라 당사자와 청구원인이 같아지는 경우는 매우 드물다.[26] 그러므로 중복절차의 법리와는 다른 법리에 의한 해결이 필요하다.

3. 기타 법리

절차남용의 법리는 관습법(common law)의 법적 영역에서 채용되었으나,[27] 권리남용의 법리로써 절차 일반에 보편적으로 적용할 수

上問題-仲裁と訴訟の競合-」,『JCA ジャーナル』 第51巻 11号 (2004年) 77면 참조.

25) 국제소송경합을 규제하는 요건으로서 사건의 동일성에 관해, 일본 학설에는 소송물의 동일성을 기준으로 하는 것이 있다. 安達栄司,「国際的訴訟競合」,『成城法學』, 第75号 (2007年) 12면 참조.

26) *See* Kaj Hobér, "Parallel Arbitration Proceedings Duties of the Arbitrators" in *Parallel State and Arbitral Procedures in International Arbitration*, pp.245, 256-257 (Bernardo M. Cremades and Julian D. M. Lew ed., ICC Publishing 2005).

27) *ILA Report*, at 6-7.

있는 규범으로 고려할 수 있다. 위 중재판정례는 중복절차 법리와 동일한 형태로, 당사자와 청구원인의 동일성을 기준으로 판단하지만, 이 법리는 중복절차를 제기하는 것의 부당성을 문제 삼는 것이므로 당사자와 청구원인의 동일성이 인정되지 않는 경우에도 중복절차를 제기하는 당사자에게 권리남용이 인정될 수는 있다.[28] 또한 역으로, 당사자와 청구원인의 동일성이 인정되는 경우 항상 절차남용의 법리가 적용된다고는 말할 수 없다. 즉, 절차남용은 병행절차를 규제·조정하는 것을 목적으로 하지는 않지만 당사자의 권리남용이 인정되는 경우에 한하여 병행절차의 규제·조정이 도모될 수 있으며, 이 법리가 병행절차 자체의 문제를 해결하는 것은 아니라고 해석된다.

다음으로 중재판정례 중에는 사법예양의 법리(judicial comity)를 적용한 것으로 해석되는 *SPP v. Egypt* 사건이 있다. 이는 국내재판소가 적절하다고 인정하는 때에는 외국재판소의 절차와 재판을 존중하고 예의를 다하여, 분쟁해결을 외국재판소에 양보하여야 한다는 것으로,[29] 전통적으로는 재판소 간의 기능이지만 이 법리를 준용하여 국가권익을 대표하는 국제기관, 특히 재판소 간에 대해서도 그 적용범위를 확장할 수 있다고 말할 수 있다.[30] 또한 이 법리는 국제적인 예의에 대한 고려뿐 아니라 분쟁해결절차를 조정하는 당사자의 총체적인 이익에 의해서도 정당화된다고 할 수 있다.[31] 그러나 국제법상 이 법리의 적용이 늘어나고 있다 하더라도[32], 이 법리가

---

28) *See* Shany, *supra* note 20, at 194.

29) *Ibid.*, p.166.

30) *Ibid.*, p.176.

31) *Ibid.*, p.171.

32) *Ibid.*, p.166.

국제법상 확립되었다고는 말할 수 없다.[33] 또한 불편의 법정 법리를 적용하는 중재판정례도 있다. 그러나 이 법리는 관습법의 법 영역에서 발전하여 재판소에서 적용되고 있으나, 일본을 포함한 대륙법계의 재판소에서 일반적으로 적용되지는 않으며 국제법상 확립된 법리라고도 말할 수 없다.[34]

그러므로 사법예양의 법리에 따르면, 국내법 중재에 의한 계약중재는 국가의 재판기관이 아니며, 또한 국가의 권익을 대표하는 재판기관으로도 해석되지 않아 사법예양의 법리를 적용할 여지는 없다고 생각한다.[35] 이에 대해 국제법 중재, 조약중재는 국가의 권익을 대표하는 조약에 기초한 중재와 이 법리를 적용할 여지가 있다고 해석되지만, 현재는 이 법리가 국제법상 확립된 것이 아니라고 하는 문제가 있다.

한편 불편의 법정 법리에 대해서도 마찬가지로 국제법상 확립되지 않는다는 동일한 문제가 있다. 이에 대해 국내법상 불편의 법정 법리가 인정될 수 있는 국가에서는 이 법리가 국내법 중재에서도 적용되는 경우에는 이에 따른 문제해결이 가능하다. 그러나 그렇지 않은 경우에는 이 법리에 따라 문제를 해결할 수는 없다. 또한 불편의 법정 법리 이외의 국내법상, 병행절차의 규제·조정에 관하여 국내법 중재에 적용할 수 있는 일반 법리는 현재 제정법은 물론 판례법상으로도 형성되어 있지 않는 실정이다.

이상에서 중재판정례의 입장에 따라 절차법상 일반적으로 인정되고 있는 법리에 의한 병행절차의 규제·조정의 가능성을 보았지만, 일단 결론은 이러한 일반적 법리에 의해 병행절차의 규제·조정을

---

33) *Ibid.*, p.172.

34) *Ibid.*, p.154.

35) 이에 대해 *SPP v. Egypt* 사건에서는 ICSID 중재의 중재판정부는 ICC 중재와의 경합에 관하여 예양의 문제로 관할권 행사를 중지하는 것이 가능하다고 하였다.

도모할 수는 없다고 생각한다. 특히 중복절차의 법리는 그 성립에 당사자와 청구 동일성을 요구하고, 이 법리에 의하여 현실적으로 이루어지는 병행절차의 규제·조정할 수 없다. 그러나 이러한 당사자, 청구원인의 동일성이 결여된 병행절차에 대해서도 기판력의 저촉이라는 문제는 발생할 수 없지만, 피고의 응소부담, 중복심리의 비경제, 판단의 모순·충돌을 방지하기 위해 병행절차를 규제·조정하는 것이 필요하다고 생각한다. 특히 *Lauder* 사건 및 *CME* 사건에서 볼 수 있듯이, 청구중복형 사건에서 중복절차를 강요당하는 투자유치국의 부담이 큰 문제가 된다. 그렇다면 다른 방법으로 병행절차를 규제·조정할 수는 없는가?

4. 병행절차의 규제·조정

병행절차를 규제·조정하는 문제에 관하여, *SGS v. Philippines* 사건에서는 투자협정상 중재조항이 투자관련 분쟁을 대상으로 하고 있었기 때문에 투자계약상 중재조항의 대상이 되는 계약상 분쟁을 포함하여, 양자의 관할권 충돌이 문제되었다. 중재판정부는 투자협정상 중재조항에 투자계약상 중재조항의 효력이 부정되지는 않는다고 한 다음[36], 의무준수조항에 근거한 청구에 포함된 계약상의 청구에 대해서 투자유치국이 투자자를 대상으로 지급해야 할 계약상 금전채무의 내용이 투자유치국 재판소에 의해 확정될 때까지 절차를 중지하는 것과 동시에,[37] 그 절차의 중지 근거를 ICSID 협약 제44조에서 찾았다.[38] 즉, ICSID 협약 제44조 2문은 "재판소는 이 절의 규

---

36) *Supra* note 23, para.169.
37) *Ibid.*, para.175.

정 또는 중재규칙에 또는 당사자가 합의한 규칙에서 정하지 아니한
절차문제가 발생한 때에는 그 문제에 관한 결정을 한다"고 규정하여,
중재판정부에 절차의 실시에 필요한 결정을 행할 권한을 부여하고
있다. 이와 같은 규정은 국내법상에도 존재한다.[39] 또한 *SPP LTD v.
Egypt* 사건에서 중재판정부는 이에 대한 예양의 문제로 취급하면서
관할권이 중복하는 중재가 선행하고 있는 경우, 중재판정부는 중재절
차의 중지를 결정하는 재량권이 있다는 취지로 판단하였다.

이러한 중재판정례에 의하면, 중재판정부는 재량으로 병행절차를
규제·조정하기 위하여 절차를 중지할 수 있게 된다. 그러나 정의와
효율의 원칙에 근거해 절차를 관리하는 재판기관 고유의 일반적 권
한으로 구할 수 있는 여지가 있는 것으로 생각할 수 있다.[40] 즉, 재
판절차에서 일반적으로 인정되는 절차재량권 또는 소송지휘권을 근
거로 이를 중재판정부가 행사할 수 있으므로 병행절차를 규제·조
정할 수 있다고 해석될 여지가 있다고 풀이된다. 또 이 견해는 중재
인에 대한 가이드라인으로, 국제법협회가 2006년에 채택한 "중복절
차, 기판력 및 중재에 관한 권고(Recommendations on *Lis Pendens* and
Res Judicata and Arbitration)"에 의해 지지되고 있다.

이 권고의 부속문서 1의 "중복절차와 중재에 관한 국제법협회의
권고(International Law Association Recommendations on *Lis Pendens* and
Arbitration)"는 국내법에 근거한 중재절차의 중재판정부가 국내재판
소와의 경합, 국내법에 근거한 별도의 중재절차의 중재판정부와의
경합, 초국가적 재판소, 중재판정부와의 경합을 어떻게 처리해야 하

---

38) *Ibid.*, para.173.

39) 외국의 중재법들에서 채용되고 있는 UNCITRAL 국제상사중재모델법 제19조 참조.

40) *See* Shany, *supra* note 20, p.172. *See* also Hober, *supra* note 26, p.256. 소송일반문제에
관해서는 三木浩一, 「重複訴訟論の再構築」, 『法研』 第68卷 12号 (1995年) 170-173면 참조.

는가라고 하는 문제에 대하여 검토를 거듭한 결과, 국내법에 근거한 중재절차의 중재판정부에 대한 권고[41]로서 정리하고 있다.

이 권고는 제1조에서 중재판정부의 competence/competence의 원칙을 명시하여 당사자, 쟁점의 일부가 동일하거나 실질적으로 동일한 다른 선행하는 소송절차 또는 중재절차를 병행절차로 정의하고, 이 병행절차가 계속(係屬)하고 있는지 여부와는 무관하게 중재판정부는 중재합의에 근거하는 일응(*prima facie*) 관할권이 있다고 인정하는 경우, 중재절차를 진행시켜야 한다고 한다. 그러나 제2조에서는 판단의 모순·충돌을 회피하는 것과 동시에 비경제적인 중복절차를 저지하고, 또한 부당한 전술로부터 당사자를 보호하기 위하여 중재판정부는 당사자의 요청이 있는 경우 제3조부터 제5조까지 정한 규칙에 따라 관할권을 부정하거나 또는 절차를 중지해야 한다. 제3조는 중재지의 재판소에서 계속되는 소송의 경합을 취급한다.

다음으로 제4조에서는 중재지국 이외의 재판소에서 계속되는 소송의 경합에 관하여 중재판정부는 중재 신청인이 중재의 해결을 포기하거나, 기타 그 외 예외적인 사정이 없는 한, competence/competence의 법리에 따라 중재절차를 계속하여야 한다고 정하고 있다.

그리고 제5조는 다른 중재와의 경합에 대해서 중재판정부는 적당하다고 인정한 기간, 적당하고 인정하는 조건에 의해, 관할권의 전부 또는 일부에 관하여 이를 부정하거나 또는 절차를 중지하여야 한다고 한다. 다만 이와 같은 조치가 준거법상 허용되어야 한다. 또는 다른 중재판정부가 경합하는 쟁점을 해결하기 위한 권한이 있고, 동시에 (ⅰ) 다른 중재절차에 있어 충분한 구제가 되지 않을 것, (ⅱ) 다른 중재절차에 관한 절차보장이 없을 것, (ⅲ) 다른 중재절차에 의

---

41) *ILA Report*, p.25–26.

한 중재판정이 취소되거나, 승인, 집행되지 않을 위험이 있을 것, (iv) 기타 어쩔 수 없는 이유에 의하여 중재 신청인에게 발생할 중대한 불이익이 없다고 생각되는 경우로 한정된다. 따라서 제5조는 중복절차의 법리적용을 권고하는 것이 아니라, 이 문제를 사건관리(case management)의 문제로 파악하여, 중재판정부가 재량에 의해 병행절차를 규제·조정하고 있다.[42]

또한 권고는 제6조에서 중재판정부의 건전한 사건관리의 문제로서 판단의 모순·충돌을 회피함과 동시에, 비경제적인 중복심리를 저지하며 또한 부당한 전술로부터 당사자를 보호하기 위해 경합하는 절차의 선후와 무관하게 중재판정부는 당사자의 신청에 의해, 당사자, 소송물, 쟁점이 동일한지 여부와 관계없이 경합하는 분쟁의 해결절차(소송·중재·초국가적 절차) 또는 화해절차의 최종적 또는 부분적, 잠정적 결론이 나오는 사이에 적절하다고 인정되는 조건에 의해 절차를 잠정적으로 중지하는 것이 가능하다고 한다.

다만 중재판정부는 절차를 중지하는 것이 준거법상 허용되고, 경합하는 분쟁해결절차, 화해절차의 결과가 중재절차의 결과에 중대한 영향을 미친다고 확신하고, 중재신청인에게 중대한 불이익이 발생하지 않을 것이라고 확신해야 한다. 제6조는 중복절차 성립요건을 구비하지 않을 경우에도 중재판정부가 사건관리를 위해 절차에 관한 재량을 행사하고, 당사자의 공평을 도모해야 한다는 의미가 있다.[43] 마지막으로 제7조는 병행절차는 일반적으로 공서양속에 속하는 문제는 아니므로[44] 직권조사사항이 아니라고 한다.

이상 위 권고에서 반영되고 있듯이 중재판정부는 절차의 병행을

---

42) *ILA Report*, p.25.

43) *Ibid.*

44) *Ibid.*

규제·조정하기 위해 재량권의 일탈 남용이 되지 않는 범위에서 절차에 관한 재량권을 행사하도록 한다. 그 경우, 개개의 사건별로 당사자 사이의 공평, 분쟁해결수단의 적정 및 신속이라 하는 절차의 기본이념에 근거하여, 중복절차를 강요당하는 당사자의 부담, 중복심리의 비경제성, 판단의 모순·충돌의 위험, 기타 경합되는 분쟁해결절차에서의 당사자의 권리구제, 절차보장, 해결의 실행 가능성, 동 수단의 촉진상황, 당사자의 편의, 의향, 중재판정부로서 분쟁을 신속하게 해결하는 당사자의 이익 등 모든 요소를 종합적으로 비교·형량하여 규제·조정하는 경우 얻을 수 있는 가치가, 이를 하지 않을 경우의 가치를 초과하는가와 같은 상대적인 가치판단을 기준으로 중재절차를 중지하는 것이 적절한지 여부를 판단하게 될 것이다.

무엇보다 중복심리의 비경제성이라는 문제에 대해서는 중재의 경우 소송과는 달라 중복심리에 의한 재판소의 추가적인 부담이라는 공익에는 직접 연관이 없다. 그러나 중재 역시 국가의 사법제도에 맞춘 소송제도를 대신하는 분쟁해결제도이다. 중재절차의 효율화·최적화는 사법절차상 보편적 가치이며, 이것이 소송과 동일하게 추구되어야 한다고 해석된다. 또한 판단의 모순·저촉 회피에 대해서도 보편적인 가치로서 중재에도 인정될 수 있다고 본다.

이와 같이 해결하는 경우, *Lauder* 사건 및 *CME* 사건에서 볼 수 있는 청구중복형 절차병행의 경우와 같이 당사자 및 청구원인의 동일성은 결여되어 있지만, 당사자의 청구는 중복한다. 사실상의 쟁점역시 공통되는 것부터 피신청인인 투자유치국의 중복절차의 부담, 중복심리의 비경제, 판단의 모순·저촉 가능성을 저지할 필요가 있다. 따라서 투자유치국의 요청이 있는 경우, 투자자 측에 복수의 절차를 진행시키도록 해야 할 것이 아니라 당사자의 의향을 고려하여 규제, 절차 중지에 의한 병행절차의 규제·조정을 도모하는 것이 필요하다 할 것이다.

결 론

이상 본장에서는 국제투자분쟁에서 발생하는 병행절차의 문제에 대해 다루고 규제·조정을 도모하는 법리에 관하여 고찰하였다. 이 장에서 살펴본 바와 같이, 병행절차에는 여러 모습의 형태가 있고 현실적으로 발생하는 병행절차는 당사자와 청구원인의 동일성이라는 중복절차의 요건을 구비하지 않으므로, 중복절차의 법리에 의해 병행절차를 규제·조정할 수 없다. 권리남용의 법리에 대해서는 병행절차의 규제·조정을 목적으로 하는 것이 아니며, 그 외 사법예양의 법리는 국제법상 확립된 것이 아닐 뿐 아니라 국가법 중재에 있어 계약중재에서 적용될 여지가 없다는 문제가 있다. 또한 불편의 법정 법리는 이 법리가 존재하지 않는 법 영역이 있을 뿐 아니라 국제법상으로도 확립된 법리라고 말할 수 없다.

따라서 이 문제는 일단 사건관리의 차원에서 중재판정부의 일반적인 절차재량권 행사에 의해 해결된다고 결론내릴 수 있다. 그러나 아직 이 문제에 대한 중재판정례가 충분히 축적되지 않았고, 또한 학술적 연구도 충분히 논의되어 있다고 하기는 어렵다. 향후 추가적인 검토가 필요하다고 생각된다.

제14장 입증관계
- 투자협정중재에서의 증거법규칙과 운용실무

手塚 裕之 (테즈카 히로유키)

서 론

투자협정중재에 적용되는 조약(투자분쟁해결조약, ICSID 협약) 및 양자간 투자협정(BIT) 그리고 중재규칙(UNCITRAL 중재규칙 등)에 대한 절차상의 문제, 특히 문서제출명령·증거보전 등의 증거법에 관한 상세한 규정이 마련되어 있지 않은 것이 보통이다. 따라서 중재판정부는 당사자의 평등한 대우 및 주장 입증의 기회를 보장하는 기본적인 절차보장원칙의 범위 내에서 광범위한 재량을 가진다. 그러나 최근의 투자협정중재에서 볼 수 있는 문서제출명령이나 증거보전 등의 운용사례를 보면 국제'상사'중재를 위한 증거규칙으로 제정된 IBA 증거규칙 또는 이와 유사한 규정을 사용하는 등 현대 국제상사중재에서와 같이 운용되는 것도 볼 수 있다.

이는 투자협정중재에서의 중재인이 국제상사중재의 중재인으로서 경험을 공유하는 예가 많고, 나아가 현대 국제상사중재에 관한 증거 실무가 오랜 기간 경험을 축적해왔으며, 보통법과 대륙법이라는 서로 다른 법체계의 경험을 가지는 중재인이나 중재 대리인·당사자들에 의해 수용가능하고 나름대로 합리적인 것으로 형성해왔다고 볼 수 있다. 투자협정중재에서는 국가가 일방 당사자이고 타방 당사자가 사기업인 투자자이기 때문에 발생할 수 있는 정보 편재의 상황하에서, 특히 정보의 양이 많지 않은 투자자는 법원의 문서제출명령이나 증거보전을 유효하게 활용할 필요성이 높아진다. 따라서 대등한 당사자 간에 이루어지는 상사중재와는 또 다른 고려가 필요하다.

이 장에서는 투자협정중재에서의 증거법규칙 및 그 운용실무가어떤 것인지에 대하여 국제상사중재와 비교하는 것에 초점을 맞추어 몇 가지 사례를 바탕으로 검토해보기로 한다. 비교 및 검토의 전제로서 우선 현대 국제상사중재에 있어서의 증거법규칙과 그 실무운용에 관하여 간단하게 설명하고, 이어서 공개된 투자협정중재상의증거관계의 절차명령에서 나타나는 문서제출명령·증거보전 관계의취급을 분석해보기로 한다.

I. 국제상사중재상의 증거법규칙과 그 운용

1. 중재법·중재규칙상의 증거법규칙

국제상사중재를 규율하는 현대의 국제표준으로서 다수의 나라가지금까지 채택 내지는 준거법으로 사용하여 온 UNCITRAL 상사중재 모델법은 그 제18조에 의거하여 당사자 간에 평등한 대우를 하고, 각 당사자에게 충분한 주장 입증의 기회를 주어야 한다고 규정하고 있으나, 중재에 적용할 수 있을 만한 증거법규칙에 대하여 그이상의 상세한 규정을 두고 있지 않다. 동법 제19조 1항은 동법에위반되지 않는 한, 당사자가 중재 절차의규범을 자유롭게 합의할 수 있다는 취지로 규정하고 있다. 동조 제2항은 이러한 합의가 없는 경우에는 동법에 반하지 않는 범위 내에서 '중재판정부가 적절하다고 판단하는 방법으로(in such manner as it considers appropriate)' 중재절차를 정할 수 있고, 특히 중재판정부는 증거의 허용성·관련성·중요성·증명력을 결정할 권한을 갖는다고 규정하고 있다. 동법 제27조는 중재판정부 또는 중재판정부의 허가를 받는 당사자가 국내 재판소에 증거조사를 위한 지원을 요청할 수 있다고 규정하고 있으며, 그러한 경우 재판소는 그 권한 내에서 '그 증거조사에 관한 규칙에 따라(according to its rules on taking evidence)' 그 요청을 이행할 수 있다고 규정하고 있다. 따라서 재판소가 실시한 중재절차를 위한 증거조사는 그에 관한 증거법규칙에 따라야 함에도 불구하고, 중재판정부 스스로가 실시한 증거조사에 대해서는 당사자자치의 원칙과 중재법상의 기본적 절차 원칙, 그리고 당사자가 합의하는 범위 내에서 중재판정부의 광범위한 재량을 인정하고 있다.

당사자가 특정한 중재규칙에 합의하면 당해 규칙의 내용이 당사자의 합의내용이 된다. 그러나 UNCITRAL 중재규칙이나 ICC 중재규칙 등의 주요한 중재규칙에서도 증거법규칙에 관하여 당사자 간 평등한 대우 원칙 등의 기본원칙과 기타 일반적인 규정을 일부 마련해두는 경우는 있어도, 그 이상으로 상세한 절차 규정은 두고 있지 않은 것이 보통이다. 문서제출명령의 경우, 과거의 UNCITRAL 중재규칙 제24조 2항은 중재판정부가 당사자에 대하여 당해 당사자가 주장하는 사실을 입증하기 위하여 제출하려고 하는 서류 및 기타 증거의 요약을 일정 기간에 중재판정부 및 상대방에게 제공할 것을 명할 수 있다고 규정하고 있었다. 또한 현행 중재규칙 제27조 2항에서는 중재판정부가 당사자들에 대하여 일정 기간에 문서 및 기타 증거

의 제출을 요청할 수 있다고 규정하고 있다.[1]

그럼에도 불구하고 어떤 범위 내에서 당사자에게 문서제출을 요청할 수 있는지, 어떤 경우에 문서제출을 거부할 수 있는지, 당사자가 중재판정부에 문서제출명령을 요청함에 있어 문서를 어떤 수준으로 특정하거나 입증사항과의 연관성을 나타내야 하는지, 문서제출의 명령·요청에 따르지 않은 경우의 효과는 어떤 것인지 등, 문서제출의 명령·요청의 요건이나 효과, 그리고 절차에 관하여 상세히 정해진 바가 없다. 이는 ICC 중재규칙에서도 마찬가지로, 동 규칙 제20조 5항은 중재판정부가 당사자에 대하여는 '추가적 증거의 제출을 요청할 수 있다(may summon any party to provide additional evidence)'고 일반적으로 규정하고 있지만, 문서제출명령에 대해서는 그 이상으로 정하고 있지 않다. 이같이 중재규칙에 상세한 증거법 규칙이 정해져 있지 않다는 것은 중재판정부의 권한을 한정하는 취지라기보다, 오히려 증거의 취급과 같은 절차규칙에 대하여 당사자간에 별개의 합의가 없는 경우에는 중재판정부가 이를 정하면 된다는 견해를 나타내는 것이라고 볼 수 있다.

2. 국제상사중재상의 증거관계의 운용실무

이처럼 일반적으로 국제상사중재에서의 증거의 취급에 관하여 중

---

1) § 24(2): Each party shall have the burden of proving the facts relied on to support his claim or defence. The arbitral tribunal may, if it considers it appropriate, require a party to deliver to the tribunal and to the other party, within such a period of time as the arbitral tribunal shall decide, a summary of the documents and other evidence which that party intends to present in support of the facts in issue set out in his statement of claim or statement of defence.

§ 24(3): At any time during the arbitral proceedings the arbitral tribunal may require the parties to produce documents, exhibits or other evidence within such a period of time as the tribunal shall determine.

재판정부에 광범위한 재량을 인정하고 있지만, 중재인·대리인·당사자는 그 배경이 보통법계인지 대륙법계인지에 따라 자신에게 익숙한 소송절차나 문서제출방식이 다르므로 상대방에 대해 가지는 합리적 기대 내용이 크게 달라질 수 있다. 특히 공판 전의 광범위한 증거개시(discovery)를 당사자의 주도하에 실시하는 미국의 소송 시스템과 기본적으로 당사자가 자신의 주장을 입증하는 증거만 제출하면 되는 전통적인 대륙법계의 사고방식에는 큰 차이가 있다. 이와 같은 시스템적인 차이에서 나온 타협의 산물로 국제변호사회(International Bar Association: IBA)가 1999년에 정한 증거규칙(IBA 증거규칙)[2]이 중재판정부에 의하여 채택되거나 준거되는 사례가 늘어나고 있다.[*]

IBA 증거규칙의 상세한 내용을 여기서 모두 살펴볼 수는 없지만[3], 문서제출의 명령·요청 관계를 살펴보면 미국 소송에서의 증거개시(discovery)와 같이 광범위한 문서개시요청(documents production request)은 인정되지 않고, 요증(要證)사실과의 '관련성'이 드러난 '특정한' 문서 내지는 문서 카테고리에 있을 경우에 한하여 개시를 인정하고 있다. 동 규칙은 문서제출요청서에 기재하여야 하는 문서 내지는 문서 카테고리의 특정 방법으로, 예컨대 문서 카테고리의 경우, "존재한다고 합리적으로 판단되는 좁고 특정한 범주의 요구대상 문서에 대하여, 대상 사안에 대한 설명을 포함한 충분히 상세한 설명(a description in sufficient detail (including subject matter) of a narrow and specific requested category of documents that are reasonably believed to exist)"을 요구하고

---

* 이후 이 규칙은 2010년 5월 29일에 IBA Rules on the Taking of Evidence in International Arbitration으로 개정되었다. 규칙 원문 및 이에 대한 번역문은 〈http://www.ibanet.org/Publications/publications_IBA_guides_and_free_materials.aspx〉 참조.

2) IBA Rules on the Taking of Evidence in International Commercial Arbitration.

3) IBA 증거규칙에 관해서는 手塚裕之, "新仲裁法と國際商事仲裁", 「ビジネス法務大系 IV 國際ビジネスと法」(日本評論社 2009年), 236-237면 참조.

있다. "요청하는 당사자가 입증하려고 하는 사항이 사건의 결과에 관련성이 있으면서 중대한(the issue that the requesting Party wishes to prove are relevant and material to the outcome of the case)" 경우 및 제9.2조에서 규정하고 있는 이의사유가 없는 것으로 인정되는 경우, 중재판정부는 당해 문서의 제출을 명할 수 있다(제3.7조).

제9.2조에서 규정하고 있는 이의사유는 다음과 같다: (a) 충분한 관련성이 없고 중대성이 결여된 경우, (b) 중재판정부가 적용 가능하다고 결정한 법적·윤리적 규칙에 의한 법적 장애 또는 특권이 있는 경우, (c) 요구된 증거제출 시 불합리한 부담을 지게 되는 경우, (d) 분실 또는 파손의 발생가능성에 대한 상당한 이유가 밝혀진 경우, (e) 중재판정부가 특히 중요(compelling)하다고 결정하는 상업적 또는 기술적 기밀, (f) 특별히 매우 중요한 정치적 내지 조직상 민감한 정보 등이 있다.

중재판정부는 적절한 경우에 적합한 비밀유지보호조치에 따라 증거를 제출하거나 심리할 수 있도록 필요한 준비를 할 수 있다(제9.4조). 예를 들어, 당사자 간에 비밀유지계약을 체결하거나 비밀보호명령을 내린 이후, 대리인에 한하여(for attorney's eyes only) 민감한 증거를 개시하도록 하는 등의 조치가 이에 해당한다. 또한 당사자가 제출명령대상문서에 대하여 만족할 만한 설명도 없이 그 제출을 지체하는 경우, 중재판정부는 그 문서가 당사자에게 불이익한 것으로 추정할 수 있다(제9.6조).

Ⅱ. 투자협정중재상의 증거관계의 절차명령 사례

이하에서는 상기한 국제상사중재상의 증거 취급과 비교를 하면서 동시에, 공개된 투자협정중재 사례에서 이루어진 문서제출명령 · 증거보전의 취급 사례를 검토한다.

1. *Biwater v. Tanzania* 사건의 절차명령 No.2[4]

(1) 동 명령에 이르게 된 경위

동 사건 Procedural Order No.1[5]에서 명시하고 있는 부분에 의하면 상기의 명령에 이르게 된 경위의 개요는 다음과 같다.

2005년 8월 2일 Biwater Gauff(Tanzania) Ltd.("BGT사")는 탄자니아공화국("UROT")을 상대로 중재를 부탁하였다.

BGT사는 영국 Biwater사(80%)와 독일 Gauff사(20%)가 출자한 투자회사로, 현지 운영회사로서 City Water사를 설립하였다. City Water사의 주식 중 51%를 BGT가 소유하고, 나머지는 탄자니아 법인인 STM사가 소유하고 있다.

2003년 2월 19일, City Water사는 탄자니아의 상하수도공사(公社)인 Dar es Sallam Water and Sewerage Authority(DAWASA)와 리스계약, 플랜트 및 설비의 공급과 설치에 관한 계약(Supply and Installation of Plant and Equipment Contract), 자재공급계약을 체결하였고, 이로써 City Water사가 DAWASA를 대신하여 수도 서비스를 제공하고

---

4) *Biwater Gauff (Tanzania) Limited v. United Republic of Tanzania* (ICSID Case No. ARB/05/22) ⟨http://italaw.com/documents/BiwaterProceduralOrderNo224May2006.pdf⟩.

5) ⟨http://www.worldbank.org/icsid/cases/arb0522-ProceduralOrder1.pdf⟩.

요금을 회수하도록 하였다.

2005년 6월 1일, UROT은 City Water사를 사실상 점거하고 리스계약의 종료를 선언하였다. 리스계약의 이행보증채권 전액이 실행되어 City Water사 경영진은 국외 퇴거처분을 받았고, UROT 및 DAWASA 관계자들은 City Water사 사무소를 점거하여 회사 자산을 지배하고 경영진을 교체하였다.

중재신청서에서는 BGT사가 ICSID 중재규칙 제39조 (1)항에 의한 잠정적 조치로서 City Water사의 허위지불이나 증거가 되는 문서의 보전 등을 요청하였다. 그 후, BGT사는 보전조치 신청서 내용을 수정하여 양 당사자가 그 근거·당부 등을 다룬 서면을 교환하였다. BGT는 ICSID 조약 제47조 및 ICSID 중재규칙 제39조 (1)항를 근거로 한 잠정적 보전조치로서, City Water사의 은행계좌의 명세서 등의 인도·개시 및 동 사의 회의록 등의 보전 등을 요청하였다. 여기서 문제가 된 쟁점은 (ⅰ) 증거보전과 같은 절차적 권리의 보전도 ICSID 조약 제47조·ICSID 중재규칙 제39조 (1)항의 보전조치의 대상이 되는지, (ⅱ) 문서개시명령은 ICSID 조약 제43조, ICSID 중재규칙 제34조만을 근거로 한 것인지, 아니면 ICSID 조약 제47조, ICSID 중재규칙 제39조 (1)항의 '보전조치'에도 명할 수 있는지 등이다.

상기의 각 조항이 규정하는 내용은 다음과 같으며, 그 규정 내용은 대체로 상당히 일반적인 내용으로서, 요건·효과나 범위·절차에 관하여 그다지 구체적으로 정하고 있지 않다.

① 보전조치에 관하여
  · 조약 제47조
    "Except as the parties otherwise agree, the Tribunal may, if it

considers that the circumstances so require, recommend any provisional measures which should be taken to preserve the respective rights of either party."

- 규칙 제39조 Provisional Measures

  (1) At any time during the proceeding a party may request that provisional measures for the preservation of its rights be recommended by the Tribunal. The request shall specify the rights to be preserved, the measures the recommendation of which is requested, and the circumstances that require such measures.

② 문서개시명령에 관하여

- 조약 제43조

  "Except as the parties otherwise agree, the Tribunal may, if it deems it necessary at any stage of the proceedings, (a) call upon the parties to produce documents or other evidence […]."

- 규칙 제34조 Evidence: General Principles

  (2) "The Tribunal may, it if deems it necessary at any stage of the proceeding: (a) call upon the parties to produce documents, witnesses and experts […].

  (3) The parties shall cooperate with the Tribunal in the production of the evidence […]. The Tribunal shall take formal note of the failure of a party to comply with its obligations under this paragraph and of any reasons given for such failure."

중재판정부는 (ⅰ)에 대하여 이를 긍정하였고, 증거보전과 같은 절차적 권리의 보전도 ICSID 협약 제47조와 ICSID 중재규칙 제39조 1항의 보전조치의 대상이 된다고 판시하였다. 또한 중재판정부는 (ⅱ)에 대해서도 긍정하여 문서개시명령을 ICSID 협약 제47조와 ICSID 중재규칙 제39조 1항의 보전조치로서도 명령할 수 있다고 한 후, 그 기준으로 '본 사건에서 (통상의) 계획적 문서개시절차의 실시에 앞서 ICSID 협약 제43조의 문서개시명령의 제출을 정당화하는 사건의 운영 등 기타 이유가 있는지 여부'에 의한다고 하였다(para. 81).

중재판정부는 Procedural Order No.1에서 UROT에 대하여, (ⅰ) 관련 문서의 보전 및 (ⅱ) 점거 후에 제출한 문서 등의 목록(inventory)을 작성·교부하도록 명령하고, (ⅲ) 문서제출명령은 본래 ICSID 협약 제43조의 문제로 본 사건에서는 문서의 보전이 행하여지므로 '보전의 필요성'이 없지만, 사건의 운영상 문제로서 이후에 ICSID 협약 제43조에 의한 문서개시명령을 검토할 예정이라고 하고 있고, (ⅳ) 은행계좌 명세서에 관해서는 보전조치로서 City Water사에의 인도를 명령하였다.

(2) 절차명령 No.2 결정사항의 개요

(a) ICSID 중재규칙 제34조의 문서제출 문제에 대한 합의사항 (2006년 3월 23일)

· 각 당사자는 상대방에 대하여 절차 중 언제라도 문서제출을 요청하는 것이 가능하며 이에 관한 연락문서는 중재판정부에 이에 관해 통보하지 않는다. 즉 문서제출요청 문제에 관해서는 원칙적으로 당사자 간에 해결한다.

· 상대방이 이에 응하지 않거나 불충분하게 제출하는 경우, 각 당

사자는 서면(memorials)을 교환하는 제1라운드 전과 후에 각 1
회씩 중재판정부의 결정을 구하는 신청을 할 수 있다.

이들 요청내용은 이른바 "Redfern Schedule"의 형태로 양 당사자
의 신청을 합한 서면으로 정리할 수 있다. 이는 다음과 같은 두 세션
으로 나뉜다.

A) 신청인의 문서제출요청

B) 피신청인의 문서제출요청

각 세션은

(ⅰ) 제출요청대상의 문서 또는 문서 카테고리,

(ⅱ) 각 요청의 근거,

(ⅲ) 상대방 당사자의 이의내용 등이 기재된다.[6]

・결정에 있어서 중재판정부는 "IBA 증거규칙 제3조를 그 지침
으로 삼는다(guided by Article 3 of the IBA rules of Evidence)."
따라서, 다음과 같은 기준이 중재판정부의 판단이유의 지침이
된다.

(ⅰ) 문서제출요청은 요청되는 각 문서 내지는 각 문서 카테고리
를 구체적으로 특정하여야 한다.

(ⅱ) 문서제출요청은 상대방 및 중재판정부가 제출을 마친 주장서
면에 대한 사실주장이 참조 가능한 수준으로, 요청된 각 문서
내지는 각 문서 카테고리의 관련성을 나타내고 있어야 한다.

---

6) Redfern Schedule이란, 고안자인 중재전문가 Alan Redfern 변호사의 이름에서 유래하는 일람표로서
문서제출요청에 대한 대상문서 내지는 카테고리, 요청근거, 상대편의 이의제기, 중재판정부의 판단 등을
일람표로 기재한 것으로 국제상사중재 실무에서 종종 이용되고 있다. Alan Redfern & Martin Hunter with
Nigel Blackaby & Constantine Partasides, *Law and Practice of International Commercial
Arbitration*, 4th ed., pp.6-77, 301-302 참조.

요청 당사자는 요청된 문서 내지는 문서 카테고리가 어떠한
사실 내지 주장의 입증을 의도하고 있는가를 합리적으로 특
정하여 명기 하여야 한다.

(iii) 중재판정부는 문서 내지는 문서 카테고리가 존재하고 있고
상대방의 점유 내지는 지배하에 있는 경우에만 그 제출을 명
한다. 이 부분이 쟁점이 되는 경우에는 요청 당사자가 증명
의 책임을 지게 된다.

(iv) 중재판정부는 필요한 경우에 문서제출의 요청과 상대방의 정
당한 이익의 형량을 도모하여야 한다. 이는 적용된 비닉특권
(privilege), 불합리한 부담, 기밀을 보호할 필요성 등을 포함
한다.

· 상기 2차례의 문서제출요청 외의 문서제출요청이 필요한 경우
에는 중재판정부의 허가를 얻어야만 한다.

· 제1회의 문서제출요청 서면은 2006년 4월 28일을 그 기한으로
정한다.

· Redfern Schedule 형식의 문서제출요청은 2006년 5월 5일까지
제출된다.

(b) 중재판정부의 판단 (2006년 5월)

① Public Interest Immunity(공익면제)의 주장에 관하여

피신청인은 당해 사건의 문서제출은 탄자니아의 공익면제에 관한
국내법(헌법, 증거법)에 의하여 금지된다고 주장하였다. 이러한 국내
법상 공익면제의 대상이 되는 예로는 대통령이 내각으로부터 받은
조언 내용에 관한 모든 정보 등이 있다.

중재판정부는 이 주장에 대하여 다음과 같은 이유를 들어 기본적으로 배척하였다.

- 탄자니아 헌법의 해당 조항은 모든 내각문서를 그 대상으로 하지 않고 대통령에 대한 조언에 관한 것에만 한정하고 있다. 또한 동 조항은 '재판소'에 의한 조사를 금지하고 있는데, 탄자니아 헌법은 이러한 재판소를 국내재판소라고 정의하고 있으므로 ICSID 중재판정부는 동 조항의 적용을 받지 않는다. 그런데 그보다 근본적인 문제로서 본 중재절차의 성질은 국내 재판절차와 완전히 다르다. 당해 중재판정부는 국제조약을 토대로 한 국제중재판정부로서 국가의 행위 및 책임을 국가의 국제조약 및 국제관습법상의 의무에 비추어 심리할 책임이 있다. 따라서 국가가 자국 정부의 운영에 관한 국내적 공익 내지는 공서(公序) 개념을, 국가가 국제의무를 위반하였는지 여부의 판단과 관련된 문서의 제출에 반대하는 근거로 내세우는 것은 허용되지 않는다. 국가가 국제책임을 회피하기 위하여 국내법을 원용할 수는 없다(조약법에 관한 비엔나 협약 제27조, 그 밖의 다수의 선례 및 주석서 참조). 나아가 피신청인의 주장을 받아들이게 되면 당사자 간의 불공평을 초래하게 되는데, 반드시 양 당사자를 평등하게 대우하여야 하는 것은 국제중재판정부의 가장 중요한 원칙 중 하나이다.

- 탄자니아 정부가 문서제출을 거부하는 것을 정당화할 수 있는 유일한 이유는 비닉특권을 가지고 있거나 정치적으로 민감한 정보(국가 기밀을 포함)의 보호이며, 이는 *Pope and Talbot, Inc. v. Government of Canada* 사건에서도 지적되고 있고 IBA 증거규칙 제9조 2항 (f)에서도 규정되어 있다.

"중재판정부는 … 다음에 해당하는 이유로 문서를 증거 또는 제출로부터 제외한다. (f) 특수하게 정치적 내지는 조직적으로 민감하기 때문에(정부 또는 공적국제조직에 의해 비밀로 분류된 증거를 포함), 중재판정부가 대단히 중요(compelling)하다고 인정한 것"

따라서 공익면책의 항변은 인정되지 않고, 그러면서도 국가기밀 등의 제출거절 이유가 있는 것들에 대해서는 반드시 피신청인 측에서 문서를 특정하여 거절 이유를 표시해야만 하며, 이 쟁점에 대해서는 최종적으로 중재판정부가 판정한다.

② 각 카테고리에 대한 판단의 개요

중재판정부는 기본적으로는 '"all" documents "relating" to～'와 같이 미국 소송에서의 증거개시와 같은 광범위한 문서개시요청은 인정하지 않으며, 그와 같은 요청에 대해서는 일부의 제출을 명령하거나, 또는 (문서제출이 아닌) 쟁점에 관한 설명을 명령하고 있다. 내각 회의록 등에 대해서 중재판정부는 신청에서 관련성과 중요성을 충분히 나타내고 있어 이를 통하여 그 제출을 명령하였다. 그러나 피신청인은 그중에서 민감한 문서가 있다고 생각되는 경우에는 그 세부적 사항을 비밀유지를 위한 한정적 제출방법에 관한 제안과 함께 중재판정부에 제시해야만 한다고 정하고 있다.

(3) 동 절차명령(No. 2)의 검토

(a) 동 절차명령은 IBA 증거규칙의 조문을 인용하여, 이를 판단 기준으로서 고려·채택하고 있으나 동 규칙의 명칭(IBA Rules on the Taking of Evidence in International Commercial Arbitration)

에서 알 수 있듯이 본래 이는 국제'상사(商事)'중재에 대한 국
제표준을 나타낸 것이고, 보통법계·대륙법계 양측의 국제상
사중재 전문가가 중심이 되어 작성한 것이다.[7] 현재는 국제상
사중재와 관련하여 동 규칙의 전부 또는 일부를 중재인이 명
시적으로 채택하거나 또는 사실상 이에 준거하여 결정을 내리
는 경우가 종종 눈에 띈다. 저명한 중재인 중에는 원칙적으로
IBA 증거규칙을 채택한다는 방침을 명확히 하는 이도 있다.
동 규칙에 대해서는 미국의 증거개시에 견주어 대상 문서의
특정과 필요성 및 관련성을 충분히 나타낼 것이 요청된다.[8]
또한 동 규칙 제9.2조 (e), (f) 등에 있어서, 상업상·기술상의
비밀로 매우 중요한 것, 특별히 매우 중요한 정치적 내지 조직
상 민감한 정보 등에는 단순히 영업의 비밀과 연관성을 갖고
있다는 것만으로 제출을 거절하는 것이 인정되고 있다. 실제
로는 단순히 영업비밀에 관련된다는 것만으로 제출거절이 인
정되는 것은 아니고 전술한 바와 같이 대리인에 한하여 그 열
람이 허용된다는(for attorney's eyes only) 제한을 붙여 비밀유
지계약, 또는 비밀보호명령을 바탕으로 조건부 증거개시를 하
는 경우도 종종 있다.

투자협정중재는 상사중재는 아니지만 중재인의 구성을 보면,
많은 사건들에서 국제상사중재의 중재인으로 오랜 기간 활약

---

7) IBA증거규칙의 작성에 임하였던 IBA의 중재 ADR 위원회(Committee D) 작업반(Working Party)의 위원
   16명의 성명 및 출신지는 IBA 규칙 모두(冒頭)에 기재되어 있다. 또한 작업반에 의한 동 규칙의
   Commentary도 공개되어 있다. 〈http://www.ibanet.org/Document/ Default.aspx?DocumentUid=
   07505D49-4025-87C8-4ED9E67A5612〉.

8) 미국에서의 국제중재에서 절차 참가자가 미국인들로 구성되는 국내중재절차에 있어서는 미국 소송에
   근접한 수준의 광범위한 문서제출이 인정되는 경우가 있다. 대륙법계의 중재인이 참여하는 등 절차 참
   가자가 국제적인 경우에는 IBA 증거규칙 등의 국제적 표준이 종종 이용된다. 자세한 내용은 Donald
   Francis Donovan·David W. Rivkin·手塚 裕之, 「美國における國際仲裁の實務」, 『法律のひろ
   ば平成16年』(2004年) 4月 号 12면 이하 참조.

해온 국제상사중재 전문가가 중재인의 역할을 맡고 있어, 흔히 외교관이나 국제법학자를 패널리스트로 참여시키는 경우가 많은 WTO 분쟁해결 패널과는 다르게 국제상사중재와의 인적 공통성이 어느 정도 존재한다. 따라서 문서제출명령 등에 대한 ICSID 중재규칙상의 상세한 규정이 없다는 증거에 관한 절차 문제에 대해 국제상사중재에 정통한 중재인이 IBA 증거규칙들을 투자협정에 적용시키거나 이에 준한 취급 방식을 취하는 사례들이 존재하는 것은 그다지 놀랄 일이 아니다. 왜냐하면 동 규정은 보통법계의 법률가와 대륙법계의 법률가 간의 논의·타협을 통해 형성한 규범으로서 양 당사자 모두에게 그 실효적인 공정성을 인정받아 국제상사중재에서는 널리 이용되기 때문이다.

또한 IBA 증거규칙은 그 제정으로부터 10년이 지나, 현재 IBA 중재위원회의 증거규칙 소위원회에서 개정작업이 진행되었다.[9] 그 중 IBA 증거규칙의 적용범위를 '상사중재'에 한정시키지 않고, 투자협정중재 등에도 적용시킬 수 있음을 분명히 하는 취지에서 규칙에 부여된 명칭인 '상사(commercial)'라는 단어를 삭제하는 방향으로 검토가 이루어졌다.

(b) 투자협정중재의 준거법은 국제조약, 국제법, 국제관습법이 그 중심이기 때문에 투자협정중재가 국제상사중재보다도 WTO 분쟁해결 절차에 가까운 면도 있다. 그러나 증거법·절차법적

---

9) 필자는 2008년 11월 당해 소위원회의 멤버로 선임되었다. 소위원회 내부에서 여러 번에 걸쳐 개정안을 작성하여 2009년 10월의 IBA 마드리드 대회에서 개정작업의 진척보고와 의견교환을 위한 오픈포럼이 개최되었고 이에 입각한 동일 장소에서의 소위원회 회의에서의 토의를 토대로 제5차 개정초안이 작성되었다. 2010년 1월 시점에서는 제6차 초안을 토대로 Public Comment를 구하여 2010년에 정식으로 개정되었다.

으로 *ad hoc* 국제상사중재에서 종종 채택되고 있는 UNCITRAL 중재규칙에 의한 투자협정중재도 종종 투자협정에서 선택되어 사용되는 바와 같이 국제상사중재에 더 가깝다고 생각한다. 국내재판소의 관여를 기본적으로 배제한 국제법적 제도인 ICSID 중재절차는 특별하다고 할 수 있지만, 중재 절차 내의 절차적 규칙에 관해서는 ICSID 중재나 UNCITRAL 규칙에 의거한 투자협정중재 모두, 국제상사중재와는 특별한 차이가 있다고 생각하기 어렵다. 그러나 투자협정중재에서는 당사자 일방이 국가이고 상대방이 사인(私人) 또는 사기업이라고 보았을 때, *Biwater* 사건이나 *AGIP* 사건[10]에서 볼 수 있듯이 정부가 일방적으로 사기업의 수용·점거를 통해 증거를 전유(專有)해 버리는 경우가 발생하고 있어서 증거가 현저하게 편재되는 사례들이 많다. 그 때문에 일반적인 국제상사중재 사건과 비교하여 증거보전이 필요한 사례들이 많다고 생각된다. 또한 문서제출요청에 대해서도 절차적 권리 의무로서는 쌍방적인 것임에 틀림없지만, 중재 신청인인 사인·사기업 측에서 이러한 점을 이용하는 측면이 압도적으로 많다.

(c) ICSID 중재에서의 증거법, 특히 문서제출명령에 대해서는 Reed, Paulsson & Blackaby가 저술한 Guide to ICSID Arbitration (Kluwer, 2011)에서 상세히 설명하고 있다. 이하는 해당 부분의 요지이다. "ICSID 중재에서 자발적인 문서제출을 넘어서는 증거개시는 중재판정부의 지배하에 있기 때문에 미국식의 광범위한 증거개시를 기대할 수 없다. 미국 증거법에서 인정되고 있는 Deposition

---

10) *AGIP S.p.A. v. People's Republic of the Congo* (ICSID Case No. ARB/77/1).

은 국제투자중재에서는 활용되지 않고 있다. 당사자가 협력하지 않는 경우에 규칙 제34조 (3)항에서는 해당 사항 및 명시된 이유로서 공식적인 기록을 남겨야 한다는 것만을 규정하고 있고, 규칙에는 그 이상의 명시적인 제재가 규정되어 있지 않지만, 여타의 국제중재와 마찬가지로 협력하지 않은 결과로서 중재판정부가 불리한 추정을 하는 사례 및 비용 부담을 명한 경우는 있다. *AGIP v. Congo* 사건의 경우, 콩고 정부가 문서제출을 명한 잠정적 조치에 불복한 점이 중재판정부의 손해배상액 인정에 영향을 미친 것으로 보인다."[11]

2. *ADF v. USA* 사건의 절차명령 No.3[12]

(1) 절차명령(No.3)에 이르게 된 경위[13]

- 2001년 1월 11일 중재판정부 성립
- 2001년 1월 29일 제1회 세션(비디오회의. 절차문제만 다룸)
- 2001년 4월 4일부로 양 당사자의 합의서한(스케줄, 문서제출, 비밀정보의 취급, 증거제출 등에 관한 합의)을 중재판정부에 제출
- 2001년 5월 3일 Procedural Order No.1(상기 합의내용을 절차 명령으로 통보)

---

11) 다만, 판정(award)만을 보아서는 이 점이 어떻게 손해배상액의 인정에 반영되었는지는 반드시 명확하지 않다.

12) *ADF Group Inc. v. United States of America* (ICSID case No. ARB (AF)/00/1). 〈http://www.state.gov/documents/organization/5963.pdf〉.

13) 〈http://www.worldbank.org/icsid/cases/ADFaward.pdf〉.

- 이후, 중재지에 관한 논의가 이루어짐.
- 2001년 7월 11일 Procedural Order No.2(중재지를 워싱턴 D.C. 로 정한다.)
- 2001년 8월 6일 신청인(ADF) Motion for Production of Documents 제출
- 2001년 8월 17일 피신청인(미국) Objections to the Claimant's Request for Documents 제출
- 2001년 8월 27일 신청인 Response to the Objections Raised by the Respondent 제출
- 2001년 9월 4일 피신청인 Final Observations 제출

(2) 제출이 요구된 대상문서(9개 카테고리)

(A) 미국 및 버지니아주가 소지하는 행정파일로서 Springfield Interchange Project(본 프로젝트)에 대하여 ADF가 공급한 철강(본 투자)에 관한 것으로서, 이하의 사항들을 포함하지만 이에 한정되지는 않는다.:

1) Main Contract 및 Shirley/ADF Sub-Contract에 관한 모든 기록
2) STAA(1982) 제165조의 바이 아메리카(Buy America) 조항의 범위·의미 및 Main Contract의 Special Provision 제102.5조의 범위·의미에 관해, 미국 또는 버지니아주에 의하여, 혹은 미국 또는 버지니아 주를 위하여 작성된 모든 기록
3) 본 프로젝트의 전체로서, 또는 부분적으로 관련된 모든 기록(미국과 버지니아주 간의 통신문서 포함)
4) 제102.5조에 전체적 내지는 부분적으로 연관된 미국과 버지니아 주 간의 모든 통신문서

(B) 미국 교통부 또는 Federal Highway Administration(FHA)가 FHA
의 바이 아메리카 요건에 관한 Final Rule(23 CFR Part 635)의
검토, 발전, 기안, 승인 및 채택과 관련하여 보유하고 있는 행
정파일

(C) 미국 정부기관[구체적 기관명 생략]이, 또는 이들을 위하여 작
성된 모든 기록으로서 NAFTA가 바이 아메리카 요건에 미치
는 영향과 전체 또는 부분적으로 관련된 것(이하의 내용을 포
함하지만 이에 한정되지는 않음)[예시는 생략]

(D) 이하의 사건 기록의 상소기록, 당사자의 제출서면을 포함하는
일절의 행정파일[연방항소재판소판결 등, 3건을 열거]

(E) 바이 아메리카 조항을 적용시킨 결과, 과거 10년 이내에 고속
도로(교각, 터널 포함) 프로젝트에의 연방예산이 주의 교통부
에 의해 거절되었던 모든 사례들의 기록

(F) 연방예산을 사용한 고속도로 건설계약에 대한 바이 아메리카
조항의 적용과 NAFTA가 이들 조항에 미치는 영향에 대하여
하원과 대통령에게 보고하기 위하여 활용된 모든 기록

(G) Tea-21, Pub. L. 105-178 하에서 예산이 인정된 고속도로 계
약·프로젝트의 완전한 리스트[현재 검토 중인 것을 포함 등,
상세 내용은 생략]

(H) 과거 10년 이내에 바이 아메리카 요건의 면제가 인정된 국가
적 내지는 지역적 사례에 대한 모든 리스트[이유와 그에 따른
의회에의 보고내용 포함]

(I) NAFTA 제11장의 절차에 따라 미국이 제출한 일체의 주장서면

(3) 절차명령 No.3 결정사항의 개요

(a) 일반적 고려

ICSID 중재(Additional Facility)규칙 (이하 'AF 규칙') 제41조 2항에서는 중재판정부가 '필요하다고 인정하는 경우에 당사자에게 문서제출을 요구할 수 있다'고 규정하고 있고 이러한 점에서 적어도 두 가지의 '필요성' 측면이 있다. 첫 번째 측면은 당해 문서가 이 절차의 목적과 관련성을 가지고 있어서 그 의미로서의 필요성이라고 볼 수 있는가와 같은 실체적 검토의 성격을 갖고 있다는 것과 관련 있고 이는 카테고리 별로 검토해야 한다는 것이다. 두 번째 측면은 요구된 문서를 양 당사자가 효율적이면서도 평등하게 사용할 수 있는가와 같은 절차적인 검토로서, 일방 당사자만이 절차에 관련된 문서에의 접근권을 갖고 있는 경우 상대방 당사자에게도 마찬가지로 그에 대한 이용이 가능해야 할 것이다.

그러나 요구된 문서가 '공유(public domain)' 상태로서 양 당사자 모두 평등하게 효과적으로 입수 가능한 경우에는 일방 당사자에게 이를 상대편 당사자에게 제공하도록 요구할 필요성은 없다. 한편, 일방 당사자에 의한 입수가 부당한 부담과 비용을 필요로 하는 경우, 상대방에게 응당 그 제출을 요구할 수 있다. 당해 사건에서는 피신청인(미국)의 특정 문서에 대하여 신청인이 일반 공중의 입장에서 당해 문서의 입수가 가능한 특정 정부기관을 특정하는 경우, 이는 추가절차규칙(Additional Facility Rules) 제41조 2항에서 명시하고 있는 '문서제출'이라 할 수 있다.

피신청인은 나아가 문서 조회번호를 제공하거나 기타 문서의 공적 보관자가 당해 문서를 물리적으로 또는 데이터베이스 내에서 특정화된 접근이 가능할 수 있도록 필요한 데이터를 제공해야만 한다.

그 외에 문서 보관자와 유선상으로 통화를 하는 등 신청인이 효과적이고 신속하게 접근을 할 수 있는 방법도 생각해볼 수 있으므로, 피신청인은 실제 물리적으로 문서를 신청인에게 건넬 필요 없이, 필요하고 적당한 원조를 제공하는 것만이 합리적으로 기대된다고 할 것이다. 이에는 부당한 부담 또는 비용을 신의성실(信義誠實; good faith)에 따라 상대방에게 부과시키지 않고 신속하게 문서제출에 관한 문제를 해결하는 것이 전제된다.

- 신청인은 *Pope and Talbot v. Government of Canada* 사건의 Procedural Order No.8에서 "중재판정부는 문서가 여타의 출처로부터 입수 가능하다는 것이 사실이라고 가정하더라도, 신청인이 소지한 문서를 캐나다에 대하여 제출할 것을 거부할 상당한 근거라고 할 수 없다"는 판정을 인용하고 있지만, 당해 사건에는 해당이 없다. 중재판정부의 상기 의견은 Washington D.C. 및 연방민사소송규칙(이 규칙들은 당해 중재의 중재지법의 일부를 이루고 있음)의 판례와도 부합한다[미국 민사소송 판례 인용].
- 피신청인은 문서제출요청이 있는 시점을 비판한다(신청인이 Memorial (제1 주장서면)을 제출한 지 1일 후에 제출하였다는 것은 주장 준비에는 불필요하였다는 의미로서 피신청인의 반론준비작업을 방해하기 위한 것이었다고 비판). 그러나 문서는 Reply(제2 주장서면)에서도 사용가능하고, 피신청인이 문서제출요청이 이루어진 시점 때문에 실질적으로 불편이 발생하였다면, Counter-Memorial 준비를 위한 추가적인 시간을 중재판정부에 요청할 수 있다.

(b) 카테고리별 판단

① 카테고리 A - 피신청인은 신청이 과도하게 광범위하게 기재되어 있다는 이의 또는 일반적인 비닉특권을 주장하지만, ADF로부터 유래(originate)한 문서가 아닌 ADF가 기존에 소지하고 있지 않았던 문서에 대해서는 제출 준비를 하고 있어야 한다고 정하고 있어 그러한 한도 내에서 상기의 일반적인 고려에서 언급한 방법으로 개시를 명한다(다만, ADF로부터 유래한 문서라고 하더라도 정부 측 담당자의 추가기입이 있는 것은 제외하지 않음).

② 카테고리 B - 쟁점과의 연관성이 명확하지 않으나, 피신청인에 의한 개시는 불필요하다. 다만 일반적으로 입수 가능한 것에 대해서는 응당 일반적인 고려 사항에서 언급한 실행 방법으로 개시해야 한다.

③ 카테고리 C - 요건으로서의 특정성과 관련성이 명시되어 있지 않으므로 각하.

④ 카테고리 D - 재판사건에 있어서 '행정 파일'이 무엇인지가 불분명하고, 그 파일이나 주장서면이 어떤 식으로 당해 사건과 연관되어 있는지도 불분명한 만큼 개시는 불필요하다. 다만 일반적으로 입수 가능한 것에 대하여 일반적인 고려에서 언급한 바와 같다.

⑤ 카테고리 E - 피신청인은 상당한 조사를 마친 후에 관련된 문서가 존재하지 않는다고 언급하며, 신청인도 실질적으로 이 문제를 다투고 있지 않으므로 신청을 취하한 것으로 간주한다.

⑥ 카테고리 F - 특정성을 결여하고 있으며, 관련성도 명확하지 않으므로 각하. 다만, 일반적으로 입수 가능하다는 점에서는

전술한 바와 같다.

⑦ 카테고리 G – 손해에 관한 것이므로 현시점에서는 신청을 취하하였다(다만, 이후의 재제출도 무방하다).

⑧ 카테고리 H – 당사자의 합의에 따른 개시(Final Observations, pp. 12-13)[기본적으로 컴퓨터 데이터가 있는 면제리스트는 제출].

⑨ 카테고리 I – 주장과 증거는 별개이기 때문에 어떠한 의미로 주장서면이 당해 사건의 증거가 되는지는 불명확하지만, 특정 문제에 대하여 일찍이 당해 당사자가 어떠한 입장을 취하고 있었는가와 같은 점에 대해서는 주장서면도 증거가 될 수 있다. 그러나 신청인은 어떠한 주장서면이 증거로 인정될 수 있는지는 분명히 하고 있지 않다. 한편, 일반적으로 입수 가능한 주장서면도 있기 때문에, 그 한도 내에서 전술한 바와 동일하게 취급한다.

(c) 비닉특권

피신청인은 일반적인 이의제기로서 변호사·의뢰인 간의 통신과 검토 중이거나 판단하기 전의 정부 자료에 대해서는 비닉특권을 가지므로 비닉특권에 따르는 문서에 대하여 이의를 제기할 수 있다. 그러나 이를 위해서는 해당 문서를 특정해야 하므로 이는 이후에 이루어져야 할 성질의 것으로서 그 시점에 중재판정부가 판단하기로 한다.

(4) 동 절차명령의 검토

(a) 양 당사자의 문서제출에 관한 주장서면에서는 IBA 증거규칙의 적용 유무나 이를 적용할 경우 당해 사건에서 어떻게 적용되는지도 다양하게 논의되고 있다. 당사자인 미국은 당해 사건이

ICSID 추가절차규칙 제41조의 필요성 요건을 충족하였는지 여부가 문제라고 보아, IBA 증거규칙은 유용한 Guidance를 일정한 경우에 제공하는 경우는 있어도 그 자체로 이 사건에 적용시킬 수는 없다는 입장(Final Observations, pp.2-3)임을 밝혔다. 한편 미국은 IBA 증거규칙에 근거하여 그 적용성 논의도 진행시키고 있다.

(b) 이에 대하여 본 중재판정부는 IBA 증거규칙에 저촉되는 일 없이 ICSID 추가절차규칙 제41조에서 가리키는 '필요성'에 대해서는 '실체적 필요성'인 관련성과 '절차적 필요성'인 당사자의 부담·공평성 등을 검토하면서, 문서의 특정성 요구와 더불어 특정성이 불충분하더라고 미국 정부가 일반적으로 제공해왔으므로 어디에 무엇이 있는지를 응당 가르쳐주어야 한다는 입장을 취하고 있는 듯하다. 이는 전술한 바와 같이 정보의 유지·관리에 있어서 당사자가 가지는 힘의 격차를 고려하여 정부도 무리 없는 범위 내에서 신청인의 정보 입수에 협력하는 것이 정당(fair)하다는 논리를 갖고 있는 것으로 보인다.

(c) 본 절차명령은 '본건 중재의 중재지법의 일부를 이루고 있는' Washington D.C. 및 연방민사소송규칙과 중재판정부 의견의 정합성에 대해 해석하고 있다. 이는 본 중재가 ICSID의 추가절차규칙중재라는 점에서 절차법상 중재지법의 적용을 의식한 것으로 생각된다. 다만 추가절차규칙 중재에 있어서 중재지법이 중재 절차법으로서의 관련성이 존재한다고 하더라도, 일본을 비롯한 다수의 나라들이 채택하고 있는 UNCITRAL 모델법 준거의 중재법에서는 증거에 관한 상세한 규칙을 중재법에 규정하고 있지 않다. 또한 중재절차에서의 증거법에 관하여 법정지

의 재판소에 적용되는 민사소송법의 절차규정을 준용해야 한다는 규정[14]도 없는 것이 보통이다. 오히려 모델법하에서는 당사자 간에 정하지 않은 경우에 중재판정부 스스로가 적절하다고 인정하는 방법으로 중재절차의 이행이 가능한 것으로 보아 절차문제에 대해서 중재판정부의 광범위한 재량을 인정하고 있다.[15]

3. 투자협정중재상의 문서제출요청에 대한 추가적 논의

(1) 문서제출명령의 집행가능성, 강제력, 실효성

상기한 각 중재사건에서의 중재판정부의 결정에는 직접적으로 언급하고 있지 않지만, 중재판정부의 문서제출명령에 당사자가 불응하는 경우 어떠한 조치가 이루어지는지가 문제가 된다. 중재판정부의 문서제출명령의 집행력에 관하여 통상적으로 중재실무에서는 집행가능성(enforceability)이라는 용어를 '중재판정부의 결정을 재판소가 강제적으로 집행하는 것이 가능한지 여부'와 같은 문맥으로 사용되고 있다. 최종적인 중재판정에 대해서는, ICSID 중재의 중재판정을 보면 ICSID 협약에 따라 특별위원회에 의해 취소되지 않는 한 당사국의 국내재판소에 집행력이 부여된다. 또한 UNCITRAL 규칙을 적용하는 AF 중재에서는 대부분의 경우 다수의 국가가 가입하고 있는 '외국중

---

14) 일본의 구 중재법인 '공시최고중재법(公示催告仲裁法)'은 제1조에서 "별도의 규정이 있는 경우를 제외한 기타 […] 중재절차에 관해서는 그 성질에 반하지 않는 한 민사소송에 관한 법령의 규정에 준한다"는 규정을 두고 있다. 이에 대하여 중재에 있어서 증거법 등의 절차규정에 대하여 민사소송법의 1번 절차규정의 준용이 있다는 주장이 유력하였으나 그와 같은 사고방식은 중재 선진국에서는 이례적인 것으로 받아들여지고 있으며 당사자의 공평한 취급 등의 강행규범적 규정에 반하지 않는 한, 중재판정부의 광범위한 절차적 재량을 인정하고 있는 것이 근대 국제중재의 룰이라고 할 수 있다.

15) 모델법 제19조.

재판정의 승인 및 집행에 관한 뉴욕협약'에 따른 승인·집행 거부사유가 없는 한 국내재판소에 의한 중재판정의 집행이 인정된다.

그러나 문서제출명령과 같은 절차적 명령이나 잠정적 보전조치에 있어서는 재판소를 통하여 이를 강제적으로 집행하는 것은 통상적으로 인정되지 않고 있다. 예를 들어, UNCITRAL 모델법은 제17조에 의거하여 중재판정부가 당사자의 신청에 대하여 '분쟁의 본안에 관하여 필요하다고 인정하는 보전처분을 명하도록 일방 당사자에게 명할 수 있다'고 규정하고 있으나, 상정된 잠정보전조치의 집행력·강제력에 대해서는 언급하지 않고 있다. 일본을 포함한 모델법을 채택한 국가들 대부분은 상정된 잠정보전조치의 집행력을 인정하지 않고 있다.16) 2006년 7월에 채택된 모델법 개정안은 집행력 있는 잠정적 보전조치를 도입하고 있지만, 상정된 개정안을 실제로 자국의 중재법에 반영할 것인지 여부는 향후 각국의 대응에 달려 있다.17)

그럼에도 불구하고 일본의 경우에는 재판소가 발령한 문서제출명령에 대하여 문서를 강제적으로 집행할 수 있는 효과는 없고, 제3자의 경우에는 과태료를 통한 제재, 당사자의 경우에는 불리한 추정의 제재를 수반하는 것에 불과하다.

문서제출명령 또는 문서보전명령이 잠정적 보전조치로 내려질 것인지, 아니면 증거법상의 절차적 명령으로 내릴 것인지에 대해서는 두 가지 모두 가능할 것이다. 가령, 개정 모델법에서와 같이 잠정보전명령의 집행력을 인정할 수 있다고 하더라도, 여기서의 집행력이 문서의 강제적 제출도 가능하게 하는 것인지에 대해서는 반드시 명

---

16) 독일 민사소송법 제1041조는 중재판정부의 잠정 보전조치의 집행력을 인정하고 있다.

17) 모델법의 2006년 개정의 개요에 대해서는 三木浩一, 「UNCITRAL 国際商事仲裁モデル法2006年改正の概要(上)(下)」, 『JCA シャーナル』第54巻 6号 (2007年) 2면 이하, 7号 (2007年) 12면 이하 참조.

확하지 않다. 오히려 국제상사중재의 실무에서는 재판소의 관여 없이 문서제출명령의 준수를 재촉하는 것이 보통이다. 이 때 IBA 증거규칙에서와 같이 불이익 추정이 가능하다는 취지의 규정이 있는 것이 아니라면 중재판정부로서도 불이익 추정을 하는 것이 타당한가에 대해서는 논의가 이루어지고 있는 상황이다. 문서제출명령에 불복함으로써 심리에 불필요한 수고가 가중되는 것을 이유로 중재비용의 부담 비율을 늘리는 것은 합리적 재량의 범위 내에 든다고 생각한다.[18]

중재판정부가 문서제출명령을 준수하지 않은 것에 대하여, 예를 들면, 지체 일수에 따라 일정액의 제재금의 지불을 명령할 수 있는가의 여부에 대해서는 의문도 있다. 이와 같이 중재판정부에 의한 문서제출명령에 관하여는 재판소에 의한 집행을 통상 기대할 수 없고, 그러한 명령을 준수하지 않았을 경우 미국 소송상 증거개시의 문서제출요청 비준수에 대하여 법정모욕에 의한 고액의 제재금이나 주장·입증제한 등과 같은 강력한 제재가 예정되어 있지 않음에도 불구하고, 실제로는 이를 준수하고 있는 사례가 압도적으로 많다. 그 이유로는 문서제출자 측의 불이익을 완화시키기 위한 방편이라는 점, 통상적인 중재절차 자체가 비밀인 점 등을 들 수 있다. 아울러 중재판정부는 일반적으로 어느 정도 특정된 문서 내지는 문서 카테고리에 대하여 쟁점의 입증에 있어 정말 필요한 한도 내에서 문서의 제출을 명하고 있다는 점, 나아가 당사자로서는 중재인의 심증을 악화시키는 것은 유리한 계책이 아니라고 생각하는 경우가 많다는 점 등을 지적할 수 있다. 문서제출명령은 강제력이 없더라도 중재실

---

18) 투자협정중재에서 비용부담을 결정할 때에 당사자의 비협조적 태도를 고려한 것에 대해서는 Noah D. Rubins, "The Allocation of Costs and Attorney's Fees in Investor-State Arbitration", *ICSID Review-Foreign Investment Law Journal*, Vl. 18 No. 1, Spring 2003, p.109, at p.127을 참조.

무상 중요한 기능을 다하고 있다고 할 수 있다.

그리고 전술한 바와 같이, 투자협정중재에서는 통상적으로 국가와 투자자 사이에서 정보가 주로 국가에 집중되어 있어 투자자 측이 국가에 대하여 문서제출명령을 얻어 정보를 얻을 필요성이 높은 경우가 많다고 생각된다. 덧붙여 *Biwater* 사건과 같이 국가가 공권력의 행사를 통해 일방적으로 투자자가 소지한 자료를 압수하는 경우에는 증거보전조치에 의해 증거보전을 하거나, 또는 주장을 한 이후에 필요한 기본적 정보(은행계좌 기록 등)에 대해서 잠정적 보전조치를 통해 조기에 개시를 요구할 필요성이 높기 때문에, 투자협정중재에서 문서제출명령 또는 증거보전이 중요한 역할을 맡고 있는 경우가 많다고 생각된다. 무엇보다도 ICSID 중재에서는 중재판정뿐 아니라, 절차서류도 상당 수준 공개되어 있는 예가 늘고 있으며, 또한 법정조언자(*amicus curiae*)로서 제3자가 절차에 참가하는 사례도 보통의 국제상사중재보다 많다는 점에서, 제출서류의 비밀유지와 필요서류의 제출 확보라는 균형을 도모하는 신중한 고려가 요구된다고도 할 수 있다.

제15장 투자협정중재는 무엇을 초래하는가?
- 법경제학의 관점에서

清水 剛 (시미즈 타카시)

서 론

투자협정중재는 투자유치국에서 해외투자자의 투자를 보호한다는 목적에서 만들어지고 이용되어 왔다.[1] 그러한 목적은 어느 정도 달성되었다고 생각되는 반면, 해외에서의 투자에 대해서 지나친 보호를 하거나 혹은 그에 따라 투자유치국의 정책적 재량에 제한이 가해지는 것에 대한 반발이 존재하고 이러한 반발은 계속되어 왔다.[2]

이러한 상황에서 투자협정중재는 기본적으로 투자유치국과 투자자 사이의 이해대립이라는 구도에서 파악되어 왔다고 생각한다.[3] 그러나 투자유치국 또는 투자자의 입장을 객관적으로 살펴보면, 투자협정중재의 특별한 기능이 드러나게 된다. 즉, 투자협정중재가 투자유치국과 투자자 사이의 분쟁해결에 기여함으로써, 사회적으로 볼 때 바람직한 결과를 가져온다는 긍정적인 측면이다. 만약 투자협정

---

[1] 예를 들면, 본서 제1장 참조.

[2] Jeswald W. Salacuse, "Is There a Better Way? Alternative Methods of Treaty-Based, Investor-State Dispute Resolution", 31 *FORDHAM INT'L L. J.* 138 (2007-2008), pp.145-146.

[3] 최혜국대우에 따른 보호범위의 확대나 간접수용의 문제 등은 전형적으로 투자유치국과 투자자의 이해가 대립하는 경우라고 할 수 있다. 본서 제4장, 제7장 참조.

국제투자협정과 *ISDS*

중재가 투자에 관한 분쟁을 합리적으로 해결할 수 있거나 중재라는 제도를 배경으로 당사자의 행동이 변화함으로써 사회에 바람직하지 않은 결과를 회피할 수 있다면, 투자협정중재는 이러한 의미에서 사회적으로 바람직한 제도라고 할 수 있을 것이다.

그러나 최근에는 투자협정교섭에서 투자협정에 중재규정을 두지 않는 새로운 움직임도 나타나고 있다.[4] 이는 중재에 대한 투자유치국의 반발 때문이기도 하지만, 사회적으로 보면 반드시 바람직하지는 않은 결과를 초래할 지도 모르기 때문이다.

이 장에서는 이러한 문제에 대하여 법경제학의 관점에서 검토한다.[5] 법경제학의 관점에서는 다음과 같은 관점에서 투자협정중재가 바람직하다고 할 수 있다. 만약 투자협정중재를 통하여 관계 당사자의 이익 총합을 증대시킬 수 있다면, 투자협정중재는 사회에 바람직하다고 생각하는 것이다. 이 경우에 관계자는 우선 투자유치국과 투자자이고, 투자협정중재에 의해 투자유치국과 투자자의 이익의 총합이 증대된다면 사회적으로 바람직하다고 본다. 일견 이러한 정의는 한정적인 것에 불과하고 또 당사자의 이해를 무시하고 있는 것처럼 보이지만, 사실은 그렇지 않다. 여기서 전제하고 있는 것은 제도 변경에 의해 관계 당사자의 이익의 총합이 증대되고 또 당사자가 이를

---

4) 예를 들면 미국-호주 자유무역협정에는 중재에 대한 규정이 없으며, 이는 호주 측이 중재를 도입하는 것에 반대했기 때문이라고 알려지고 있다. Thomas Westcott, "Foreign Investment Issues in the Australia-United States Free Trade Agreement", *ECON. ROUNDUP*, Summer 2004-05, p.69. 또 일본-필리핀 경제제휴협정에 있어서도, 필리핀 측의 반대에 의해 중재규정은 두지 않고, "투자분쟁해결을 위한 구조를 만들기 위한 교섭을 개시한다"라고만 규정되어 있다. 일본-필리핀 경제제휴협정 제107조.

5) 법경제학의 사고방식이나 구체적인 분석에 대해서는, 법경제학의 다양한 교과서들 예를 들어 ROBERT COOTER & THOMAS ULEN, *LAW AND ECONOMICS* (3rd ed. 2000) 참조. 법경제학에 대해 다양한 평가(칭찬, 비난)들이 있지만, 실제의 상황은 법제도의 분석에 있어 수리모델 등을 사용하여 그 논리구조를 명확화하고자 하는 하나의 방법에 지나지 않는다. 이 점에 관해서는 加賀見一彰, 「國際社會における私的關係の規律と紛爭解決─國際私法の經濟分析: 序說─」(三菱經濟研究所, 2009년), 16-29면 참조.

이해할 수 있다면, 당사자가 합의에 의해 그 이익을 어떠한 형태로 서로 나누어 전체 관계 당사자가 이익을 얻을 수 있다는 것이다.[6] 반대로 관계자의 이익의 총합이 감소한다면 어떻게 분배하더라도 틀림없이 손실이 발생하기 때문에 사회적으로는 손실이라고 생각된다. 이 장에서는 투자협정중재는 관계자의 이익의 총합의 증대를 가져오는가, 그렇다면 어떤 경우에 그러한가에 대해 모델분석을 통하여 명확하게 살펴보고자 한다.

Ⅰ. 모델의 도입

이하에서는 투자유치국과 투자자 사이에 있어서 분쟁해결을 게임이론을 사용해서 모델화하고 이를 분석한다. 여기에서는 모델의 전체에 대한 상세한 언급은 하지 않고 어디까지나 설명에 필요한 범위 내에서 언급하고자 한다.[7] 또 설명에 있어서는 어느 정도 구체적인 상황을 상정하여 전제하고자 한다.

X국에 있어서, 해외 투자자 Y(이하 Y)가 X국 정부(이하 X)와의 관계에서 전력공급계약을 맺고, X국에 발전시설을 건설한다고 가정하자.[8] Y는 이 계약에서 5,000만 달러의 수익을 얻을 것으로 예정하

---

6) 여기에서는 실제로 분배가 되는 결과로서 모든 관계자의 이익이 증대되는 것까지 요구되지 않고, 그러한 가능성을 지니고 있으므로 사회적으로 바람직한 기준으로 하고 있다. 이러한 기준은 Kaldor-Hicks 기준으로 불려진다. 이와 반대로 실제로 분배가 이루어지고, 이익이 증대하는 것까지를 요구하는 것이 Pareto 기준이다. COOTER & ULEN, *supra* note 5, ch.2 참조.

7) 상세한 것은 清水剛, "投資協定仲裁手續のインセンチィブ構造", RIETI Discussion Paper Series 08-J-28 (2008년) 참조.

8) 이하의 상황은 인도네시아에서의 지열발전을 둘러싼 분쟁인 *Karaha Bodas Company v. Perusahaan Pertambangan Minyak dan Gas Bumi Negara (Pertamina) and PT PLN*, Arbitration under the UNCITRAL Arbitration Rules (Award, 18 December 2000)와 같은 상황을 설정하고 있다. 그러나 수익 및 손실액 등에 대해서는 이 경우와는 다르다. *Karaha Bodas* 사건에 대해서는 Louis T.

고 있다. 이때, X국 내에서 경제위기나 주민의 반대 등의 문제가 발생한다면, X는 계약 파기 여부에 대한 선택을 강요받는 것으로 한다. X가 계약을 파기한 경우 X는 이 계약의 이행에 있어서 초래되는 손해를 회피하는 것이 가능한 반면, Y는 이 계약으로부터 수익을 올릴 수 없고 5,000만 달러의 예상수익은 0이 된다.[9] 한편, X가 계약을 이행한 경우 Y는 5,000만 달러의 수익을 올릴 수 있게 되지만, X는 경제위기 전의 높은 요금으로 전력공급을 받아야만 한다. 그렇지 않으면, 주민의 반대를 진정시키기 위한 비용 등으로 인해 4,000만 달러의 손실이 발생한다.

이러한 분쟁을 해결하기 위한 수단에는 투자협정중재와 국내재판 두 가지 방법을 들 수 있지만, 계약이 파기된 경우에는 양 당사자는 우선 중재나 재판에 들어가기 전에 교섭을 실시한다. 교섭에서는 재판 혹은 중재에 들어가게 되는 경우보다 양 당사자가 함께 이익을 증대시킬 수 있는 경우에만 합의가 성립하고, 그 경우에 양 당사자는 합의에 의해 얻게 되는 이익(합의에 의해 회피할 수 있는 비용)을 균등하게 서로 나누는 형태로 합의한다.[10]

교섭이 타결되지 않고 분쟁이 중재나 재판에 들어가는 경우, Y는 문제의 성질과 재판 및 중재의 특성에 대해서 정해진 승소확률 P_a, P_j로 승소하는 것으로 한다.[11] 또한 단순화를 위하여 중재 혹은 재

Wells, "Double Dipping in Arbitration Awards? An Economist Questions Damages Awarded to Karaha Bodas Company in Indonesia", 19 ARB. INT' L. 471 (2005) 참조.

9) 이 금액은 손해액에 해당하지만, 실제로 이 금액을 어떻게 산정하는가, 예를 들면 장래의 기대이익을 어떻게 산출하는가는 큰 문제가 된다. Wells, supra note 8, Fabrizio Marrella & Irmgard Marboe, "Efficient Breach" and Economic Analysis of International Investment Law, TRANSNAT'L. DISP. MGMT. (2007), 또는 본서 제11장 참조.

10) 실제는 계약을 파기하기 전에 화해교섭을 시작할 것으로 생각되지만, 투자에 관한 분쟁에서 계약을 파기하기 전에 화해교섭을 타결하는 것은, 특히 X에 있어서는 투자자에 대한 일방적인 양보라고 간주될 우려가 있기 때문에 정치적으로는 어려울 것이라고 생각된다. 그러므로 여기에서는 계약파기를 한 후에 화해교섭이 이루어지는 것으로 한다.

판을 이용하는 비용(변호사 비용 등을 포함)은 동일하게 500만 달러로 하고, 각각의 당사자가 부담하는 것으로 한다. Y가 승소한 경우에는 수익 5,000만 달러에서 소송비용을 뺀 4,500만 달러를 받게 되고, X는 5,000만 달러의 지불금액에서 소송비용 500만 달러를 더한 금액을 부담한다. X가 승소한 경우, Y는 아무런 소득도 없고 소송비용 500만 달러를 부담하고, X는 손해배상의무를 면하지만 역시 500만 달러를 부담한다.

여기서 문제는 승소확률 Pa, Pj가 어떻게 결정되는가 하는 것이다. 승소확률은 문제에 대한 정부의 대응이 부당하게 되는 정도 (y), 중재판정부나 재판소의 중립성 (k), 중재나 재판의 결과의 안정성 및 예측 가능성 (a)의 세 가지의 요소로 결정되는 것으로 한다. 정부의 대응이 부당하게 되는 정도는 문제에 따라 결정되는 것이다. 예를 들면 주민의 반대같이, X가 계약할 때에 이미 예상되어 있던 문제 같은 경우에는 부당하게 되는 정도는 높아지고[12], 이에 따라 Y의 승소확률 Pa, Pj도 커진다. 반대로 중대한 경제 위기 같은 계약파기의 이유로서 비교적 정당하다고 인정되는 문제[13]라면 부당하게 되는 정도는 낮아지고, 승소확률도 낮아진다. 한편, 다른 두 가지는 중재와 재판 각각의 절차에 따라 정해지는 것이다.[14] 중립성에 대해서는 만약 법의 구조 혹은 중재판정부나 재판소의 판단이, 가령 X의 재량권을 넓게 인정하고 있는 경우에는 중재판정부나 재판소는 X 측에 기울어진 판단을 내리게 되고, 승소확률 Pa, Pj는 작아진다. 다음으

---

11) 후술하는 선택조항(fork in the road clause) 등에 의해 Y는 재판과 중재 중 승소확률이 높아지는 쪽을 선택하게 된다.

12) 예를 들면, 폐기물처리장의 건설과 관련하여 분쟁이 된 *Metalclad Corp. v. The United Mexican States*, ICSID Case No. ARB(AF)/97/1 (Award, 30 August 2000) 참조.

13) 본서 제9장 참조.

14) 또한 Salacuse, *supra* note 2, 163 참조.

로 결과의 안정성 및 예측 가능성에 대해서는 중재판정부나 재판소가 숙련되고 혹은 법적인 판단 구조가 확립되어 있는 경우에는, 원고의 승소여부는 예측가능한 것이 된다. 이 경우 예측가능성의 정도가 높아지는 만큼 승소확률은 0% 또는 100%에 접근하고, 반대로 예측가능성이 낮아지면 승소확률은 50%(즉, 어느 쪽이 이길지 알 수 없다)에 접근한다.[15)

양 당사자가 이상과 같은 상황에 대해 모두 알고 있는 것으로 한다. 그러므로 문제가 발생한 단계에서 Y의 승소확률은 X, Y 모두 알고 있는 것이 된다. 또한 여기서의 이익은 경제적 이익만을 고려하고, 정치적 이익 등은 고려하지 않는다. 또한 X도 Y도 위험 중립적이고, 얻을 수 있는 이익의 기대치에 기초해서 행동하는 것으로 한다.

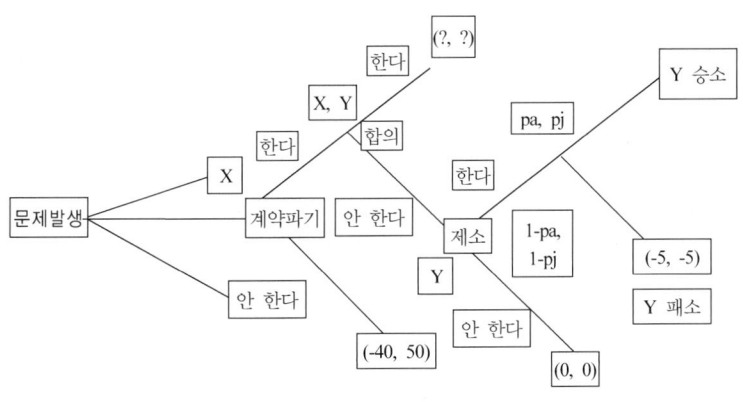

〈그림 1〉 Game의 구조

15) 예를 들면, Y에 조금 유리한 상황에서 예측가능성이 낮은 재판소 및 중재판정부에는 승소확률 60%라고 하는 경우에, 예측가능성이 높은 재판소 및 중재판정부에는 같은 사건에 대해서 승소확률이 70%, 혹은 80%로 상승한다. 반대로 예측가능성이 낮은 경우에 승소확률이 40% 정도의 경우라면, 예측가능성이 높은 경우에는 승소확률이 30%, 혹은 20% 정도로 낮아진다.

이상의 상황을 승소확률의 결정방법을 제외하고 그림으로 나타나면 <그림 1>과 같이 된다. 그림의 괄호 안은 차례로 X의 이익과 Y의 이익(단위 100만 달러)을 나타내고 있다.

Ⅱ. 일어날 수 있는 결과

이러한 모델에 기초하여 투자협정중재의 효과를 검토할 것이지만, 그 전에 먼저 이 모델에서 어떠한 결과가 발생할 수 있는지를 정리해보도록 하자.

이 모델에서 발생하는 결과는 세 종류밖에 없다: 즉, (1) X는 계약을 파기하고, Y는 이를 받아들인다(제소하지 않는다). (2) X는 계약을 파기하지만, 제소하기 전에 X, Y 사이에 화해가 성립한다. (3) X는 계약을 파기하는 것을 단념한다. (1)의 경우는 Y는 자신이 승소하는 확률이 낮기 때문에, 제소를 하더라도 소송비용만 들고 손해라고 생각해서 제소하지 않는다. (2)의 경우는 어느 정도 승소확률이 높기 때문에 Y는 제소하지만, 재판이나 중재를 하게 되면 소송비용이 드는 데다가 위에서 언급한 것처럼 X, Y 모두 Y의 승소확률을 알고 있기 때문에, 이 승소확률에 따라서 합의금액을 결정하고, 합의함으로써 소송비용을 회피할 수 있다.16) 이러한 상황보다 더 승소확률이 높아지면, Y가 중재 또는 재판에 들어가면 반드시 승소하고, 손해배상을 받을 수 있기 때문에 이러한 상황을 예측하고 X는 처음부터 계약을 파기하지 않게 된다. 이것이 (3)의 경우이다.

---

16) 당연히, 현실에서는 승소확률의 예상이 일치하지는 않고, 또한 X 혹은 Y가 자신이 최선을 다한 것을 표시하기 위하여 재판소 혹은 중재판정부의 최종판단을 얻도록 하는 것 등의 이유에 의해 자주 중재 혹은 재판에 이른다.

그렇다면 각각의 결과는 어떠한 조건하에서 발생하는 것일까. <그림 1>의 우측에서 좌측을 향해서(즉, 결과에서 역으로 살펴나가는 형식으로), 발생할 수 있는 결과를 추적해보자. 먼저 계약이 파기되고, 재판 혹은 중재에 들어간 경우에는 확률 Pa 혹은 Pj로 투자자 Y가 승소하고, Y는 4,500만 달러(손해배상 5,000만 달러-소송비용 500만 달러)를 얻고, X는 5,500만 달러(손해배상 5,000만 달러+소송비용 500만 달러)를 지불하게 된다. 반면에, Y가 패소한 경우에는 X, Y 모두 500만 달러를 지불한다. 여기에서 X와 Y의 기대이익은 Pa, Pj를 P로 나타냈을 때(단위 100만 달러, 이하 같다),

$$(-50p-5, \ 50p-5)$$

가 된다. Y는 중재 또는 재판의 기대이익이 0 이하가 되면 제소하지 않을 것이기 때문에,

$$50p-5 \geq 0, \ p \geq 0.1$$

되면 제소한다. 즉 승소확률이 10% 이상이라면 제소하게 된다. 또한 제소를 하지 않는 경우(앞의 (1)의 경우)에서 각각의 이익은 (0,0)이 된다.

다음으로 제소한 것을 전제로 교섭에 대해 생각해보면, 합의를 해서 중재 혹은 재판을 진행하지 않는다면 소송비용을 회피할 수 있기 때문에 화해를 하여 서로 소송비용을 회피한다. 즉, 사전에 예측되었던 p에 대해서 p×5,000만 달러를 정부가 지불하고, 서로의 이익이,

$$(-50p, \ 50p)$$

가 되어 화해가 성립하게 된다(앞의 (2)의 경우).

여기에서 이상을 전제로 해서 처음에 X의 계약파기 여부를 생각해보면, 계약을 파기한 경우에는 위와 같은 형태에서 화해가 성립해서 p×5,000만 달러를 지불하고, 반면에 계약을 파기하지 않으면

4,000만 달러의 손실이 발생하기 때문에,

$$50p \leqq 40, \quad p \leqq 0.8$$

의 경우, 즉 Y의 승소확률이 80% 이하라면 화해하는 것을 전제로 해서 계약이 파기되고, 80%를 넘는 경우에는 화해할 때 지불해야 하는 금액이 커지고, 계약을 파기하지 않는 것에 따른 손실을 상회하기 때문에, 처음부터 계약을 파기하지 않게 된다. 계약을 파기하지 않는 경우에는, 양자의 이익은 각각

$$(-40, \ 50)$$

이 된다(앞의 (3)의 경우).

즉, 위의 (1), (2), (3)의 경우에 어떠한 사태가 발생할지는 Y의 승소확률에 의존하고, 각각 승소확률이 10% 이하, 10~80%, 80%를 넘는 경우에 발생하게 된다. 승소확률이 10% 이하일 경우 Y는 제소를 하지 않고, 10~80%일 경우 화해하는 것을 전제로 해서 계약이 파기되고, 80% 이상일 경우 처음부터 계약을 파기하지 않는다.

이러한 결과에 입각하며 다음으로 관계자의 이익의 총합을 살펴보자. 위의 설명에서 각각의 결과에서 쌍방의 이익을 나타냈기 때문에 이것을 단순하게 합산하면, (3)의 경우에는 1,000만 달러, 이에 비해 (1)과 (2)의 경우에서는 0이 된다. 다시 말하면, 이 경우에는 계약이 이행된 때의 X의 손실(4,000만 달러)이 Y의 이익(5,000만 달러)보다 작기 때문에, (3)과 같이 계약이 이행된 때의 경우가 (1), (2)같이 계약이 파기된 경우보다 관계자의 이익의 총합이 높다는 것이다. 그렇다면 (3)의 경우가 발생할 가능성이 높아지면 높아질수록, 관계자의 이익의 총합은 증대되고, 사회적으로 보면 바람직하게 된다.[17]

---

17) 또한 X가 계약파기에 의해 얻을 수 있는 이익이 Y에게 발생하는 손실보다도 큰 경우에는 위와 반대로 (3)의 경우는 관계자의 이익의 총합은 감소하는 것이 된다. 그러나 이 경우에는 X가 패소하는 것이 확실하더라도 계약을 파기하는 것으로 이익을 얻을 수 있기 때문에, 계약은 반드시 파기된다. 그

Ⅲ. 중재와 재판의 선택

여기에서 처음에 제시한 문제, 즉 투자협정중재를 도입하는 것으로 관계자의 이익이 증대되는가, 증대된다고 하면 어떠한 경우인가라는 문제로 돌아가 보자. 위에서 서술한 바와 같이, 모델에서는 (3)과 같은 경우가 발생할 가능성이 높으면 높을수록 관계자의 이익의 총합이 증대하는 것을 알 수 있다. 그리고 결과가 (1), (2), (3)의 어느 것이 될지는 Y의 승소확률에 의존하고 있다. 그러므로 중재를 도입하느냐에 따라 Y의 승소확률이 변화하여 (3)이 발생할 가능성이 높아지는 것이라면, 그것은 관계자의 이익의 총합을 증대시키고, 사회적으로 보면 바람직하게 된다.

다만, 실제로 중재를 도입하게 되면 (3)이 발생할 가능성이 항상 높아진다고 만은 할 수 없다. 그 의미는 위에서 언급한 바와 같이 이 장에서는 중재나 재판을 중립성과 결과에 대한 안정성 및 예측가능성 두 가지에 의해 특징지어지고, 재판 대신 중재가 도입되는 것은 중립성과 결과의 안정성 및 예측가능성의 양방의 변화를 가져오는 것으로 이해된다. 그리고 중재의 도입에 의해 결과의 안정성 및 예측 가능성이 변화되지 않는 반면, 중립성이 변화하여 보다 투자자 측으로 기울어 확실히 (3)이 발생할 가능성은 높아진다. 이러한 점에서 보면, 지금까지 생각되어 왔던 투자협정중재, 즉 투자보호를 위해 투자협정중재를 도입한다는 것은 관계자의 이익의 총합의 증대에 공헌하고 있을 가능성이 있다.

그러나 중립성과 함께 결과의 안정성 및 예측가능성도 변화한다

러므로 사실은 이 (3)의 경우는 처음부터 발생하지 않고 이 경우를 생각해도 위에서 서술한 것은 변하지 않는다.

면, 반드시 (3)의 가능성이 높아질 것이라고 할 수 없다. 예를 들면, 재판소도 중재판정부도 투자유치국 정부쪽에 기울어진 경우 중재판정부에 대한 예측가능성이 높고, (3)의 가능성이 감소할 수 있다고 하는 것은, 예측 가능성이 낮은 재판소에서는 그 재판이 투자유치국 정부에 기울어졌다고 하더라도 간혹은 재판관이 투자자에 동정적이거나 혹은 설득력이 있다는 등의 이유로 '어느 정도는 어쩌다' 이겨버릴 가능성이 어느 정도 존재한다는 것을 의미한다. 그리고 이를 투자유치국 정부도 알고 있기 때문에 계약을 위반하지 않을 가능성이 어느 정도 존재한다는 것이다. 그러나 투자유치국 정부에 유리한 동시에 판단이 안정된 중재판정부인 경우, 이와 같이 '우연히 이길' 가능성은 낮아지고 그 결과로 (3)의 경우가 발생하지 않게 된다. 결과의 안정성이 높아진다고 해서 항상 (3)의 가능성이 작아지는 것은 아니다.[18] 중재판정부가 중립적 또는 투자자 편인 경우에는 예측 가능성이 높아지게 된다. 즉, 재판소가 투자유치국 정부 편인지 중립적인지, 그리고 중재판정부가 중립적인지 투자자 편인지에 따라 결과의 안정성 및 예측 가능성이 높아지면 (3)의 가능성은 높아지지만, 반대로 재판소도 중재판정부도 투자유치국 정부 편이거나 중립성에 차이가 없고 결과의 안정성 및 예측 가능성이 높아진다면 원래대로 (3)의 가능성은 낮아진다.

이 문제는 투자자가 제소시에 중재 혹은 재판을 선택할 수 있는 선택조항(fork in the road clause)을 도입하는 것으로 해결할 수 있다. 즉, 선택조항이 있는 경우에는 승소확률에 따라 재판과 중재 중 하나를 선택하여 이용하면 되기 때문에 (3)이 선택될 가능성이 최대화된다.[19]

---

18) 계약파기에 의해 Y가 입는 손실을 D, 계약을 유지하는 경우에 Y의 손실을 L, 재판소의 중립성 및 예측 가능성을 aj, kj, 중재판정부의 중립성 및 예측 가능성을 aa, ka라고 하고, 淸水, 전게주 7)의 모델에 따르면, L/D≧3(aaka−ajkj)/(aa−aj)−1일 때 중재를 도입하는 것에 의해 (3)의 가능성이 높아지게 된다.

또 하나 고려해야 할 점은 중재를 도입하는 것이 관계자의 이익의 총합이라고 하는 점에서 보면 바람직하다고 하더라도, 반드시 관계자가 중재의 도입에 합의하는 것은 아니라는 것이다. 이는 투자유치국 정부 측의 문제라 생각할지도 모르지만, 반드시 그렇다고는 할 수 없다. 예를 들면, 분쟁이 발생하기 전에 개별의 계약 사이에서 사전에 합의하여 중재인지 재판인지를 선택하는 것 같은 경우를 생각하면, 중재를 선택하는 것이 관계자의 이익의 총합에서 볼 때 바람직한 경우라도, 투자유치국이 아닌 투자자가 중재에 합의하지 않는 경우가 있을 수 있다. 그 이유는 재판과 비교해서 중재의 예측 가능성이 높은 경우에는 승소확률이 0 또는 1에 가까워지기 때문에 위의 (3)이 되는 가능성이 증대되는 것과 함께, (1)이 되는 가능성도 역시 증대한다. (3)은 투자자에게 바람직한 한편 (1)은 투자자에게는 바람직하지 않은 결과가 나오기 때문에, 양자의 효과 결합의 결과로서 (1)의 가능성이 높아지는 악영향이 커지는 결과가 발생할 수 있기 때문이다. 다만 이 문제도 앞에서 서술한 바와 같이 선택조항에 의해 해결된다.

결 론

이상에서 살펴보는 바와 같이 중재를 도입하는 것은 사회적으로 보면 항상 바람직하다고는 할 수 없지만, 선택조항과 함께 도입되는

---

19) 이 점에 관해서는 淸水·전게주 (7) 참조. fork in the road 조항에 대해서는 阿部克則, "二國間投資條約/經濟連携協定における投資仲裁と國內經濟手續との關係", RIETI Discussion Paper Series 07-J-040 (2007년), Christoph Schreuer, "Travelling the BIT Route: Of Waiting Periods, Umbrella Clauses and Forks in the Road", 5 J. WORLD INVESTMENT & TRADE 231 (2004) 등 참조.

경우는 일반적으로 바람직하다는 것을 명확히 알 수 있다. 그렇다면 조약 체결 시에 중재의 도입에 의한 이익을 적절하게 분배할 수 있도록 조건을 조정해둠으로써, 혹은 이 글에서의 모델에 적용한 것과 같은 국가계약의 경우라면 그 계약조항을 조정해둠으로써, 중재의 도입에 의해 기본적으로 당사자 전체의 이익을 증대시킬 수 있을 것이다. 그럼에도 불구하고 서두에서 언급한 바와 같이, 투자협정에서 중재를 배제하자고 하는 경향이 자주 나타난다.

왜 이러한 경향이 나타나는 것일까? 여기에서는 두 개의 문제를 지적한다. 하나는 중재의 도입을 통해 얻어지는 이익분배의 문제이다. 위에서는 계약의 조건을 조정하는 것 같은 가능성을 시사했지만, 사실 이러한 조정이 그리 간단하지는 않다. 즉, 어떠한 문제가 발생하는지, 그에 따라 어떠한 손실이 발생하는지 등과 같은 것을 사전에 예측하는 것은 불가능할 것이다. 그러나 이러한 조정을 하지 않는 한, 선택조항을 포함하여 중재를 도입하는 것은 (선택조항을 이용함으로써 항상 투자자의 승소확률이 상승하기 때문에) 기본적으로 투자유치국 정부에게는 불리하게 된다. 또 하나는 중재가 이용된 상황이다. 만약 중재에 대한 예측가능성이 낮고, 중립성에 관해서는 재판소와 중재판정부에서 크게 변하지 않는 경우에는, 투자자는 먼저 언급한 '우연히 이길' 가능성을 찾아 중재를 선택할 가능성이 있다.

그러나 이 경우에 중재에 들어가는 것은 원래 승소확률이 낮은 사건, 즉 정부의 대응이 정당화될 가능성이 높은 사건이다. 이러한 사건이 중재에 들어가고, 중재판정부가 '우연히' 투자자를 이기게 해준다면, 이러한 중재판단이 정부의 정책적 재량을 침해하였다고 비난받을 가능성은 충분하다. 이러한 점은 서두에서 언급한 중재에 대한 비판 또한 중재를 배제하는 움직임에 연결되어 있다고 생각된다.

이상은 어디까지나 중재를 도입함에 해당하는 문제의 일부에 지나
지 않지만, 생각건대, 투자협정중재가 당사자의 이익의 총합을 증대
시킬 가능성이 있다고 하더라도, 항상 도입하게 되는 것은 아닐 것
이다. 다만, 투자협정중재가 모든 관계자에 가져올 수 있는 이익에
대해 보다 더 고려되어도 좋을 것으로 생각된다.

투자중재연표

국가 · 투자자 간 계약에 기초한 것을 포함
국가 · 투자자 간 계약에 기초한 것은 ⓒ로 표시

1974.3.6. *Adriano Gardella S.p.A v. Republic of Côte d'Ivorie*, ICSID Case No. ARB/74/1 ⓒ
- Award, 1977.8.29
1977.11.4. *AGIP S.p.A. v. People's Republic of the Congo*, ICSID Case No. ARB/77/1 ⓒ
- Award, 1979.11.30
1977.12.15. *S.A.R.L. Benvenuti & Bonfant v. People's Republic of the Congo*, ICSID Case No. ARB/77/2 ⓒ
- Award, 1980.8.8
- Tribunal de grand instance, Paris, decision, 1980.12.23
- Tribunal de grand instance, Paris, decision, 1981.1.13
- Cour d'appel, Paris, Decision, 1981.6.26
1981.2.27. *Amco Asia Corporation and others v. Republic of Indonesia (Original Arbitration Proceeding)*, ICSID Case No. ARB/81/1 ⓒ
- Decision on Jurisdiction, 1983.9.25
- Decision on Request for Provisional Measures, 1983.12.9
- Award, 1984.11.20
- Decision annulling the Award signed by the ad hoc Committee, 1986.5.16
- Decision on Jurisdiction, 1988.5.10
- Award, 1990.6.5
- Decision on Supplemental Decisions and Rectification of the Award, 1990.10.17
- Decision on rejecting the partie's applications for annulment of the Award and annulling the Decision on Supplemental Decisions and Rectification, 1992.12.17

1981.4.14. *Klöckner Industire-Anlagen GmbH and others v. United Republic of Cameroon and Société Camerounaise des Engrais*, ICSID Case No. ARB/81/2 ©

- Award, 1983.10.21
- Decision annulling the Award issued by the ad hoc Committee, 1985.5.3
- Award, 1988.1.26
- Decision on rejecting the partie's applications for annulment signed by the ad hoc Committee, 1990.5.17

1982.11.5. *Société Ouest Africaine des Bétons Industriels v. Republic of Senegal*, ICSID Case No. ARB/82/1 ©

- Decision on Jurisdiction, 1984.8.1.
- Award, 1988.2.25.

1983.6.21. *Liberian Eastern Timber Corporation v. Republic of Liberia (Original Arbitration Proceeding)*, ICSID Case No. ARB/83/2 ©

- Award, 1986.3.3
- Rectification of the Award, 1986.6.10
- United States District Court, Southern District of New York, decision, 1986.9.5
- United States District Court, Southern District of New York, decision, 1986.12.12
- United States District Court, District of Columbia, decision, 1987.4.16

1984.1.19. *Atlantic Triton Company Limited v. People's Revolutionary Republic of Guinea*, ICSID Case No. ARB/84/1 ©

- Cour d'appel, Rennes, decision, 1984.10.26
- Award, 1986.4.21
- Cour de cassation, Paris, decision, 1986.11.18

1984.8.28. *Southern Pacific Properties (Middle East) Limited v. Arab Republic of Egypt*, ICSID Case No. ARB/84/3 ©

- Award, 1988.1.6
- Decision partially annulling the Award, 1989.12.22

1987.7.20. *Asian Agricultural Products Limited v. Democratic Socialist Republic of Sri Lanka*, ICSID Case No. ARB/87/3

- Award, 1990.6.27

1992.6.11. *Vacuum Salt Products Ltd. v. Republic of Ghana*, ICSID Case No. ARB/92/1 ©

- Award declining jurisdiction over the dispute, 1994.2.16

1992.11.3. *Scimitar Exploration Limited v. People's Republic of Bangladesh and Bangladesh*

Oil, Gas and Mineral Corporation, ICSID Case No. ARB/92/2 ©
- Award declining jurisdiction over the dispute, 1994.5.4
1993.2.2. *American Manufacturing & Trading, Inc. v. Democratic Republic of the Congo*, ICSID Case No. ARB/93/1
- Award, 1997.2.21
1994.12.8. *Tradex Hellas S.A. v. Republic of Albania*, ICSID Case No. ARB/94/2
- Decision on Jurisdiction, 1996.12.24
- Award, 1999.4.29
1995.10.10. *Sedelmayer v. Russian Federation*, SCC
- Award, 1998.7.7
- Judgment of the City Court of Stockholm, 2002.12.18
- Judgment of the Svea Court of Appeal (Svea Hovratt), 2005.6.15
1995.11.14. *Cable Television of Nevis, Ltd. and Cable Television of Nevis Holdings, Ltd. v. Federation of St. Kitts and Nevis*, ICSID Case No. ARB/95/2 ©
- Award declining jurisdiction, 1977.1.13
1995.12.18. *Antoine Goetz and others v. Republic of Burundi*, ICSID Case No. ARB/95/3
- Award, 1999.2.10.
1996.3.22. *Compañia del Desarrollo de Santa Elena S.A. v. Republic of Costa Rica*, ICSID Case No. ARB/96/1 ©
- Award, 2000.2.17
- Rectification of the award, 2000.6.8
1996.6.26. *Fedax N.V. v. Republic of Venezuela*, ICSID Case No. ARB/96/3
- Decision on Objections to Jurisdiction, 1977.7.11
- Award, 1998.3.9
1997.1.13. *Metalclad Corporation v. United Mexican States*, ICSID Case No. ARB(AF)/97/1
- Award, 2000.8.30
- Supreme Court of British Columbia, Reasons for Judgment, 2001.5.2
- Supreme Court of British Columbia, Supplementary Reasons for Judgment, 2001.1.31
1997.1.27. *Société d'Investigation de Recherche et d'Exploitation Minière v. Burkina Faso*, ICSID Case No. ARB/97/1 ©

- Award, 2000.1.19

1997.2.19. *Compañía de Aguas del Aconquija S.A. and Vivendi Universal S.A. v. Argentina Republic*, ICSID Case No. ARB/97/3
- Award, 2000.11.21
- Decision on the Challenge to the President of the Committee, 2001.10.3
- Decision on Annulment, 2002.7.3
- Decision of the ad hoc Committee Concerning Annulment of the Award, 2003.5.28
- Award, 2007.8.20

1997.3.24. *Robert Azinian and others v. United Mexican States*, ICSID Case No. ARB(AF)/97/2
- Interim Decision Concerning Respondent's Motion for Directions, 1998.1.22
- Award, 1999.11.1

1997.4.14. *Ethyl Corporation v. Canada*, UNCITRAL
- Decision on Jurisdiction, 1998.6.24

1997.4.25. *Československa obchodni banka, a.s v. Slovak Republic*, ICSID Case No. ARB/97/4
- Decision on Objections to Jurisdiction, 1999.5.24

1997.7.30. *WRB Enterprises and Grenada Private Power Limited v. Grenada*, ICSID Case No. ARB/97/5 ©
- Award embodying the parties' settlement agreement, 1998.12.21

1997.10.14. *Lanco International, Inc. v. Argentine Republic*, ICSID Case No. ARB/97/6
- Preliminary Decision on Jurisdiction, 1998.12.8

1997.10.30. *Emilio Agustin Maffezini v. Kingdom of Spain*, ICSID Case No. ARB/97/7
- Decision on Request for Provisional Measures, 1999.10.28
- Decision on Objections to Jurisdiction, 2000.1.25
- Award, 2000.11.13
- Rectification of the award, 2001.1.31

1997.11.4. *Compagnie Française pour le Développement des Fibres Textiles v. Republic of Côte d'Ivoire*, ICSID Case No. ARB/97/8 ©
- Award embodying the parties' settlement agreement, 2004.4.4

1998.1.16. *Joseph C. Lemire v. Ukraine*, ICSID Case No. ARB(AF)/98/1
- Award embodying the parties' settlement agreement, 2000.9.18

1998.2.25. *Huston Industries Energy, Inc. and others v. Argentine Republic*, ICSID Case No. ARB/98/1 ⓒ
- Award, 2001.8.24

1998.4.20. *Victor Pey Casado and President Allende Foundation v. Republic of Chile*, ICSID Case No. ARB/98/2
- Decision on Provisional Measures, 2001.9.25
- Award, 2008.5.8
- Decision on the application for the revision of the award, 2009.11.18

1998.7.31. *Wena Hotels Limited v. Arab Republic of Egypt*, ICSID Case No. ARB/98/4
- Decision on Jurisdiction, 1999.6.29
- Award, 2000.12.8
- Decision on Application for Annulment, 2002.2.
- Decision on the Claimant's Application for Interpretation of the Arbitual Award, 2005.10.31

1998.8.26. *Eudoro A. Olguin v. Republic of Paraguay*, ICSID Case No. ARB/98/5
- Decision on Objections to Jurisdiction, 2000.8.8
- Award, 2001.7.26

1998.10.28. *Banro American Resources, Inc. and Société Aurifère du Kivu et du Maniema S.A.R.L. v. Democratic Republic of the Congo*, ICSID Case No. ARB/98/7 ⓒ
-Award, 2000.9.1

1998.10.30. *S.D. Myers, Inc. v. Canada*, UNCITRAL
- First Partial Award, 2000.11.13
- Second Partial Award (Damages), 2002.10.21
- Final Award, 2002.12.30
- Review by Federal Court of Canada, 2004.1.13

1998.11.18. *Waste Management, Inc. v. United Mexican States*, ICSID Case No. ARB(AF)/98/2
- Award, 2000.6.2

1998.11.19. *The Loewen Group, Inc. and Raymond L. Loewen v. United States of America*, ICSID Case No. ARB(AF)/98/3
- Decision on Hearing of Respondent's Objection to Competence and Jurisdiction, 2001.1.5
- Award, 2003.6.26.

- Decision on Respondent's Request for a Supplementary Decision, 2004.9.13

1998.12.7. *Tanzania Electric Supply Company Limited v. Independent Power Tanzania Limited*, ICSID Case No. ARB/98/8 ⓒ
- Decision on Respondent's Request for Provisional Measures, 1999.12.20
- Decision on Preliminary Issues, 2000.5.22
- Decision on Tariff and Other Remaining Issues, 2001.2.9
- Decision on All Further Remaining Issues, 2001.5.24
- Award, 2001.7.12

1998.12.24. Pope & Talbot Inc. v. Canada, UNCITRAL
- Preliminary Tribunal Awards (일부 불명)
- Award on Harmac Motion, 2000.2.24
- Interim Award, 2000.6.26
- Decision, 2000.9.6
- Decision, 2000.9.27
- Award on the Merits of Phase 2, 2001.4.10
- Interim Order by Arbitral Tribunal, 2002.3.5
- Decision and Order by Arbitral Tribunal, 2002.3.11
- Award on Damages, 2002.5.31
- Final Award, Award in Respect of Costs, 2002.11.26

1999.4.9. Swembalt AB, Sweden v. Republic of Latvia, UNCITRAL
- Award, 2000.10.23

1999.5.12. Alex Genin and others v. Republic of Estonia, ICSID Case No. ARB/99/2
- Award, 2001.6.25
- Decision on Claimants' Request for Supplementary Decisions and Rectification of the Award, 2002.4.4

1999.5.12. Philippe Gruslin v. Malaysia, ICSID Case No. ARB/99/3
- Award declining jurisdiction, 2000.11.28

1999.5.27. Marvin Roy Feldman Karpa v. United Mexican States, ICSID Case No. ARB(AF)/99/1
- Interim Decision on Preliminary Jurisdictional Issues, 2000.12.6
- Award, 2002.12.16
- Decision on the correction and interpretation of the award, 2003.6.13

1999.8.19. Lauder v. Czech Republic, UNCITRAL

- Final Award, 2001.9.3

1999.9.20. Mondev International Ltd. v. United States of America, ICSID Case No. ARB(AF)/99/2
- Award, 2002.10.11

1999.11.19. Middle East Cement Shipping and Handling Co. S.A. v. Arab Republic of Egypt, ICSID Case No. ARB/99/6
- Award, 2002.4.12

1999.11.27. Link-Trading Joint Stock Company v. Republic of Moldova, UNCITRAL
- Award on Jurisdiction, 2001.2.16
- Final Award, 2002.4.18

1999.12.10. Patrick Mitchell v. Democratic Republic of the Congo, ICSID Case No. ARB/99/7
- Award, 2004.2.9
- Decision on the Application for the Annulment of the Award, 2006.11.1

1999.12.29. Astaldi S.p.A. & Columbus Latinoamericana de Construcciones S.A. v. Republic of Honduras, ICSID Case No. ARB/99/8 ⓒ
- Award embodying the parties' settlement agreement, 2000.10.19

2000.1.7. Zhinvali Development Ltd. v. Republic of Georgia, ICSID Case No. ARB/00/1 ⓒ
- Award, 2003.1.24

2000.1.11. Mihaly International Corporation v. Democratic Socialist Republic of Sri Lanka, ICSID Case No. ARB/00/2
- Award, 2002.3.15

2000.2.22. CME Czech Republic B.V. v. Czech Republic, UNCITRAL
- Partial Award, 2001.9.13
- Final Award, 2003.3.14
- Review by Svea Court of Appeal, 2003.5.15

2000.6.13. Salini Costruttori S.p.A. and Italstrade S.p.A. v. Kingdom of Morocco, ICSID Case No. ARB/00/4
- Decision on Jurisdiction, 2001.7.23

2000.6.23. Autopista Concesionada de Venezuela, C.A. v. Bolivarian Republic of Venezuela, ICSID Case No. ARB/00/5 ⓒ
- Decision on Jurisdiction, 2001.9.27

- Award, 2003.9.23

2000.6.28. Consortium R.F.C.C. v. Kingdom of Morocco, ICSID Case No. ARB/00/6 ⓒ
- Decision on Jurisdiction, 2001.7.16
- Award, 2003.12.22
- Decision of the ad hoc Committee on the Application for Annulment of Consortium R.F.C.C., 2006.1.18

2000.6.29. Yaung Chi Oo Trading PTE Ltd. v. Union of Myanmar, ASEAN I.D. Case No. ARB/01/1 ⓒ
- Final Award, 2003.3.31

2000.7.7. World Duty Free Company Limited v. Republic of Kenya, ICSID Case No. ARB/00/7 ⓒ
- Award, 2006.10.4

2000.8.25. ADF Group Inc. v. United States of America, ICSID Case No. ARB(AF)/00/1
- Award, 2003.1.9

2000.8.25. Methanex v. United States of America, UNCITRAL
- Partial Award, 2002.8.7
- Final Award, 2005.8.3

2000.8.28. Técnicas Medioambientales Tecmed, S.A. v. United Mexican States, ICSID Case No. ARB(AF)/00/2
- Award, 2003.5.29

2000.9.27. Waste Managment, Inc. v. United Mexican States, ICSID Case No. ARB(AF)/00/3
- Decision on Venue of Arbitration, 2001.9.26
- Decision on Mexico's Preliminary Objection Concerning the Previous Proceedings, 2002.6.26
- Award, 2004.4.30

2000.10.20. Generation Ukraine Inc. v. Ukraine, ICSID Case No. ARB/00/9
- Award, 2003.9.16

2001.4.11. Enron Creditors Recovery Corporation (formerly Enron Corporation) and Ponderosa Assets, L.P. v. Argentine Republic, ICSID Case No. ARB/01/3
- Decision on Jurisdiction (Ancillary Claim), 2004.8.2

- Award, 2007.5.22
- Decision on Claimants' Request for Rectification and/or Supplementary Decision, 2007.10.25
- Decision on the Argentine Republic's Request for a Continued Stay of Enforcement of the Award, 2008.10.7

2001.5.24. Société d'Exploitation des Mines d'Or de Sadiola S.A. v. Republic of Mali, ICSID Case No. ARB/01/5
- Award, 2003.2.25

2001.6.4. AIG Capital Partners, Inc. and CJSC Tema Real Estate Company v. Republic of Kazakhstan, ICSID Case No. ARB/01/6 ©
- Award, 2003.10.7

2001.7.18. Saluka Investments BV (The Netherlands) v. Czech Republic, UNCITRAL
- Decision on Jurisdiction on over the Czech Republic's Counterclaim, 2004.5.7
- Partial Award, 2006.3.17
- Swiss Federal Tribunal Decision, 2006.9.7

2001.8.6. MTD Equity Sdn. Bhn. and MTD Chile S.A. v. Republic of Chile, ICSID Case No. ARB/01/7
- Award, 2004.5.25
- Decision on the Application for Annulment, 2007.3.21

2001.8.24. CMS Gas Transmission Company v. Argentine Republic, ICSID Case No. ARB/01/8
- Decision of the Tribunal on Objections to Jurisdiction, 2003.7.17
- Award, 2005.5.12
- Decision on the Argentine Republic's Request for a Continued Stay of Enforcement of the Award, 2006.9.1
- Decision of the ad hoc Committee on the Application for Annulment of the Argentine Republic, 2007.9.25

2001.10.5. Repsol YPF Ecuador S.A. Empresa Estatal Petróleos del Ecuador (Petroecuador), ICSID Case No. ARB/01/10 ©
- Award, 2004.2.20
- Decision on the Application for Annulment, 2007.1.8

2001.10.17. Noble Ventures, Inc. v. Romania, ICSID Case No. ARB/01/11
- Award, 2005.10.12

- Decision on Respondent's Request for Rectification of the Award of October 12, 2005, 2006.6.19

2001.10.23. Azurix Corp. v. Argentine Republic, ICSID Case No. ARB/01/12
- Decision on Jurisdiction, 2003.12.8
- Award, 2006.6.14.
- Decision on the Continued Stay of Enforcement of the Award, 2007.12.28
- Decision of the ad hoc Committee on the Application for Annulment, 2009.9.1

2001.11.5. Canfor Corporation v. United States of America, Terminal Forest Products Ltd. v. United States of America, UNCITRAL
- Order for the Termination of Proceedings with respect to Tembec, 2006.1.10
- Decision on Preliminary Question, 2006.6.6
- Joint Order on the Cost of Arbitration and for the Termination of Certain Arbitral Proceedings, 2007.7.19

2001.11.21. SCG Société Générale de Surveillance S.A. v. Islamic Republic of Pakistan, ICSID Case No. ARB/01/13
- Supreme Court of Pakistan, Judgment, 2002.7.3
- Supreme Court of Pakistan, Order, 2002.3.15
- Decision on Objections to Jurisdiction, 2003.8.6

2001.11.29. F-W Oil Interests, Inc. v. Republic of Trinidad & Tobago, ICSID Case No. ARB/01/14
- Award, 2006.3.3

2001.11.30. United Parcel Service of America Inc. v. Canada, UNCITRAL ©
- Award on Jurisdiction, 2002.11.22
- Award on Merits, 2007.5.24

2001.12.18. CCL v. Republic of Kazakhstan, SCC Case 122/2001
- Jurisdiction Award, 2003
- Final Award, 2004
- Supplemental Award and Interpretation, 2004.4

2002.1.15. Fireman's Fund Insurance Company v. United Mexican States, ICSID Case No. ARB(AF)/02/1
- Decision on the Preliminary Question, 2003.7.17
- Award, 2006.7.17

2002.1.31. LG & E Energy Corp., LG & E Capital Corp. and LG & E International

Inc. v. Argentine Republic, ICSID Case No. ARB(AF)/02/1
- Decision of the Arbitral Tribunal on Objections to Jurisdiction, 2003.4.30
- Decision on Liability, 2006.10.3
- Award, 2007.7.25
- Decision on the Request for Supplementary Decision, 2008.7.8

2002.2.25. Aguas del Tunari S.A. v. Republic of Bolivia, ICSID Case No. ARB/02/3
- Decision on the Respondent's Objections to Jurisdiction, 2005.10.21

2002.3.21. *International Thunderbird Gaming Corporation v. United Mexican States*, UNCITRAL
- Arbitral Award, 2006.1.26
- Judgment of the US District Court for the District of Columbia on periotion to set aside award, 2007.2.14

2002.5.2. *PSEG Global Inc. and Konya Ilgin Elektrik üretim ve Ticaret Limited Sirketi v. Republic of Turkey*, ICSID Case No. ARB/02/5
- Decision on Jurisdiction, 2004.6.4
- Award, 2007.1.19

2002.6.6. *SGS Société Générale de Surveillance S.A. v. Republic of the Philippines*, ICSID Case No. ARB/02/6
- Decision of the Tribunal on Objections to Jurisdiction, 2004.1.29

2002.6.18. *Hussein Nuaman Soufraki v. United Arab Emirates*, ICSID Case No. ARB/02/7
- Award, 2004.7.7
- Decision on the Application for the Annulment of the Award, 2007.6.5
- Decision on the rectification of the ad hoc Committee's decision of June 5, 2007, 2007.8.13

2002.7.17. *Siemens A.G. v. Argentine Republic* , ICSID Case No. ARB/02/8
- Decision on Jurisdiction, 2004.8.3
- Award, 2004.2.6

2002.7.20. *France Telecom v. Republic of Lebanon*, UNCITRAL
- Award, 2005.2.22
- Swiss Federal Tribunal Decision Ⅰ, 2005.11.10
- Swiss Federal Tribunal Decision Ⅱ, 2005.11.10

2002.8.8. *Champion Trading Company and Ameritrade International, Inc. v. Arab Republic of Egypt*, ICSID Case No. ARB/02/9

- Decision on Jurisdiction, 2003.10.21
- Award, 2006.10.27

2002.9.6. *IBM World Trade Corp. v. Republic of Ecuador*, ICSID Case No. ARB/02/10

- Award Embodying the parties' settlement, 2004.7.22

2002.10.2. *Gami Investments, Inc. v. United Mexican States*, UNCITRAL

- Final Award, 2004.11.15

2002.11.7. *Salini Construttori S.p.A. and Italstrade S.p.A. v. Hashemite Kingdom of Jordan*, ICSID Case No. ARB/02/13

- Decision of the ad hoc Committee on the Application for Annulment of the Republic of the Seychelles, 2005.6.29

2002.11.11. *Occidental Exploration and Production Company v. The Republic of Ecuador*, LCIA Case No. UN3467

- Final Award, 2004.7.1
- Judgement of High Court of Justice regarding non-justiciability of challenge to arbitral award, 2005.4.29
- Judgement of Court of Appeal regarding non-justiciability of challenge to arbitral award, 2005.9.9
- Judgement of High Court of Justice regarding non-justiciability of challenge to arbitral award, 2006.3.2
- Judgement of Court of Appeal regarding non-justiciability of challenge to arbitral award, 2007.7.4

2002.11.18. *Sempra Energy International v. Argentine Republic*, ICSID Case No. ARB/02/15

- Award, 2007.6.18

2002.11.18. *Ahmonseto, Inc. and others v. Arab Republic of Egypt*, ICSID Case No. ARB/02/16

- Decision on Objections to Jurisdiction, 2005.5.11
- Award, 2007.9.28
- Decision on the Argentine Republic's Request for a Continued Stay of Enforcement of the Award, 2009.3.5
- Decision on Sempra Energy International's Request for the Termination of

the Stay of Enforcement of the Award, 2009.8.7

2002.12.20. *Tokios Tokelés v. Ukraine*, ICSID Case No. ARB/02/18
- Decision on Jurisdiction, 2004.4.29
- Award, 2007.7.26

2003.2.11. *Eureko B.V. v. Republic of Polland*, Ad Hoc
- Partial Award and Dissenting Opinion, 2005.8.19
- Judgment of Court of First Instance of Brussels on setting aside of award, 2006.11.23
- Judgment of Court of First Instance of Brussels on challenge to arbitrator, 2006.12.22

2003.2.27. *Camuzzi International S.A. v. Argentine Republic*, ICSID Case No. ARB/03/2
- Decision on Objections to Jurisdiction, 2005.5.11

2003.3.3. *Imprgilo S.p.A. v. Islamic Republic of Pakistan*, ICSID Case No. ARB/03/3
- Decision on Jurisdiction, 2004.2.27
- Award, 2006.2.3

2003.3.26. *Industria National de Alimentos, S.A. and Indalsa Perú, S.A. (formerly Empresas Lucchetti, S.A. and Lucchetti Perú, S.A.) v. Republic of Peru*, ICSID Case No. ARB/03/4
- Award, 2005.2.7
- Decision on the Application for the Annulment of the Award, 2007.9.5
- Decision on the rectification of the Decision on Annulment of the Ad Hoc Committee, 2007.11.30

2003.4.7. *Metalpar S.A. and Buen Aire S.A. v. Argentine Republic*, ICSID Case No. ARB/03/5
- Award, 2008.6.6

2003.4.8. *M.C.I. Power Group, L.C. and New Turbine, Inc. v. Republic of Ecuador*, ICSID Case No. ARB/03/6
- Award, 2007.7.31
- Decision of the ad hoc Committee on the Application for Annulment, 2009.10.19

2003.4.23. *Camuzzi Interanational S.A. v. Argentine Republic*, ICSID Case No. ARB/03/7
- Decision of the Arbitral Tribunal on Objections to Jurisdiction, 2005.6.10

2003.4.25. National Grid plc v. Argentine Republic, UNCITRAL
- Decision on Jurisdiction, 2006.6.20
- Award, 2008.11.3
2003.4.25. *BG Group plc v. Argentine Republic*, UNCITRAL
- Award, 2007.12.24
- Petition to Vacate or Modify Award, 2008.3.20
2003.5.20. *Consortium Groupement L.E.S.I.-DIPENTA v. People's Democratic Republic of Algeria*, ICSID Case No. ARB/03/8
- Award, 2005.1.10
2003.5.22. *Continental Casualty Company v. Argentine Republic*, ICSID Case No. ARB/03/9
- Award, 2008, 2008.9.5
- Decision on the Rectification of the award, 2009.2.23
- Decision on the Claimant's Preliminary Objection to Argentina's Application for Annulment, 2009.10.23
- Decision on Argentina's Application for a Stay of Enforcement of the Award, 2009.10.23
2003.5.29. *Gas Natural SDG, S.A. v. Argentine Republic*, ICSID Case No. ARB/03/10
- Decision of the Tribunal on Preliminary Question on Jurisdiction, 2005.6.17
2003.6.2. *Joy Mining Machinery Limited v. Arab Republic of Egypt*, ICSID Case No. ARB/03/11
- Award, 2004.8.6
2003.6.9. *Miminco LLC and others v, Democratic Republic of the Congo*, ICSID Case No. ARB/03/14
- Award Embodying the parties' settlement agreement, 2007.11.19
2003.6.12. *El paso Ennergy International Company v. Argentine Republic*, ICSID Case No. ARB/03/15
- Decision on Jurisdiction, 2006.4.27
2003.7.17. *ADC Affiliate Limited and ADC & ADMC Management Limited v. Republic of Hungary*, ICSID Case No. ARB/03/16
- Award, 2006.10.2
2003.7.17. *Suez, Sociedad General de Aguas de Barcelona S.A. and Interagua Servicios*

Intergrales de Agua S.A. Argentine Republic, ICSID Case No. ARB/03/17
- Decision on Jurisdiction, 2006.5.16
2003.7.17. *Suez, Sociedad General de Aguas de Barcelona S.A. and Vivendi Universal S.A v. Argentine Republic*, ICSID Case No. ARB/03/19
- Decision on Jurisdiction, 2006.8.3
2003.8.19. *Plama Consortium Limited v. Republic of Bulgaria*, ICSID Case No. ARB/03/24
- Decision on Jurisdiction, 2005.2.8
- Order of the Tribunal on the Claimant's Request for Urgent Provisional Measures, 2005.9.6
- Award, 2008.8.27
2003.10.9. *Fraport AG Frankfurt Airport Services Worldwide v. Republic of Philippines*, ICSID Case No. ARB/03/25
- Award, 2007.8.16
2003.10.10. *Inceysa Vallisoletana S.L. v. Republic of El Salvador*, ICSID Case No. ARB/03/26
- Award, 2006.8.2
- Decision on Rectification, 2006.11.6
2003.10.24. *Duke Energy International Peru Investments No. 1 Ltd. v. Republic of Peru*, ICSID Case No. ARB/03/28 ©
- Award, 2008.8.18
2003.12.1. *Bayindir Insaat Turizm Ticaret Ve Sanayi A.S. v. Islamic Republic of Pakistan*, ICSID Case No. ARB/03/29
- Decision on Jurisdiction, 2005.11.14
- Award, 2009.8.27
2003.12.9. *Glamis Gold, Ltd. v. United States of America*, UNCIRAL
- Decision, 2005.7.20
- Decision, 2005.9.16
- Decision, 2005.11.17
- Award, 2009.6.8
2004.1.26. *Corn Products International, Inc. v. United Mexican States*, ICSID Case No. ARB(AF)/04/1
- Decision on Responsibility, 2008.1.15

- Award, 2009.8.18

2004.2.20. *OKO Pankki Oyi and others v. Republic of Estonia*, ICSID Case No. ARB/04/6 ©
- Award, 2007.11.19

2004.2.27. *Sociedad Anónima Eduardo Vieira v. Republic of Chile*, ICSID Case No. ARB/04/7
- Award, 2007.8.21

2004.3.12. *Grand River Enterprises Six Nations, Ltd., v. United States of America*, UNCITRAL
- Decision on Objections to Jurisdiction, 2006.7.20

2004.5.27. *Jan de Nul N.V. and Dredging International N.V. v. Arab Republic of Egypt*, ICSID Case No. ARB/04/13
- Award, 2008.12.8

2004.8.2. *Telenor Mobile Communications AS v. Republic of Hungary*, ICSID Case No. ARB/04/15
- Award, 2006.9.13

2004.8.26. *Berschader v. Russian Federation*, SCC Case No. 080/2004
- Award, 2006.4.21
- Correction of the Award, 2006.6.9

2004.9.8. *Archer Daniels Midland Company and Tate & Lyle Ingredients Americas, Inc. v. United Mexican States*, ICSID Case No. ARB(AF)/04/5
- Award, 2007.11.21
- Decision on the Requests for Supplementary Decision, Interpretation and Correction of the Award, 2008.7.10

2004.10.7. *Duke Energy Electroquil Partners and Electroquil S.A. v. Republic of Ecuador*, ICSID Case No. ARB/04/19
- Award, 2008.8.18

2004.10.21. *Iurii Bogdanov, Agurdino-Invest Ltd. and Agurdino-Chimia JSC v. Republic of Moldova*, SCC
- Award, 2005.9.22

2004.11.2. *Hulley Enterprises Limited(Cyprus) v. Russian Federation*, PCA Case No. AA 226, UNCITRAL
- Interim Award on Jurisdiction and Admissibility, 2009.11.30

2004.11.2. *Yukos Universal Limited(Isle of Man) v. Russian Federation*, PCA Case No. AA227, UNCITRAL

2004.11.2. *Veteran Petroleum Limited(Cyprus) v. Russian Federation*, PCA Case No. AA228, UNCITRAL

- Interim Award on Jurisdiction and Admissibility, 2009.11.30

2004.12.6. *Eastern Sugar B.V. v. Czech Republic*, SCC Case No. 088/2004

- Partial Award, 2007.3.27

- Final Award, 2007.4.12

2005.3.16. *Canadian Cattlemen for Fair Trade v. United States of America*, UNCITRAL

- Award on Jurisdiction, 2008.1.28

2005.3.18. *LESI, S.p.A. and Astaldi, S.p.A. v. Peeple's Democratic Republic of Algeria*, ICSID Case No. ARB/05/3

- Decision on Jurisdiction, 2006.7.12

- Award, 2008.11.12

2005.3.30. *Mytilineos Holdings SA v. State Union of Serbia & Montenegro and Republic of Serbia*, UNCITRAL

- Partial Award on Jurisdiction, 2006.9.8

2005.4.8. *TSA Spectrum de Argentine, S.A. v. Argentine Republic*, ICSID Case No. ARB/05/5

- Award, 2008.12.9

2005.4.15. *Bernardus Henricus Funnekotter and others v. Republic of Zimbabwe*, ICSID Case No. ARB/05/6

- Award, 2009.4.22

2005.4.25. *Saipem S.p.A. v. People's Republic of Bangladesh*, ICSID Case No. ARB/05/7

- Decision on Jurisdiction and Recommendation on Provisional Measures, 2007.3.21

- Award, 2009.6.30

2005.5.4. *Sancheti v. United Kingdom*, UNCITRAL

- Judgment of English Court of Appeal Regarding Stay of Local Proceedings, 2008.11.11

2005.5.16. *Parkerings-Compagniet AS v. Republic of Lithuania*, ICSID Case No. ARB/05/8

- Award, 2007.9.11

2005.5.26. *Empresa Eléctrica del Ecuador, Inc. (EMELEC) v. Republic of Ecuador*, ICSID Case No. ARB/05/9

- Award, 2009.6.2

2005.6.2. *RosInvestCo UK Ltd. v. Russian Federation*, SCC Case No. Arb. V079/2005

- Award on Jurisdiction, 2007.10

2005.6.14. Malaysian Historical Salvors, SDN, BHD v. Malaysia, ICSID Case No. ARB/05/10

- Award, 2007.5.17

- Decision of the ad hoc Committee on the Application for Annulment, 2009.4.16

2005.7.1. *Bayview Irrigation District and others v. United Mexican States*, ICSID Case No. ARB(AF)/05/1

- Award, 2007.6.19

2005.7.29. *EDF(Services) Limited v. Romania*, ICSID Case No. ARB/05/13

- Award, 2009.10.8

2005.8.5. *RSM Production Corporation v. Grenada*, ICSID Case No. ARB/05/14 ©

- Award, 2009.3.13

- Decision on the Application of RSM Production Corporation for a Prelimanary Ruling, 2009.12.7

2005.8.5. Waguih Elie George Siag and Clorinda Vecci v. Arab Republic of Egypt, ICSID Case No. ARB/05/15

- Award, 2009.6.1

2005.8.30. *Rumeli Telekom A.S. and Telsim Mobile Telekomunikasyon Hizmetleri A.S. v. Republic of Kazakhstan*, ICSID Case No. ARB/05/16

- Award, 2008.7.29

2005.8.30. *Cargill, Incorporated v. United Mexican States*, ICSID Case No. ARB(AF)/05/2

- Award, 2009.9.18

2005.9.30. *Desert Line Projects LLC v. Republic of Yemen*, ICSID Case No. ARB/05/17

- Award, 2008.2.6

2005.10.5. *Helnan International Hotels A/S v. Arab Republic of Egypt*, ICSID Case No. ARB/05/19

- Decision of the Tribunal on Objections to Jurisdiction, 2006.10.17

- Award, 2008.7.3

2005.10.27. *African Holding Company of America, Inc. and Société Africaine de Construction*

au Congo S.A.R.L. v. Democratic Republic of the Congo, ICSID Case No. ARB/05/21
- Award, 2008.7.29

2005.10.31. *Limited Liability Company Amto v. Ukraine*, SCC Case No. 080/2005
- Final Award, 2008.3.26

2005.11.2. *Biwater Gauff (Tanzania) Limited v. United Republic of Tanzania*, ICSID
Case No. ARB/05/22
- Award, 2008.7.24

2005.11.9. *Ares International S.r.l. and MetalGeo S.r.l. v. Republic of Georgia*, ICSID
Case No. ARB/05/23
- Award, 2008.2.28
- Decision on the Request for Rectfication of the Award, 2008.7.8

2005.12.28. *Hrvatska Elektroprivreda d.d. v. Republic of Slovenia*, ICSID Case No.
ARB/05.24 ⓒ
- Decision on the Treaty Interpretation Issue, 2009.6.12

2006.2.14. *The Rompetrol Group N.V. v. Romania*, ICSID Case No. ARB/06/3
- Decision on Jurisdiction and Admissibility, 2008.4.18

2006.3.20. *Romak S.A. v. Republic of Uzbekistan*, UNCITRAL
- Award, 2009.11.26

2006.3.23. *Phoenix Action Ltd v. Czech Republic*, ICSID Case No. ARB/06/5
- Award, 2009.9.9

2006.4.12. *Sistem Muhendislik Insaat Sanayi ve Ticaret A.S. v. Kyrgyz Republic*,
ICSID Case No. ARB(AF)/06/1
- Award, 2009.9.9

2006.7.13. *Occidental Petroleum Corporation and Occidental Exporation and Production
Company v. Republic of Ecuador*, ICSID Case No. ARB/06/11
- Decision on Provisional Measures, 2007.8.17
- Decision on Jurisdiction, 2008.9.9

2006.7.18. *Aguaytia Energy, LLC v. Republic of Peru*, ICSID Case No. ARB/06/13 ⓒ
- Award, 2008.12.11

2006.8.30. *Azpetrol International Holdings B.V., Azpetrol Group B.V. and Azpetrol
Oil Services Group B.V. v. Republic of Azerbaijan*, ICSID Case No. ARB/06/15
- Award, 2009.9.8

2006.11.16. *Cementownia "Nowa Huta" S.A. v. Republic of Turkey*, ICSID Case

No. ARB(AF)/06/2

- Award, 2009.9.17

2006.12.21. *Chevron Corporation and Texaco Petroleum Corporation v. Republic of Equador*, UNCITRAL

- Interim Award, 2006.12.21

2007.1.18. *Government of the Province of East Kalimantan v. PT Kaltim Prima Coal and Others*, ICSID Case No. ARB/07/3

- Award, 2009.12.28

2007.3.6. *Europe Cement Investment and Trade S.A. v. Republic of Turkey*, ICSID Case No. ARB(AF)/07/2

- Award, 2009.8.13

2007.3.15. *Société Générale v. Dominican Republic*, UNCITRAL, LCIA Case No. UN 7972

- Preliminary Objections to Jurisdiction, 2008.9.19

2007.3.25. *Renta 4 S.V.S. et al. v. Russian Federation*, SCC No. 24/2007

- Award on Preliminary Objections, 2009.3.20

2007.7.3. *Toto Costruzioni Generali S.p.A. v. Republic of Lebanon*, ICSID Case No. ARB/07/12

- Decision on Jurisdiction, 2009.9.11

2007.8.13. *Pantechniki S.A. Contractors & Engineers v. Republic of Albania*, ICSID Case No. ARB/07/21

- Award, 2009.7.30

2007.8.20. *Railroad Development Corporation v. Republic of Guatemala*, ICSID Case No. ARB/07/23

- Decision on Provisional Measures, 2008.10.15

2007.9.24. *Trans-Global Petroleum, Inc. v. Hashemite Kingdom of Jordan*, ICSID Case No. ARB/07/25

- Decision on the Respondent's Objection under Rule 41(5) of the ICSID Arbitration Rules, 2008.5.12
- Award of the Tribunal embodying the parties' settlement agreement, 2009.4.8

2007.11.30. *Sergei Paushok, CJSC Golden East Company and CJSC Vostokneftegaz Company v. Mongolia*, UNCITRAL

- Order on Interim Measures, 2008.9.2

2007.12.21. *TCW Group, Inc & Dominican Energy Holdings, L.P. v. Dominican Republic*, UNCITRAL

- Consent Award, 2009.7.16

2008.3.24. *Brandes Investment Partners, LP v. Bolivarian Republic of Venezuela*, CSID Case No. ARB/08/3 ©

- Decision on the Respondent's Objection under Rule 41(5) of the ICSID Arbitration Rules, 2009.2.2

2008.6.4. *Perenco Ecuador Limited v. Republic of Ecuador and Empresa Estatal Petróleos del Ecuador (Petroecuador)*, ICSID Case No. ARB/08/6 ©

- Decision on Provisional Measures, 2009.5.8

2008.6.5. Itera International Energy LLC and Itera Group NV v. Republic of Georgia, ICSID Case No. ARB/08/7

- Decision on the Admissibility of Ancillary Claims, 2009.12.4

사건명약인

ADC Affiliate Limited and ADC & ADMC Management Limited v. Republic of Hungary, ICSID Case NO. ARB/03/16 (Cyprus/Hungary BIT)
- Award, 2006.10.2 / 49, 51, 209

ADF Group Inc. v. United States , ICSID Case NO. ARB (AF)/00/1 (NAFTA)
- Procedural Order No. 3, 4 October 2001 / 354
- Award, 2003.1.9 / 101, 138

AES Corporation v. The Argentine Republic, ICSID Case NO. ARB/02/17 (US/Argentina BIT)
- Decision on Jurisdiction, 2005.4.26 / 298

African Holding Company of America, Inc. and Société Africaine de Construction au Congo S.A.R.L v. Democratic Republic of the Congo, ICSID Case NO. ARB/05/21 (US/DCR BIT)
- Sentence sur les déclinatoire de compétence et la recevabilité, 2008.7.29 / 282

AGIP S.p.A v. People's Republic of the Congo, ICSID Case NO. ARB/77/1
- Award, 1979.11.30 / 253, 354

Aguas del Tunari S.A v. Republic of Bolivia, ICSID Case NO. ARB/02/3 (Netherlands/Bolivia BIT)
- Decision on Respondent's Objections to Jurisdiction, 2005.10.21 / 56

Ambatielos Case (Greece v. United Kingdom), ICJ 1953
- Judgment, 1953.5.19 / 104, 107

American Manufacturing and Trading, Inc. v. Zaire, ICSID Case No. ARB/93/1 (United States/Zaire BIT)
- Award, 1997.2.21 / 150, 192

Amco Asia Corporation and others v. Republic of Indonesia, ICSID Case NO. ARB/81/1
- Decision on Jurisdiction, 1983.9.25 / 52, 53

(Algeria/Italy BIT)
- Award, 2005.1.10 / 253

Consortium R.F.C.C. v. Kingdom of Morocco, ICSID Case NO. ARB/00/6 (Italy/Morocco BIT)
- Jurisdiction, 2005.1.10 / 257

Continental Casualty Company v. Argentina, ICSID Case NO. ARB/03/9 (US/Argentina BIT)
- Award, 2008.9.5 / 202, 220

Corn Products International, Inc. v. United Mexico States, ICSID Case NO. ARB (AF)/04/1 (NAFTA)
- Order of the Consolidation Tribunal, 2005.5.20 / 319

Duke Energy Electroquil Partners & Electorquil S.A. v. Republic of Ecuador, ICSID Case NO. ARB/04/19 (US/Ecuador BIT)
- Award, 2008.8.18 / 204, 209

Duke Energy International Peru Investments No. 1 Ltd. v. Republic of Peru, ICSID Case NO. ARB/03/28
- Decision on Jurisdiction, 2006.2.1 / 302

EDF International S.A., SAUR International S.A. and León Participaciones Argentinas S.A. v. Argentine Republic, ICSID Case NO. ARB/03/23 (BLEU/Argentina and France/Argentina BIT)
- Award and Dissenting Opinion, 2009.10.8 / 182, 186, 205

EDF (SERVICES) Limited v. Romania, ICSID Case NO. ARB/05/13
- Award, 2009.10.8 / 166

EEC - Measure on Animal Feed, GATT (BISD 25S/9)
- Report of Panel, 1992.3.14 / 85

El Paso Energy International Company v. The Argentine Republic, ICSID Case NO. ARB/03/15 (US/Argentina BIT)
- Decision on Jurisdiction, 2006.4.27 / 205

Empresas Lucchetti, S.A. and Lucchetti Peru, S.A v. Peru, ICSID Case NO. ARB/ 03/4 (Peru/Chile BIT); (Also known as Industria Nacional de Alimentos, A.S. and Indalsa Perú S.A. v. Peru)
- Award, 2005.2.27 / 300, 301
- Decision on Annulment and Dissenting Opinion, 2007.9.5 / 301

Lanco International Inc. v. Argentina, ICSID Case No. ARB/97/6 (United States/ Argentina BIT)
- Decision on Jurisdiction, 1998.12.8 / 67
Lauder v. Czech Republic, UNCITRAL (United States/Czech Republic BIT)
- Final Award, 2001.9.3 / 305, 315, 318, 321, 323, 328, 331, 335
LG&E v. Argentina, ICSID Case No. ARB/02/1 (United States/Argentina BIT)
- Decision on Liability, 2006.10.3 / 79, 200, 201, 202, 219, 220, 260, 275
-Award, 2007.7.25 / 260, 275
Loewen Group, Inc, and Raymond L. Loewen v. United States, ICSID Case No. ARB(AF)/98/3(NAFTA)
- Decision on Jurisdiction, 2001.1.5 / 309
- Award on Merits, 2003.6.26 / 154, 240
Lucchetti, S.A. and Lucchetti Peru, S.A. v. Peru, ICSID Case No. ARB/03/4 (Peru/Chile BIT)
- Awrd, 2006.2.7 / 299, 300
Maffezini v. Spain, ICSID Case No. ARB/97/7 (Argentina/Spain BIT)
- Decision on Jurisdiction, 2000.1.25 / 102, 103, 109, 111, 115, 120, 242, 246, 248, 298
- Award on the Merits, 2000.11.13 / 253, 254
Malaysian Historical Salvors, SDN, BHD v. Malaysia, ICSID Case No. ARB/05/ 10(UK/Malaysia BIT)
- Decision on Jurisdiction, 2007.5.17 / 59
Marvin Roy Feldman Karpa v. United Mexican States, ICSID Case No. ARB (AF)/99/1
- Award, 2002.12.16 / 131, 184, 270
M.C.I. Power Group L.C. And New Turbine, Inc. v. Ecuador, ICSID Case No. ARB/03/6/(US/Ecuador BIT)
- Award, 2007.7.31 / 244
Metalclad Corporation v. Mexican States, ICSID Case No.ARB(AF)/97/1(NAFTA)
- Award, 2000.8.31 150, 161, 165, 166, 174, 187, 188, 370
Methanex v. United States, UNCITRAL (NAFTA)
- Partial Award, 2002.8.7 / 313
- Final Award, 2005.8.3 / 132, 135, 155, 182

Ioan Micula, Viorel Micula, S.C. European Food S.A, S.C. Starmill S.R.L. and S.C. Multipack S.R.L. v. Romania, ICSID Case No. ARB/05/20 (Sweden/Romania BIT)
- Decision on Jurisdiction and Admissibility, 2008.9.24 / 147, 259, 294, 296
Patrick Mitchell v. Democratic Republic of the Congo, ICSID Case No. ARB/99/7 (US/DRC BIT)
- Decision on the Alication for Annulment of the Award, 2006.11.1 / 59
MTD Equity Sdn. Bhd. & MTD Chile S.A. v. Chile, ICSID Case No. ARB/01/7 (Malaysia/Chile BIT)
- Final Award, 2004.5.15.1 / 80, 101, 163, 185, 271
Mytilineos Holdings SA v. The Satae Union of Serbia & Montenegro and Republic of Serbia, UNCITRAL (Greece/Yugoslavia BIT)
- Partial Award on Jurisdiction, 2006.9.8 / 60
National Grid Plc v. The Argentine Republic, UNCITRAL (UK/Argentiana BIT)
- Decision on Jurisdiction, 2006.6.20 / 112, 116
- Award, 2008.11.3 / 218, 219, 221
Noble Ventures, Inc. v. Romania, ICSID Case No. ARB/01/11 (US/Romania BIT)
- Award, 2006.10.12 / 196, 205, 206, 209, 243, 246, 247, 255
Nykomb Synergeitcs Thechnology Holding AB v. Latvia, SCC (ECT)
- Award, 2003.12.16 / 36, 244
Occidental Exploration and Production Company (OEPC) v. The Republic of Ecuador, LCIA Case No. UN3467 (US/Ecuador BIT)
- Final Award, 2004.7.1 / 136, 144
Oil Platforms (*Iran v. U.S.*), ICJ 1996, 2003
- Preliminary Objection, 1996.12.12 / 227
- Merit, 2003.11.6 / 229
Pan American Energy LLC and BP Argentina Exploration Company v. Argentine Republic, ICSID Case No. ARB/03/13 (US/ARgentina BIT)
- Decision on Preliminary Objections, 2006.7.27 / 76, 205
Pantechniki S.A. Contractors & Engineers v. Republic of Albania, ICSID Case No. ARB/07/21 (Greece/Albania BIT)
- Award, 2009.7.30 / 63
Parkerings-Compagniet AS v. Lithuania, ICSID Case No. ARB/05/8 (Norway/

Lithuania BIT)

- Award, 2008.9.11 / 81, 82, 98, 99, 179, 240

Petrobart Limited v. Kyrgyz Republic, SCC Case No. 126/2003 (ECT)

- Award, 2005.3.29 / 60

Victor Pey Casado and Presiden Allende Foundation v. Republic of Chile, ICSID Case No. ARB/98/2 (Spain/Chile BIT)

- Award, 2008.5.8 / 303

Phoenix Action, Ltd. v. Czech Republic, ICSID Case No. ARB/06/5 (Israel/Czech Republic BIT)

- Award, 2009.4.15 / 51, 67

Plama Consortium Limited v. Bulgaria, ICSID Case No. ARB/03/24 (ECT)

- Decision on Jurisdiction, 2005.2.8 / 109, 111, 116

Pope & Talbot Inc. v. The Government of Canada, UNCITRAL (NAFTA)

- Interim Award, 2000.6.26 / 180, 187

- Procedural Orders (Nos. 1-11), 2000.9.6 / 358,

- Award on the Meris of Phase 2, 2001.4.10 / 130, 138,

- Award on Damages, 2002.5.21 / 99, 277, 349

PSEG Global, INc., The North American Coal Corporation, and Konya Ingin Electrik Uretim ve Trcaret Limited Sirketri v. Turkey. ICSID Case No. ARB/02/5 (United States/Turkey BIT)

- Decision on Jurisdiction, 2004.6.4 / 112, 113

- Award, 2007.1.19 / 277

Renta 4 S.V.S.A et al. v. Russian Federation, SCC no. 25/2007 (Spain/Russia BIT)

- Award on Preliminary Objection, 2009.3.20 / 97, 118

Right of Nations of the United States of America in Morocco (*France v. United States of America*), ICJ 1952

- Judgment, 1952.8.27 / 94

Romak S.A. v. The Republic of Uzbekistan, UNCIRAL (Switzerland/Uzbekistan BIT)

- Award, 2009.11.26 / 60

RosIvest Co UK Lted. v. The Russian Federation, SCC No. Arb. V079/2005 (UK/Soveit BIT)

- Decision on Jurisdiction, 2007.10.5 / 113, 117, 118

Rumeli Telekom A.S. and Telsim Bobil Telekomunikasyon Hizmetleri A.S. v. Kazkhstan, ICSID Case No. ARB/05/16 (Turkey/Kazakhstan BIT)
- Award, 2008.7.29 / 101

Saipem S.p.A. v. The People's Republic of Banggladesh, ICSID Case No. ARB/05/07 (bangladesh/Italy BIT)
- Award, 2009.6.30 / 82

Salini Costruttori S.p.A. and Italstrade S.p.A. v. Jordan, ICSID Case No. ARB/02/13 (Italy/Jordan BIT)
- Decision on Jurisdiction, 2004.11.29 / 108, 197

Salini Construtorri S.p.A. and Italstrade S.p.A. v. Morocco, ICSID Case No. ARB/00/4 (Italy/Morocco BIT)
- Decision on Jurisdiction, 2001.7.23 / 58, 253, 257

Saluka Investments BV (The Netherlands) v. The Czech Republic, UNCITRAL, (Dutch/Czech BIT)
- Partial Award, 2006.3.17 / 50, 162, 165, 166, 182, 186

S.D. Myers, Inc. (SDMI) v. Gocernment of Canada, UNCITRAL (NAFTA)
- First Partial Award, 2000.11.13 / 128, 131, 181, 266, 270, 274
- Second Patial Award (Damages), 2002.10.21 / 274
- Final Award, 2002.12.30 / 152, 270

Sempra Energy International v. The Argentine Republic, ICSID Case No. ARB/02/16 (US/Argentina BIT)
- Award, 2008.9.28 / 163, 200, 203, 208, 210, 218

SGS Société Générale de Surveillance S.A. v. Islamic Republic of Pkistan, ICSID Case No. ARB/01/13 (Swiss Confederation/Pakistan BIT)
- Decision on Jurisdiction, 2003.8.6 / 194, 199, 295, 322

SGS Société Générale de Surveillance S.A. v. Rebublic of the Philippines, ICSID Case No. ARB/02/6 (Swiss Confederation/Republic of the Philippines BIT)
- Jurisdiction, 2004.1.29 / 195, 282, 327

Siemens v. Argentina, ICSID Case No. ARB/02/8 (Germany/Argentina BIT)
- Decision On Jurisdiction, 2004.8.3 / 106,
- Award, 2008.2.6 / 79, 177, 197, 203, 267

Société Générale v. Dominican Republic, UNCITRAL, LCIA Case No. UN 7927

(France/Dominican Republic BIT)
- Preliminary Objections to Jurisdiction, 2008.9.19 / 97, 122
Société Ouest Africaine des Bétons Industriels (SOABI) v. Senegal, ICSID Case No. ARB/82/1
- Decision on Jurisdiction, 1984.8.1 / 52, 53
Southern Pacific Properties (Middele East) Limited (SPP) v. Arab Republic of Egypt, ICSID Case No. ARB/84/3
- Decision on Jurisdiction, 1985.11.27 / 323, 324, 329, 332
- Decision on Jurisdiction, 1988.4.14. / 285
- Award,1992.5.20 / 76, 87
Suez, Sociedad General de Aguas de Barcelona S.A., and InterAguas Servicios Integrales del Agua S.A. v. The Argentine Republic, ICSID Case No. ARB/ 03/17 (France/Argentina and Spain/Argentina BITs)
- Decision on Jurisdiction, 2006.5.16 / 112
Suez, Sociedad General de Aguas de Barcelona S.A. and Vivendi Universal, S.A. v. Argentine Republic, ICSID Case No. ARB/03/19 (France/Argentina and Spain/ Argentina BITs)
- Decision on Jurisdiction, 2006.8.3 / 112
Técnicas Medioambientales Tecmed, S.A. v. United Mexican States, ICSID Case No. ARB(AF)/00/2(Spain/Mexico BIT)
- Award, 2003.5.29 / 157, 166, 168, 175, 186, 188, 269
Telenor Mobile Communicaitions A.S. v. Republic of Hungary, ICSID Case No. ARB/04/15 (Norway/Hungary BIT)
- Decision on Jurisdiction, 2006.11.13 / 112
Tokios Tokelés v. Ukraine, ICSID Case No. ARB/02/18 (Lithuania/Ukraine BIT)
- Decision on Juristiction, 2004.4.29 / 47, 51, 306
- Dissenting opinion, 2004.4.29 / 47, 51
Toto Costruzioni Generali S.p.A. v. Republic of Lebanon, ICSID Case No. ARB/07/12 (Italy/Lebanon BIT)
- Decision on Jurisdiction, 2009.9.11 / 59
Tradex Hellas S.A. v. Albania, ICSID Case No. ABR/94/2
- Final Award, 1999.4.29 / 252
Trans-Global Petroleum, Inc. v. Jordan, ICSID Case No. ARB/07/25 (US/Jordan

BIT)
- Decision on the Respodent's Objection under Rule 41(5) of the ICSID
  Arbitration Rules, 2008.5.12 / 311, 312

TSA Spectrum de Argentina S.A. v. Argentina Republic. ICSID Case No. ARB/05/5
(Netherlands/Argentina BIT)
- Award, 2008.12.19 / 57, 197

Tza Yap Shum v. Republic of Peru, ICSID Case No. ARB/07/6 (China/Peru BIT)
- Decision on Jurisdiction and Competence, 2009.6.19 / 97, 119

United Parcel Service of America Inc. (UPS) v. Goverment of Canada, UNCITRAL
(NAFTA)
- Award on Jurisdiction, 2002.11.22 / 138, 139, 141, 142, 144
- Award on the Merits and Separate Statement of Dean Ronald A. Cass,
  2008.5.24 / 113

Vladimir Berschader and Michael Berschader v. Russian Federation, SCC Case No.
V80/2004 (Belgoum/Fussia BIT)
- Decision on Jurisdiction, 2006.4.21 / 112

Waste Management, Inc. v. United Mexican State (Number 2), ICSID Case No.
ARB(AF)/00/3 (NAFTA)
- Final Award, 2004.4.30 / 154, 165, 179, 181

Wena Hotels Ltd. v. Arab Republic of Egypt, ICSID Case No. ARB/98/4 (United
Kingdom/Egypt BIT)
- Award on Merits, 2000.12.8 / 77, 78, 79, 80,
- Decision on Annulment, 2002.1.28 / 251, 269

Western NIS Enterprise Fund v. Ukraine, ICSID Case No. ARB/04/2 (US/Ukraine
BIT)
- Order, 2006.3.16 / 306

Wintershall Aktiengesellschaft v. Argentine Prepublic, ICSID Case No. ARB/04/14
(Germany/Argentina BIT)
- Award, 2008.12.8 / 97, 114, 244

World Duty Free Company limited v. Republic of Kenya, ICSID Case No. ARB/00/7
- Award, 2006.10.4 / 66, 286

색인

영문

(A)

ad hoc 중재 54

(B)

BIT 31
BIT 위반 199
BIT의 중재조항 298

(C)

Chorzōw formula 270, 273
competence/competence의 원칙 333

(D)

DCF 264, 273

(F)

FET 의무위반 275
FMV 263, 273

(G)

GATT 제3조 142

(H)

Hull 공식(Hull Formula) 261, 262

(I)

IBA 증거규칙 337, 341, 347, 349,
  350~352, 360, 361, 364

(I)

ICC 중재규칙 339
ICSID 71
ICSID 중재 39, 287
ICSID 중재 관할 289
ICSID 중재규칙 제41조 5항 312
ICSID 협약 191, 288
ICSID 협약 제42조 75, 76, 78, 83
IIA 25
IIA 중재 38
IIA 중재 법적 성질 38

(M)

MAI 234
MAI 교섭 32, 35, 96

(N)

NAFTA 128
NAFTA 제1102조 131
NAFTA 제1105조 150
NAFTA 제1110조 274

(R)

Redfern Schedule 347

(S)

Salini 테스트 58~60, 62

(U)

UNCITRAL 상사중재 모델법 338, 363
UNCITRAL 중재규칙 339, 353

■ 집필자 약력

[편집자]

小寺 彰(코테라 아키라) 도쿄대학 대학원 종합문화연구과 교수

  [주요저서]

      『パラアイム國際法』有斐閣, 2004年

      『講義國際法』有斐閣, 初版 2004年, 補訂版, 2010年

      『WTO体制の法構造』東京大學出版會, 2000年

[집필자] (일본어 50음순)

伊藤 一頼(이토우 카즈요리) 시즈오카현립대학 국제관계학부 강사

  [주요논문]

      「WTOの紛爭處理における對抗立法の意義と射程」,『日本
國際経濟法學會年報』第16号, 2007年

      「市場経濟の世界化とほう秩序の多元化：グローバル部
分システムの形成とその立憲化めぐる議論の動向」,『社會
科學研究』第57卷 1 号, 2005年

岩月 直樹(이와츠키 나오키) 릿쿄대학 법학부 준교수
　[주요논문]

　　　「現代國際法における對抗措置の法的性質 : 國際紛爭處理
　　　の法構造照らした對抗措置の正当性根據と制度的機能に關
　　　する一考察」,『國際法外交雜誌』第107卷 2号, 2008年
　　　「伝統的復仇概念の法的基礎とその変容 : 紛爭處理過程
　　　における復仇の正当性」,『立敎法學』第69卷, 2005年
　　　「對抗措置制度における均衡性原則の意義 : 均衡性原則
　　　の多元的把握のための予備的考察」,『社會科學硏究』 第
　　　54卷 1 号, 2003年

川瀬 剛志(카와세 츠요시) 조치대학 법학부 교수
　[주요저서]

　　　The Future of the Multilateral Trading System: East Asian
　　　Perspectives (共編著) Cameron May, 2009年
　　　『WTO紛爭解決手續における履行制度』(共編著) 三省堂,
　　　2005年
　　　『WTO体制下のセーフガード:實効性ある制度の構築に向
　　　ける』(共編著) 東洋経濟新報社, 2004年

米谷 三以(코메타니 카즈모치) 경제산업성 통상정책국 국제법무실장,
　　　호세대학 법과대학 교수, 변호사
　[주요저서]

　　　『知的財産權法概說 (第3版)』(共著) 弘文堂, 2008年
　　　『WTOの諸相』(共著) 南窓社, 2004年

清水 剛(시미즈 타카시) 도쿄대학 대학원 종합문화연구과 준교수
　[주요저서]

　　　『現代日本企業 1 企業体制(上) 內部構造と組織間關係』
　　　(共著) 有斐閣, 2005年
　　　『インセンティブ設計の経濟學』(共著) 勁草書房, 2003年
　　　『合併行動と企業の壽命：企業行動への新しいアプロー
　　　チ』有斐閣, 2001年

玉田 大(타마다 다이) 고베대학 대학원 법학연구과 준교수
　[주요논문]

　　　「國際裁判におけるきは旣判力原則」,『國際法外交雜誌』第
　　　106卷 4号, 2008年
　　　「國際裁判における判決解釋手續」,『岡山大學法學會雜誌』
　　　第56卷 3・4号, 2007年

手塚 裕之(테즈카 히로유키) 변호사 (니시무라 아사히 법률사무소)
　[주요저서]

　　　「新仲裁法と國際商事仲裁」,『ビジネス法務大系Ⅳ　國際
　　　ビジネスと法』(共著)　日本評論社, 2009年
　　　『解說實務書式大系29紛爭解決編Ⅳ國際民事手續』(共著)
　　　三省堂, 1994年

中村 達也(나카무라 타츠야) 고쿠시칸대학 법학부 교수, 일본상사중
재협의회 중재부장
　[주요저서]

『國際ビジネス紛爭の解決編：訴訟・仲裁・ADR』大學
教育出版, 2008年
『仲裁法なるほどQ&A』中央経濟社, 2004年
『國際商事仲裁入門』中央経濟社, 2001年

西村 弓(니시무라 유미) 도쿄대학 대학원 종합문화연구과 준교수
　[주요저서]

「外國船舶に對する執行管轄權行使に伴う國家の責任」, 山
本草二編集大表『海上保安法制』(共著) 三省堂, 2009年
「國家責任法の誕生」,『変容する社會と理論』(共著) 有斐
閣, 2008年
「國家責任法の妥当基盤」,『國際法外交雜誌』第102卷 2
号, 2003年

西元 宏治(니시모토 코우지) 센슈대학 법학부 준교수
　[주요논문]

「紛爭ダイヤモンド取引規制レジーム形成と展開」, ソフト
ロー硏究叢書 第5卷『國際關係とソフトロー』有斐閣, 2008年
「Ethyl事件の虛像と實像：NAFTA第11章仲裁手續とカナ
ダにおける貿易・投資の自由化の局面(上) (中) (下)」(小寺
彰監修),『國際商事法務』, 第33卷 9号, 2005年, 第33卷
11号, 2005年

「國際關係の法制現象とWTOにおける立憲化議論の射程」,
奥脇直也(監修),『ジュリスト』第1254号, 2003年

濱本正太郎(하마모토 쇼타로) 교토대학 대학원 법학연구과 교수
[주요논문]

Eléments pour une théorie de la nullité en droit international
public, thése, Paris Ⅱ, 2007年
「國際法における無効の機能」,『國際法外交雜誌』 第102
卷 4号, 2004年
「武力併合の事實上の承認 (一)・(二・完):國際法におけ
る事實と法との對立をめぐって」,『法學論叢』第102卷 4
号, 2000年, 第149卷 3号, 2001年

松本 加代(마츠모토 카요) 독립행정법인경제산업연구소 컨설팅펠로우
[주요논문]

「投資協定の新局面と日本:第4回 サハリンⅡと投資協定」,
(共著)『國際商事法務』 第35卷 2号, 2007年
「投資協定の新局面と日本:第3回 "現時點"の日中投資
保護協定:最惠國待遇條項の機能」,(共著)『國際商事法
務』 第34卷 10号, 2006年
「投資協定の新局面と日本:第2回 サルカ事件」,(共著)『國
際商事法務』 第34卷 9号, 2006年

박덕영

연세대학교 법과대학 졸업
연세대학교 대학원 법학석사, 법학박사
국비유학시험 합격(국제법 분야)
영국 University of Cambridge 법학석사(LL.M.)
영국 University of Edinburgh 박사과정 마침
프로그램심의 조정위원회 수석연구원 / 지적재산권 팀장
숙명여자대학교 법과대학 조교수
사법시험, 외무고시, 행정고시, PSAT 출제위원
대한국제법학회 연구이사, 부회장
현) 연세대학교 법학전문대학원 부교수
　　연세대학교 법학연구원 부원장 / EU법센터장
　　Yonsei Law Journal 편집위원장
　　외교통상부 FTA 민간자문위원 / 기후변화정책 자문위원
　　국방부 국방기관 평가위원
　　한국국제경제법학회 회장

『EU법 기본판례집』(번역, 2012)
『세계주요국의 기후변화법제』(공저, 2012)
『기후변화와 통상문제』(번역, 2012)
『국제투자법』(공저, 2012)
『신 국제경제법』(국제경제법학회 공동, 2012)
『법학입문』(공저, 2011)
『국제법 기본조약집』(편저, 2011)
『국제법』(공저, 2010)
『EU법강의』(공저, 2010)
『국제경제법 기본조약집』(편저, 2010)
『미국법과 법률영어』(번역, 2009)
『국제저작권과 통상문제』(공저, 2009)
「WTO EC-석면사건과 첫 환경예외의 인정」
등 국제법, 국제통상법, 국제투자법 및 저작권 분야 논문 다수

오미영

日本 神戸(Kobe)大學 法學部 法律學科
日本 神戸(Kobe)大學 大學院 法學研究科 公法(國際法)專攻(法學修士)
日本 神戸(Kobe)大學 大學院 法學研究科 公法(國際法)專攻(法學博士)
강릉대학교 법학과 전임강사, 조교수
중앙인사위원회 시험위원
현) 동국대학교 법과대학 법학과 부교수
　　대한국제법학회 이사
　　국제법평론회 이사
　　안보통상학회 이사
　　한국평화연구학회 편집위원
　　한국무역보험공사 비상임이사

『외국군의 법적 지위』(2003)
「국제인권기준에 비추어본 재일한국인의 문제」,『한일 간 역사현안의 국제
법적 재조명』(2009)
「韓國の國內裁判における國際人權」,『國際人權法の國內的實施』(2011)
「良心的兵役拒否についての判斷基準」(2008)
「국제법의 국내적용에 관한 일본의 법체계와 경험」(2008)
등 국제법, 국제인권법, 국제인도법 분야 논문 다수

국제투자협정과
ISDS

초 판 인 쇄 │ 2012년 10월 26일
초 판 발 행 │ 2012년 10월 26일

엮 은 이 │ 小寺 彰
옮 긴 이 │ 박덕영, 오미영
펴 낸 이 │ 채종준
펴 낸 곳 │ 한국학술정보㈜
주   소 │ 경기도 파주시 문발동 파주출판문화정보산업단지 513-5
전   화 │ 031) 908-3181(대표)
팩   스 │ 031) 908-3189
홈 페 이 지 │ http://ebook.kstudy.com
E - m a i l │ 출판사업부 publish@kstudy.com
등   록 │ 제일산-115호(2000. 6. 19)

ISBN   978-89-268-3781-8 93360 (Paper Book)
        978-89-268-3782-5 95360 (e-Book)